Giorgio Meini Fiorenzo Formichi

1 Tecnologie e progettazione di sistemi informatici e di telecomunicazioni

Seconda edizione

per Informatica

Architettura del computer e sistemi operativi

Linguaggio C

[redacted]

Impara con l'eBook

1 REGÌSTRATI

Vai su **my.zanichelli.it** e iscriviti come studente

2 ATTIVA IL TUO LIBRO

Nella tua area **myZanichelli**, clicca su **attiva opera** e inserisci la **chiave di attivazione** che trovi sul bollino argentato in questa pagina del libro

3 CLICCA SULLA COPERTINA

Puoi:
- sfogliare l'**eBook online**
- **scaricarlo offline** sul tuo computer o sul tuo tablet

Realizzazione editoriale:
- Coordinamento redazionale: Matteo Fornesi
- Redazione: Luisa Alessio
- Segreteria di redazione: Deborah Lorenzini, Rossella Frezzato
- Progetto grafico: Remo Boscarin
- Collaborazione redazionale, impaginazione, disegni e indice analitico: Conedit Libri, Cormano (MI)

Contributi:
- Rilettura dei testi in inglese: Roger Loughney

Copertina:
- Progetto grafico: Miguel Sal & C., Bologna
- Ideazione: Studio 8vo, Bologna
- Realizzazione: Roberto Marchetti e Francesca Ponti
- Immagine di copertina: dencg/Shutterstock. Artwork Studio 8vo, Bologna

Prima edizione: 2012
Seconda edizione: gennaio 2017

Ristampa:
5 4 3 2 2018 2019 2020 2021

Zanichelli garantisce che le risorse digitali di questo volume sotto il suo controllo saranno accessibili, a partire dall'acquisto dell'esemplare nuovo, per tutta la durata della normale utilizzazione didattica dell'opera. Passato questo periodo, alcune o tutte le risorse potrebbero non essere più accessibili o disponibili: per maggiori informazioni, leggi my.zanichelli.it/fuoricatalogo

File per sintesi vocale
L'editore mette a disposizione degli studenti non vedenti, ipovedenti, disabili motori o con disturbi specifici di apprendimento i file pdf in cui sono memorizzate le pagine di questo libro.
Il formato del file permette l'ingrandimento dei caratteri del testo e la lettura mediante software screen reader. Le informazioni su come ottenere i file sono sul sito
http://www.zanichelli.it/scuola/bisogni-educativi-speciali

Grazie a chi ci segnala gli errori
Segnalate gli errori e le proposte di correzione su **www.zanichelli.it/correzioni**.
Controlleremo e inseriremo le eventuali correzioni nelle ristampe del libro.
Nello stesso sito troverete anche l'errata corrige, con l'elenco degli errori e delle correzioni.

Zanichelli editore S.p.A. opera con sistema qualità
certificato CertiCarGraf n. 477
secondo la norma UNI EN ISO 9001:2008

Questo libro è stampato su carta che rispetta le foreste.
www.zanichelli.it/la-casa-editrice/carta-e-ambiente/

Stampa: Grafica Ragno
Via Lombardia 25, 40064 Tolara di Sotto, Ozzano Emilia (Bologna)
per conto di Zanichelli editore S.p.A.
Via Irnerio 34, 40126 Bologna

Giorgio Meini Fiorenzo Formichi

1 Tecnologie e progettazione di sistemi informatici e di telecomunicazioni

Seconda edizione

per Informatica

Architettura del computer e sistemi operativi
Linguaggio C

TECNOLOGIA ZANICHELLI

Indice

SEZIONE A
Architettura del computer e sistemi operativi

A10 Politiche e tecniche per la gestione della sicurezza

SEZIONE B
Linguaggio C

B1 Il linguaggio di programmazione C

B2 Puntatori e *array* nel linguaggio C

B3 Valori numerici e stringhe di caratteri

B4 Processi in Linux e *thread* in Windows

B5 Gestione dinamica della memoria e vettori a lunghezza variabile

B6 Lettura/scrittura di dati su/da file

B7 Gestione dell'input/output seriale in Linux e Windows

B8 Strumenti e ambienti di sviluppo per linguaggio C in Linux e Windows

Il capitolo B8 è disponibile nell'eBook e, con chiave di attivazione, all'indirizzo online.scuola.zanichelli.it/meiniformichitecnologie-2ed

SEZIONE

A Architettura del computer e sistemi operativi

A1

Hardware e software

«Nell'autunno del 1945, mentre l'ENIAC, un gigantesco motore di calcolo con migliaia di valvole termoioniche, stava per essere completato [...], un gruppo di esperti si riuniva a scadenza regolare per discutere il progetto della macchina che doveva succedergli, l'EDVAC. Col passare del tempo le discussioni divennero sempre più accese e gli esperti si divisero in due gruppi che essi stessi cominceranno a chiamare "gli ingegneri" e "i logici"»[1].

Le divergenze tra gli ingegneri e i logici che progettavano EDVAC riflettevano la diversa importanza attribuita all'**hardware** e al **software** nell'architettura complessiva della macchina: John von Neumann, il capo indiscusso dei logici, impose il proprio punto di vista e oggi i computer sono realizzati con tecnologie completamente diverse da quelle impiegate dagli ingegneri negli anni Quaranta del secolo scorso, ma – come vedremo in seguito – la loro struttura interna è ancora, dopo quasi settant'anni, quella da lui ideata.

I concetti che informano il **software** dei computer moderni rappresentano uno dei risultati notevoli della storia della logica occidentale, che ha avuto inizio con il grande filosofo greco Aristotele nel IV secolo a.C.

1. Martin Davis, *Il calcolatore universale*, Adelphi, Milano, 2003.

La logica aristotelica

Aristotele nacque in Macedonia nel 384 a.C. e si formò all'Accademia di Platone ad Atene. Oltre a fare da precettore al giovane Alessandro Magno, è stato uno dei pensatori che maggiormente ha influenzato il pensiero occidentale. La logica aristotelica (esposta in cinque libri raccolti nell'*Organon*) è fondata sul principio di non contraddizione, secondo il quale un'affermazione è vera o falsa, senza una terza possibilità. Aristotele individuò nel **sillogismo** il procedimento logico con il quale dedurre una conclusione vera partendo da premesse la cui verità è nota; un classico esempio di sillogismo è il seguente:

Premesse:

- «Tutti gli uomini sono mortali»
- «Socrate è un uomo»

Conclusione:

- «Socrate è mortale»

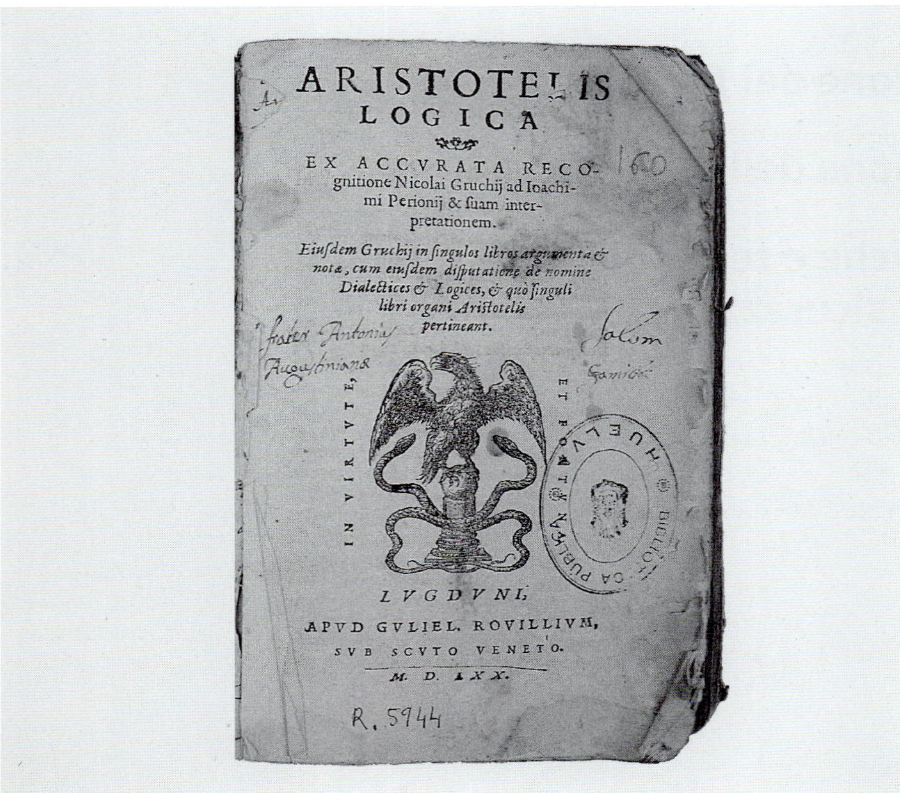
ARISTOTELIS
LOGICA
EX ACCVRATA RECOgnitione Nicolai Gruchij ad Ioachimi Perionij & suam interpretationem.
Eiusdem Gruchij in singulos libros argumenta & notæ, cum eiusdem disputatione de nomine Dialectices & Logices, & quò singuli libri organi Aristotelis pertineant.
IN VIRTVTE, ET FORTVNA
LVGDVNI,
APVD GVLIEL. ROVILLIVM,
SVB SCVTO VENETO.
M. D. LXX.
R. 5944

La *Logica* di Aristotele in una edizione a stampa del 1570.

1 La logica booleana

Un più recente contributo alla logica matematica che trova particolare applicazione nella realizzazione dell'**hardware** dei computer è stato dato dal matematico inglese George Boole, nel corso del XIX secolo. La **logica booleana** è alla base della logica dei computer moderni e formalizza matematicamente la logica di Aristotele; essa è fondata sui valori logici «Vero» e «Falso» (normalmente rappresentati dai valori numerici «1» e «0») e su alcuni operatori logici: NOT, OR e AND.

Gli operatori logici dell'algebra booleana sono facilmente definibili mediante una **tabella di verità**.

- **NOT** è l'operatore di «negazione», che trasforma il «Vero» in «Falso» e viceversa:

Dato	Risultato
V (1)	F (0)
F (0)	V (1)

- **OR** è l'operatore di «disgiunzione», che produce come risultato il valore «Falso» solo combinando due valori «Falso»:

Dati		Risultato
F (0)	F (0)	F (0)
F (0)	V (1)	V (1)
V (1)	F (0)	V (1)
V (1)	V (1)	V (1)

- **AND** è l'operatore di «congiunzione», che produce come risultato il valore «Vero» solo combinando due valori «Vero»:

Dati		Risultato
F (0)	F (0)	F (0)
F (0)	V (1)	F (0)
V (1)	F (0)	F (0)
V (1)	V (1)	V (1)

Gli operatori dell'algebra booleana sono concretamente realizzati mediante dispositivi elettronici che trasformano o combinano i segnali elettrici in ingresso in un segnale elettrico in uscita secondo le regole definite dalle precedenti tabelle di verità[2]; nella progettazione dei circuiti elettronici gli operatori sono rappresentati mediante specifici simboli (FIGURA 1).

2. Normalmente il valore logico «0» viene rappresentato da una tensione elettrica nulla, mentre il valore logico «1» viene rappresentato da una tensione elettrica massima.

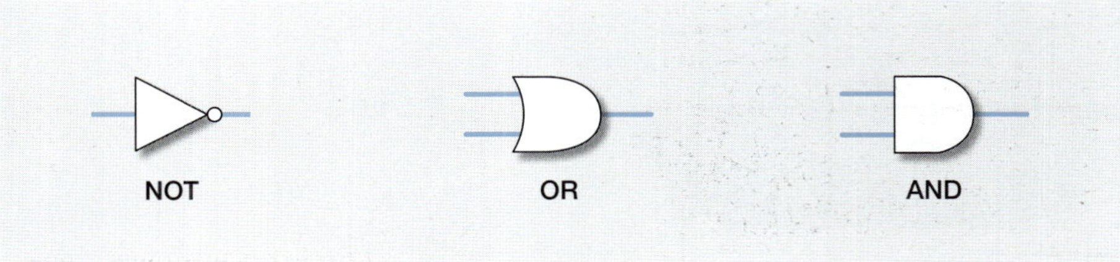

FIGURA 1

Fino all'età contemporanea il contributo di ingegneri e logici all'evoluzione del computer non è facilmente distinguibile: molto spesso le innovazioni tecnologiche (hardware) e quelle funzionali (software) sono state realizzate dalle stesse persone.

2 Breve storia del computer

Nel 1642 il filosofo e matematico francese Blaise Pascal realizzò uno dei primi dispositivi meccanici di calcolo – oggi noto come **Pascalina** – capace di eseguire addizioni e sottrazioni (FIGURA 2).

FIGURA 2

Tra il 1672 e il 1694 il matematico e filosofo tedesco Gottfried Leibniz progettò e costruì il primo dispositivo meccanico capace di eseguire le quattro operazioni aritmetiche, il **Reckoner** (FIGURA 3).

Leibniz, oltre a essere uno degli inventori – contemporaneamente al matematico e fisico inglese Isaac Newton – del calcolo infinitesimale, su cui si fonda la fisica moderna, contribuì alla storia della logica matematica ideando il *calculus ratiocinator* che anticipa di alcuni secoli i princìpi oggi alla base del funzionamento del computer.

Una pietra miliare nell'evoluzione del computer è rappresentata dalla **Macchina analitica** (*Analytical engine*), progettata dal matematico inglese Charles Babbage tra il 1833 e il 1842 allo scopo di creare una macchina programmabile per eseguire ogni genere di calcolo (la FIGURA 4 ne mostra una recente realizzazione).

FIGURA 3

FIGURA **4**

OSSERVAZIONE Il progetto di Babbage prevedeva le tre componenti che oggi costituiscono il cuore di ogni computer:

- una unità di controllo;
- una memoria per i dati e per i risultati;
- un «mulino» per l'effettuazione dei calcoli.

Purtroppo le difficoltà di Babbage a trovare un adeguato finanziamento non gli permisero di costruire un prototipo funzionante.

I programmi di calcolo della Macchina analitica dovevano essere perforati su schede simili a quelle in uso per il controllo delle lavorazioni dei telai: la matematica inglese Ada Byron Lovelace partecipò alle attività di Babbage relative al progetto della Macchina analitica, in particolare per quanto riguardava i programmi di calcolo, e per questo è simbolicamente considerata la prima programmatrice della storia[3].

3. Il linguaggio di programmazione ADA è per questo motivo a lei dedicato.

Il primo computer basato sulle idee del grande logico e matematico ungherese John von Neumann, e di conseguenza considerato il capostipite dei computer moderni, fu **EDVAC** (*Electronic Discrete Variable Automatic Calculator*) (FIGURA 5), realizzato tra il 1945 e il 1949 alla Pennsylvania University di Filadelfia. EDVAC fu il primo computer a utilizzare la codifica binaria e – in analogia alla Macchina analitica di Babbage – i suoi componenti fondamentali erano:

- una unità di controllo;
- una memoria per i dati, per i risultati e per i programmi di calcolo;
- una unità aritmetico-logica per l'effettuazione dei calcoli.

L'uso della memoria per contenere, oltre ai dati e ai risultati dei calcoli, anche il programma di calcolo è stata una delle grandi idee di von Neu-

FIGURA **5**

mann si ritrova nel progetto di tutti i computer successivi, compresi quelli attuali.

Gli ingegneri responsabili della progettazione di EDVAC – Presper Eckert e John Mauchly – nel 1950 realizzarono **UNIVAC** (*UNIVersal Automatic Computer*) (FIGURA 6), il primo computer regolarmente commercializzato: ne furono prodotte quasi 50 unità, vendute ciascuna a circa un milione di dollari.

FIGURA **6**

Con UNIVAC inizia l'era dei grandi computer di tipo *mainframe*, di cui i modelli più famosi sono senz'altro le serie **IBM S/360** (FIGURA 7), commercializzata a partire dalla metà degli anni Sessanta del secolo scorso, e **IBM S/370**, commercializzata a partire dal 1970.

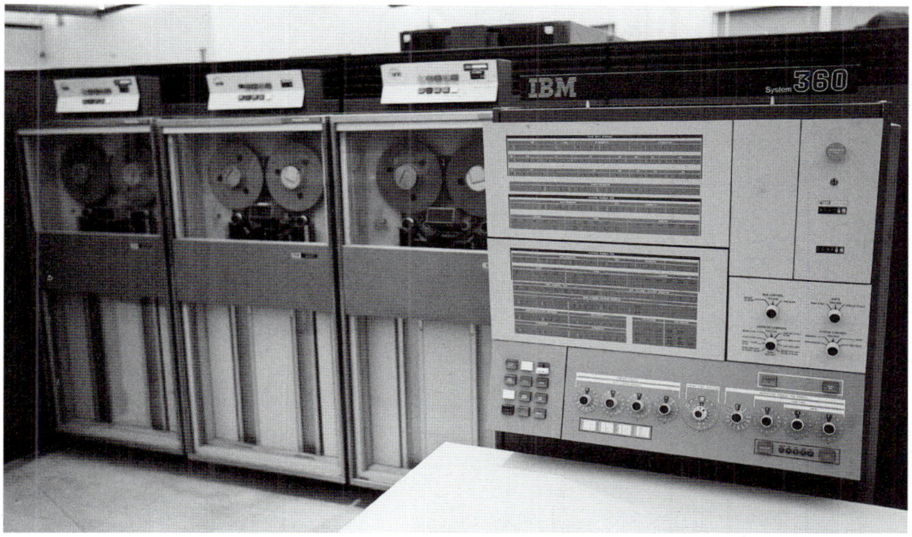

FIGURA **7**

FIGURA **8**

La diffusione dei computer di tipo *mainframe* ha caratterizzato soprattutto la prima fase dell'era informatica: a partire dal **1960**, infatti, la Digital iniziò la produzione della serie di computer **PDP** (*Programmed Data Processor*), i primi minicomputer: in FIGURA **8** è mostrato un minicomputer PDP-11 a cui stanno lavorando Dennis Ritchie e Ken Thompson, i creatori del sistema operativo Unix. Rispetto ai *mainframe* i minicomputer avevano dimensioni e costi ridotti e una maggiore facilità d'installazione e di utilizzazione, per cui divennero rapidamente il nuovo standard di riferimento del mercato informatico.

Pur non essendo Digital l'unica azienda produttrice di minicomputer, alcuni modelli PDP sono diventati leggendari: in particolare su un PDP-7 venne sviluppata presso i laboratori «Bell» dalla AT&T la prima versione del sistema operativo Unix e il PDP-11 ha rappresentato per oltre un decennio l'architettura di riferimento per molti testi d'informatica.

Nel 1971 l'italiano Federico Faggin realizzò in Intel il primo microprocessore integrato in un unico circuito elettronico (FIGURA 9).

Questo fondamentale risultato tecnologico fu il punto di partenza per la realizzazione di computer sempre più piccoli ed economici. Nel 1981 IBM iniziò la commercializzazione, a un prezzo di circa 1500 $, del suo primo **PC** (*Personal Computer*) (FIGURA 10), basato su microprocessore Intel 8088: l'ingresso della più grande azienda mondiale d'informatica nel mercato dei cosiddetti microcomputer sancì la rivoluzione del computer personale, prima sul posto di lavoro e successivamente a casa.

Il sistema operativo del PC IBM era il **DOS** (*Disk Operating System*) della Microsoft Corporation che, grazie al successo delle vendite del PC IBM,

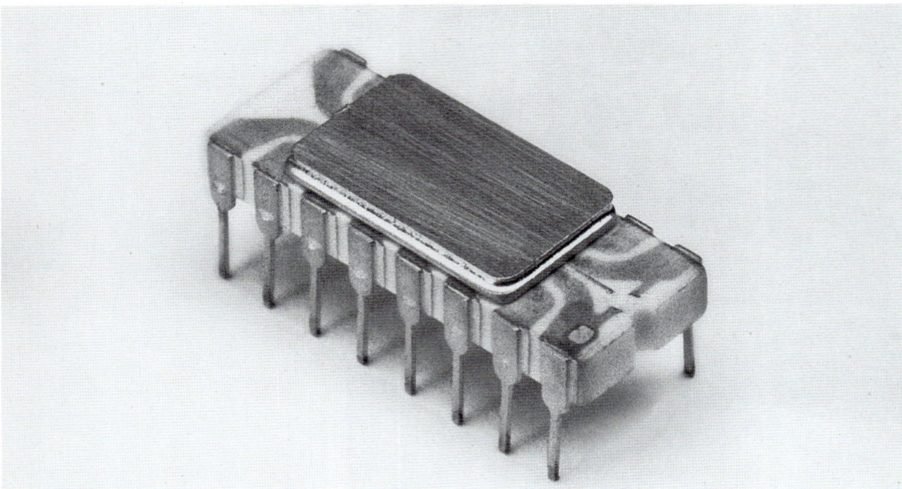

FIGURA 9

FIGURA 10

si affermò sul mercato divenendo in breve uno dei colossi dell'industria informatica.

Nel 1983 Apple mise sul mercato, a un prezzo di circa 10 000 $, **Lisa** (FIGURA 11), il primo computer con interfaccia grafica costituita da icone e finestre, sia pure in bianco e nero, e il mouse come dispositivo di puntamento: nonostante l'insuccesso commerciale, Lisa è stato il prototipo dei computer che tutti oggi utilizziamo.

FIGURA 11

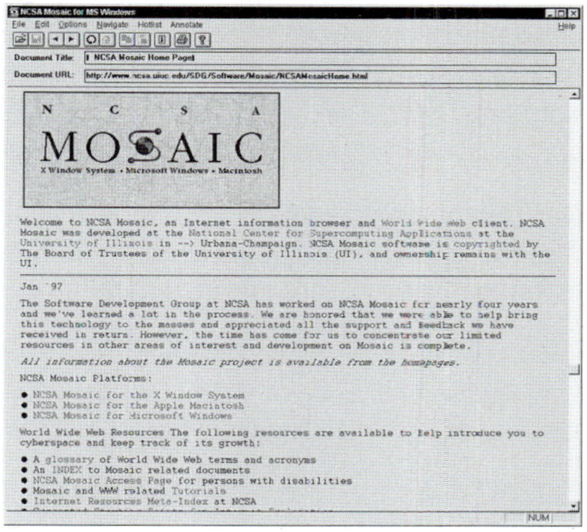

FIGURA 12

Oggi è inconcepibile pensare al computer come a uno strumento di calcolo e di elaborazione dati senza considerare il suo ruolo nella comunicazione, ma – per quanto la rete Internet esista fin dagli anni Settanta del secolo scorso – il *World Wide Web* è una realtà solo dal 1993, anno in cui il fisico inglese Tim Berners-Lee, presso i laboratori del CERN di Ginevra, mise a punto il linguaggio **HTML** (*Hyper-Text Mark-up Language*). La FIGURA 12 mostra il primo *browser* grafico: Mosaic, sviluppato presso i laboratori del National Center for Supercomputing Applications negli USA.

Chiudiamo questa breve storia del computer con la fotografia di un data-center di Google (FIGURA 13): decine di migliaia di computer eseguono i servizi invocati dagli utenti in rete e memorizzano i dati relativi.

FIGURA 13

I CONCETTI CHIAVE

LOGICA E SOFTWARE. La logica del filosofo greco Aristotele fonda la matematica occidentale, il cui sviluppo nei secoli ha portato, tra i molti risultati, allo sviluppo del software dei computer moderni.

ALGEBRA BOOLEANA E HARDWARE. La logica algebrica che è stata formalizzata da Boole nel XIX secolo è alla base della progettazione dell'hardware dei computer moderni.

CALCOLATRICI MECCANICHE. Le macchine calcolatrici realizzate nel XVII secolo da Pascal e da Leibniz rappresentano i primi passi nella storia del calcolo automatico.

MACCHINA ANALITICA. La Macchina analitica progettata da Babbage nel XIX secolo è il primo esempio di sistema programmabile in senso moderno.

MACCHINA DI VON NEUMANN. L'architettura dei computer attuali si basa sulle idee che von Neumann espose per la progettazione di EDVAC nel 1945.

UNIVAC. Nel 1950 UNIVAC fu il primo computer commerciale.

MAINFRAME. IBM dominò il mercato dei grandi *mainframe* negli anni Sessanta e Settanta del secolo scorso, soprattutto grazie alle serie S/360 ed S/370.

MINICOMPUTER. Digital fu la prima azienda – a partire dal 1960 con la serie PDP – a produrre minicomputer.

MICROPROCESSORE. Nel 1971 fu realizzato da Intel il primo microprocessore integrato.

PERSONAL COMPUTER. Il primo personal computer IBM del 1981 utilizzava il sistema operativo DOS di Microsoft.

INTERFACCIA UTENTE GRAFICA. Nel 1983 il Lisa della Apple fu il primo computer commerciale con interfaccia utente grafica.

WORLD WIDE WEB. Nel 1993 la nascita del *World Wide Web* segna il passaggio della rete Internet da un uso esclusivamente accademico e di ricerca a un uso aziendale e personale.

RETE E DATA-CENTER. Un data-center ospita tipicamente decine di migliaia di computer server per l'erogazione di servizi di rete e la memorizzazione di dati.

RIPASSA CON LA MAPPA

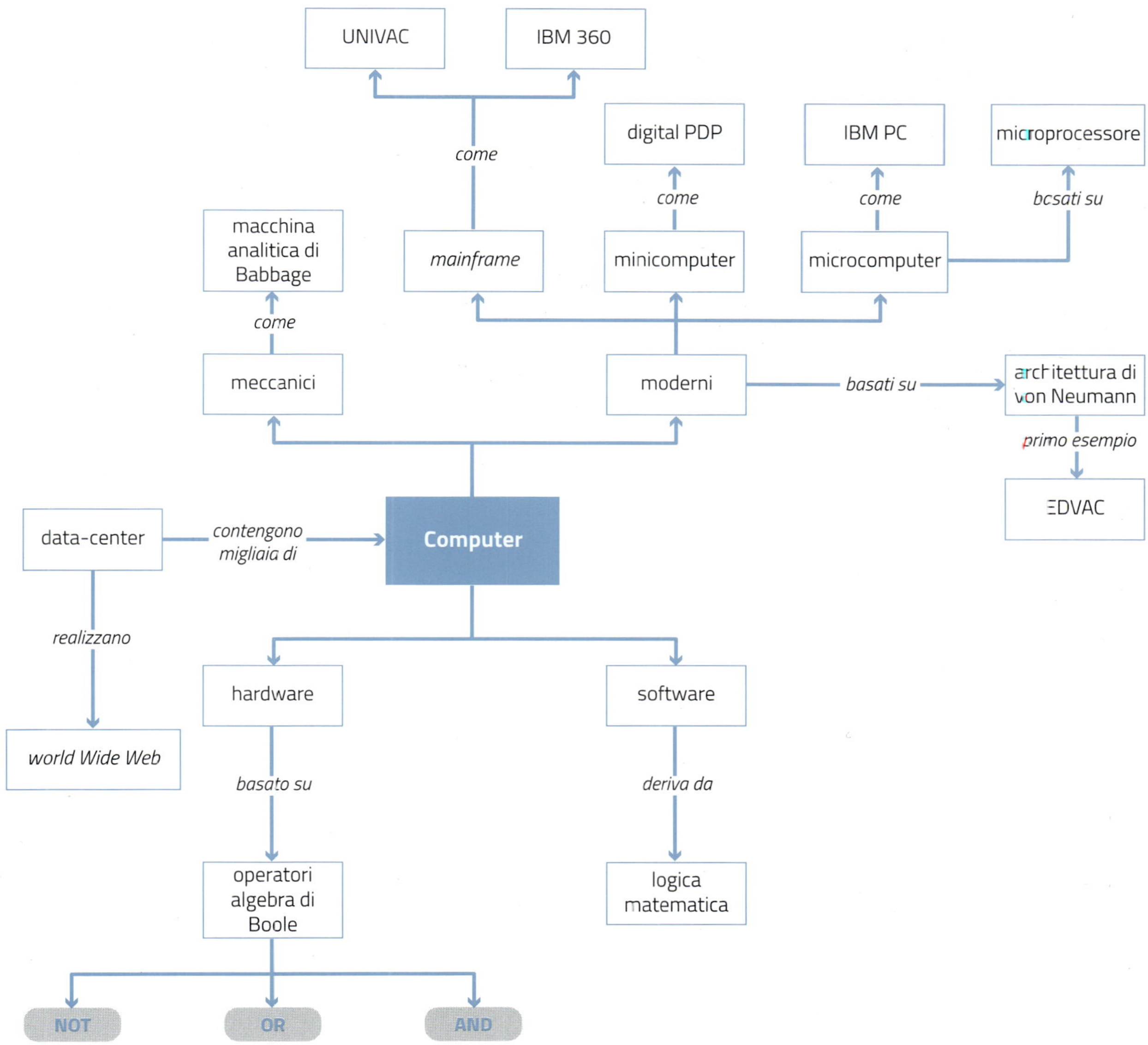

A2
Architettura del computer

Il 30 giugno 1945 il geniale matematico ungherese John von Neumann pubblicò un famoso rapporto propedeutico alla realizzazione del progetto EDVAC (*Electronic Discrete Variable Automatic Calculator*) presso la Scuola di Ingegneria Elettrica della Pennsylvania University a Filadelfia, negli Stati Uniti. L'immagine che segue mostra una pagina del progetto originale:

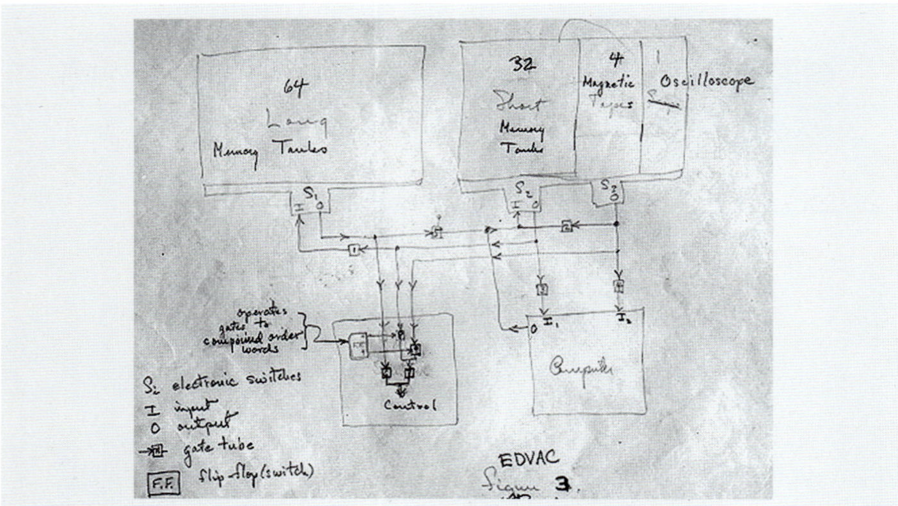

Il rapporto di von Neumann viene universalmente considerato il progetto logico dell'architettura del computer moderno e ancora oggi la struttura interna dei computer è realizzata sulla base delle idee di von Neumann. Ovviamente le tecnologie attuali sono completamente diverse da quelle degli anni Cinquanta del secolo scorso; la figura sotto mostra la fotografia di un moderno microprocessore per PC.

EDVAC è stato il primo computer a utilizzare una rappresentazione binaria dei numeri, ma l'idea realmente innovativa di von Neumann consiste nel concetto di «programma memorizzato»: la memoria del computer – oltre ai dati da elaborare e i risultati prodotti – contiene, codificate in formato numerico, anche le istruzioni di elaborazione, che possono essere di conseguenza facilmente modificate o sostituite, rendendo il computer lo strumento versatile che conosciamo.

1 La «macchina» di von Neumann

1.1 L'architettura

L'architettura del computer di von Neumann prevede due componenti fondamentali tra loro interconnesse:

- l'unità centrale di elaborazione denominata CPU (*Central Processing Unit*);
- la cosiddetta memoria ad accesso casuale[1] (RAM, *Random Access Memory*).

1. Il termine «casuale» indica che a ogni locazione della memoria si può accedere indipendentemente da tutte le altre.

La CPU è a sua volta composta dall'unità di controllo (CU, *Control Unit*), che sovrintende al funzionamento della macchina (in particolare al controllo della sequenza delle istruzioni da eseguire), e dall'unità aritmetico-logica (ALU, *Arithmetic-Logic Unit*), all'interno della quale si svolgono le operazioni specificate dalle istruzioni.

La memoria RAM è organizzata come una sequenza di locazioni – identificate da indirizzi consecutivi – ciascuna delle quali può contenere un numero intero che codifica un dato o un'istruzione.

La struttura di interconnessione tra CPU e RAM è costituita da un *bus* unidirezionale per gli indirizzi e da un *bus* bidirezionale per i dati e le istruzioni (FIGURA 1).

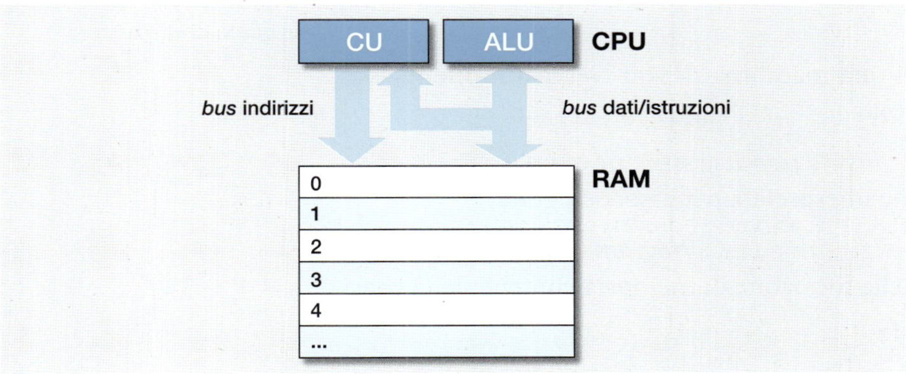

FIGURA 1

L'unità di controllo può richiedere alla memoria operazioni di lettura (trasferimento di dati o istruzioni dalla RAM alla CPU) o di scrittura (trasferimento di dati dalla CPU alla RAM). L'operazione richiesta coinvolge la locazione di memoria indirizzata dal numero inviato alla RAM mediante il *bus* indirizzi, mentre i dati (o le istruzioni) transitano da un'unità all'altra attraverso il *bus* dati/istruzioni.

Il numero di locazioni della memoria RAM è ovviamente finito, ma nei computer di fascia alta è piuttosto elevato (dell'ordine dei miliardi di byte). La dimensione della memoria si misura in multipli di byte che assumono le seguenti denominazioni:

1 Kilobyte (KB) = 1024 byte

1 Megabyte (MB) = 1024 KB = 1 048 576 byte
1 Gigabyte (GB) = 1024 MB = 1 073 741 824 byte
1 Terabyte (TB) = 1024 GB = 1 099 511 627 776 byte

L'uso della decima potenza di 2 ($1024 = 2^{10}$) rende più agevole l'uso di questi valori in formato binario e, al tempo stesso, i multipli non si discostano troppo dalle usuali potenze di 10 (1000, 1 000 000, 1 000 000 000, 1 000 000 000 000) a cui siamo abituati.

OSSERVAZIONE L'idea fondamentale che sta alla base della macchina ideata da von Neumann più di mezzo secolo fa e su cui ancora oggi è fondata l'architettura dei computer è la coesistenza in un'unica unità di memoria[2] sia dei dati da utilizzare per il calcolo, sia dei risultati intermedi e finali prodotti dall'esecuzione del calcolo, sia delle istruzioni che specificano i calcoli da effettuare sui dati memorizzati.
Tutte queste «informazioni» sono memorizzate nella memoria della macchina in formato numerico.

2. Negli anni Ottanta sono stati introdotti computer con architettura di tipo «Harvard» aventi memorie e bus separati per i dati e le istruzioni.

L'unità ALU comprende normalmente un registro, denominato **accumulatore**, per la memorizzazione temporanea del risultato di operazioni aritmetiche effettuate tra il contenuto numerico dello stesso accumulatore e quello di una specifica locazione di memoria individuata da un indirizzo, in simboli[3]:

$$\mathbf{A \leftarrow A \blacklozenge RAM[ind]}$$

3. Il simbolo ◆ rappresenta una qualsiasi delle operazioni aritmetiche che l'unità ALU è in grado di effettuare.

Completano l'architettura di una macchina di von Neumann due registri contenuti nell'unità di controllo:

- il **registro istruzioni** (**IR**, *Instruction Register*), dove un'istruzione prelevata dalla memoria viene interpretata per essere eseguita;
- il **registro contatore di programma** (**PC**, *Program Counter*), il cui valore individua l'indirizzo della locazione di memoria contenente la prossima istruzione da eseguire.

Il valore del registro PC viene automaticamente incrementato di una posizione – divenendo l'indirizzo della locazione successiva di memoria – nel corso dell'esecuzione da parte della CPU dell'istruzione stessa.

Il funzionamento di un computer è di conseguenza definito dalla seguente sequenza di fasi di lavoro che viene continuamente ripetuta:

- **FETCH**: l'istruzione contenuta nella locazione di memoria indirizzata dal valore del registro PC viene letta e copiata nel registro IR dell'unità di controllo; successivamente viene incrementato il valore del PC in modo da indirizzare l'istruzione successiva da eseguire;
- **EXECUTE**: l'istruzione presente nell'IR viene esaminata per riconoscere l'operazione che essa codifica e quindi eseguita.

I termini *fetch* (prelevamento) ed *execute* (esecuzione) identificano le due fasi del ciclo di funzionamento della CPU che un computer attuale è in grado di ripetere anche alcuni miliardi di volte al secondo.

OSSERVAZIONE Memorizzando ordinatamente le istruzioni che si intendono eseguire in locazioni successive della memoria RAM e stabilendo il valore iniziale del registro contatore di programma uguale all'indirizzo della prima di esse, si ottiene da parte del computer l'esecuzione automatica della sequenza di operazioni specificata dalle istruzioni. La sequenza di istruzioni da eseguire è denominata **programma**.

1.2 Le istruzioni

Ma quali istruzioni è in grado di eseguire un computer? La TABELLA 1 elenca e descrive un insieme di istruzioni minimo, ma sufficiente al funzionamento di una macchina di von Neumann la cui ALU sia in grado di eseguire le operazioni di addizione, sottrazione, moltiplicazione e divisione di numeri interi positivi e negativi e comprenda un registro accumulatore impiegato per le operazioni di lettura/scrittura dei dati dalla/nella memoria e per contenere i risultati delle operazioni aritmetiche.

TABELLA 1

Istruzione	Descrizione analitica	Descrizione sintetica
`LOD ind`	Carica il valore contenuto nella locazione di memoria di indirizzo *ind* nel registro accumulatore	A ← RAM[ind]
`LOD #num`	Carica direttamente il numero specificato nel registro accumulatore	A ← num
`STO ind`	Copia il valore contenuto nel registro accumulatore nella locazione di memoria di indirizzo *ind*	RAM[ind] ← A
`ADD ind`	Addiziona il valore contenuto nel registro accumulatore e il valore contenuto nella locazione di memoria di indirizzo *ind* calcolando la somma nel registro accumulatore	A ← A + RAM[ind]
`ADD #num`	Addiziona il valore contenuto nel registro accumulatore e il numero specificato calcolando la somma nel registro accumulatore	A ← A + num
`SUB ind`	Sottrae il valore contenuto nella locazione di memoria di indirizzo *ind* dal valore contenuto nel registro accumulatore calcolando la differenza nel registro accumulatore	A ← A – RAM[ind]
`SUB #num`	Sottrae il numero specificato dal valore contenuto nel registro accumulatore calcolando la differenza nel registro accumulatore	A ← A – num
`MUL ind`	Moltiplica il valore contenuto nel registro accumulatore con il valore contenuto nella locazione di memoria di indirizzo *ind* calcolando il prodotto nel registro accumulatore	A ← A × RAM[ind]
`MUL #num`	Moltiplica il valore contenuto nel registro accumulatore con il numero specificato calcolando il prodotto nel registro accumulatore	A ← A × num
`DIV ind`	Divide il valore contenuto nel registro accumulatore per il valore contenuto nella locazione di memoria di indirizzo *ind* calcolando il quoziente nel registro accumulatore (il quoziente è un numero intero anche se il valore contenuto in A non è divisibile per il valore contenuto nella memoria: in questo caso viene trascurato il «resto»)	A ← A : RAM[ind]

▶

Le istruzioni dei processori

L'insieme di istruzioni proposto nel testo ha un valore esclusivamente didattico. Pur basandosi sui concetti esposti, moderni processori hanno centinaia se non migliaia di istruzioni con modalità di accesso ai dati in memoria RAM diversificate. I processori attuali si dividono in due famiglie: i processori di tipo **CISC** (*Complex Instruction Set Computer*) hanno un «set» di istruzioni composto da migliaia di codici operativi distinti, mentre i processori di tipo **RISC** (*Reduced Instruction Set Computer*) hanno un «set» di istruzioni ridotto di poche centinaia di codici operativi.

Istruzione	Descrizione analitica	Descrizione sintetica
`DIV #num`	Divide il valore contenuto nel registro accumulatore per il numero specificato calcolando il quoziente nel registro accumulatore (il quoziente è un numero intero anche se il valore contenuto in A non è divisibile per il numero specificato: in questo caso viene trascurato il «resto»)	A ← A : num
`JMP ind`	Inserisce il valore *ind* nel registro PC (la prossima istruzione eseguita sarà l'istruzione contenuta nella locazione di memoria avente indirizzo *ind*, anziché l'istruzione contenuta nella posizione di memoria successiva a quella contenente questa istruzione)	PC ← ind
`JMZ ind`	Inserisce il valore *ind* nel registro PC se il contenuto del registro accumulatore è **zero** (in questo caso la prossima istruzione eseguita sarà l'istruzione contenuta nella locazione di memoria avente indirizzo *ind*, altrimenti sarà l'istruzione contenuta nella locazione di memoria successiva a quella contenente questa istruzione)	Se A è zero allora PC ← ind
`NOP`	Operazione nulla	
`HLT`	Interrompe il ciclo di funzionamento della macchina	

ESEMPIO

Il seguente programma – memorizzato nella RAM a partire dall'indirizzo 0 – effettua il prodotto del numero N inizialmente contenuto nella locazione di indirizzo 100 con il suo successore $N + 1$ e memorizza il risultato nella locazione di indirizzo 101:

```
0. LOD 100
1. ADD #1
2. MUL 100
3. STO 101
4. HLT
```

Per comprenderne il funzionamento è utile «tracciare» in una tabella (TABELLA 2) le variazioni del contenuto del registro contatore di programma dell'unità di controllo, del registro accumulatore dell'unità ALU e delle locazioni di memoria interessate durante l'esecuzione del programma, nell'ipotesi che inizialmente la locazione di indirizzo 100 della RAM contenga il valore «9».

TABELLA 2

PC	Istruzione	A	RAM[100]	RAM[101]
0		?	9	?
1	A ← RAM[100]	9	9	?
2	A ← A + 1	10	9	?
3	A ← A × RAM[100]	90	9	?
4	RAM[101] ← A	90	9	90
5	–	90	9	90

OSSERVAZIONE Il registro PC contiene sempre l'indirizzo della prossima istruzione da eseguire. Esso viene incrementato prima dell'esecuzione dell'istruzione presente nel registro IR (prelevata dalla locazione di memoria indirizzata dal precedente valore del registro PC stesso), di conseguenza nella tabella di traccia risulta sfalsato di una locazione rispetto all'istruzione corrispondente. Normalmente quindi un programma viene eseguito in modo sequenziale.

OSSERVAZIONE Gli indirizzi di memoria 100 e 101 potrebbero rappresentare locazioni speciali il cui contenuto viene in realtà fornito da un dispositivo di input, come per esempio una tastiera, o a un dispositivo di output, per esempio un monitor. L'**unità di input/output** dei dati e dei risultati costituisce il terzo componente che von Neumann aveva previsto nel progetto logico della sua macchina.

ESEMPIO

Il seguente programma – memorizzato nella RAM a partire dall'indirizzo 0 – determina la metà del numero *N* inizialmente contenuto nella locazione di indirizzo 100 se esso è pari, altrimenti – se *N* è dispari – determina il successore del suo triplo e memorizza il risultato nella locazione di indirizzo 101:

```
 0. LOD 100
 1. DIV #2
 2. MUL #2
 3. STO 200
 4. LOD 100
 5. SUB 200
 6. JMZ 11
 7. LOD 100
 8. MUL #3
 9. ADD #1
10. JMP 13
11. LOD 100
12. DIV #2
13. STO 101
14. HALT
```

Dovendo diversificare il comportamento del programma per i numeri pari e i numeri dispari, le istruzioni in colore sono eseguite in modo alternativo: le istruzioni contenute nelle locazioni di memoria dall'indirizzo 7 all'indirizzo 9 nel caso che il numero sia dispari, le istruzioni contenute nelle locazioni di memoria dall'indirizzo 11 all'indirizzo 12 nel caso che sia pari; le istruzioni in nero sono eseguite in entrambe le situazioni e in particolare quelle contenute nelle locazioni di memoria dall'indirizzo 0 all'indirizzo 6 determinano se il numero è pari o dispari, calcolando il resto della sua divisione per 2 e sfruttando la caratteristica della ALU di effettuare esclusivamente calcoli con numeri interi. Il confronto tra le tabelle di tracciatura dei valori contenuti nel registro accumulatore dell'unità ALU e nelle locazioni di memoria interessate in due situazioni iniziali diverse – nel primo caso la locazione di indirizzo 100 della RAM contiene il valore «12» (pari), nel secondo caso il valore «13» (dispari) – consente di comprendere come le istruzioni di «salto» (*jump*) alterano il meccanismo di incremento sequenziale del registro PC (TABELLE 3 e 4).

TABELLA 3

PC	Istruzione	A	RAM[100]	RAM[101]	RAM[200]
0		?	12	?	?
1	A ← RAM[100]	12	12	?	?
2	A ← A : 2	6	12	?	?
3	A ← A × 2	12	12	?	?
4	RAM[200] ← A	12	12	?	12
5	A ← RAM[100]	12	12	?	12
6	A ← A – RAM[200]	0	12	?	12
7	Se A è 0 allora PC ← 11	0	12	?	12
12	A ← RAM[100]	12	12	?	12
13	A ← A : 2	6	12	?	12
14	RAM[101] ← A	6	12	6	12
15	–	6	12	6	12

▶

TABELLA **4**

PC	Istruzione	A	RAM[100]	RAM[101]	RAM[200]
0		?	13	?	?
1	A ← RAM[100]	13	13	?	?
2	A ← A : 2	6	13	?	?
3	A ← A × 2	12	13	?	?
4	RAM[200] ← A	12	13	?	12
5	A ← RAM[100]	13	13	?	12
6	A ← A – RAM[200]	1	13	?	12
7	Se A è 0 allora PC ← 11	1	13	?	12
8	A ← RAM[100]	13	13	?	12
9	A ← A × 3	39	13	?	12
10	A ← A + 1	40	13	?	12
11	PC ← 13	40	13	?	12
14	RAM[101] ← A	40	13	40	12
15	–	40	13	40	12

OSSERVAZIONE L'istruzione JMP è nota come **salto incondizionato**, in quanto il valore del registro contatore di programma viene modificato in ogni caso, mentre l'istruzione JMZ è nota come **salto condizionato** perché il valore del registro contatore di programma viene modificato solo se sussiste una specifica condizione (in questo caso data dal fatto che il contenuto del registro accumulatore sia il valore «0»).

ESEMPIO

Il seguente programma – memorizzato nella RAM a partire dall'indirizzo 0 – determina la somma dei primi *N* numeri, con il valore *N* inizialmente contenuto nella locazione di indirizzo 100 e memorizza il risultato nella locazione di indirizzo 101:

```
0. LOD 100
1. STO 101
2. SUB #1
3. STO 100
4. JMZ 9
5. ADD 101
6. STO 101
7. LOD 100
8. JMP 2
9. HLT
```

Dovendo ripetere nel programma più volte il calcolo della somma, le istruzioni in colore sono eseguite in modo ripetuto fino a che il valore da sommare – che viene di volta in volta decrementato di una unità – non diventa «0».
L'analisi della tabella di traccia dell'esecuzione del programma (TABELLA **5**), compilata nell'ipotesi che inizialmente la locazione di indirizzo 100 della RAM contenga il valore «4» (la somma dei primi 4 numeri è 1 + 2 + 3 + 4 = 10), permette di comprendere come le istruzioni di «salto» (*jump*) consentano di costruire un «ciclo» di istruzioni ripetuto un determinato numero di volte.

TABELLA **5**

PC	Istruzione	A	RAM[100]	RAM[101]
0		?	4	?
1	A ← RAM[100]	4	4	?
2	RAM[101] ← A	4	4	4

▶

PC	Istruzione	A	RAM[100]	RAM[101]
3	A ← A − 1	3	4	4
4	RAM[100] ← A	3	3	4
5	Se A è zero allora PC ← 9	3	3	4
6	A ← A + RAM[101]	7	3	4
7	RAM[101] ← A	7	3	7
8	A ← RAM[100]	3	3	7
9	PC ← 2	3	3	7
3	A ← A − 1	2	3	7
4	RAM[100] ← A	2	2	7
5	Se A è zero allora PC ← 9	2	2	7
6	A ← A + RAM[101]	9	2	7
7	RAM[101] ← A	9	2	9
8	A ← RAM[100]	2	2	9
9	PC ← 2	2	2	9
3	A ← A − 1	1	2	9
4	RAM[100] ← A	1	1	9
5	Se A è zero allora PC ← 9	1	1	9
6	A ← A + RAM[101]	10	1	9
7	RAM[101] ← A	10	1	10
8	A ← RAM[100]	1	1	10
9	PC ← 2	1	1	10
3	A ← A − 1	0	1	10
4	RAM[100] ← A	0	0	10
5	Se A è zero allora PC ← 9	0	0	10
10	–	0	0	10

OSSERVAZIONE Il programma dell'esempio precedente illustra una tecnica di programmazione della macchina di von Neumann molto utile; le locazioni di memoria di indirizzo 100 e 101 sono utilizzate ciascuna per memorizzare nel corso del calcolo i risultati intermedi: la locazione di indirizzo 101 contiene il risultato parziale della somma, mentre quella di indirizzo 100 contiene il prossimo valore da sommare e, diminuendo fino a divenire 0, determina la fine della ripetizione del calcolo stesso.

Gli esempi precedenti mostrano come la semplice architettura funzionale della macchina di von Neumann sia in grado di risolvere problemi di vario tipo nel campo dell'aritmetica[4].

Ma come sono rappresentate le istruzioni che compongono un programma nelle locazioni della memoria RAM che possono contenere esclusivamente numeri interi?

A ogni istruzione è associato un codice numerico – usualmente chiamato **codice operativo** – che le identifica: le istruzioni che devono specificare un

4. In realtà si può dimostrare che essa è estremamente più potente: è infatti capace di risolvere un qualsiasi problema di matematica ammesso che esso sia risolvibile!

valore numerico o un indirizzo di memoria hanno un codice numerico composto dal codice operativo più una parte variabile che consente di specificare il numero o l'indirizzo. Le istruzioni della macchina di von Neumann che abbiamo utilizzato negli esempi precedenti potrebbero essere – supponendo di limitare gli indirizzi delle locazioni di memoria e i numeri che esse possono contenere ai valori compresi tra 0 e 999 – codificate come nella TABELLA 6.

TABELLA 6

Istruzione	Codice operativo	Esempio
LOD ind	**4**.ind	LOD 100 → 4100
LOD #num	**20**.num	LOD #10 → 20 010
STO ind	**5**.ind	STO 101 → 5101
ADD ind	**0**.ind	ADD 100 → 0.100
ADD #num	**16**.num	ADD #1 → 16 001
SUB ind	**1**.ind	SUB 100 → 1100
SUB #num	**17**.num	SUB #1 → 17 001
MUL ind	**2**.ind	MUL 100 → 2100
MUL #num	**18**.num	MUL #2 → 18 002
DIV ind	**3**.ind	DIV 100 → 3100
DIV #num	**19**.num	DIV #2 → 19 002
JMP ind	**12**.ind	JMP 10 → 12 010
JMZ ind	**13**.ind	JMZ 10 → 13 010
NOP	**14**.000	
HLT	**15**.000	

ESEMPIO

Il programma che calcola la somma dei primi *N* numeri

```
0. LOD 100
1. STO 101
2. SUB #1
3. STO 100
4. JMZ 9
5. ADD 101
6. STO 101
7. LOD 100
8. JMP 2
9. HLT
```

viene memorizzato nella RAM della macchina di von Neumann nel seguente modo:

Indirizzo	Istruzione
0	4100
1	5101
2	17 001
3	5100
4	13 009
5	101
6	5101
7	4100
8	12 002
9	15 000

La tecnologia del computer

Con l'avvento dei dispositivi SSD (*Solid State Drive*) viene eliminato l'ultimo componente elettromeccanico dai computer moderni trasformandoli in dispositivi basati esclusivamente su tecnologia elettronica. Quest'ultimo passaggio rappresenta il punto di arrivo di un percorso lungo più di sessant'anni in cui – ferma restando l'architettura di funzionamento concepita da von Neumann – le tecnologie di realizzazione dei computer sono cambiate più volte: dalle grandi macchine con CPU a valvole e memoria RAM costituita da ferriti magnetiche tipiche degli anni Cinquanta e Sessanta fino all'avvento del microprocessore negli anni Ottanta, passando dai computer basati su componenti elettronici a semiconduttore degli anni Settanta. Nei decenni più recenti è incredibilmente aumentata la capacità di condensare funzionalità in un unico circuito integrato: in particolare un microprocessore attuale comprende al proprio interno più CPU e una quantità non minimale di memoria *cache*.

È compito dell'unità di controllo della CPU leggere il codice numerico dell'istruzione contenuto nella locazione di memoria indirizzata dal registro PC e interpretarlo al fine di eseguire l'operazione specificata.

OSSERVAZIONE La memoria RAM di un computer contiene esclusivamente numeri, alcuni dei quali codificano le istruzioni del programma da eseguire, mentre altri rappresentano i valori a cui si applicano le operazioni aritmetiche specificate dalle istruzioni eseguite.

La legge di Moore

Uno dei cofondatori di Intel, Gordon Moore, nel 1965 predisse che ogni due anni il numero di transistor integrabili in un unico circuito delle stesse dimensioni e dello stesso prezzo sarebbe raddoppiato, avendo come conseguenza indiretta il raddoppio (a parità di costo) delle prestazioni, o il dimezzamento del prezzo (a parità di prestazioni) dei dispositivi elettronici ogni due anni. Almeno fino a oggi questa legge empirica si è dimostrata un'esatta predizione.

2 La struttura del computer

Pur mantenendo praticamente immutato il principio di funzionamento della macchina di von Neumann, i computer attuali hanno una struttura interna molto più complessa; in FIGURA 2 è illustrato il tipico schema organizzativo di un personal computer portatile.

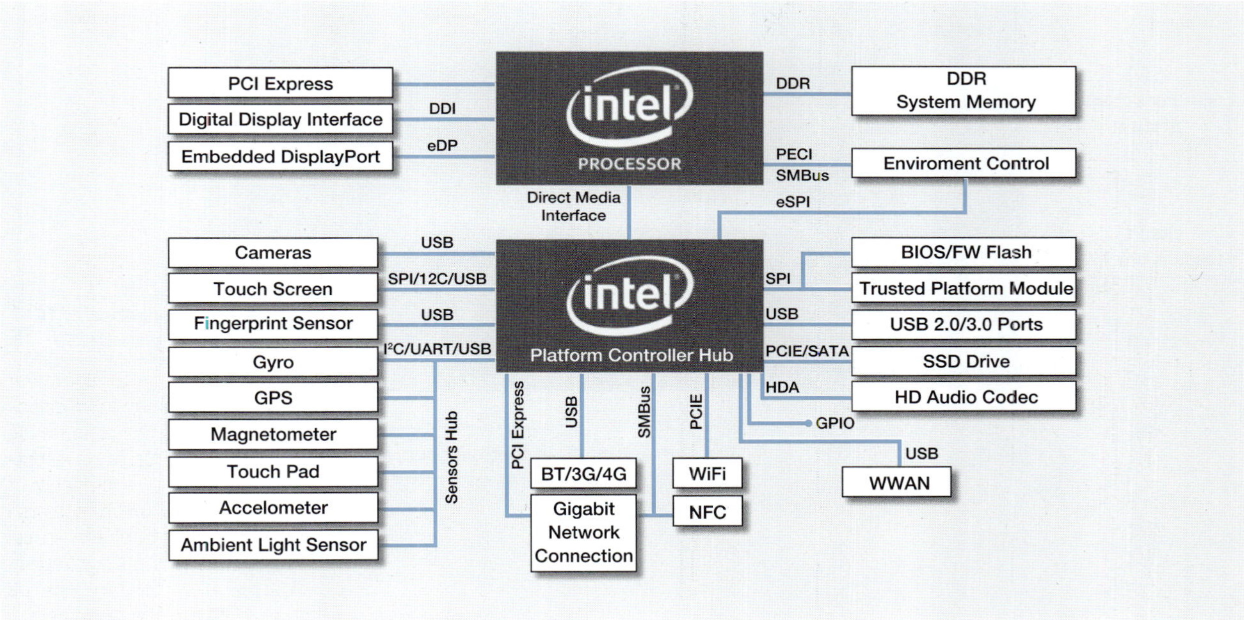

FIGURA 2

Al processore sono connessi direttamente i dispositivi con interazione veloce (gli *slot* per la memoria RAM e la scheda grafica); i processori moderni, oltre a una o più CPU, comprendono una scheda grafica incorporata, mentre i dispositivi con interazione più lenta (i dischi, la rete *Ethernet* e WiFi, la scheda audio, le porte USB, ...) sono connessi allo hub, che è a sua volta connesso al processore.

OSSERVAZIONE Rispetto al progetto logico di von Neumann la complessità aggiuntiva dei computer attuali è dovuta principalmente alla gestione dei numerosi e diversificati dispositivi interni ed esterni di input e di output, ma – anche se la tecnologia moderna consente di ripeterlo molto velocemente – il ciclo *fetch-execute* è ancora alla base del funzionamento dei computer che utilizziamo.

Sulla *motherboard* di un personal computer (FIGURA 3) si trovano tutti i componenti riportati nello schema precedente.

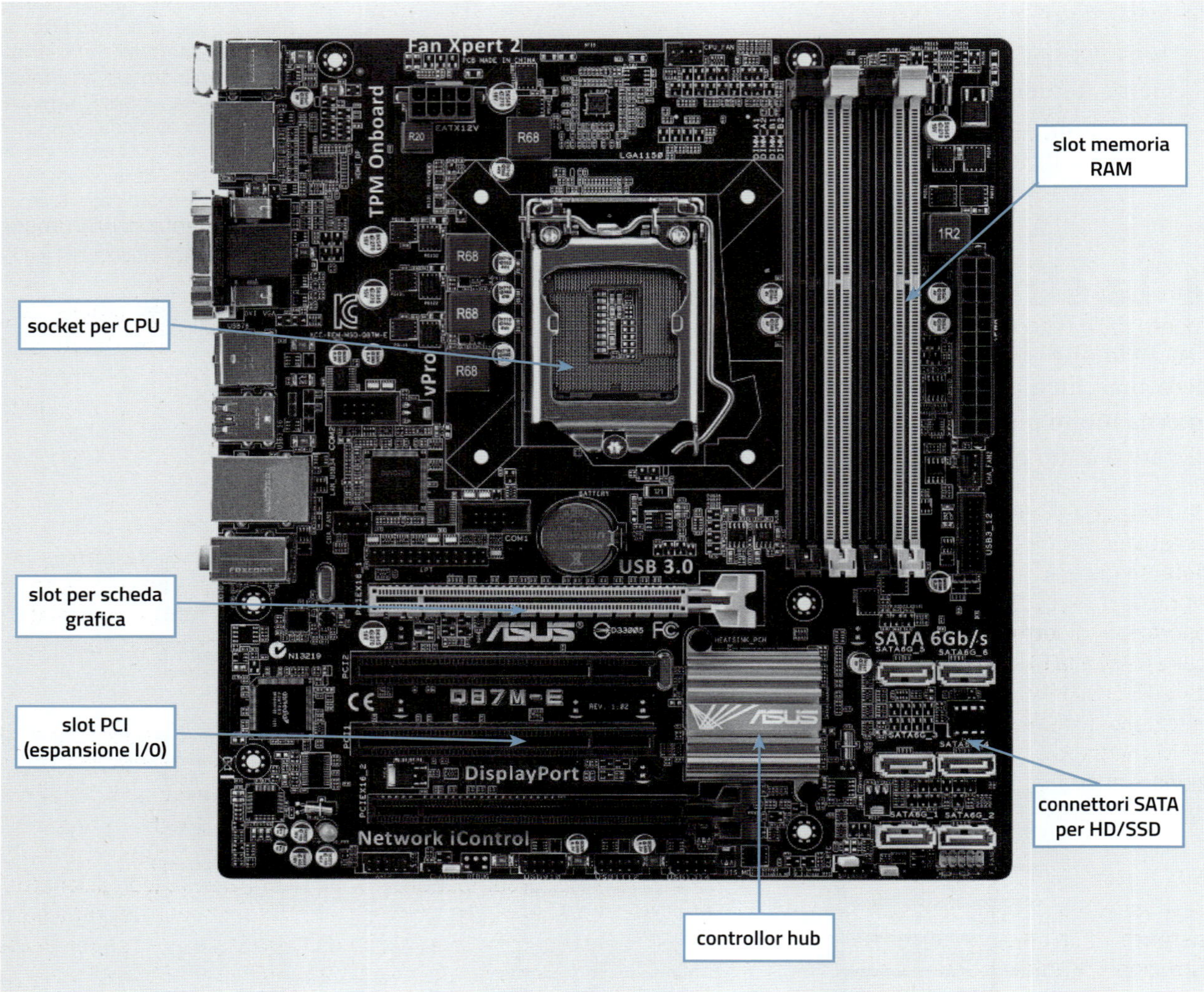

FIGURA 3

I CONCETTI CHIAVE

COMPUTER DI VON NEUMANN. La struttura dei moderni computer è stata ideata alla metà degli anni Quaranta dal matematico John von Neumann.

ARCHITETTURA DEL COMPUTER. L'architettura del computer di von Neumann prevede due componenti fondamentali tra loro interconnesse:

- **unità centrale di elaborazione** (**CPU**);
- **memoria** (**RAM**).

UNITÀ CENTRALE. La CPU, a sua volta, è composta dall'**unità di controllo** (**CU**) che sovrintende al funzionamento della macchina – in particolare al controllo della sequenza delle istruzioni da eseguire – e dall'**unità aritmetico-logica** (**ALU**) all'interno della quale si svolgono le operazioni specificate dalle istruzioni.

MEMORIA RAM. La memoria RAM è organizzata come una sequenza di locazioni, numerate con indirizzi consecutivi a partire da 0, ciascuna delle quali può contenere un numero intero che codifica un dato o un'istruzione. L'unità di controllo può richiedere alla memoria operazioni di lettura (trasferimento di dati o istruzioni dalla RAM alla CPU) o di scrittura (trasferimento di dati dalla CPU alla RAM). L'operazione richiesta coinvolge la locazione di memoria indirizzata dal numero inviato alla RAM mediante il *bus* indirizzi, mentre i dati (o le istruzioni) transitano da un'unità all'altra attraverso il *bus* dati/istruzioni.

MEMORIA UNICA. L'idea fondamentale che sta alla base della macchina ideata da von Neumann è la coesistenza in un'unica unità di memoria dei dati e delle istruzioni che specificano i calcoli da effettuare sui dati memorizzati: entrambe queste informazioni sono memorizzate nella memoria della macchina in formato numerico.

UNITÀ ARITMETICO-LOGICA. L'unità ALU comprende normalmente un registro accumulatore per contenere i valori numerici ai quali applicare le operazioni aritmetiche e il risultato delle stesse.

UNITÀ DI CONTROLLO. Completano l'architettura di una macchina di von Neumann due registri contenuti nell'unità di controllo:

- **registro istruzioni** (**IR**), dove un'istruzione prelevata dalla memoria viene interpretata per essere eseguita;
- **registro contatore di programma** (**PC**), il cui valore individua l'indirizzo della locazione di memoria contenente la prossima istruzione da eseguire.

CICLO *FETCH-EXECUTE*. Il funzionamento di un computer è quindi descritto dalla seguente sequenza di fasi di lavoro che viene ripetuta in continuazione:

- lettura dalla memoria dell'istruzione contenuta nella locazione indirizzata dal valore del registro PC e incremento di una unità del valore del registro PC (*fetch*);
- esecuzione dell'operazione specificata dall'istruzione (*execute*).

PROGRAMMA. Memorizzando ordinatamente le istruzioni che si intendono eseguire in locazioni successive della memoria RAM e stabilendo il valore iniziale del registro PC uguale all'indirizzo della prima di esse, si ottiene da parte del computer l'esecuzione automatica della sequenza di operazioni (il programma) specificata dalle istruzioni.

ISTRUZIONI. Oltre alle istruzioni che specificano le operazioni aritmetiche da eseguirsi da parte della ALU, una macchina di von Neumann dispone di istruzioni per la lettura/scrittura dei dati dalla/nella memoria, di istruzioni per l'inserimento diretto di valori numerici nell'accumulatore e di istruzioni di salto (condizionate o meno dal risultato dell'ultima operazione eseguita dalla ALU), che consentono di interrompere la sequenzialità dell'esecuzione del programma da parte dell'unità di controllo al fine di realizzare percorsi alternativi e/o cicli di esecuzione delle istruzioni stesse.

COMPUTER MODERNI. I computer attuali hanno una struttura più complessa della macchina di von Neumann, in particolare per quanto riguarda la gestione dell'**input/output**, ma il principio di funzionamento è esattamente lo stesso.

RIPASSA CON LA MAPPA

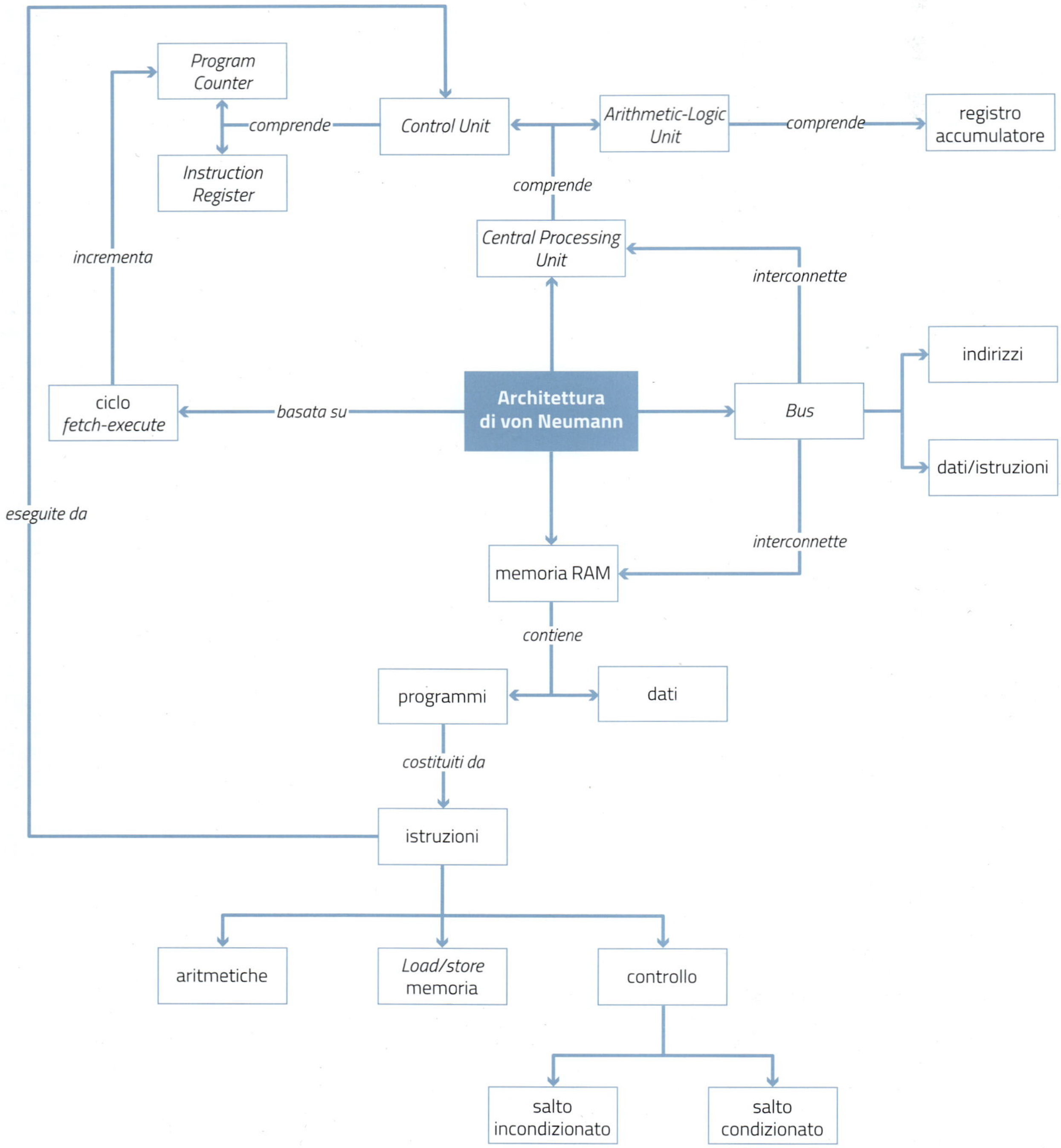

SPIEGA IN UNA PAGINA

1 **Descrivere, anche includendo rappresentazioni grafiche, l'architettura e il funzionamento del computer ideato da von Neumann.**

QUESITI A RISPOSTA APERTA

2 **Quali sono i componenti fondamentali del computer di von Neumann?**

3 **Quali sono le fasi del ciclo di funzionamento del computer di von Neumann?**

4 **Quali sono le differenze fondamentali tra un computer moderno e il computer di von Neumann?**

5 **Che cosa possono contenere le locazioni della memoria RAM del computer di von Neumann?**

6 **Quali sono le operazioni che la CPU del computer di von Neumann può effettuare con la memoria RAM?**

TEST A RISPOSTA MULTIPLA

7 **Come sono memorizzati i dati e le istruzioni nella memoria RAM?**

A Entrambi in formato numerico.
B I dati in formato numerico, le istruzioni in formato alfabetico.
C Le istruzioni in formato alfabetico, il formato dei dati cambia in funzione del tipo.
D Le istruzioni in formato numerico, il formato dei dati cambia in funzione del tipo.

8 **Che cosa contiene il registro PC subito dopo l'esecuzione dell'istruzione** `JMP 100`**?**

A 100.
B L'indirizzo della locazione in cui si trova l'istruzione stessa.
C L'indirizzo della locazione in cui si trova l'istruzione aumentato di 1.
D Non è possibile stabilirlo senza conoscere le altre istruzioni del programma.

9 **Che cosa contiene il registro PC subito dopo l'esecuzione dell'istruzione** `JMZ 10`**?**

A 10.
B L'indirizzo della locazione in cui si trova l'istruzione stessa.
C L'indirizzo della locazione in cui si trova l'istruzione aumentato di 10.
D Non è possibile stabilirlo senza conoscere il contenuto del registro accumulatore.

10 **Le seguenti affermazioni sono vere o false?**

A. Il registro IR contiene un operando o il risultato di un'operazione aritmetica. V F
B. Il registro PC contiene l'indirizzo della prossima istruzione da eseguire. V F
C. Il registro A contiene il codice operativo dell'istruzione da eseguire. V F

PROBLEMI

11 **Che cosa contiene il registro accumulatore della ALU dopo l'esecuzione delle seguenti istruzioni?**

```
LOD #1
MUL #2
STO 100
MUL 100
```

12 **La seguente tabella rappresenta lo stato di alcune locazioni della memoria RAM:**

Indirizzo	Contenuto
100	10
101	0
102	1

Rappresentare lo stato delle tre locazioni di memoria dopo l'esecuzione delle seguenti istruzioni:

```
LOD 100
STO 101
LOD #10
STO 102
```

13 **Scrivere un programma per il computer di von Neumann che converta la temperatura espressa in °C specificata nella locazione di memoria di indirizzo 100 in una temperatura espressa in °F nella locazione di memoria di indirizzo 101 (per convertire °C in °F occorre moltiplicare per 9, dividere per 5 e sommare 32; esempio: 100 °C = 100 × 9 : 5 + 32 = 900 : 5 + 32 = = 180 + 32 = 212 °F).**

14 Scrivere un programma per il computer di von Neumann che calcoli la somma dei quadrati di due numeri inizialmente contenuti rispettivamente nelle locazioni di memoria di indirizzi 100 e 101 memorizzando il risultato nella locazione di indirizzo 102.

15 Scrivere un programma per il computer di von Neumann che calcoli il quadrato di un numero *N* inizialmente contenuto nella locazione di memoria di indirizzo 100, memorizzando il risultato nella locazione di memoria di indirizzo 101.

16 Scrivere un programma per il computer di von Neumann che calcoli il fattoriale[5] di un numero *N* inizialmente contenuto nella locazione di memoria di indirizzo 100, memorizzando il risultato nella locazione di memoria di indirizzo 101.

17 Scrivere un programma per il computer di von Neumann che calcoli la potenza X^Y dei numeri *X* e *Y* inizialmente contenuti rispettivamente nelle locazioni di memoria di indirizzi 100 e 101 memorizzando il risultato nella locazione di indirizzo 102.

18 Scrivere un programma per il computer di von Neumann che verifichi se un numero *N* inizialmente contenuto nella locazione di memoria 100 è un multiplo di 11; in caso affermativo dovrà inserire il valore 1 («vero») nella locazione di memoria di indirizzo 101, in caso negativo dovrà inserirvi il valore 0 («falso»).

19 Scrivere un programma per il computer di von Neumann che verifichi se un numero *N* inizialmente contenuto nella locazione di memoria 100 sia divisibile per uno dei seguenti numeri: 2, 3, 5 o 7; in caso affermativo dovrà inserire il valore 1 («vero») nella locazione di memoria di indirizzo 101, in caso negativo dovrà inserirvi il valore 0 («falso»).

20 Scrivere un programma per il computer di von Neumann che verifichi se un numero *N* inizialmente contenuto nella locazione di memoria 100 è o meno primo[6]; in caso affermativo dovrà inserire il valore 1 («vero») nella locazione di memoria di indirizzo 101, in caso negativo dovrà inserirvi il valore 0 («falso»).

5. Il fattoriale di un numero naturale *N* (in simboli *N!*) è il prodotto di tutti i numeri naturali compresi tra 1 e *N* (*N* incluso); per definizione 0! = 1.
6. Per definizione un numero naturale *N* è primo se non è divisibile per nessuno dei numeri compresi tra 2 e *N*–1 inclusi.

21 Scrivere un programma per il computer di von Neumann che verifichi se un numero *N* inizialmente contenuto nella locazione di memoria 100 è o meno una potenza di 2; in caso affermativo dovrà inserire il valore 1 («vero») nella locazione di memoria di indirizzo 101, in caso negativo dovrà inserirvi il valore 0 («falso»).

22 L'ordine di grandezza di un numero intero è il numero di volte per cui è possibile dividere il numero stesso per 10 prima di ottenere 0 come risultato (esempio: 123 → 123 : 10 = 12 → 12 : 10 = 1 → 1/10 = 0, l'ordine di grandezza è 2). Scrivere un programma per il computer di von Neumann che determini l'ordine di grandezza di un numero *N* inizialmente contenuto nella locazione di memoria di indirizzo 100 inserendo il risultato nella locazione di memoria di indirizzo 101.

CASI PRATICI

23 Simulare il funzionamento del seguente programma per il computer di von Neumann realizzando più tabelle di traccia:

```
0.  LOD 100
1.  DIV 101
2.  MUL 101
3.  STO 102
4.  LOD 100
5.  SUB 102
6.  STO 103
7.  HLT
```

Che cosa calcola il programma nella locazione di memoria di indirizzo 103 a partire dai dati contenuti nelle locazioni di memoria di indirizzo 100 e 101?

24 Simulare il funzionamento del seguente programma per il computer di von Neumann realizzando più tabelle di traccia:

```
0.  LOD #0
1.  STO 103
2.  LOD 100
3.  JMZ 22
4.  LOD 100
5.  DIV #2
6.  MUL #2
7.  STO 99
8.  LOD 100
```

```
 9.  SUB 99
10.  JMZ 14
11.  LOD 103
12.  ADD 101
13.  STO 103
14.  LOD 100
15.  DIV #2
16.  STO 100
17.  LOD 101
18.  MUL #2
19.  STO 101
20.  LOD 100
21.  JMP 3
22.  HLT
```

Che cosa calcola il programma nella locazione di memoria di indirizzo 103 a partire dai dati contenuti nelle locazioni di memoria di indirizzo 100 e 101?

25 Simulare il funzionamento del seguente programma per il computer di von Neumann realizzando più tabelle di traccia:

```
 0.  LOD 100
 1.  DIV 101
 2.  MUL 101
 3.  STO 99
 4.  LOD 100
 5.  SUB 99
 6.  STO 102
 7.  JMZ 13
 8.  LOD 101
 9.  STO 100
10.  LOD 102
11.  STO 101
12.  JMP 0
13.  HLT
```

Che cosa calcola il programma nella locazione di memoria di indirizzo 101 a partire dai dati contenuti nelle locazioni di memoria di indirizzo 100 e 101?

26 Simulare il funzionamento del seguente programma per il computer di von Neumann realizzando più tabelle di traccia:

```
 0.  LOD 101
 1.  JMZ 12
 2.  LOD 100
 3.  STO 102
 4.  LOD 101
 5.  SUB #1
 6.  STO 101
 7.  JMZ 14
 8.  LOD 102
 9.  ADD 100
10.  STO 102
11.  JMP 4
12.  LOD #0
13.  STO 102
14.  HLT
```

Che cosa calcola il programma nella locazione di memoria di indirizzo 102 a partire dai dati contenuti nelle locazioni di memoria di indirizzo 100 e 101?

27 Scrivere un programma per il computer di von Neumann che implementi l'algoritmo definito dal seguente diagramma a blocchi e determinare lo scopo dell'algoritmo.

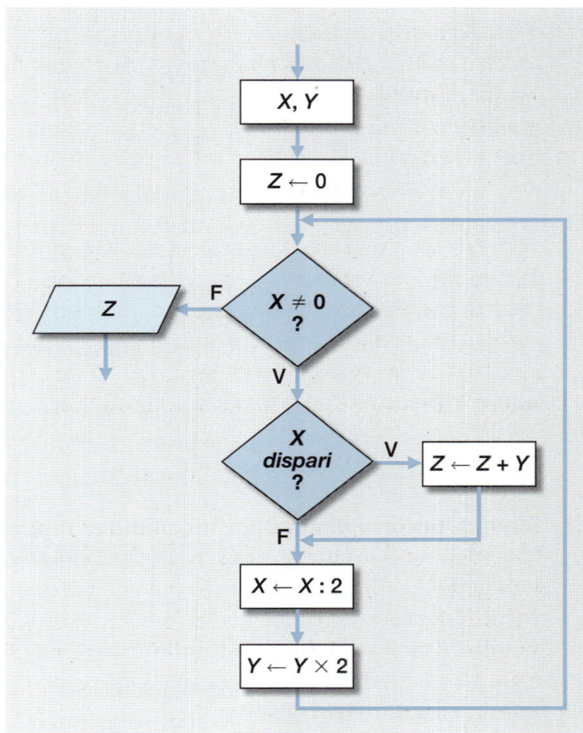

Definitions

to carry out
eseguire

endowed
dotato

faultlessly
in modo impeccabile

negligible
trascurabile

to perform
eseguire

plug-board
pannello di controllo

punch-card
scheda perforata

purpose
scopo

scrutiny
indagine

sound
valido

teletype tape
nastro per telescrivente

to sum up
riassumere

The considerations which follow deal with the structure of a *very high speed automatic digital computing system*, and in particular with its *logical control*. Before going into specific details, some general explanatory remarks regarding these concepts may be appropriate.

An automatic computing system is a device, which can carry out instructions to perform calculations of a considerable order of complexity. The instructions which govern this operation must be given to the device in absolutely exhaustive detail. They include all numerical information which is required to solve the problem under consideration: Initial values of the dependent variables, values of fixed parameters (constants), tables of fixed functions which occur in the statement of the problem. These instructions must be given in some form which the device can sense: Punched into a system of punchcards or on teletype tape, magnetically impressed on steel tape or wire, photographically impressed on motion picture film, wired into one or more fixed or exchangeable plug-boards – this list being by no means necessarily complete. All these procedures require the use of some code to express the logical and the algebraic definition of the problem under consideration, as well as the necessary numerical material.

Once these instructions are given to the device, it must be able to carry them out completely and without any need for further intelligent human intervention. At the end of the required operations the device must record the results again in one of the forms referred to above. The results are numerical data; they are a specified part of the numerical material produced by the device in the process of carrying out the instructions referred to above.

It is worth noting, however, that the device will in general produce essentially more numerical material (in order to reach the results) than the (final) results mentioned. Thus only a fraction of its numerical output will have to be recorded, the remainder will only circulate in the interior of the device, and never be recorded for human sensing. This point will receive closer consideration subsequently.

The remarks on the desired automatic functioning of the device must, of course, assume that it functions faultlessly. Malfunctioning of any device has, however, always a finite probability – and for a complicated device and a long sequence of operations it may not be possible to keep this probability negligible. Any error may vitiate the entire output of the device. For the recognition and correction of such malfunctions intelligent human intervention will in general be necessary.

However, it may be possible to avoid even these phenomena to some extent. The device may recognize the most frequent malfunctions automatically, indicate their presence and location by externally visible signs, and then stop. Under certain conditions it might even carry out the necessary correction automatically and continue.

Main subdivisions of the system

In analyzing the functioning of the contemplated device, certain classificatory distinctions suggest themselves immediately.

First: Since the device is primarily a computer, it will have to perform the elementary operations of arithmetic most frequently. These are addition, subtraction, multiplication and division: +; –; ×; ÷. It is therefore reasonable that it should contain specialized organs for just these operations.

It must be observed, however, that while this principle as such is probably sound, the specific way in which it is realized requires close scrutiny. Even the above list of operations: +; –; ×; ÷, is not beyond doubt. [...]. At any rate a *central arithmetical* part of the device will probably have to exist, and this constitutes the *first specific part: CA*.

Second: The logical control of the device, that is the proper sequencing of its operations can be most efficiently carried out by a central control organ. If the device is to be *elastic*, that is as nearly as possible *all purpose*, then a distinction must be made between the specific instructions given for and defining a particular problem, and the general control organs which see to it that these instructions – no matter what they are – are carried out. The former must be stored in some way – in existing devices this is done as indicated previously – the latter are represented by definite operating parts of the device. By the *central control* we mean this latter function only, and the organs which perform it form the *second specific part: CC.*

Third: Any device which is to carry out long and complicated sequences of operations (specifically of calculations) must have a considerable memory [...].

To sum up the third remark: The device requires a considerable memory. While it appeared that various parts of this memory have to perform functions which differ somewhat in their nature and considerably in their purpose, it is nevertheless tempting to treat the entire memory as one organ, and to have its parts even as interchangeable as possible for the various functions enumerated above. [...]. At any rate the total *memory* constitutes the *third specific part of the device: M.*

The three specific parts CA, CC (together C) and M correspond to the *associative* neurons in the human nervous system. It remains to discuss the equivalents of the *sensory* or *afferent* and the *motor* or *efferent neurons*. These are the *input* and the *output* organs of the device, and we shall now consider them briefly.

In other words: All transfers of numerical (or other) information between the parts C and M of the device must be effected by the mechanisms contained in these parts. There remains, however, the necessity of getting the original information from outside into the device, and also of getting the final information, the results, from the device into the outside.

By the outside we mean media of the type described previously: Here information can be produced more or less directly by human action (typing, punching, photographing light impulses produced by keys of the same type, magnetizing metal tape or wire in some analogous manner, etc.), it can be statically stored, and finally sensed more or less directly by human organs.

The device must be endowed with the ability to maintain the input and output (sensory and motor) contact with some specific medium of this type: That medium will be called the *outside recording medium of the device: R.*

Fourth: The device must have organs to transfer (numerical or other) information from R into its specific parts, C and M. These organs form its *input*, the *fourth specific part: I.* It will be seen that it is best to make all transfers from R (by I) into M, and never directly into C.

Fifth: The device must have organs to transfer (presumably only numerical information) from its specific parts C and M into R. These organs form its *output*, the *fifth specific part: O.* It will be seen that it is again best to make all transfers from M (by O) into R, and never directly from C.

[J. Von Neumann, "First Draft of a Report on the EDVAC", 30 June 1945]

QUESTIONS

- **a** **What is an automatic computing system?**
- **b** **When is human intervention on the computing device necessary?**
- **c** **Where can you store the instructions for the computing device?**
- **d** **Which kind of data are the results computed by the device?**
- **e** **What are the specific parts of a computing system?**
- **f** **Which part of a computing system is the equivalent of the sensory neurons of the human nervous system? And which one is the equivalent of the motor neurons?**

A3 Codifica dell'informazione

«*Tutto è numero*»: questo era il motto della scuola filosofica e matematica fondata più di duemilacinquecento anni fa da Pitagora a Crotone. Oggi questa affermazione è nuovamente attuale in un mondo «digitale» dove testi, immagini, video e suoni sono indistintamente rappresentati in forma di codici numerici: gli unici memorizzabili, riproducibili e manipolabili da parte di un computer.

ESEMPIO

Una fotografia è memorizzata nel computer in formato numerico: ogni singolo pixel è infatti codificato mediante uno o più numeri che ne rappresentano il colore o, come in questo caso, l'intensità luminosa.

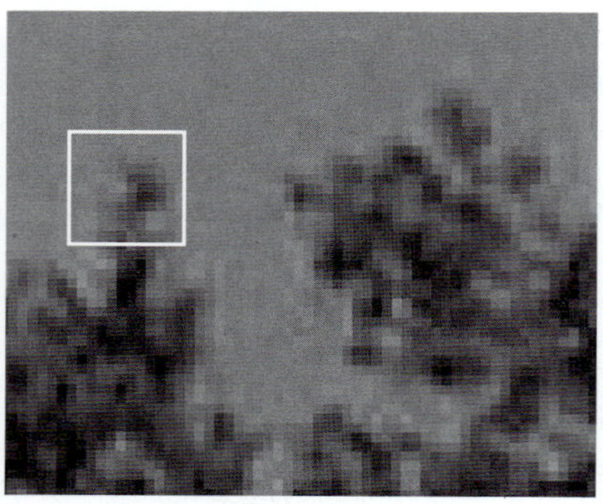

150	150	160	160	150	150	150	150	140	140
150	140	150	150	150	140	140	150	160	150
150	140	150	150	150	140	140	150	160	150
150	150	140	130	120	140	150	150	150	150
150	150	140	130	120	110	100	120	130	150
150	150	140	130	120	110	90	100	110	140
150	150	160	180	160	100	80	90	90	130
140	160	140	160	100	90	60	90	110	130
150	150	140	130	120	110	90	100	110	140
150	150	140	130	120	140	150	150	150	150

1 La rappresentazione dei numeri interi

1.1 La storia dei sistemi numerici

Il modo in cui le civiltà antiche scrivevano i numeri era sostanzialmente diverso da quello impiegato oggi: la più antica forma di rappresentazione numerica consistette in una serie di segni incisi o dipinti, uno per ciascuno degli oggetti da «contare». Il passo successivo verso la nascita di veri e propri sistemi di numerazione fu l'introduzione di simboli grafici più complessi per l'indicazione sintetica di gruppi di 5, 10 o 20 segni (questa scelta non era casuale: il numero delle dita di una mano, di entrambe le mani o delle mani e dei piedi assieme ha sempre influenzato il modo di contare di *homo sapiens*).

Il sistema di numerazione adottato dalla civiltà romana e utilizzato ancora oggi in certe occasioni impiega come simboli numerali alcune lettere dell'alfabeto latino: **I** per «uno», **V** per «cinque», **X** per «dieci», **L** per «cinquanta», **C** per «cento», **D** per «cinquecento» e **M** per «mille». Il numero romano

$$\text{MDCCCLXI}$$

è interpretabile come

$$1000 + 500 + 100 + 100 + 100 + 50 + 10 + 1 = 1861$$

La conversione nel nostro usuale sistema numerico evidenzia il motivo per cui viene impiegato l'aggettivo **additivo** per qualificare i sistemi di numerazione che, come quello romano, assegnano a un numero il valore risultante dalla somma dei valori di tutti i simboli presenti nella sua scrittura. Nel caso dei numeri romani non è semplice effettuare somme e sottrazioni e risulta estremamente complessa l'operazione di moltiplicazione; la civiltà indiana risolse questo problema adottando un sistema numerico **posizionale** nel quale il valore di ciascuno dei dieci simboli numerali (le «cifre» **0**, **1**, **2**, **3**, **4**, **5**, **6**, **7**, **8** e **9**) dipende dalla posizione che il simbolo stesso assume nella scrittura del numero: è il sistema oggi impiegato in tutto il mondo.

ESEMPIO

Nel numero 1555 le tre cifre «5» sono rappresentate dallo stesso simbolo, ma denotano valori diversi dipendenti dalla posizione assunta nella scrittura del numero: 5 unità, 5 decine e 5 centinaia; il numero 1555 è interpretabile come

$$1555 = 1 \times 1000 + 5 \times 100 + 5 \times 10 + 5 \times 1$$

Il numero 3002 rappresenta una quantità diversa dal numero 32 (circa cento volte maggiore): è evidente che il nostro sistema numerico posizionale non può fare a meno del simbolo «0» per indicare una posizione (in questo caso quella delle decine e delle centinaia), anche nel caso in cui questa non contribuisca direttamente al valore del numero; il numero 3002 è interpretabile come

$$3002 = 3 \times 1000 + 0 \times 100 + 0 \times 10 + 2 \times 1$$

Il matematico arabo-persiano Muhammed ibn Musa al-Khwarizmi scrisse nel IX secolo d.C. un trattato di aritmetica relativo all'uso delle dieci cifre e al sistema di numerazione indiani; il trattato fu successivamente diffuso in Europa da Leonardo Pisano, detto «Fibonacci» (1170-1250), e fu universalmente adottato in occidente dopo alcuni secoli.

Lo zero

Le civiltà fluviali della Mesopotamia e dell'Egitto e le antiche civiltà mediterranee (Greci e Romani in particolare) ignoravano l'uso dello «zero».
L'attuale sistema di numerazione è stato ideato dagli Indiani e importato nel mondo occidentale dagli Arabi. Tale sistema è basato sull'uso di 10 simboli numerali (denominati «cifre») la cui combinazione consente la scrittura di un qualsiasi numero. In questo sistema posizionale il ricorso a un simbolo per il valore «zero» è indispensabile ed è significativo il fatto che il nome «cifre» derivi dall'arabo *sifr*, che significa «nulla», e dal sanscrito (la lingua dell'antica civiltà indiana) *sunya*, che significa «vuoto».

1.2 I sistemi numerici posizionali

Il nostro sistema di numerazione è **posizionale** e **decimale**: il contributo di una singola cifra al valore di un numero è determinato dalla posizione che essa occupa nella scrittura del numero stesso, secondo una regola fondata sulle potenze di 10 (FIGURA 1).

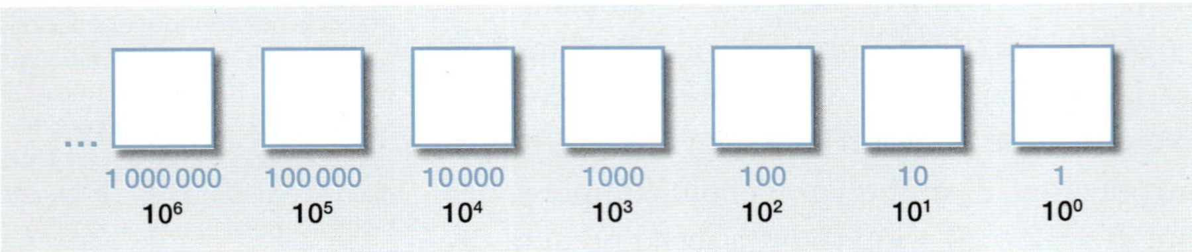

FIGURA 1

Il sistema di numerazione posizionale decimale estende l'antica pratica di contare con le dieci dita delle due mani e di registrare il numero di decine contate introducendo dei ciottoli[1] in un recipiente: in questo modo dopo aver contato 64 oggetti si ottenevano 4 dita alzate e 6 ciottoli nel recipiente: $6 \times 10 + 4 \times 1 = 64$. Disponendo per l'operazione di conteggio di un secondo recipiente avente forma o colore diverso, era possibile introdurvi un ciottolo nel momento in cui il primo recipiente arrivava a contenerne 10 e doveva essere svuotato: così al termine del conteggio i sassi introdotti nel secondo recipiente indicavano il numero delle decine di decine, cioè delle centinaia.

Furono in seguito utilizzate «tavole da conta», dove le cavità per l'inserimento dei sassi erano distinte dalla posizione occupata e non più dalla forma o dal colore; se al termine di un conteggio alcune cavità intermedie rimanevano vuote, la trascrizione del numero su carta richiedeva di lasciare uno spazio vuoto: questa ambiguità nella scrittura dei numeri posizionali fu risolta con l'introduzione del simbolo «0».

1. Il verbo *calcolare* deriva dal latino *calculus*, che significa «ciottolo».

ESEMPIO Nel caso di 1012 oggetti il conteggio si conclude con 2 dita alzate, 1 ciottolo nella prima cavità delle decine, nessun ciottolo nella seconda cavità delle centinaia e 1 ciottolo nella terza cavità, corrispondente alle decine di centinaia, cioè alle migliaia:

$$1 \times 1000 + 0 \times 100 + 1 \times 10 + 2 \times 1 = 1012$$

OSSERVAZIONE Dato che al termine del conteggio in ogni cavità potevano essere presenti 0, 1, 2, 3, 4, 5, 6, 7, 8 o 9 ciottoli, erano necessari non più di dieci segni distinti – compreso lo «zero» – per la trascrizione del risultato: da questa considerazione nascono le nostre attuali dieci cifre di origine arabo-indiana.

L'adozione del sistema posizionale presenta alcuni vantaggi irrinunciabili (tra cui l'esistenza di procedimenti relativamente semplici per il calcolo della moltiplicazione e della divisione), ma la scelta della base 10 non è in definitiva migliore di altre, se non per il fatto che le dita delle nostre mani sono esattamente dieci!

Alcune civiltà impiegarono in passato sistemi posizionali in base 5, derivati dalla pratica di contare con una sola mano, indicando contemporaneamente con le dita dell'altra il numero di «cinquine»; ricorrendo a una tavola da conta al termine di un conteggio le cavità potevano contenere 0, 1, 2, 3 o 4 ciottoli ed erano quindi sufficienti solo 5 simboli per trascrivere il risultato, secondo lo schema di FIGURA 2.

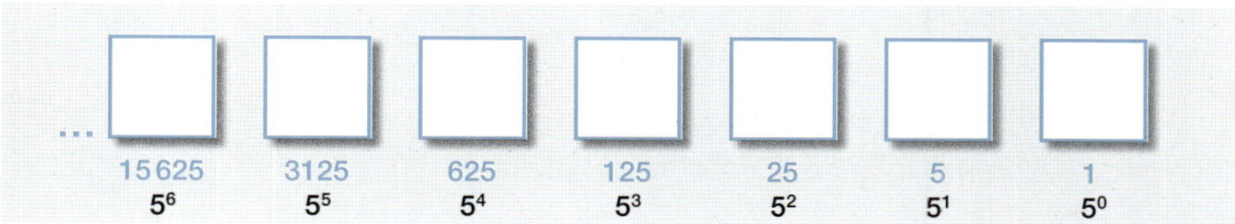

FIGURA 2

ESEMPI

- Supponendo di impiegare le normali cifre arabo-indiane (naturalmente in base 5 sono sufficienti i simboli «0», «1», «2», «3» e «4» per scrivere un numero qualsiasi) la conversione nell'usuale scrittura in base 10 del numero 4321 scritto in base 5 si effettua determinando il contributo di ciascuna delle cifre che lo compongono:

$$4321_{(5)} = 4 \times 125 + 3 \times 25 + 2 \times 5 + 1 =$$
$$= 500 + 75 + 10 + 1 = 586_{(10)}$$

- Viceversa, per rappresentare in base 5 il numero 36 espresso nell'usuale scrittura in base 10 è sufficiente applicare il procedimento inverso: dividere, anziché moltiplicare, per le successive potenze di 5. La divisione

$$36 : 5$$

produce il risultato 7 con resto 1 e indica che il numero è composto da 7 «cinquine» e 1 unità. Dato che il numero 7 è superiore al massimo numero rappresentabile in base 5 mediante un'unica cifra (4), lo si divide nuovamente per 5 – realizzando in questo modo una divisione del numero di partenza per $5^2 = 25$ – in modo da determinare il numero delle «cinquine di cinquine»:

$$7 : 5 = 1$$

Il resto 2 indica in questo caso il numero di cinquine residue. In conclusione si hanno 1 cinquina di cinquine ($5^2 = 25$), 2 cinquine ($5^1 = 5$) e 1 unità ($5^0 = 1$):

$$36_{(10)} = 121_{(5)}$$

OSSERVAZIONE Si noti, nel secondo esempio precedente, come le singole cifre della scrittura in base 5, a partire dalla posizione dell'unità, siano prodotte dai resti delle successive divisioni per 5 (o della divisione per le successive potenze di 5) del numero inizialmente rappresentato in notazione decimale. Questo procedimento può essere generalizzato per effettuare la conversione in una rappresentazione in base qualsiasi di un numero inizialmente espresso in base 10.

L'osservazione precedente introduce un metodo generale per **convertire un numero intero espresso in base 10 in una base qualsiasi**, che per semplicità consideriamo essere minore di 10, producendone le cifre dalla meno significativa (le unità) alla più significativa:

- effettuare la divisione intera del numero per la base: il resto è la cifra del numero espresso nella nuova base;

- considerare il risultato della divisione come nuovo numero da convertire e, se esso è diverso da 0, ripetere il procedimento dal passo precedente.

ESEMPIO

Dovendo convertire il numero $100_{(10)}$ in base 8 si procede come segue:

$$100 : 8 = 12 \text{ resto } 4$$
$$12 : 8 = 1 \text{ resto } 4$$
$$1 : 8 = 0 \text{ resto } 1$$

I resti prodotti sono le cifre del numero espresso in base 8 a partire da quella meno significativa fino alla più significativa:

$$100_{(10)} = 144_{(8)}$$

OSSERVAZIONE Il procedimento delle divisioni successive per la conversione di un numero espresso in base 10 in una base B diversa produce sempre cifre corrette: infatti i resti della divisione per il numero B sono sempre compresi tra 0 e $B - 1$ inclusi e questi valori sono esattamente le cifre necessarie per la scrittura di numeri in base B.

1.3 Il sistema numerico binario

Il nostro sistema numerico decimale trova la sua giustificazione nel fatto che le dita delle nostre mani – il primo strumento di calcolo dell'uomo – sono dieci.

Il sistema di numerazione **binario** necessita solo di due cifre («0» e «1») ed è per questo motivo che è stato adottato come sistema numerico per i dispositivi elettronici dei computer[2], che discriminano facilmente due stati fisici distinti (presenza o assenza di tensione elettrica, di corrente, di polarizzazione ottica, di magnetizzazione, ecc.).

2. Uno dei primi computer ideati per usare internamente numeri binari fu EDVAC, ideato dal matematico ungherese John von Neumann tra la fine degli anni Quaranta e l'inizio degli anni Cinquanta del secolo scorso.

Lo schema di FIGURA 3 consente di interpretare la struttura di un numero binario.

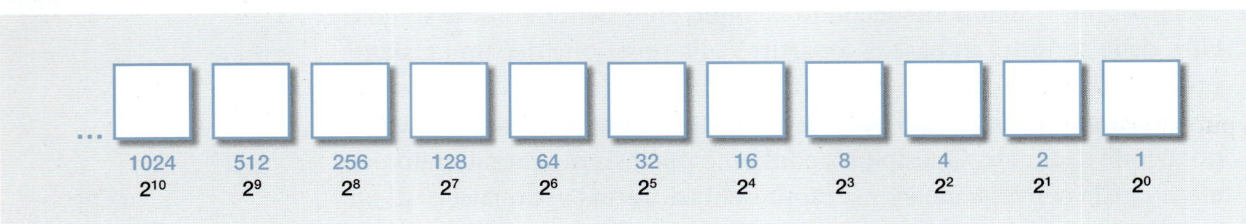

FIGURA 3

ESEMPIO

Il numero binario $1000100101_{(2)}$ si può convertire nell'usuale scrittura in base 10 determinando il contributo al valore complessivo di ciascuna delle cifre che lo compongono:

$$1 \times 512 + 0 \times 256 + 0 \times 128 + 0 \times 64 + 1 \times 32 +$$
$$+ 0 \times 16 + 0 \times 8 + 1 \times 4 + 0 \times 2 + 1 \times 1 = 549_{(10)}$$

Immaginando il funzionamento di un contatore binario, dove ogni posizione torna a segnare «0» immediatamente dopo «1» incrementando al contempo la cifra della posizione successiva (che, nel caso sia «1», si azzera incrementando a sua volta la cifra della posizione successiva...), è possibile scrivere i primi numeri binari (in questo caso da 0 a 15) come mostrato in FIGURA 4.

Ogni singola cifra di un numero binario prende il nome di **bit** (contrazione di *binary digit*). Le singole locazioni di memoria di un computer comprendono un numero fisso di bit (tipicamente **8**, **16**, **32** o **64**) che indica la massima lunghezza della scrittura binaria dei numeri che esse possono contenere e limita, di conseguenza, il massimo valore numerico rappresentabile.

0	0	0	0	0
0	0	0	1	1
0	0	1	0	2
0	0	1	1	3
0	1	0	0	4
0	1	0	1	5
0	1	1	0	6
0	1	1	1	7
1	0	0	0	8
1	0	0	1	9
1	0	1	0	10
1	0	1	1	11
1	1	0	0	12
1	1	0	1	13
1	1	1	0	14
1	1	1	1	15

FIGURA 4

ESEMPIO La convenzionale unità di misura per la quantità di memoria di un computer è il **byte**, composto da 8 bit. Il valore più grande rappresentabile con un byte è il numero binario

$$11111111_{(2)} = 1 + 2 + 4 + 8 + 16 + 32 + 64 + 128 = 255_{(10)}$$

OSSERVAZIONE Un **byte** di memoria può assumere 256 (2^8) configurazioni di bit diverse che codificano i valori numerici compresi tra 0 e 255 inclusi.

ESEMPIO Così come il numero più grande rappresentabile in base 10 con 3 sole cifre è 999, un computer con locazioni di memoria di 16 bit può rappresentare come massimo valore il numero binario

$$1111111111111111_{(2)} = 65\,535_{(10)}$$

Disponendo di n bit il massimo valore rappresentabile è una sequenza di n «1»:

$$\underbrace{11\ldots1}_{n}$$

Osservando che il valore 2^n è rappresentato in binario dal numero

$$\underbrace{10\ldots0}_{n}$$

si può affermare che **con n bit è possibile rappresentare i valori numerici compresi tra 0 e $2^n - 1$**.

OSSERVAZIONE Spesso i numeri binari vengono scritti esplicitando il valore di tutti i bit presenti nelle locazioni di memoria del computer a cui ci si riferisce, senza omettere gli eventuali zero iniziali; per esempio, disponendo al massimo di 16 bit, il numero binario 1110010 verrà scritto come 0000000001110010.

Come mostrano gli esempi successivi, i procedimenti di calcolo normalmente impiegati con i numeri espressi in base 10 possono essere utilizzati anche con i numeri binari.

ESEMPI

- Per effettuare l'addizione dei numeri binari 1100 e 1110 è possibile allinearli «in colonna» e fare attenzione al fatto che il «riporto» scatta già per 1 + 1 = 10 e che, nel caso di riporto precedente, 1 + 1 + 1 = 11:

$$\begin{array}{r} 1100\ + \\ 1110\ = \\ \hline 11010 \end{array}$$

La verifica può essere svolta calcolando la somma dei corrispondenti valori decimali:

$$12 + 14 = 26$$

- La moltiplicazione «in colonna» di due numeri binari non risulta particolarmente problematica: la fase di moltiplicazione vera e propria è banale (si tratta di moltiplicazioni per 0 o per 1; non è necessario aver memorizzato le «tabelline»!), ma occorre fare attenzione nella fase di addizione dei risultati intermedi:

$$\begin{array}{r} 110\ \times \\ 11\ = \\ \hline 110 \\ 110 \\ \hline 10010 \end{array}$$

Anche in questo caso la verifica può essere svolta con i corrispondenti valori decimali:

$$6 \times 3 = 18$$

Difficoltà – almeno con le operazioni di addizione e moltiplicazione – possono insorgere solo se il risultato presenta un numero di bit superiore al massimo consentito dal computer utilizzato (pari alla «larghezza» delle locazioni di memoria). In questo caso la soluzione normalmente applicata dall'unità aritmetico-logica del computer è drastica: vengono semplicemente ignorati i bit in eccesso producendo un risultato errato.

ESEMPIO

L'addizione

$$11111111 + 1$$

effettuata con un computer che ha le locazioni di memoria di 8 bit, produce il risultato errato

$$0$$

anziché il risultato corretto

$$100000000$$

che, occupando 9 bit, non può essere rappresentato.

L'errore causato dal fatto che il risultato di un'operazione eseguita dall'unità ALU è maggiore del più grande numero rappresentabile è denominato ***overflow*** («straripamento»).

OSSERVAZIONE A differenza di una semplice calcolatrice che indica la condizione di *overflow* visualizzando sul display un codice di errore, in alcuni contesti di uso del computer la condizione di *overflow* non viene segnalata ed è responsabilità del programmatore verificarla e/o evitarla.

1.4 La rappresentazione «in complemento» dei numeri negativi

I computer di oggi effettuano ogni tipo di operazione numerica, ma le prime unità ALU progettate negli anni Cinquanta erano in grado di svolgere solo l'addizione di due numeri binari non negativi: operazioni come moltiplicazione o divisione venivano svolte eseguendo dei veri e propri programmi. Uno dei problemi che i primi programmatori di computer dovettero affrontare fu dunque l'uso dei numeri negativi con macchine che non lo prevedevano. La soluzione trovata si dimostrò – oltre che valida – semplice ed elegante: per questo motivo ancora oggi è diffusamente impiegata.

Le locazioni di memoria possono contenere solo numeri interi non negativi, limitati dal numero di bit disponibili per la rappresentazione: è quindi escluso il ricorso all'usuale notazione con «modulo» e «segno» separati che, oltretutto, complica i procedimenti per l'esecuzione delle operazioni aritmetiche. L'idea di partenza consiste nella scelta di impiegare alcune configurazioni binarie per rappresentare valori numerici negativi. Vediamo prima il caso decimale: disponendo di due cifre decimali è possibile rappresentare i numeri interi positivi da 0 a 99; interpretiamo normalmente come positivi solo i numeri compresi tra 0 e 49 e consideriamo negativi i numeri compresi tra 50 e 99 secondo il seguente schema:

50	51	52	...	96	97	98	99
−50	−49	−48	...	−4	−3	−2	−1

La regola su cui si basa lo schema – che prende il nome di **complemento a 10** – è semplice: se il numero n rappresentato è maggiore di 49 il valore che rappresenta è in realtà $(n - 100)$. Il punto di forza di questo schema interpretativo è la sua consistenza rispetto alla normale operazione di addizione tra numeri «senza segno» quando il numero delle cifre disponibili è limitato (in questo modo anche il problema dell'*overflow* diviene un aspetto positivo). Per esempio, per effettuare l'addizione

$$-2 + 10$$

si calcola

$$98 + 10 = 108$$

e, dovendo limitarsi a due sole cifre, si determina il risultato corretto 08, cioè 8!

ESEMPIO

Nel caso di due cifre decimali l'addizione

$$-10 + (-5)$$

può essere rappresentata in complemento a 10 come

$$90 + 95 = 185$$

Il risultato, limitato a due sole cifre decimali, è 85 che, essendo maggiore di 49, rappresenta il numero negativo $85 - 100 = -15$.

OSSERVAZIONE Nel caso di due cifre decimali, per scrivere il complemento a 10 di un numero negativo è sufficiente sommarlo a 100; per esempio:

$$-12 \Rightarrow 100 + (-12) = 100 - 12 = 88$$

Questa operazione coincide con la sottrazione del valore assoluto del numero da 100.

La rappresentazione in complemento dei numeri negativi può essere applicata a configurazioni binarie di n bit (**complemento a 2**) considerando positivi i valori compresi tra 0 e $2^{n-1} - 1$ e negativi i rimanenti valori compresi tra 2^{n-1} e $2^n - 1$; per determinare il valore reale di questi ultimi è necessario sottrarre 2^n.

Nel caso di numeri binari di n bit i valori rappresentabili in complemento a 2 sono compresi tra $2^{n-1} - 2^n = -2^{n-1}$ e $2^{n-1} - 1$.

ESEMPIO Con $n = 8$ si possono rappresentare i numeri compresi tra $-2^7 = -128$ e $2^7 - 1 = 127$.

Nel caso di numeri binari di n bit i valori maggiori di $2^{n-1} - 1$ sono i soli che hanno il bit n-esimo (contando a partire da destra) uguale a 1; i numeri negativi rappresentati in complemento a 2 sono quindi facilmente riconoscibili.

Per esempio, se $n = 8$ solo le configurazioni che hanno l'ottavo bit (contato partendo da destra) uguale a «1» (si tratta dei valori maggiori di $2^7 - 1$, cioè 127) rappresentano numeri negativi se interpretati come valori in complemento a 2 (il cui valore reale potrà essere determinato sottraendo $2^8 = 256$):

$$01001001_{(2)} \Rightarrow 73_{(10)}$$
$$10101010_{(2)} \Rightarrow 170 - 256 = -86_{(10)}$$
$$11111111_{(2)} \Rightarrow 255 - 256 = -1_{(10)}$$
$$10000000_{(2)} \Rightarrow 128 - 256 = -128_{(10)}$$

Nel caso di n cifre binarie, per scrivere il complemento a 2 di un numero negativo è sufficiente sottrarne il valore assoluto da 2^n; per esempio, per $n = 8$:

$$-12_{(10)} \Rightarrow 2^8 - 12 = 256 - 12 = 244 = 11110100_{(2)}$$

Una regola pratica per costruire la configurazione in **complemento a 2 di un valore negativo** prevede i seguenti passaggi:

- scrivere il numero in formato binario come se esso fosse positivo;
- trasformare i bit di valore «0» in bit di valore «1» e, viceversa, i bit di valore «1» in bit di valore «0» (questo passaggio è noto come **complemento a 1**);
- sommare 1 al risultato ottenuto.

ESEMPIO

Per ottenere la configurazione binaria in complemento a 2 su 8 bit del valore $-12_{(10)}$ si inizia scrivendo il numero $12_{(10)}$ in base 2

00001100

dopo di che si effettua il complemento a 1

11110011

e si conclude sommando 1 facendo attenzione ai riporti:

11110100

Si noti che il bit più significativo è «1», a indicare che si tratta di un numero negativo.

Naturalmente anche in base 2 i numeri di *n* bit rappresentati in complemento si possono addizionare come fossero interi senza segno, ottenendo risultati coerenti con la rappresentazione stessa.

ESEMPIO

Nel caso di 8 bit i numeri decimali −10 e 15 possono essere rappresentati in complemento a 2 come

$$-10_{(10)} = 256 - 10 = 246 = 11110110_{(2)}$$
$$15_{(10)} = 00001111_{(2)}$$

La loro addizione produce un risultato di 9 bit

```
 11110110 +
 00001111 =
----------
100000101
```

che, interpretato limitatamente ai primi 8 bit, rappresenta il numero decimale 5 = −10 + 15.

OSSERVAZIONE Il problema dell'*overflow* non viene ovviamente eliminato – risulta anzi aggravato – dal ricorso alla rappresentazione in complemento dei numeri negativi; se non si presta la dovuta attenzione la somma di due numeri positivi (che è sicuramente positiva) può essere interpretata come un numero negativo!

ESEMPIO

Nel caso di configurazioni di 8 bit la somma dei numeri positivi 79 e 112 (entrambi rappresentabili come positivi anche in complemento a 2 in quanto minori di $2^{8-1} - 1 = 127$) produce un numero che, essendo maggiore di 127, dovrebbe essere interpretato come negativo

```
01001111 +
01110000 =
----------
10111111
```

e, dato che l'ottavo bit è «1»:

$$10111111 \Rightarrow 191 - 256 = -65_{(10)}$$

Per evitare di incorrere in questo errore è necessario ritenere non valido, quando si opera in complemento, il risultato di un'addizione tra numeri entrambi positivi o negativi se il risultato presenta un segno diverso.

1.5 Il formato esadecimale

La notazione binaria non è molto compatta: la scrittura dei numeri richiede l'impiego di numerose cifre; per questo motivo gli informatici sono soliti scrivere i valori numerici in base 16 anziché 2. Il **formato esadecimale** richiede sedici simboli per poter essere rappresentato: oltre alle dieci cifre decimali usuali si utilizzano le prime 6 lettere dell'alfabeto associate ai valori da 10 a 15:

A	B	C	D	E	F
10	11	12	13	14	15

L'interpretazione di un valore esadecimale si basa sui valori posizionali delle potenze di 16, come illustrato nello schema di FIGURA 5.

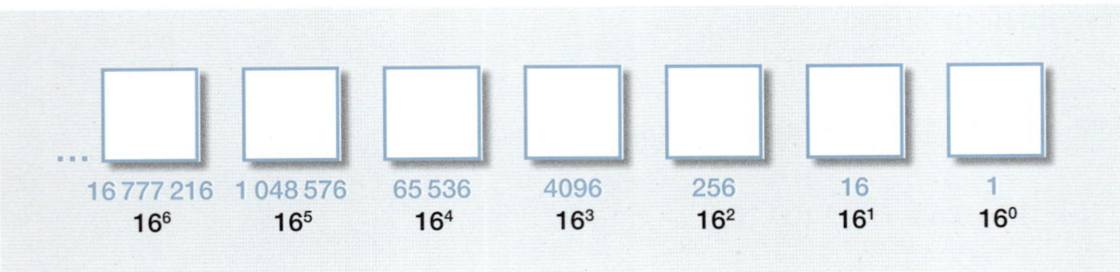

FIGURA 5

ESEMPIO

Il valore esadecimale

$$A7B0_{(16)}$$

si converte facilmente in decimale effettuando il seguente calcolo:

$$0_{(16)} \times 16^0 + B_{(16)} \times 16^1 + 7_{(16)} \times 16^2 + A_{(16)} \times 16^3 =$$

$$= 0_{(10)} \times 1 + 11_{(10)} \times 16 + 7_{(10)} \times 256 + 10_{(10)} \times 4096 =$$

$$= 0_{(10)} + 176_{(10)} + 1792_{(10)} + 40960_{(10)} = 42928_{(10)}$$

OSSERVAZIONE Spesso per denotare un valore esadecimale si appone un carattere «H» alla sua destra; il valore dell'esempio precedente diventa quindi:

A7B0H

La conversione di valori binari in esadecimale e, viceversa, la conversione di valori esadecimali in binario è immediata: a ogni gruppo di 4 bit (*nibble*) corrisponde infatti una cifra esadecimale secondo lo schema di FIGURA 6.

Binario	Esadec.
0000	0
0001	1
0010	2
0011	3
0100	4
0101	5
0110	6
0111	7
1000	8
1001	9
1010	A
1011	B
1100	C
1101	D
1110	E
1111	F

FIGURA 6

ESEMPI

- Al valore esadecimale A7B0 corrisponde il seguente valore binario di 16 bit

  1010011110110000

  in quanto le singole cifre esadecimali generano ciascuna un gruppo di 4 bit nella configurazione binaria:

  A → 1010
  7 → 0111
  B → 1011
  0 → 0000

▶

Il formato «ottale»

Talvolta i valori numerici sono rappresentati in formato «ottale», cioè in base 8. Essendo in questo caso sufficienti 8 simboli, sono utilizzate le usuali cifre decimali esclusi i simboli «8» e «9».

- Al valore binario 1111110 corrisponde il seguente valore esadecimale di due cifre

  7E

  dove le singole cifre esadecimali sono associate a gruppi di 4 bit a partire dal bit meno significativo della configurazione binaria:

  $1110 \rightarrow E$
  $111 = 0111 \rightarrow 7$

OSSERVAZIONE Il formato esadecimale è estremamente più compatto di quello binario: un numero binario di 64 bit è esprimibile con un valore esadecimale di sole 16 cifre. In generale il numero di simboli necessari per rappresentare un valore numerico diminuisce all'aumentare della base: l'usuale base 10 costituisce un buon compromesso tra compattezza della rappresentazione e numero di simboli impiegati.

2 La rappresentazione dei numeri non interi

Una delle più grandi difficoltà matematiche dell'antichità fu la gestione delle quantità non intere: la civiltà egizia impiegava esclusivamente le frazioni $\frac{1}{2}, \frac{1}{4}, \frac{1}{8}, \frac{1}{16}, \frac{1}{32}$ e $\frac{1}{64}$.

La civiltà babilonese affrontò il problema con l'uso intensivo dei numeri 12, 60 e 360, che ancora oggi sono ricorrenti in molti campi dell'attività umana (la «dozzina», i minuti e i secondi, la ripartizione in gradi del cerchio). Questi numeri risultano divisibili per molti divisori distinti e, di conseguenza, evitano il ricorso a quantità non intere nella maggior parte dei casi di interesse pratico.

La rappresentazione dei **numeri decimali** – una delle modalità moderne per rappresentare quantità non intere – estende la struttura posizionale dei numeri interi: dopo il simbolo «,» le posizioni assumono il valore delle potenze crescenti[3] di $\frac{1}{10}$ secondo lo schema di FIGURA 7.

3. Le potenze di $\frac{1}{10}$ corrispondono alle potenze con esponente negativo di 10: $\left(\frac{1}{10}\right)^1 = 10^{-1}$ $\left(\frac{1}{10}\right)^2 = 10^{-2}$ $\left(\frac{1}{10}\right)^3 = 10^{-3}$ ...

…	□	□	□	□	,	□	□	□	□	□	□	…
	1000	100	10	1		0,1	0,01	0,001	0,0001	0,00001	0,000001	
	1000	100	10	1		$\frac{1}{10}$	$\frac{1}{100}$	$\frac{1}{1000}$	$\frac{1}{10\,000}$	$\frac{1}{100\,000}$	$\frac{1}{1\,000\,000}$	
	10^3	10^2	10^1	10^0		$\left(\frac{1}{10}\right)^1$	$\left(\frac{1}{10}\right)^2$	$\left(\frac{1}{10}\right)^3$	$\left(\frac{1}{10}\right)^4$	$\left(\frac{1}{10}\right)^5$	$\left(\frac{1}{10}\right)^6$	

FIGURA 7

È certamente possibile rappresentare anche i numeri binari non interi con questa tecnica: in questo caso le posizioni successive al segno «,» rappresentano potenze crescenti di $\frac{1}{2}$ (FIGURA 8).

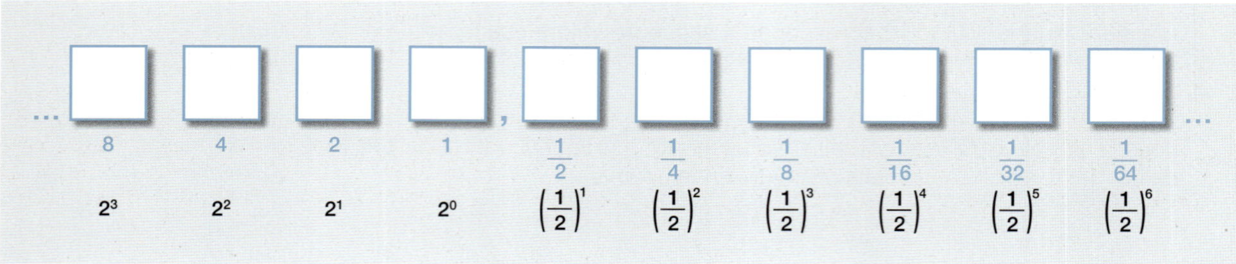

FIGURA **8**

ESEMPIO

Il numero binario

$$10{,}1101_{(2)}$$

rappresenta il valore decimale

$$1 \times 2 + 0 \times 1 + 1 \times \frac{1}{2} + 1 \times \frac{1}{4} + 0 \times \frac{1}{8} + 1 \times \frac{1}{16} =$$

$$= 2 + 0 + 0{,}5 + 0{,}25 + 0 + 0{,}0625 = 2{,}8125_{(10)}$$

OSSERVAZIONE L'eventuale periodicità delle cifre che seguono il segno «,» nella rappresentazione di un numero dipende dalla base di rappresentazione; per esempio la frazione

$$\frac{1}{5}$$

è rappresentata in base 10 come

$$0{,}2_{(10)}$$

e in binario come

$$0{,}001100110011\ldots_{(2)}$$

Rappresentare i numeri in questa forma, disponendo dei pochi bit che costituiscono le locazioni della memoria di un computer, presenta lo stesso problema di limitatezza che ha il *display* di una comune calcolatrice, aggravato dal fatto che con 10 bit si rappresentano 1024 configurazioni numeriche, poco più delle 1000 che si hanno con 3 cifre decimali. Le moderne calcolatrici scientifiche hanno risolto il problema adottando per i numeri molto grandi o molto piccoli la **notazione esponenziale**, per cui il numero n viene rappresentato da una **mantissa** M, compresa tra 1 (incluso) e 10 (escluso), se positivo, e tra −10 (escluso) e −1 (incluso), se negativo, e da un **esponente** E che rappresenta la «potenza di dieci» del numero stesso (positivo se il valore assoluto di n è maggiore di 1, negativo altrimenti):

$$n = M \times 10^E$$

ESEMPIO

Determinando con una calcolatrice scientifica il valore di 32^{10} si ottiene sul visore

1,125899907 15

che deve essere interpretato come

$$1{,}125899907 \times 10^{15}$$

cioè

$$1{,}125899907 \times 1\,000\,000\,000\,000\,000 = 1\,125\,899\,907\,000\,000$$

Proprietà topologiche degli insiemi numerici

Nella matematica i numeri impiegati per esprimere le misure (i **numeri reali**) hanno una struttura diversa dai numeri usati per contare (i **numeri naturali**). L'insieme dei numeri naturali è **discreto**: tra due numeri successivi (per esempio tra 1 e 2) non esistono numeri intermedi maggiori del primo e minori del secondo; cioè esiste un «salto» tra un numero e quello successivo.
L'insieme dei numeri reali è invece **denso**: in questo caso tra due numeri non vi è mai un «salto», ma è sempre possibile individuare un terzo numero intermedio (per esempio tra 1 e 2 è compreso 1,9 e tra 1,9 e 2 è a sua volta compreso 1,95); dato che questo processo di individuazione non ha termine si può affermare che tra due numeri reali sono compresi infiniti altri numeri reali.

Il valore 1 125 899 907 000 000 dell'esempio precedente è solo un risultato approssimato (il risultato esatto è il numero 1 125 899 906 842 624). La mantissa, infatti, viene approssimata alla nona cifra decimale (altrimenti presenterebbe un numero di cifre superiore a quelle rappresentabili dal visore). Il meccanismo è comunque utile per i calcoli pratici, nei quali è sufficiente avere una stima accurata del risultato anziché un risultato esatto.

OSSERVAZIONE L'**ordine di grandezza** di un numero è dato dalla potenza di dieci della sua cifra più significativa; anche nel linguaggio comune si parla di un valore numerico dicendo che è «dell'ordine delle centinaia», oppure «dell'ordine delle decine di milioni».

ESEMPIO

Determinando con una calcolatrice scientifica il risultato della divisione

0,000001 : 1 000 000

si ottiene sul visore

1 −12

che deve essere interpretato come

$$1 \times 10^{-12}$$

cioè

$$1 \times 0{,}000000000001 = 0{,}000000000001$$

OSSERVAZIONE Il risultato dell'esempio precedente non poteva essere rappresentato da una normale calcolatrice scientifica – che dispone di un visore di 10 cifre – se non in notazione esponenziale, ma i seguenti valori (e altri ancora) sarebbero stati altrettanto corretti:

1000 −15 (1000×10^{-15})

0,001 −9 $(0{,}001 \times 10^{-9})$

I numeri in notazione esponenziale sono sempre rappresentati in **forma normalizzata**: la mantissa è un numero il cui valore assoluto è minore di 10 e maggiore o uguale a 1 (la parte intera della mantissa è composta da una sola cifra diversa da 0).

La soluzione adottata dai progettisti di computer per la memorizzazione dei numeri non interi è del tutto analoga a quella impiegata dai produttori delle calcolatrici scientifiche; lo ***Standard for binary floating-point arithmetic***, definito nel 1985 e rivisto nel 2008 da **IEEE**[4] (*Institute of Electrical and Electronics Engineers*), prevede che un numero non intero sia rappresentato nel formato **virgola mobile** (***floating-point***) come una configurazione di 32 bit:

- 1 bit per specificare il segno *s* della mantissa;
- 8 bit per specificare l'esponente *e* (positivo o negativo) che individua la potenza di due;
- i rimanenti 23 bit per la sola parte che segue il segno «,» del valore assoluto della mantissa binaria normalizzata *m* (dato che in base 2 la parte intera della mantissa normalizzata – dovendo essere una sola cifra diversa da «0» – non può che essere «1», viene «risparmiato» il bit necessario per la sua memorizzazione).

Floating-Point Unit

La *floating-point unit* (**FPU**) è un componente delle moderne CPU dedicato all'esecuzione di calcoli con numeri rappresentati in formato virgola mobile a 32 o 64 bit secondo lo standard IEEE-754.
Le operazioni che una FPU è normalmente in grado di eseguire sono:

- somma;
- sottrazione;
- moltiplicazione;
- divisione;
- radice quadrata;
- funzioni logaritmiche ed esponenziali;
- funzioni trigonometriche.

In mancanza di una FPU, le operazioni con valori rappresentati in virgola mobile devono essere eseguite impiegando routine software che utilizzano l'aritmetica intera della ALU, con prestazioni notevolmente inferiori.

4. IEEE-754: il termine «virgola mobile» (*floating-point*) indica che la posizione del segno «,» nel numero rappresentato dipende dal valore dell'esponente.

Dato che il segno s di un numero *floating-point* è direttamente specificato dal primo bit della configurazione binaria, la mantissa m rappresenta sempre un valore positivo; l'esponente e invece rappresenta sia valori positivi sia negativi e lo standard adotta il formato «eccesso 127»: il valore e è dato dal valore della configurazione binaria del numero meno 127.

I valori 0 e 255 della configurazione binaria dell'esponente individuano dei casi speciali, l'esponente della base 2 perciò può assumere un valore e compreso tra $1 - 127 = -126$ e $254 - 127 = +127$.

Nel caso che la **configurazione binaria dell'esponente sia $00000000_{(2)}$**:

- se il **valore della mantissa m è uguale a 0** allora il numero rappresentato è, indipendentemente dal valore del bit di segno s, **0** che non avrebbe altrimenti una rappresentazione specifica;
- se il **valore della mantissa m è diverso da 0** allora il numero rappresentato è in formato «**non normalizzato**» (trattato nel seguito).

Nel caso che la **configurazione binaria dell'esponente sia $11111111_{(2)}$**:

- se il **valore della mantissa m è uguale a 0** allora il numero rappresentato vale **$+\infty$ o $-\infty$** a seconda del valore del bit di segno s (è questo per esempio il risultato di una divisione per 0);
- se il **valore della mantissa m è diverso da 0** allora il numero rappresentato è il valore speciale **NaN** (*Not a Number*) utilizzato per esempio per il risultato della radice quadrata di un numero negativo.

Il valore binario denotato da un numero rappresentato nel formato virgola mobile è quindi di norma il seguente[5]:

$$(-1)^s \times 1,m \times 2^e$$

5. Infatti, se $s = 0$ allora $(-1)^s = 1$ e il numero è positivo; se $s = 1$ allora $(-1)^s = -1$ e il numero è negativo.

ESEMPI

- La seguente configurazione binaria *floating-point*

0	10000001	11100000000000000000000
s	*e*	*m*

rappresenta il valore numerico

$$1,111_{(2)} \times 2_{(10)}^{10000001_{(2)}-127_{(10)}} = \left(1+\frac{1}{2}+\frac{1}{4}+\frac{1}{8}\right) \times 2_{(10)}^{129_{(10)}-127_{(10)}} =$$

$$= \frac{15}{8} \times 2^2 = 1,875 \times 4 = 7,5_{(10)}$$

- La seguente configurazione binaria *floating-point*

0	01111100	01000000000000000000000
s	*e*	*m*

rappresenta il valore numerico

$$1,01_{(2)} \times 2_{(10)}^{1111100_{(2)}-127_{(10)}} = \left(1+\frac{1}{4}\right) \times 2^{124_{(10)}-127_{(10)}} =$$

$$= \frac{5}{4} \times 2^{-3} = 1,25 \times 0,125 = 0,15625_{(10)}$$

I numeri nel formato virgola mobile definiti dallo standard presentano alcune limitazioni che causano conseguenze importanti.

- Il numero più piccolo in valore assoluto rappresentabile è dato dalla seguente configurazione binaria

0	00000001	00000000000000000000000
s	*e*	*m*

che assume il valore numerico

$$1{,}00000000000000000000000_{(2)} \times 2_{(10)}^{-126_{(10)}}$$

cioè circa

$$0{,}000000000000000000000000000000000000001_{(10)}$$

- Il numero più grande in valore assoluto rappresentabile è dato dalla seguente configurazione binaria

0	11111110	11111111111111111111111
s	*e*	*m*

che assume il valore numerico

$$1{,}11111111111111111111111_{(2)} \times 2_{(10)}^{127_{(10)}}$$

cioè circa

$$340000000000000000000000000000000000000_{(10)}$$

Come era prevedibile, anche il ricorso al formato numerico virgola mobile – pur estendendo, a parità di bit impiegati, il campo numerico rappresentato – non evita il problema dell'***overflow***: non è infatti possibile rappresentare numeri maggiori di $3{,}4 \times 10^{38}$ o minori di $-3{,}4 \times 10^{38}$. Si presenta anzi un nuovo problema – definito ***underflow*** – che insorge per l'impossibilità di rappresentare numeri piccoli in valore assoluto quanto si vuole: non è infatti possibile rappresentare un numero compreso tra 0 e $\pm 1 \times 10^{-38}$.

Per mitigare il problema del *gap* che si viene a creare tra lo 0, che ha una rappresentazione binaria predefinita, e il più piccolo numero in valore assoluto rappresentabile in forma normalizzata, lo standard *floating-point* prevede di rappresentare i numeri molto piccoli in forma non normalizzata, o «subnormale»; se la **configurazione binaria dell'esponente è 0** e il **valore della mantissa è diverso da 0** allora il valore dell'esponente *e* della base 2 viene convenzionalmente posto a –126, ma il valore della mantissa *m* viene considerato non normalizzato per cui la **parte intera vale 0 invece che 1**.

In questo caso il numero rappresentato vale:

$$(-1)^s \times 0{,}m \times 2^{-126}$$

ESEMPIO

La seguente configurazione binaria *floating-point*

0	00000000	00110000000000000000000
s	*e*	*m*

rappresenta il valore numerico

$$0{,}0011_{(2)} \times 2_{(10)}^{-126} = \left(0+\frac{1}{8}+\frac{1}{16}\right) \times 1 \times 10^{-38} = 0{,}1875 \times 10^{-38} = 1{,}875 \times 10^{-39}$$

OSSERVAZIONE Il numero subnormale più piccolo in valore assoluto rappresentabile nel formato *floating-point* a 32 bit è dato dalla seguente configurazione binaria

0	00000000	00000000000000000000001
s	*e*	*m*

che rappresenta il valore numerico

$$0{,}00000000000000000000001_{(2)} \times 2^{-126}_{(10)} = \frac{1}{2^{23}} \times 1 \times 10^{-38} =$$

$$= 1 \times 10^{-7} \times 10^{-38} = 1 \times 10^{-45}$$

Anche una FPU che utilizza il formato subnormale non può rappresentare un numero *floating-point* inferiore in valore assoluto a questo numero.

Un problema ulteriore è causato dal fatto che le configurazioni binarie rappresentabili con 32 bit[6] sono in numero finito: nell'intervallo compreso tra $-3{,}4 \times 10^{38}$ e $3{,}4 \times 10^{38}$ si possono rappresentare in formato virgola mobile solo $2^{32} = 4\,294\,967\,296$ valori diversi. Esistono di conseguenza numeri non rappresentabili esattamente nel formato *floating-point*: la loro rappresentazione presenterà un **errore inerente** non eliminabile.

Per esempio nessun numero rappresentabile può essere compreso tra i valori espressi dalle configurazioni binarie

0	10000011	00000000000000000000000
s	*e*	*m*

e

0	10000011	00000000000000000000001
s	*e*	*m*

cioè tra i valori decimali

$$1_{(2)} \times 2^{10000011_{(2)}-127_{(10)}}_{(10)} = 1_{10} \times 2^{131-127_{(10)}} = 1 \times 2^4 = 16$$

e

$$1{,}00000000000000000000001_{(2)} \times 2^{10000011_{(2)}-127_{(10)}}_{(10)} =$$

$$= \left(1 + \frac{1}{2^{23}}\right) \times 2^{131-127} = 16{,}0000019$$

ESEMPIO Per essere rappresentato nel formato virgola mobile il valore 16,0000005 dovrà quindi essere approssimato al valore 16, e il valore 16,0000015 al valore 16,0000019.

OSSERVAZIONE L'insieme dei **numeri rappresentabili nel formato virgola mobile** (e comunque in un qualsiasi altro formato che impieghi una configurazione composta da un numero finito di bit) è intrinsecamente **discreto**, oltre che superiormente e inferiormente **limitato**. Inoltre i numeri rappresentabili non sono uniformemente distribuiti nell'intervallo numerico rappresentato: il «salto» tra un valore rappresentabile e il valore immediatamente maggiore (o minore) rappresentabile dipende infatti dall'ordine di grandezza dei valori stessi [il «salto» è piccolo nel caso di valori prossimi a 0 e grande nel caso di valori prossimi ai limiti superiore (positivo) e inferiore (negativo) di rappresentazione].

6. Per ovviare in parte a questo problema lo standard prevede, oltre al formato di 32 bit a «precisione semplice» (*single precision*), un formato a «precisione doppia» (*double precision*) di 64 bit nel quale alla parte che segue il segno «,» della mantissa sono riservati 52 bit; 11 sono utilizzati per l'esponente che è compreso tra −1022 e 1023. La revisione dello standard del 2008 prevede anche una quadrupla precisione con un formato a 128 bit e una ottupla precisione con un formato a 256 bit, ma poche FPU implementano questi formati.

ESEMPI

- Il valore rappresentabile nel formato *floating-point* a 32 bit «successivo» al numero 2^{-10} = 0,0009765625 espresso dalla configurazione binaria

$$\underset{s}{1} \quad \underset{e}{01110101} \quad \underset{m}{00000000000000000000000}$$

è il valore $\left(1+\frac{1}{2^{23}}\right) \times 2^{117-127}$ = 0,0009765626 espresso dalla configurazione binaria

$$\underset{s}{1} \quad \underset{e}{01110101} \quad \underset{m}{00000000000000000000001}$$

In questo caso l'intervallo non rappresentabile (il «salto») è pari a circa

$$0{,}0009765626 - 0{,}0009765625 = \\ = 0{,}0000000001 = 10^{-10}$$

- Il valore rappresentabile nel formato *floating-point* a 32 bit «successivo» al numero

$$2^{50} = 1\,125\,899\,906\,842\,624$$

espresso dalla configurazione

$$\underset{s}{1} \quad \underset{e}{10110001} \quad \underset{m}{00000000000000000000000}$$

è il valore $\left(1+\frac{1}{2^{23}}\right) \times 2^{177-127}$ = 1 125 900 041 060 352

espresso dalla configurazione binaria

$$\underset{s}{1} \quad \underset{e}{10110001} \quad \underset{m}{00000000000000000000001}$$

In questo caso l'intervallo non rappresentabile (il «salto») è pari a

$$1\,125\,900\,041\,060\,352 - 1\,125\,899\,906\,842\,624 = \\ = 134\,217\,728$$

3 La rappresentazione dei simboli alfanumerici

La necessità di memorizzare e trasmettere dati in forma testuale mediante sistemi computerizzati ha reso necessaria l'adozione di una codifica standard – naturalmente numerica – per i caratteri tipografici che compongono un testo.

Nel 1967 è stato formalizzato il **codice ASCII** (*American Standard Code for Information Interchange*), che ancora oggi costituisce la base per la rappresentazione in forma numerica dei caratteri che compongono il testo (TABELLA 1).

TABELLA 1

Codice numerico decimale	Codice numerico esadecimale	Carattere	Codice numerico decimale	Codice numerico esadecimale	Carattere
32	20	*spazio*	37	25	%
33	21	!	38	25	&
34	22	"	39	27	'
35	23	#	40	28	(
36	24	$	41	29	)

Codice numerico decimale	Codice numerico esadecimale	Carattere
42	2A	*
43	2B	+
44	2C	,
45	2D	-
46	2E	.
47	2F	/
48	30	0
49	31	1
50	32	2
51	33	3
52	34	4
53	35	5
54	36	6
55	37	7
56	38	8
57	39	9
58	3A	:
59	3B	;
60	3C	<
61	3D	=
62	3E	>
63	3F	?
64	40	@
65	41	A
66	42	B
67	43	C
68	44	D
69	45	E
70	46	F
71	47	G
72	48	H
73	49	I
74	4A	J
75	4B	K
76	4C	L
77	4D	M
78	4E	N
79	4F	O
80	50	P
81	51	Q
82	52	R
83	53	S
84	54	T
85	55	U
86	56	V
87	57	W
88	58	X
89	59	Y
90	5A	Z
91	5B	[
92	5C	\
93	5D	]
94	5E	^
95	5F	_
96	60	`
97	61	a
98	62	b
99	63	c
100	64	d
101	65	e
102	66	f
103	67	g
104	68	h
105	69	i
106	6A	j
107	6B	k
108	6C	l
109	6D	m
110	6E	n
111	6F	o
112	70	p
113	71	q
114	72	r
115	73	s
116	74	t
117	75	u
118	76	v
119	77	w
120	78	x
121	79	y
122	7A	z
123	7B	{
124	7C	|
125	7D	}
126	7E	~

ESEMPIO Il saluto

Buongiorno Mondo!

è codificato dalla sequenza dei 17 numeri corrispondenti ai caratteri che la compongono:

66, 117, 111, 110, 103, 105, 111, 114, 110, 111, 32, 77, 111, 110, 100, 111, 33

I codici numerici compresi tra 0 e 31 rappresentano caratteri speciali che non possono essere visualizzati o stampati: un esempio significativo è dato dal codice numerico 10, un carattere speciale che indica il punto in cui una linea di testo – rappresentata altrimenti come una lunga sequenza di numeri – è interrotta per «andare a capo».

OSSERVAZIONE La scelta di ricorrere ai numeri compresi tra 0 e 126 era inizialmente motivata dall'intenzione di impiegare 7 bit per la codifica dei caratteri ($2^7 - 1 = 128 - 1 = 127$ è infatti il massimo numero rappresentabile con soli 7 bit).

OSSERVAZIONE I dieci simboli che utilizziamo per scrivere i numeri (le «cifre») sono rappresentati nello standard ASCII da dieci codici numerici, uno per ciascuna cifra. La codifica di un numero come sequenza di cifre non è direttamente assimilabile al suo valore numerico espresso in base decimale o binaria[7]. Per esempio la codifica ASCII decimale del numero $360_{(10)}$ è composta da una sequenza di tre valori (eventualmente esprimibili in formato binario):

51, 54, 48

ma la sua rappresentazione numerica è ovviamente costituita da un solo numero:

$101101000_{(2)}$

7. I programmi per computer che «leggono» i dati numerici su cui operano da un dispositivo di input come la tastiera devono preventivamente convertire le sequenze di codici ASCII che rappresentano le cifre inserite nel corrispettivo formato numerico; per «scrivere» un risultato numerico su un dispositivo di output come il monitor occorre prima trasformarlo nelle sequenze di codici ASCII che rappresentano le singole cifre.

Può sembrare che il ricorso a un codice come ASCII impieghi i numeri esclusivamente come simboli capaci di rappresentare adeguatamente i caratteri tipografici e al tempo stesso facilmente memorizzabili da parte di un computer. Ciò è solo parzialmente vero: per come è stato progettato lo standard ASCII, alcune tipiche operazioni sui caratteri alfabetici possono essere immediatamente tradotte in operazioni sui corrispondenti codici numerici. Per esempio: l'ordinamento alfabetico di due caratteri può essere stabilito confrontando i corrispettivi codici numerici. Un esempio meno immediato deriva dall'osservazione che, sommando o sottraendo 32 al codice ASCII di un carattere alfabetico, se ne ottiene rispettivamente la trasformazione da maiuscolo a minuscolo o, viceversa, da minuscolo a maiuscolo.

ESEMPIO La parola

CIAO

è codificata in ASCII dalla seguente sequenza composta da 4 valori numerici:

67, 73, 65, 79

Sommando 32 ai singoli elementi della sequenza si ottiene la nuova sequenza:

99, 105, 97, 111

che, interpretata come successione di codici ASCII, rappresenta la parola

ciao

La naturale estensione del codice ASCII è lo standard ISO-8859 che, utilizzando 8 bit per la codifica di ogni simbolo, ha la possibilità di rappresentare 128 caratteri aggiuntivi; i codici numerici compresi tra 128 e 255 sono utilizzati in modo differenziato in funzione di insiemi di lingue aventi l'esigenza di includere simboli diversi (TABELLA 2):

TABELLA 2

Parte standard ISO-8859	Denominazione	Lingue principali
1	Latino-1 Europa occidentale	Danese, Olandese, Inglese, Francese, Finlandese, Tedesco, Islandese, Irlandese, Italiano, Norvegese, Portoghese, Romeno, Spagnolo, Catalano, Svedese, Albanese
2	Latino-2 Europa centrale	Bosniaco, Polacco, Croato, Ceco, Slovacco, Sloveno, Serbo, Ungherese
3	Latino-3 Europa meridionale	Turco, Maltese
4	Latino-4 Europa settentrionale	Estone, Lituano, Lettone, Groenlandese
5	Latino-Cirillico	Bielorusso, Bulgaro, Macedone, Russo, Serbo, Ucraino
6	Latino-Arabo	Lingue arabe
7	Latino-Greco	Greco
8	Latino-Ebraico	Israeliano
9	Latino-5 Turco	Turco
10	Latino-6 Nordico	Lingue nordiche
11	Latino-Thai	Thailandese
13	Latino-7 Baltico	Lingue baltiche
14	Latino-8 Celtico	Gaelico e Bretone
15	Latino-9	Revisione di Latino-1 con l'introduzione del simbolo «€» e la sostituzione di alcuni simboli poco utilizzati con altri del Francese e del Finlandese

ESEMPIO

Il codice numerico 191 rappresenta il simbolo «¿» nello standard 8859 parte 1, il simbolo «Ω» nello standard 8859 parte 7 e il simbolo «æ» nello standard 8859 parte 13.

La diffusa necessità di utilizzare simboli estranei all'alfabeto latino ha portato alla definizione di **Unicode**, uno standard di codifica dei caratteri alfanumerici capace di rappresentare tutti i simboli delle varie lingue del mondo. Ovviamente la codifica Unicode non è limitata ai numeri compresi tra 0 e 255 ed esistono varie tecniche di gestione di questa codifica multi-byte, la più diffusa delle quali è UTF-8, progettata in modo che i primi 256 simboli siano esattamente quelli previsti dallo standard ISO 8859-1.

ESEMPIO

La parola greca (in questo caso composta da caratteri minuscoli)

ηυρηκα

è il famoso «eureka» attribuito ad Archimede ed è codificata in Unicode dalla seguente sequenza composta da 6 valori numerici:

951, 965, 961, 951, 954, 945

I CONCETTI CHIAVE

CODIFICHE NUMERICHE. Le codifiche in formato digitale impiegano numeri interi per rappresentare informazioni di qualsiasi tipo.

SISTEMA NUMERICO DECIMALE. Il nostro usuale sistema numerico posizionale decimale impiega dieci simboli numerali di origine arabo-indiana: «1», «2», «3», «4», «5», «6», «7», «8», «9» e «0». I valori associati alle posizioni delle singole cifre decimali crescono da destra a sinistra secondo le successive potenze di 10 (1, 10, 100, 1000, ...).

SISTEMA NUMERICO BINARIO. Nel sistema numerico posizionale binario i numeri sono rappresentati in base 2 impiegando esclusivamente i simboli «1» e «0»: i valori associati alle posizioni delle singole cifre binarie (bit) crescono da destra a sinistra secondo le successive potenze di 2 (1, 2, 4, 8, 16, 32, 64, ...).

Le singole locazioni di memoria di un computer comprendono un numero fisso di bit, che indica la massima lunghezza della scrittura binaria dei numeri che esse possono contenere e limita, di conseguenza, il massimo valore numerico rappresentabile: in generale con n bit è possibile rappresentare 2^n valori numerici compresi tra 0 e 2^{n-1}.

OVERFLOW. L'errore causato dal fatto che il risultato di un'operazione eseguita dall'unità ALU di un computer è maggiore del più grande numero rappresentabile è denominato *overflow*.

COMPLEMENTO A 2. I numeri interi negativi possono essere rappresentati nel formato binario in complemento a 2: nel caso di n bit i numeri rappresentabili in complemento a 2 sono compresi tra -2^{n-1} e $2^{n-1} - 1$.

FORMATO ESADECIMALE. Il formato esadecimale in base 16 utilizza, oltre alle cifre del sistema decimale, i simboli «A», «B», «C», «D», «E» ed «F» per rappresentare i valori da 10 a 15.

NOTAZIONE ESPONENZIALE. La notazione esponenziale prevede che un numero n sia rappresentato mediante una mantissa M (normalizzata in modo che il segno «,» sia preceduto da una singola cifra diversa da 0) e un esponente E della base b di rappresentazione:

$$n = M \times b^E$$

FLOATING-POINT. Lo standard per la rappresentazione binaria dei numeri all'interno del computer nel formato virgola mobile (*floating-point*) prevede una configurazione di 32 bit: 1 bit per il segno s della mantissa, 8 bit per l'esponente e che individua la potenza (positiva o negativa) della base 2, 23 bit per la sola parte successiva al segno «,» della mantissa m. Il valore di un numero rappresentato nel formato virgola mobile è di norma:

$$(-1)^s \times 1{,}m \times 2^e$$

UNDERFLOW. Il ricorso al formato numerico virgola mobile – pur estendendo, a parità di bit impiegati, il campo numerico rappresentato – non evita il problema dell'*overflow*; si presenta anzi un nuovo problema – definito *underflow* – che insorge per l'impossibilità di rappresentare numeri piccoli in valore assoluto quanto si vuole.

ERRORE INERENTE. Un problema ulteriore del formato virgola mobile è causato dal fatto che le configurazioni binarie rappresentabili con un numero finito n di bit sono in numero finito (2^n): esistono di conseguenza numeri non rappresentabili esattamente, la cui rappresentazione presenta un errore inerente non eliminabile.

DISTRIBUZIONE NUMERI RAPPRESENTABILI. L'insieme dei numeri rappresentabili nel formato virgola mobile è discreto e limitato; inoltre i numeri rappresentabili non sono uniformemente distribuiti nell'intervallo numerico rappresentato.

CODIFICHE DEL TESTO. Il testo è normalmente codificato ricorrendo allo standard **ISO 8859** derivato dallo standard **ASCII**, che associa un valore numerico compreso tra 0 e 255 (1 byte di memoria) a ogni singolo carattere; la codifica estesa **Unicode** consente di codificare i simboli di tutte le lingue del mondo.

RIPASSA CON LA MAPPA

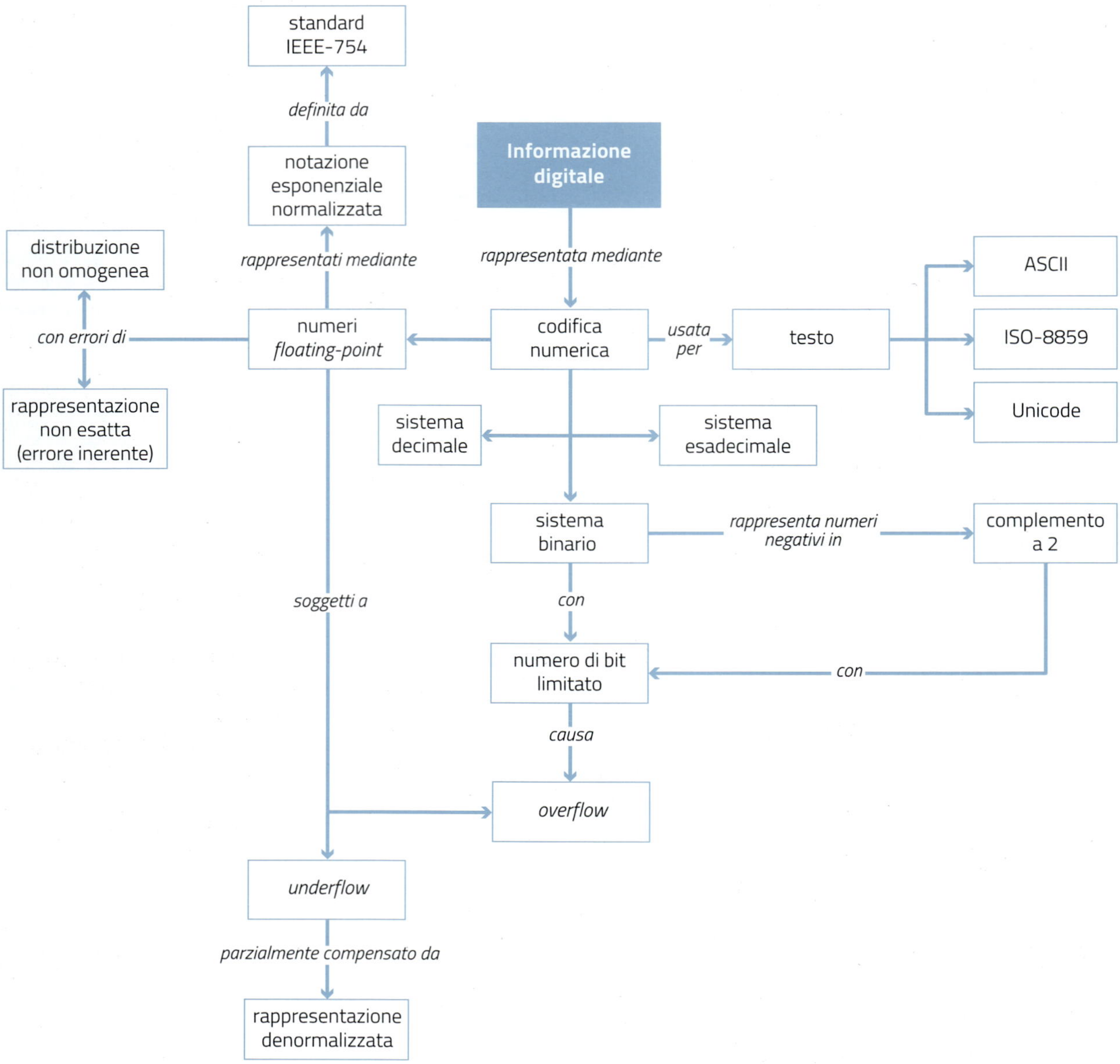

SPIEGA IN UNA PAGINA

1 Descrivere le caratteristiche dei sistemi numerici posizionali, con particolare attenzione alla rappresentazione dei numeri con basi diverse e alla conversione.

2 Descrivere la rappresentazione dei numeri non interi mediante notazione esponenziale normalizzata, facendo esplicito riferimento allo standard *floating-point* IEEE-754 evidenziandone le criticità.

QUESITI A RISPOSTA APERTA

3 Quali sono i valori minimo e massimo rappresentabili in complemento a 2 utilizzando 16 bit?

4 Quale è il valore massimo rappresentabile «senza segno» utilizzando 16 bit?

5 Quali sono i valori minimo e massimo rappresentabili in complemento a 2 utilizzando 32 bit?

6 Quale è il valore massimo rappresentabile «senza segno» utilizzando 32 bit?

7 Che cosa è la condizione di *overflow*?

8 Che cosa è la condizione di *underflow* per un valore numerico *floating-point*?

TEST A RISPOSTA MULTIPLA

9 Il valore numerico 123 è espresso

A in base 10.
B in base 2.
C in base 8.
D in una qualsiasi base maggiore di 3.

10 Al valore esadecimale 123 corrisponde il valore decimale

A 123 non è un valore esadecimale valido.
B 123.
C 291.
D ABC.

11 Quale formula rappresenta il valore massimo rappresentabile in complemento a 2 utilizzando *N* bit?

A 2^n
B 2^{n-1}
C $2^{n-1} - 1$
D $2^n - 1$

12 Quale formula rappresenta il valore minimo rappresentabile in complemento a 2 utilizzando *N* bit?

A -2^n
B -2^{n-1}
C $-2^{n-1} + 1$
D $-2^n + 1$

13 Quali sono i limiti di *overflow* e di *underflow* della rappresentazione *floating-point* standard a 32 bit (si escludano i valori numerici subnormali):

A *overflow*: $+3{,}4 \times 10^{38}$ *underflow*: $-3{,}4 \times 10^{38}$
B *overflow*: $\pm 3{,}4 \times 10^{38}$ *underflow*: $\pm 1 \times 10^{-38}$
C *overflow*: $\pm 2^{32}$ *underflow*: $\pm 2^{-32}$
D *overflow*: $\pm 10^{32}$ *underflow*: $\pm 10^{-32}$

14 Quale valore numerico rappresenta la seguente configurazione binaria *floating-point* standard a 32 bit?

1 10000010 01000000000000000000000

A –10.
B È una configurazione speciale non associata a nessun valore numerico.
C 2.
D 8,08.

15 Come sono codificati i caratteri alfanumerici nello standard ASCII?

A Con un codice numerico compreso tra 0 e 127.
B Con un numero corrispondente alla posizione del carattere nell'alfabeto americano.
C Lo standard ASCII non codifica i caratteri alfanumerici.
D Con un codice numerico costituito da 16 bit.

16 Quale numero «senza segno» espresso in codifica binaria è rappresentato dalla sequenza di codici ASCII 49, 50, 56?

A Non rappresenta un numero.
B 128.
C 10000000.
D 110001, 110010, 111000.

17 **Quale «parte» dello standard ISO 8859 deve essere utilizzata per codificare le lettere accentate della lingua italiana?**

- A Lo standard ISO 8859 non è relativo alla codifica dei caratteri alfanumerici.
- B La parte 1.
- C La parte 15.
- D Lo standard ISO 8859 non prende in considerazione i caratteri della lingua italiana.

18 **Quale standard di codifica è necessario per i simboli della lingua cinese?**

- A ASCII.
- B ISO 8859.
- C Unicode.
- D Nessuna delle risposte precedenti.

PROBLEMI

19 **Convertire in formato binario «senza segno» i seguenti valori decimali:**

- A. 0
- B. 1
- C. 7
- D. 10
- E. 31
- F. 32

20 **Convertire in formato decimale i seguenti valori binari «senza segno»:**

- A. 0
- B. 1
- C. 1001
- D. 1111
- E. 10101010
- F. 10000000

21 **Convertire in formato binario in «complemento a 2» i seguenti valori decimali utilizzando 4 bit:**

- A. −1
- B. 1
- C. −8
- D. 8
- E. −3
- F. 2

22 **Convertire in formato decimale i seguenti valori binari in «complemento a 2» rappresentati utilizzando 4 bit:**

- A. 0110
- B. 0001
- C. 1000
- D. 1110
- E. 1111
- F. 0111

23 **Convertire in formato decimale i seguenti valori esadecimali «senza segno»:**

- A. ABCD
- B. 1234
- C. A1
- D. 1F
- E. 777
- F. ACE

24 **Convertire in formato binario i seguenti valori esadecimali «senza segno»:**

- A. ABCD
- B. 1234
- C. A1
- D. 1F
- E. 777
- F. ACE

25 **Convertire in formato esadecimale i seguenti valori binari «senza segno»:**

- A. 1111000010100111
- B. 111100
- C. 1001101010111100
- D. 1110001
- E. 100011000
- F. 11110011

26 **Eseguire le seguenti addizioni nel formato binario in «complemento a 2» utilizzando 8 bit:**

- A. 11110000 + 00001111
- B. 00001111 + 00001111
- C. 01110000 + 00110000
- D. 11111111 + 00000111
- E. 10000000 + 01111111
- F. 01111111 + 10000000

27 Convertire in formato binario in «complemento a 2» i seguenti valori decimali utilizzando 8 bit:

A. −64
B. 128
C. −128
D. 127
E. 32
F. 255

28 Convertire in formato decimale i seguenti valori binari in «complemento a 2» rappresentati utilizzando 8 bit:

A. 01101111
B. 00010010
C. 11111000
D. 11100011
E. 11110110
F. 01110000

29 Calcolare il valore numerico corrispondente alla seguente configurazione binaria *floating-point* standard:

1 01111101 01100000000000000000000

30 Calcolare il valore numerico corrispondente alla seguente configurazione binaria *floating-point* standard:

0 10000010 10100000000000000000000

31 Calcolare il valore numerico corrispondente alla seguente configurazione binaria *floating-point* standard:

1 00000000 00000100000000000000000

32 Calcolare il valore numerico corrispondente alla seguente configurazione binaria *floating-point* standard:

0 11111111 00000000000000000000000

33 Calcolare il valore numerico corrispondente alla seguente configurazione binaria *floating-point* standard:

1 0000000000000000000000000000000

CASI PRATICI

34 Determinare la sequenza dei codici ASCII generata per la visualizzazione decimale del valore del numero intero 000011100111 rappresentato in formato binario.

35 Determinare la sequenza dei codici ASCII generata per la visualizzazione decimale del numerico corrispondente alla seguente configurazione binaria *floating-point* standard:

1 10000001 10000000000000000000000

to bring
portare

custom
usanza

to deal
trattare

development
sviluppo

far afield
lontano

foolishly
stupidamente

to lead
condurre

limelight
ribalta

no harm
nessun danno

pattern
modello

pebble
ciottolo

to reckon
contare

remnant
resto

silly
sciocco

POSITIONAL NUMBER SYSTEMS

The way we do arithmetic is intimately related to the way we represent the numbers we deal with, so it is appropriate to begin our study of the subject with a discussion of the principal means for representing numbers.

Positional notation using base b (or *radix* b) is defined by the rule

$$(\ldots a_3 a_2 a_1 a_0 . a_{-1} a_{-2} \ldots)_b = \ldots + a_3 b^3 + a_2 b^2 + a_1 b^1 + a_0 + a_{-1} b^{-1} + a_{-2} b^{-2} + \ldots; \quad (1)$$

for example, $(520.3)_6 = 5\times 6^2 + 2\times 6^1 + 0 + 3\times 6^{-1} = 1923$. Our conventional decimal number system is, of course, the special case when b is ten, and when the a's are chosen from the "decimal digits" 0, 1, 2, 3, 4, 5, 6, 7, 8, 9; in this case the subscript b in (1) may be omitted.

The simplest generalizations of the decimal number system are obtained when we take b to be an integer greater than 1 and when we require the a's to be integers in the range $0 \leq a_k < b$. This gives us the standard binary ($b = 2$), ternary ($b = 3$), quaternary ($b = 4$), quinary ($b = 5$), ... number systems. In general, we could take b to be any nonzero number, and we could choose the a's from any specified set of numbers; this leads to some interesting situations, as we shall see.

The dot that appears between a_0 and a_{-1} in (1) is called the *radix point*. (When $b = 10$, it is also called the decimal point, and when $b = 2$, it is sometimes called the binary point, etc.) Continental Europeans often use a comma instead of a dot to denote the radix point; Englishmen often use a raised dot.

The a's in (1) are called the *digits* of the representation. A digit a_k for large k is often said to be "more significant" than the digits a_k for small k; accordingly, the leftmost or "leading" digit is referred to as the *most significant digit* and the rightmost or "trailing" digit is referred to as the *least significant digit*. In the standard binary system the binary digits are often called *bits*; in the standard hexadecimal system (radix sixteen) the hexadecimal digits zero through fifteen are usually denoted by

0, 1, 2, 3, 4, 5, 6, 7, 8, 9, A, B, C, D, E, F.

The historical development of number representations is a fascinating story, since it parallels the development of civilization itself. We would be going far afield if we were to examine this history in minute detail, but it will be instructive to look at its main features here.

The earliest forms of number representations, still found in primitive cultures, are generally based on groups of fingers, piles of stones, etc., usually with special conventions about replacing a larger pile or group of, say, five or ten objects by one object of a special kind or in a special place. Such systems lead naturally to the earliest ways of representing numbers in written form, as in the systems of Babylonian, Egyptian, Greek, Chinese, and Roman numerals; but such notations are comparatively inconvenient for performing arithmetic operations except in the simplest cases.

During the twentieth century, historians of mathematics have made extensive studies of early cuneiform tablets found by archeologists in the Middle East. These studies show that the Babylonian people actually had two distinct systems of number representation: numbers used in everyday business transactions were written in a notation based on grouping by tens, hundreds, etc.; this notation was inherited from earlier Mesopotamian civilizations, and large numbers were seldom required. When more difficult mathematical problems were considered, however, Babylonian mathematicians made extensive use of a sexagesimal (radix sixty) positional notation that was highly developed at least as early as 1750 B.C. This notation was unique in that it was actually a *floating point* form of representation with exponents omitted; the proper scale factor or power of sixty was to be supplied by the context, so that, for example, the numbers 2, 120, 7200, and 1/30 were all written in an identical manner. The notation was especially convenient for multiplication and division, using auxiliary tables, since radix-point alignment had no effect on the answer. [...]

Fixed point positional notation was apparently first conceived by the Maya Indians in central America 2000 years ago; their radix-20 system was highly developed, especially in connection with astronomical records and calendar dates. But the Spanish conquerors destroyed nearly all of the Maya books on history and science, so we have comparatively little knowledge about how sophisticated the native Americans had become at arithmetic; special-purpose multiplication tables have been found, but no examples of division are known [...].

Several centuries before Christ, the Greek people employed an early form of the abacus to do their arithmetical calculations, using sand and/or pebbles on a board that had rows or columns corresponding in a natural way to our decimal system. It is perhaps surprising to us that the same positional notation was never adapted to written forms of numbers, since we are so accustomed to reckoning with the decimal system using pencil and paper; but the greater ease of calculating by abacus (since handwriting was not a common skill, and since abacus calculation makes it unnecessary to memorize addition and multiplication tables) probably made the Greeks feel it would be silly even to suggest that computing could be done better on "scratch paper." At the same time Greek astronomers did make use of a sexagesimal positional notation for fractions, which they had learned from the Babylonians.

Our decimal notation, which differs from the more ancient forms primarily because of its fixed radix point, together with its symbol for zero to mark an empty position, was developed first in India within the Hindu culture. The exact date when this notation first appeared is quite uncertain; about 600 A.D. seems to be a good guess. Hindu science was rather highly developed at that time, particularly in astronomy. The earliest known Hindu manuscripts that show this notation have numbers written backwards (with the most significant digit at the right), but soon it became standard to put the most significant digit at the left.

About 750 A.D., the Hindu principles of decimal arithmetic were brought to Persia, as several important works were translated into Arabic [...]. Not long after this, al-Khwârizmî wrote his Arabic textbook on the subject. (As noted in Chapter 1, our word "algorithm" comes from al-Khwârizmî's name.) His work was translated into Latin and was a strong influence on Leonardo Pisano (Fibonacci), whose book on arithmetic (1202 A.D.) played a major role in the spreading of Hindu-Arabic numerals into Europe. It is interesting to note that the left-to-right order of writing numbers was unchanged during these two transitions, although Arabic is written from right to left while Hindu and Latin scholars generally wrote from left to right. [...]

Decimal notation was applied at first only to integer numbers, not to fractions. Arabic astronomers, who required fractions in their star charts and other tables, continued to use the notation of Ptolemy (the famous Greek astronomer), a notation based on sexagesimal fractions. This system still survives today, in our trigonometric units of "degrees, minutes, and seconds," and also in our units of time, as a remnant of the original Babylonian sexagesimal notation. [...]

The use of decimal notation also for tenths, hundredths, etc., in a similar way seems to be a comparatively minor change; but, of course, it is hard to break with tradition, and sexagesimal fractions have an advantage over decimal fractions in that numbers such as 1/3 can be expressed exactly, in a simple way.

[...]

Finally, an arithmetic text by Simon Stevin of Belgium, who independently hit on the idea of decimal fractions in 1585, became popular. Stevin's work, and the discovery of logarithms soon afterwards, made decimal fractions commonplace in Europe during the 17th century. [...]

The binary system of notation has its own interesting history. Many primitive tribes in existence today are known to use a binary or "pair" system of counting (making groups of two instead of five or ten), but they do not count in a true radix-2 system, since they do not treat powers of 2 in a special manner.

Nondecimal number systems were discussed in Europe during the seventeenth century. For many years astronomers had occasionally used sexagesimal arithmetic both for the integer and the fractional parts of numbers, primarily when performing multiplication [...].

The fact that *any* integer greater than 1 could serve as radix was apparently first stated in print by Blaise Pascal in *De numeris multiplicibus*, which was written about 1658 [. . .]. Pascal wrote, "Denaria enim ex institute hominum, non ex necessitate naturae ut vulgus arbitratur, et sane satis inepte, posita est"; i.e., "The decimal system has been established, somewhat foolishly to be sure, according to man's custom, not from a natural necessity as most people would think." He stated that the duodecimal (radix twelve) system would be a welcome change, and he gave a rule for testing a duodecimal number for divisibility by nine. [. . .]

Although decimal notation was almost exclusively used for arithmetic during that era, other systems of weights and measures were rarely if ever based on multiples of 10, and many business transactions required a good deal of skill in adding quantities such as pounds, shillings, and pence. For centuries merchants had therefore learned to compute sums and differences of quantities expressed in peculiar units of currency, weights, and measures; and this was actually arithmetic in a nondecimal number system.

[. . .]

Ultimately, an article by G. W. Leibniz [. . .], which illustrated binary addition, subtraction, multiplication, and division, really brought binary notation into the limelight, and this article is usually referred to as the birth of radix-2 arithmetic. Leibniz later referred to the binary system quite frequently. He did not recommend it for practical calculations, but he stressed its importance in number-theoretical investigations, since patterns in number sequences are often more apparent in binary notation than they are in decimal; he also saw a mystical significance in the fact that everything is expressible in terms of zero and one. Leibniz's unpublished manuscripts show that he had been interested in binary notation as early as 1679, when he referred to it as a "bimal" system (analogous to "decimal").

[. . .]

It is interesting to note that the important concept of negative powers to the right of the radix point was not yet well understood at that time. Leibniz asked James Bernoulli to calculate π in the binary system, and Bernoulli "solved" the problem by taking a 35-digit approximation to π, multiplying it by 10^{35}, and then expressing this integer in the binary system as his answer. On a smaller scale this would be like saying that $\pi = 3.14$, and $(314)_{10} = (100111010)_2$; hence π in binary is 100111010! [...] The motive for Bernoulli's calculation was apparently to see whether any simple pattern could be observed in this representation of π.

[. . .]

Much of the recent history of number systems is connected with the development of calculating machines. Charles Babbage's notebooks for 1838 show that he considered using nondecimal numbers in his Analytical Engine [. . .]. Increased interest in mechanical devices for arithmetic, especially for multiplication, led several people in the 1930s to consider the binary system for this purpose.

[. . .]

Electromechanical and electronic circuitry for general arithmetic operations was developed during the late 1930s, notably by John V. Atanasoff and George R. Stibitz in the U.S.A., L. Couffignal and R. Valtat in France, Helmut Schreyer and Konrad Zuse in Germany. All of these inventors used the binary system, although Stibitz later developed excess-3 binary-coded-decimal notation. [. . .].

The first American high-speed computers, built in the early 1940s, used decimal arithmetic. But in 1946, an important memorandum by A. W. Burks, H. H. Goldstine, and J. von Neumann, in connection with the design of the first stored-program computers, gave detailed reasons for the decision to make a radical departure from tradition and to use base-two notation [. . .].

[. . .]

The MIX computer[8] used in this book has been defined so that it can be either

8. Si tratta di un computer ipotetico utilizzato da D. Knuth come riferimento per gli esempi e gli esercizi dei volumi dell'opera "The Art of Computer Programming" [ndr].

binary or decimal. It is interesting to note that nearly all MIX programs can be expressed without knowing whether binary or decimal notation is being used-even when we are doing calculations involving multiple-precision arithmetic. Thus we find that the choice of radix does not significantly influence computer programming. [...]

There are several different methods for representing *negative* numbers in a computer, and this sometimes influences the way arithmetic is done. In order to understand these other notations, let us first consider MIX as if it were a decimal computer; then each word contains 10 digits and a sign, for example

$$-\ 12345\ 67890 \qquad (2)$$

This is called the *signed-magnitude* representation. Such a representation agrees with common notational conventions, so it is preferred by many programmers. A potential disadvantage is that minus zero and plus zero can both be represented, while they usually should mean the same number; this possibility requires some care in practice, although it turns out to be useful at times.

Most mechanical calculators that do decimal arithmetic use another system called *ten's complement* notation. If we subtract 1 from 00000 00000, we get 99999 99999 in this notation; in other words, no explicit sign is attached to the number, and calculation is done *modulo* 10^{10}. The number –12345 67890 would appear as

$$87654\ 32110 \qquad (3)$$

in ten's complement notation. It is conventional to regard any number whose leading digit is 5, 6, 7, 8, or 9 as a negative value in this notation, although with respect to addition and subtraction there is no harm in regarding (3) as the number +87654 32110 if it is convenient to do so. Note that there is no problem of "minus zero" in such a system.

[...]

A possible disadvantage of the ten's complement system is the fact that it is not symmetric about zero; the largest negative number representable in p digits is 500...0, and it is not the negative of any p-digit positive number. Thus it is possible that changing x to $-x$ will cause overflow. [...]

Another notation that has been used since the earliest days of high-speed computers is called *nines' complement* representation. In this case the number –12345 67890 would appear as

$$87654\ 32109 \qquad (4)$$

Each digit of a negative number $(-x)$ is equal to 9 minus the corresponding digit of x. It is not difficult to see that the nines' complement notation for a negative number is always one less than the corresponding ten's complement notation. Addition and subtraction are done modulo $10^{10} - 1$, which means that a carry off the left end is to be added at the right end. Again there is a potential problem with minus zero, since 99999 99999 and 00000 00000 denote the same value.

The ideas just explained for radix 10 arithmetic apply in a similar way to radix 2 arithmetic, where we have *signed magnitude, two's complement,* and *ones' complement* notations.

[Donald Knuth, "The Art of Computer Programming. Volume 2. Seminumerical Algorithms", 2nd edition, Addison Wesley, 1981]

QUESTIONS

a **Why did Babylonian people use two different systems of number representation?**

b **Did the ancient Greeks have a written system for arithmetical calculations?**

c **When and how were the principles of decimal arithmetic introduced to Europe?**

d **Did the binary system of number notation begin with modern electronic computers?**

e **Do electronic computers use the *signed magnitude* notation for negative numbers?**

A4

Applicazioni della teoria dell'informazione

Nel 1948, basandosi sulle ricerche relative alla crittografia condotte nel corso della seconda guerra mondiale, il grande matematico americano Claude Shannon pubblicò *The mathematical theory of information*: molte delle tecniche di correzione degli errori di comunicazione e di compressione dei dati sulle quali è fondata l'attuale società dell'informazione sono state successivamente sviluppate a partire dalle idee di Shannon.

ESEMPIO

La seguente riproduzione di una fotografia scattata nel 2005 dal famoso fotografo Sebastião Salgado è costituita da 3 000 000 di *pixel* (2000 × 1500), ciascuno dei quali è un numero codificato su 8 bit, un byte, che rappresenta una gradazione di grigio rappresentandola con valori compresi tra 0 (corrispondente al nero) e 255 (corrispondente al bianco):

L'occupazione di memoria di questa immagine è quindi di 3 000 000 di byte, circa 2,9 Megabyte. Ma il file in formato **PNG** (*Portable Network Graphics*) che la contiene ha una dimensione di circa 1,7 Megabyte, poco più della metà!
La «compressione» dello spazio di memoria occupato da un'immagine è un aspetto fondamentale che determina il numero di immagini che possono essere memorizzate su un supporto di memoria persistente come il tempo necessario per il suo trasferimento in rete, per esempio nel caso che sia inserita in una pagina web.
Tutti i formati dei file che contengono immagini permettono di comprimerne la codifica. Le tecniche di compressione illustrate in questo capitolo sono reversibili, ma alcuni formati impiegano tecniche non reversibili che riducono il contenuto informativo dell'immagine.

Codifica dei colori

La rappresentazione digitale di un'immagine a colori richiede di codificare numericamente il colore di ogni singolo *pixel*. La codifica numerica del colore è fondata sul fatto che ogni colore visibile è ottenibile mediante combinazione variabile di un numero limitato di colori di base: nel caso di dispositivi che utilizzano la luce, come il monitor, sono il rosso, il verde e il blu (codifica **RGB**: *Red*, *Green* e *Blue*), mentre nel caso di dispositivi che utilizzano pigmenti, come la stampante, sono il celeste, il magenta e il giallo (codifica **CMY**: *Cyan*, *Magenta* e *Yellow*).
La codifica maggiormente utilizzata nei formati dei file per le immagini digitali è quella RGB: per ogni *pixel* è quindi necessario specificare 3 valori numerici, tipicamente di un byte ciascuno per un totale di 24 bit, che rappresentano rispettivamente la quantità di rosso, di verde e di blu che definisce il colore del *pixel*.

ESEMPIO

Un codice fiscale italiano per le persone fisiche è sempre costituito da 16 caratteri alfanumerici:

MNEGRG 65C23 E625 Y

I primi 6 caratteri sono normalmente estratti dal cognome e dal nome della persona, i successivi 5 ne rappresentano la data di nascita (le ultime due cifre dell'anno, il mese codificato mediante una singola lettera e il giorno) e il sesso (il giorno di nascita di una femmina è incrementato di 40), i successivi 4 codificano il comune italiano o lo stato estero di nascita e l'ultimo carattere... è in più! Esso viene calcolato mediante un algoritmo a partire dai primi 15 e può essere ricalcolato utilizzando lo stesso algoritmo ogni volta che un codice fiscale viene digitato o acquisito: nel caso che il risultato del calcolo sia lo stesso carattere che compare nel codice si può ragionevolmente assumere che il codice sia corretto, mentre se il risultato è un carattere diverso si ha la matematica certezza che esso è errato.

1 Entropia come misura della quantità di informazione

Il nome di Claude Shannon è legato alla sua definizione di «**entropia» dell'informazione**: questa grandezza esprime la quantità di informazione contenuta in una sequenza di simboli – per esempio una stringa di caratteri alfanumerici – e al tempo stesso determina il numero di bit necessari per codificare un singolo simbolo della sequenza.

Nel capitolo precedente è stato mostrato che disponendo di b bit è possibile codificare 2^b simboli diversi mediante i numeri binari compresi tra 0 e 2^b-1. Ma quanti bit servono per rappresentare N simboli diversi, cioè i numeri compresi tra 0 ed $N-1$? Se con b bit è possibile rappresentare al massimo il valore 2^b-1, allora applicando la funzione inversa dell'esponenziale, il logaritmo, si ha che per codificare il numero $N-1$ sono necessari

$$\log_2 N \text{ bit.}$$

Per effettuare i calcoli con una normale calcolatrice che permette di calcolare il logaritmo in base 10 è possibile calcolare il logaritmo in base 2 applicando la seguente formula

$$\log_2 N = \log_{10} N : \log_{10} 2$$

dove $\log_{10} 2$ vale circa 0,301.

ESEMPIO

Nel caso $N = 1000$ si ha

$$\log_2 (1000) = \log_{10} (1000) : \log_{10} 2 = 3 : 0{,}301 = 9{,}967 \text{ bit}$$

Naturalmente non potendo usare una frazione di bit è necessario approssimare all'intero superiore per cui servono almeno 10 bit per rappresentare i numeri interi compresi tra 0 incluso e 1000 escluso.

La teoria di Shannon individua nella funzione logaritmo (la base 2 è una conseguenza del ricorso alla codifica binaria) un modo per esprimere la quantità di informazione. Per capire il motivo, è possibile analizzare un approccio «informativo» alla costruzione dei codici binari che rappresentano

Entropia termodinamica

Shannon ha ripreso il termine «entropia» dalla grandezza della fisica termodinamica che rappresenta l'impossibilità di trasformare completamente l'energia termica in lavoro meccanico e che è spesso interpretata come grado di disordine o casualità di un sistema termodinamico.
La formula per determinare l'entropia di un gas formulata dal fisico Ludwig Boltzmann nella seconda metà dell'Ottocento è strutturalmente simile a quella di Shannon per la quantità di informazione di una sequenza di simboli.

valori numerici (che a loro volta possono codificare simboli, per esempio di caratteri tipografici).

Disponendo i valori numerici compresi tra 0 e 2^b-1, con b massimo numero di bit utilizzabile, sequenzialmente e in ordine crescente, è possibile definire il seguente procedimento di costruzione del codice binario di un valore numerico:

1. dividere la sequenza a metà;
2. se il valore numerico cade nella metà sinistra scrivere il simbolo binario «0», altrimenti – se cade nella metà destra – il simbolo binario «1»;
3. ripetere il procedimento dal punto 1 limitatamente alla parte di sequenza in cui cade il valore numerico se essa è costituita da più di un elemento: scrivere il successivo simbolo binario a destra dei precedenti.

ESEMPIO

Per $b = 3$ i valori numerici sono quelli compresi tra 0 e 7:

0 1 2 3 4 5 6 7

Nel caso del valore numerico 2 la prima iterazione del procedimento

0 1 2 3 | 4 5 6 7

genera il simbolo binario «0»; la seconda iterazione del procedimento

0 1 | 2 3

genera il simbolo binario «1»; la terza e ultima iterazione del procedimento

2 | 3

genera il simbolo binario «0»: il codice è quindi «010» che corrisponde effettivamente al formato binario del valore numerico 2.

Un modo alternativo di illustrare questo procedimento è mediante un diagramma ad «albero binario»:

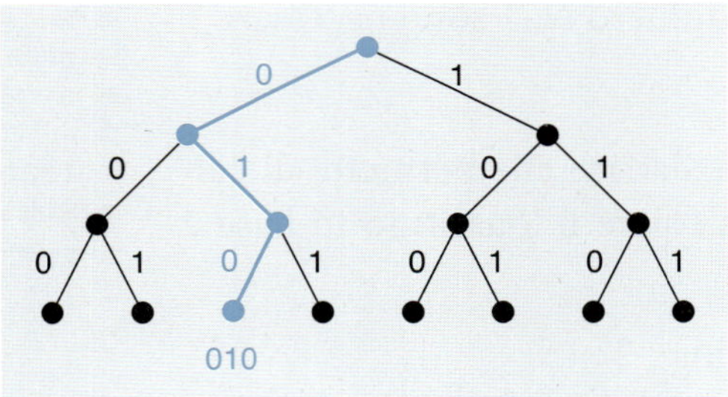

OSSERVAZIONE La tecnica illustrata dall'esempio precedente è nota come «ricerca binaria» ed è alla base dei giochi in cui si possono porre domande aventi risposte limitate a «sì» o «no». Un classico esempio è quello di indovinare un numero ignoto compreso tra 0 e un valore massimo M potendo porre soltanto la domanda «è più grande di...?»: in questo caso è sempre possibile indovinare al massimo con $\log_2 M$ domande, approssimando il valore del logaritmo all'intero superiore. Per esempio per $M = 1000$ si inizierà chiedendo se il numero è più grande di 500: in caso di risposta affermativa si continuerà chiedendo se è più grande di 750, in caso di risposta negativa se è più grande di 250... e così via dividendo sempre a metà l'intervallo dei valori che rimane da esplorare; il numero di scelte che si dovranno effettuare non sarà superiore a $\log_2 1000 = 9{,}967$ che approssimato all'intero superiore è pari a 10.

Per Shannon l'entropia H di una sequenza S di N simboli $s_1, s_2, \dots s_N$ in cui l'ordine non ha alcuna importanza è espressa dalla seguente formula

$$H(S) = -\sum_{i=1}^{N} f_i \times \log_2 f_i = -(f_1 \times \log_2 f_1 + \dots + f_N \times \log_2 f_N)$$

dove f_i è la frequenza con cui il simbolo s_i compare nella sequenza, cioè il numero di volte in cui compare diviso il numero di simboli da cui è composta la sequenza stessa.
L'entropia esprime il numero minimo di bit per simbolo – cioè il numero minimo di scelte binarie – necessario per codificare la sequenza: per questa grandezza è stato proposto come unità di misura lo *shannon*.

ESEMPIO

Data la sequenza di 8 simboli

$$S = \{\#, @, \#, @, *, @, \S, @\}$$

Il simbolo «#» compare 2 volte e ha quindi frequenza 2 : 8 = 0,250; il simbolo «@» compare 4 volte e ha quindi frequenza 4 : 8 = 0,5, i simboli «§» e «*» compaiono ciascuno 1 volta e hanno quindi frequenza 1 : 8 = 0,125.
L'entropia della sequenza è espressa dalla formula di Shannon:

$$-(0{,}250 \times \log_2 0{,}250 + 0{,}500 \times \log_2 0{,}500 + 0{,}125 \times \log_2 0{,}125 + 0{,}125 \times \log_2 0{,}125) =$$

$$= -(0{,}250 \times -2{,}000 + 0{,}500 \times -1{,}000 + 0{,}125 \times -3{,}000 + 0{,}125 \times -3{,}000) =$$

$$= -(-0{,}500 - 0{,}500 - 0{,}375 - 0{,}375) = -(-1{,}750) = 1{,}750$$

Il risultato stabilisce che la codifica binaria della sequenza non può impiegare meno di 1,75 bit per simbolo; una banale codifica che impiega 2 bit per simbolo potrebbe essere la seguente:

#	00
@	01
*	10
§	11

La codifica dell'intera sequenza *S* composta da 8 simboli richiede 2 × 8 = 16 bit:

00 01 00 01 10 01 11 01

Codifica *Morse*

Lo schema di codifica dei caratteri alfanumerici, ideato da Samuel Morse e usato per le comunicazioni telegrafiche a partire dalla prima metà dell'Ottocento, era basata su 5 simboli: linea (suono lungo), punto (suono breve), intervallo breve, intervallo medio e intervallo lungo. La codifica di *Morse* non era a lunghezza fissa: la lettera «A» per esempio era codificata da un punto e una linea, mentre la lettera «Z» era codificata da due linee seguite da due punti.

Uno schema di codifica in cui tutti i simboli sono rappresentati con lo stesso numero di bit è definito a **lunghezza fissa** (**FLC**, *Fixed Length Code*). La codifica binaria di tipo FLC di una sequenza S di N simboli ha una lunghezza complessiva minima uguale all'entropia della sequenza $H(S)$ approssimata all'intero superiore moltiplicata per il numero N di simboli.

OSSERVAZIONE Data una sequenza S formata da un unico simbolo, per esempio

$$S = \{@, @, @\}$$

la frequenza del simbolo @ è ovviamente 3 : 3 = 1 e l'entropia espressa dalla formula di Shannon è:

$$-(1 \times \log_2 1) = -(1 \times 0) = 0$$

Il contenuto informativo di questa sequenza è nullo! L'informazione infatti è sempre legata alle differenze dei simboli (di forma, di posizione, ...): una sequenza di simboli priva di differenze non esprime nessuna informazione.

L'entropia di una sequenza di simboli – e quindi la quantità di informazione che essa contiene – è invece massima quando ciascuno dei simboli è presente con la stessa frequenza. Per esempio, nel caso di sequenze composte solo da 2 simboli («0» e «1»), la variazione dell'entropia in funzione della loro distribuzione è la seguente:

$$S = \{1, 1, 1, 1, 1, 1, 1, 1\} \rightarrow H(S) = 0$$

$$S = \{0, 1, 1, 1, 1, 1, 1, 1\} \rightarrow H(S) =$$
$$= -(0{,}125 \times \log_2 0{,}125 + 0{,}875 \times \log_2 0{,}875) = 0{,}544$$

$$S = \{0, 0, 1, 1, 1, 1, 1, 1\} \rightarrow H(S) =$$
$$= -(0{,}250 \times \log_2 0{,}250 + 0{,}750 \times \log_2 0{,}750) = 0{,}811$$

$$S = \{0, 0, 0, 0, 1, 1, 1, 1\} \rightarrow H(S) =$$
$$= -(0{,}500 \times \log_2 0{,}500 + 0{,}500 \times \log_2 0{,}500) = 1{,}000$$

$$S = \{0, 0, 0, 0, 0, 0, 1, 1\} \rightarrow H(S) =$$
$$= -(0{,}750 \times \log_2 0{,}750 + 0{,}250 \times \log_2 0{,}250) = 0{,}811$$

$$S = \{0, 0, 0, 0, 0, 0, 0, 1\} \rightarrow H(S) =$$
$$= -(0{,}875 \times \log_2 0{,}875 + 0{,}125 \times \log_2 0{,}125) = 0{,}544$$

$$S = \{0, 0, 0, 0, 0, 0, 0, 0\} \rightarrow H(S) = 0$$

Il grafico – che riporta in ascissa il numero di simboli «1» presenti nella sequenza – mostra che l'entropia è massima quando i simboli della sequenza hanno la stessa frequenza:

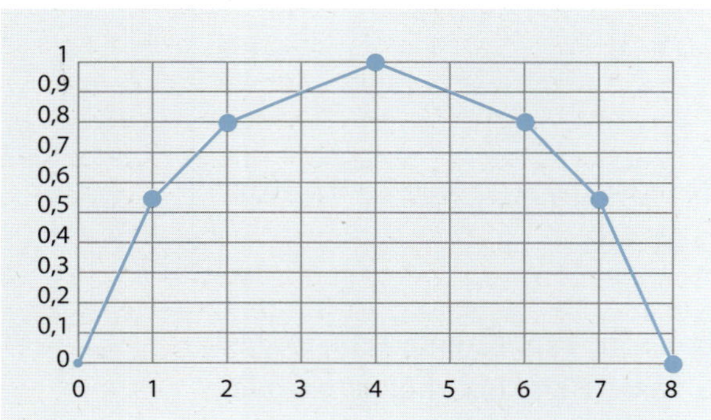

Frequenze e probabilità

Partendo da una sequenza di simboli è possibile calcolarne l'entropia e quindi, almeno in teoria, stabilirne una codifica ottima. Quando le sequenze di simboli che si devono codificare non sono note a priori è possibile stimare il valore dell'entropia sostituendo il concetto di frequenza con quello di «probabilità». Per esempio, la probabilità con cui uno specifico carattere compare in un testo abbastanza lungo è una caratteristica specifica della lingua: la lettera «A» ha una probabilità di comparsa in Inglese di 0,0817 (8,17%), in Francese di 0,0764 (7,64%), in Tedesco di 0,0651 (6,51%), in Spagnolo di 0,1253 (12,53%) e in Italiano di 0,1174 (11,74%).

L'architettura di un computer non consente di scegliere la lunghezza in bit della codifica di una sequenza di simboli più adatta: i registri della CPU e le locazioni della memoria RAM hanno infatti una lunghezza predefinita (tipicamente 32 o 64 bit) e possono essere utilizzati in modo efficiente solo con codifiche che siano multiple del byte (8 bit). Per questo motivo molti codici utilizzati in pratica hanno codifiche dei simboli multiple di 8 bit: il codice ASCII per i caratteri tipografici per esempio, ma anche i 24 bit della codifica RGB delle immagini digitali.

Una codifica non ottimale è definita **ridondante**: con questo termine si indica che il numero di bit per simbolo della codifica è superiore alla misura dell'entropia della sequenza da codificare.

OSSERVAZIONE In pratica una codifica FLC è sempre ridondante per il fatto che il numero di bit per simbolo è un numero intero, nel migliore dei casi si tratta il numero intero immediatamente superiore al valore dell'entropia stessa.

2 Ridondanza dell'informazione e rilevazione di errori

Alcune codifiche introducono deliberatamente una limitata ridondanza allo scopo di rilevare errori di generazione, memorizzazione o trasmissione dell'informazione. La valutazione della ridondanza di una codifica allo scopo di rilevare o correggere errori si basa sulla cosiddetta **distanza minima di Hamming**, così chiamata dal nome del matematico americano Richard Hamming che la propose negli anni Cinquanta del secolo scorso in un importante studio sugli schemi di codifica per la correzione degli errori.

La **distanza di Hamming** tra due codici binari aventi la stessa lunghezza è il numero di bit che differiscono tra i due codici.

ESEMPIO

La distanza di Hamming tra il codice ASCII del carattere «A» e il carattere «Z»

01000001
01011010

è 4 perché le relative codifiche binarie differiscono in 4 diverse posizioni.

La **distanza di Hamming minima** di uno schema di codifica è la minima distanza di Hamming tra due codici validi dello schema.

ESEMPIO

La distanza di Hamming minima del codice ASCII è 1 in quanto ogni configurazione binaria a 8 bit codifica un simbolo: esistono quindi codici validi con distanza di Hamming uguale a 1.

OSSERVAZIONE Uno schema di codifica con distanza di Hamming minima uguale a 1 non consente la rilevazione di errori, in quanto esistono almeno due configurazioni binarie corrispondenti a un codice valido che differiscono di un solo bit.

In generale la rilevazione degli errori presenti in un codice si ottiene aggiungendo alcuni bit di controllo ridondanti rispetto allo schema di codifica. Il computer che genera o trasmette il codice calcola i bit di controllo a partire dai bit del codice in base a un determinato algoritmo e il computer che elabora o riceve il codice ricalcola i bit di controllo utilizzando lo stesso algoritmo: se i bit di controllo calcolati sono gli stessi di quelli generati o ricevuti si assume la correttezza del codice, se sono diversi si ha la certezza che il codice è errato.

Codifiche per la correzione degli errori

L'introduzione di una limitata ridondanza negli schemi di codifica permette di rilevare eventuali errori di memorizzazione o trasmissione dell'informazione. Esistono anche schemi di codifica che, a fronte di una ancora maggiore ridondanza dell'informazione, permettono di individuare e quindi di correggere gli errori di memorizzazione o trasmissione. I *QR-code* per esempio sono codificati con lo schema di Reed-Solomon e restano interpretabili anche se il 25% della superficie risulta illeggibile.

Lo stesso schema di codifica ridondante viene utilizzato per i CD audio e i dischi *Blu-ray* per i video: in questo modo la presenza di eventuali graffi sulla superficie non inficia l'ascolto e la visione perché l'informazione viene integralmente ricostruita anche a fronte di errori.

2.1 Bit di parità

La comunicazione seriale – oggi implementata virtualmente mediante collegamenti USB o *Bluetooth* – consente di trasferire sequenze di caratteri tra computer. Nel caso di canali di comunicazione «rumorosi» è possibile utilizzare, per ogni carattere trasmesso, un «bit di parità» aggiuntivo rispetto alla codifica del carattere stesso avente lo scopo di permettere al ricevitore la rilevazione di eventuali errori di comunicazione. Il computer trasmittente e il computer ricevente sono configurati per utilizzare una «parità pari», o una «parità dispari»: nel primo caso il numero di bit per carattere impostati a «1» deve sempre essere pari, nel secondo caso deve sempre essere dispari; questo si ottiene impostando il bit aggiuntivo di parità in modo da verificare la condizione configurata.

ESEMPIO

Nel caso, per esempio, di trasmissione del carattere «A» con codice ASCII a 8 bit

01000001

si aggiungerà un bit di parità impostato a 0 in caso di «parità pari» (il numero di bit impostati a 1 nel codice rimane 2, pari)

010000010

oppure un bit di parità impostato a 1 in caso di «parità dispari» (il numero di bit impostati a 1 nel codice diviene 3, dispari)

010000011

Un errore di comunicazione che alteri un singolo bit trasformandolo da 0 a 1, o viceversa da 1 a 0, «rompe» la parità del codice permettendo al ricevitore di rilevarlo; per esempio, nel caso di parità pari la variazione del primo bit porta il numero dei bit impostati a 1 a 3 rendendo l'errore rilevabile:

110000010

Un errore di comunicazione che alteri due bit del codice non è con questa tecnica rilevabile (il numero dei bit impostato a 1 rimane infatti in questo caso pari o dispari come era al momento della trasmissione), ma questo evento è estremamente improbabile rispetto a un errore che coinvolge un singolo bit.

OSSERVAZIONE L'aggiunta di un bit di parità ai caratteri del codice ASCII porta la distanza di Hamming dello schema di codifica a 2: due codici validi differiscono sempre di almeno 2 bit in quanto la differenza di un singolo bit darebbe luogo a una rottura della parità e, quindi, a un codice invalido.

2.2 *Checksum*

Un *checksum* è un codice aggiunto a una sequenza di codici con lo scopo specifico di rilevare eventuali errori di generazione, memorizzazione o trasmissione.

Nel caso comune di uno schema di codifica FLC in cui tutti i codici hanno lo stesso numero di bit, uno degli algoritmi di calcolo del *checksum* più utilizzati è l'applicazione dell'operatore logico XOR (*eXclusive OR*), definito nella tabella che segue (TABELLA 1) ai bit corrispondenti dei codici che costituiscono la sequenza.

TABELLA **1**

Dati		Risultato
0	0	0
0	1	1
1	0	1
1	1	0

ESEMPIO

Data la sequenza dei codici ASCII dei caratteri che costituiscono la parola «CIAO»

01000011, 01001001, 01000001, 01001111

lo XOR tra i codici dei primi due caratteri è

01000011
01001001
00001010

proseguendo il calcolo con il codice del terzo carattere si ha

00001010
01000001
01001011

e il *checksum* è il risultato che comprende nel calcolo anche l'ultimo carattere

01001011
01001111
00000100

Il numero 4 è quindi il *checksum* della parola «CIAO».

Algoritmi CRC

Gli algoritmi CRC (*Cyclic Redundancy Check*) sono metodi efficienti di calcolo del codice di *checksum* impiegati in particolare per la rilevazione degli errori di trasmissione di lunghe sequenze di codici binari.
I più utilizzati nel campo delle comunicazioni digitali sono CRC-16-CCITT, che produce un *checksum* di 16 bit (2 byte), e CRC-32-IEEE che produce un *checksum* di 32 bit (4 byte).

ESEMPIO

I dispositivi GPS[1] generano periodicamente – tipicamente una volta per secondo – sequenze di caratteri ASCII che comprendono informazioni relative alla latitudine, alla longitudine e all'orario, formattate come la seguente[2]:

```
$GPGLL,5917.102,N,01807.157,E,201349,A*23
```

I due caratteri ASCII che terminano la stringa rappresentano in formato esadecimale un valore numerico a 8 bit che è il *checksum* dei caratteri compresi tra i simboli «$» e «*» esclusi. Il computer che elabora o riceve la stringa è di conseguenza in grado di verificarne la correttezza ricalcolandone il *checksum* per confrontarlo con quello inserito nella stringa stessa.

1. *Global Position System*: i dispositivi di questo tipo elaborano i segnali ricevuti da una costellazione di satelliti per determinare la propria posizione sulla superficie terrestre.
2. Si tratta di uno dei formati dello standard NMEA-0183: lo standard 0183 della *National Marine Electronics Association* (www.nmea.org) descrive le modalità di interfacciamento e comunicazione dei dispositivi per la navigazione marittima.

2.3 *Check digit*

La **cifra di controllo** è una forma di ridondanza utilizzata da molti schemi di codifica di uso comune, come i codici a barre di identificazione dei prodotti, per permettere la rilevazione di errori nei codici in fase di digitazione manuale o di acquisizione per mezzo di dispositivi di lettura automatica. Gli algoritmi di calcolo della cifra di controllo a partire da una sequenza di valori numerici, o di caratteri alfanumerici, sono di natura empirica e si differenziano quindi in base all'applicazione.

ESEMPIO I prodotti sono identificati da un «codice a barre» che rappresenta graficamente, in un formato acquisibile da un lettore laser connesso a un computer o dalla fotocamera di uno *smartphone*, un codice numerico composto da 13 cifre secondo lo standard EAN-13[3]. La tredicesima cifra c_{13} è il *check digit* che viene calcolato a partire dalle prime dodici cifre c_1, c_2, ... c_{12} mediante il seguente algoritmo

$$s = c_1 + 3 \times c_2 + c_3 + 3 \times c_4 + c_5 + 3 \times c_6 + c_7 + 3 \times c_8 + c_9 + 3 \times c_{10} + c_{11} + 3 \times c_{12}$$

$$c_{13} = 10 - (s \bmod 10)$$

dove mod indica l'operatore «modulo» che restituisce il resto della divisione, in questo caso per 10. Per esempio, nel caso del seguente codice EAN-13

5 901234 123457 >

il *check digit* viene così determinato:

$$5 + 3 \times 9 + 0 + 3 \times 1 + 2 + 3 \times 3 + 4 + 3 \times 1 + 2 + 3 \times 3 + 4 + 3 \times 5 =$$
$$= 5 + 27 + 0 + 3 + 2 + 9 + 4 + 3 + 2 + 9 + 4 + 15 = 83$$
$$10 - (83 \bmod 10) = 10 - 3 = 7$$

3. Si tratta del formato noto come *European Article Number*: nonostante il nome, esso è utilizzato per l'identificazione dei prodotti in tutto il mondo; lo schema di codifica incorpora la categoria di prodotto, il produttore e lo specifico articolo.

OSSERVAZIONE I codici ISBN dei libri sono composti da 13 cifre: la tredicesima è un *check digit* calcolato con lo stesso metodo impiegato per i codici EAN-13.

ESEMPIO L'ultima cifra dei numeri delle carte di credito è un *check digit* calcolato con l'algoritmo di Luhn che può essere applicato a una qualsiasi sequenza di cifre decimali a partire dall'ultima (esclusa la cifra di controllo stessa). Una tipica carta di credito ha un codice composto da 16 cifre c_1, c_2, ... c_{15} (che codificano il circuito emittente, la banca di riferimento e il conto di addebito) e la cifra di controllo c_{16} viene così calcolata:

$$s = c_{15} \times 2 \bmod 9 + c_{14} + c_{13} \times 2 \bmod 9 + c_{12} + c_{11} \times 2 \bmod 9 + c_{10} +$$
$$+ c_9 \times 2 \bmod 9 + c_8 + c_7 \times 2 \bmod 9 + c_6 + c_5 \times 2 \bmod 9 + c_4 + c_3 \times 2 \bmod 9 +$$
$$+ c_2 + c_1 \times 2 \bmod 9$$

$$c_{16} = s \times 9 \bmod 10$$

Per esempio, nel caso della carta seguente

il *check digit* viene così determinato:

$$9 \times 2 \bmod 9 + 8 + 7 \times 2 \bmod 9 + 6 + 5 \times 2 \bmod 9 + 4 + 3 \times 2 \bmod 9 + 2 +$$
$$+ 1 \times 2 \bmod 9 + 0 + 0 \times 2 \bmod 9 + 0 + 0 \times 2 \bmod 9 + 0 + 4 \times 2 \bmod 9 =$$

$$18 \bmod 9 + 8 + 14 \bmod 9 + 6 + 10 \bmod 9 + 4 + 6 \bmod 9 + 2 + 2 \bmod 9 + 0 +$$
$$+ 0 \bmod 9 + 0 + 0 \bmod 9 + 0 + 8 \bmod 9 =$$

$$9 + 8 + 5 + 6 + 1 + 4 + 6 + 2 + 2 + 0 + 0 + 0 + 0 + 0 + 8 = 51$$

$$51 \times 9 \bmod 10 = 459 \bmod 10 = 9$$

Algoritmi *hash*

Gli algoritmi *hash* producono un *digest* di un numero di bit predeterminato calcolato a partire da una sequenza di codici di lunghezza qualsiasi. I più noti sono MD5, sviluppato da Donald Rivest, che produce un *digest* di 128 bit e SHA-1, sviluppato dalla NSA (*National Security Agency*) USA che produce un *digest* di 160 bit. Le nuove versioni dell'algoritmo SHA, SHA-2 e SHA-3, producono *digest* di 224, 256, 384 o 512 bit.
Diversamente dagli algoritmi CRC e di calcolo dei *check digit*, utilizzati rispettivamente per la verifica della correttezza delle comunicazioni e della digitazione o acquisizione dei codici, è estremamente difficile generare una sequenza di codici che abbia un *digest* dato: questa caratteristica fa sì che gli algoritmi *hash* siano usati come tecniche di autenticazione dei dati. Per esempio i *digest* sono spesso impiegati per verificare l'integrità del contenuto di un file di cui si effettua il *download* dalla rete.

3 Ridondanza dell'informazione e compressione dei dati

La maggior parte degli schemi di codifica non sono ottimi e di conseguenza le sequenze di codici che ne derivano presentano una ridondanza che può essere parzialmente eliminata al costo di una ricodifica della sequenza: questa operazione è nota come compressione. Per esempio i file che contengono testo, numeri, immagini, ... spesso possono essere compressi allo scopo di avere una dimensione minore, minimizzando in questo modo lo spazio di memorizzazione e il tempo di trasferimento richiesti.

Le tecniche di compressione dei dati che sfruttano la ridondanza dell'informazione sono oggi molto sofisticate, ma sono classificabili essenzialmente in tre categorie fondamentali:

- codifiche statistiche a lunghezza variabile;
- uso di dizionari;
- trasformazioni basate sul contesto.

Compressione *lossy*

Tutte le tecniche di compressione introdotte in questo capitolo sfruttano la ridondanza presente nell'informazione e sono quindi di tipo *lossless*, senza perdita di informazione: dalla codifica compressa è sempre possibile ricostruire il dato originale.
Molte tecniche di compressione di dati multimediali (immagini, audio, video, ...) sono invece di tipo *lossy*: per ottenere una compressione molto maggiore si realizza una perdita di informazione e non è più possibile ricostruire il dato originale a partire dalla codifica compressa. Si tratta di tecniche *ad hoc* che, per esempio, nel caso delle immagini o dell'audio, sopprimono informazioni relative a componenti cromatiche o a frequenze uditive cui l'occhio e l'orecchio umano sono poco sensibili.
Praticamente tutti i formati di file per le immagini, per l'audio e per i video memorizzano il contenuto applicando un algoritmo di compressione *lossy*.

3.1 Compressione mediante codifiche statistiche a lunghezza variabile

La soluzione di utilizzare uno schema di codifica in cui tutti i codici hanno lo stesso numero di bit è estremamente utile, ma in pratica porta a impiegare sempre un numero di bit per simbolo superiore all'entropia delle sequenze di simboli da codificare.

Dato che l'entropia di una sequenza di simboli rappresenta il numero minimo di bit per codice e che non è ovviamente possibile utilizzare codici che impiegano un numero frazionario di bit, una possibile tecnica per comprimere la codifica di una sequenza è quella di attribuire ai vari simboli della sequenza codici di lunghezza variabile (VLC, *Variable Length Code*).

Allo scopo di ottenere una codifica della sequenza che usi complessivamente un numero di bit minore di quello di una codifica FLC, è necessario scegliere i codici dei simboli più frequenti di lunghezza minore e i codici dei simboli meno frequenti di lunghezza maggiore.

ESEMPIO

In un esempio precedente è stata calcolata l'entropia della seguente sequenza di 8 simboli:

$$S = \{\#, @, \#, @, *, @, \S, @\}$$
$$H(S) = 1{,}75$$

Impiegando un classico schema di codifica FLC con 2 bit per simbolo

#	00
@	01
*	10
§	11

▶

la codifica della sequenza *S* richiede 16 bit:

00 01 00 01 10 01 11 01.

Il ricorso a uno schema di codifica VLC come il seguente

#	0
@	1
*	10
§	11

nella cui costruzione è stato tenuto in conto il fatto che il simbolo «@» ha la massima frequenza (è stato assegnato un codice «corto») e il simbolo «§» ha la minima frequenza (è stato assegnato un codice «lungo»), permette di codificare la sequenza *S* impiegando solo 10 bit ottenendo un rapporto di compressione pari a 16 : 10 = 1,6:

0 1 0 1 10 1 11 1

Il valore di 10 : 8 = 1,25 bit/simbolo è inferiore all'entropia della sequenza *S*, ma questo non dovrebbe mai essere possibile...

Lo schema di codifica VLC proposto nell'esempio precedente è purtroppo inutilizzabile. Infatti, riscrivendo la sequenza dei codici senza gli spazi[4], essa risulta non decodificabile:

0101101111

Il primo bit rappresenta sicuramente un simbolo «#» in quanto nessun altro codice inizia per «0», ma già il secondo bit presenta un'ambiguità irrisolvibile in quanto potrebbe rappresentare il simbolo «@», oppure essere il primo bit di una coppia che rappresenta il simbolo «*».

Uno schema di codifica in cui il simbolo più frequente «@» è ancora codificato con un unico bit, ma che non presenta questo problema perché ogni codice è diverso dalla parte iniziale di un qualsiasi altro codice più lungo è, per esempio, il seguente:

@	0
#	10
*	110
§	111

La codifica binaria della sequenza *S*

10010011001110

è ora di 14 bit con un rapporto di compressione pari a 16 : 14 = 1,14, minore dell'irrealistico precedente, ma comunque significativo. Il numero di bit per simbolo è ora 14 : 8 = 1,75 e il fatto che sia uguale all'entropia della sequenza *S* dimostra che si tratta di una codifica ottima. Questa codifica binaria non presenta ora ambiguità in fase di decodifica:

- il primo bit è «1» che da solo non è un codice valido: è seguito da «0» e «10» è il codice del primo simbolo della sequenza («#»);
- si prosegue dal terzo bit che è «0» ed è quindi il codice del secondo simbolo della sequenza («@»);
- il quarto bit è «1» che da solo non è un codice valido: anche in questo caso è seguito da «0» e «10» è il codice del terzo simbolo della sequenza («#»);

4. L'uso dello spazio introdurrebbe infatti un nuovo simbolo nella sequenza che richiederebbe a sua volta una codifica binaria.

- si prosegue dal sesto bit che è «0» ed è quindi il codice del quarto simbolo della sequenza («@»);
- il settimo bit è «1» che da solo non è un codice valido: è seguito da «1», ma i codici che presentano la coppia «11» sono sempre costituiti da 3 bit, per cui si prende in considerazione il bit successivo che è «0» e «110» è il codice del quinto simbolo della sequenza («*»);
- il decimo bit è «0» e il codice del sesto simbolo della sequenza («@»);
- si prosegue dall'undicesimo bit che è «1» che da solo non è un codice valido: è seguito da «1», ma i codici che presentano la coppia «11» sono sempre costituiti da 3 bit, per cui si prende in considerazione il bit successivo che è «1» e «111» è il codice del settimo simbolo della sequenza («§»);
- il quattordicesimo e ultimo bit è infine «0» ed è quindi il codice dell'ottavo e ultimo simbolo della sequenza («@»).

La **codifica di Huffman** è l'algoritmo più noto e utilizzato per la generazione di uno schema di codifica VLC ottimo e non ambiguo in fase di decodifica a partire da una sequenza di simboli: prende il nome da David Huffman che lo ha ideato nel 1952, quando era ancora uno studente di dottorato al MIT. L'algoritmo di Huffman genera lo schema di codifica costruendo un albero binario la cui «radice» rappresenta tutti i simboli della sequenza con le relative frequenze e ciascuna «foglia» un singolo simbolo: il percorso che congiunge la radice con la foglia determina il codice binario da assegnare allo specifico simbolo.

ESEMPIO

La sequenza *S* degli esempi precedenti è realizzata a partire da 4 simboli che si ripetono nella sequenza con diverse frequenze:

S = {#, @, #, @, *, @, §, @}

La costruzione dell'albero di Huffman inizia dalla radice che rappresenta tutti i 4 simboli, ciascuno con la sua frequenza

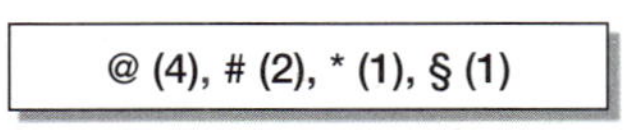

e prosegue dividendo per ogni livello i simboli in due gruppi, in modo che le frequenze dei simboli a sinistra e destra siano il più possibile simili

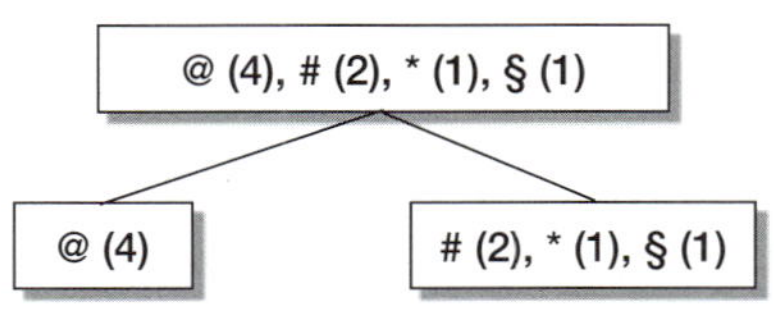

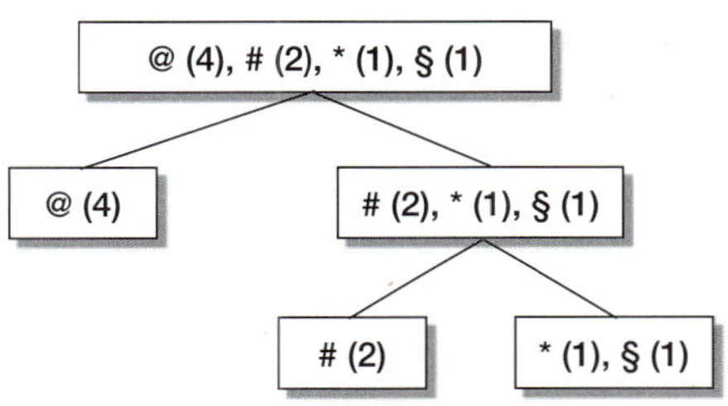

▶

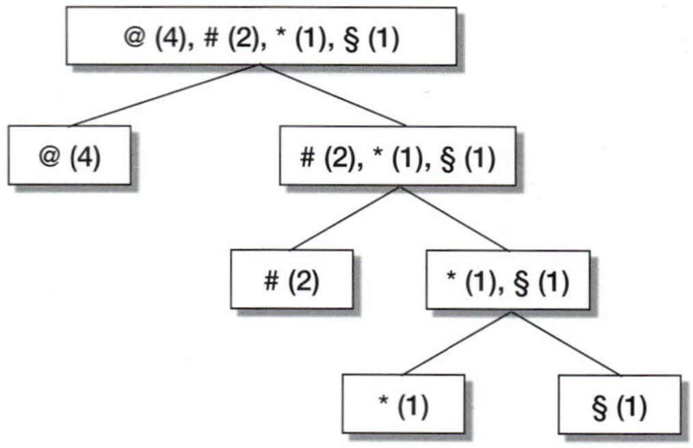

I codici binari da attribuire ai simboli che costituiscono la sequenza rappresentano il percorso radice → foglia:

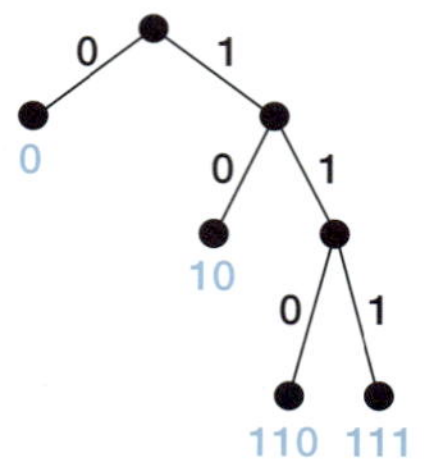

L'algoritmo di Huffman produce la codifica VLC ottima illustrata nell'esempio precedente in relazione alla sequenza *S*:

@	0
#	10
*	110
§	111

Un programma di compressione dei dati contenuti in un file che ne effettua una ricodifica utilizzando uno schema VLC tipicamente genera un file compresso in cui è inserita la tabella di ricodifica con specificati i codici a lunghezza variabile, seguita dalla nuova codifica binaria del contenuto del file: in fase di decompressione la tabella viene utilizzata per ricostruire il contenuto originale.

Gli algoritmi alla base di programmi di questo tipo – allo scopo di costruire uno schema di codifica VLC ottimo – devono preventivamente determinare la frequenza con cui occorrono i singoli simboli nel contenuto del file: per questo motivo sono normalmente definiti **compressori statistici** o, per il fatto che minimizzano il numero medio di bit per simbolo, **codificatori entropici**.

Compressione statistica adattiva

I programmi di compressione dei dati di tipo statistico in realtà non generano un unico schema di codifica VLC per il contenuto di un intero file, ma determinano dinamicamente la frequenza di occorrenza dei simboli. Questo approccio permette di adattare lo schema di codifica alla diversa distribuzione statistica dei simboli in regioni diverse dei dati e consente di effettuare la compressione di uno *stream* di dati direttamente in fase di ricezione dei dati, prima ancora di disporre del file intero.

3.2 Compressione mediante uso di dizionari

Le tecniche di compressione statistica basate su codifiche VLC hanno il limite di non poter essere migliori dell'entropia delle sequenze di simboli per la cui compressione sono impiegate, ma in realtà questo limite può essere superato codificando gruppi di simboli invece che i singoli simboli di una sequenza.

ESEMPIO

La sequenza S degli esempi precedenti

$$S = \{\#, @, \#, @, *, @, §, @\}$$

ha una codifica ottima di Huffman di 14 bit.
Se anziché codificare i singoli simboli si codificano, per esempio, coppie di simboli successivi effettivamente presenti nella sequenza

#, @	00
*, @	01
§, @	10

allora è possibile codificarla con solo 8 bit

00000110

In questo caso il rapporto di compressione rispetto alla codifica originale è 16 : 8 = 2 e il numero di bit per simbolo è 8 : 8 = 1, inferiore all'entropia $H(S)$ che è di 1,75!
Ma è possibile aumentare ancora il rapporto di compressione applicando ai gruppi di simboli, invece che uno schema di codifica FLC, uno schema VLC

#, @	0
*, @	10
§, @	11

che consente di codificare S con solo 6 bit

001011

Portando il rapporto di compressione rispetto alla codifica originale a 16 : 6 = 2,67 e il numero di bit per simbolo a 6 : 8 = 0,75, meno della metà dell'entropia.

L'insieme dei gruppi di simboli selezionati per la codifica – che assumono la denominazione di *token* e ovviamente possono avere lunghezze diverse tra loro – prende il nome di **dizionario**, da cui deriva la denominazione di questa categoria di tecniche di compressione che sono utilizzate in molti programmi di uso comune come WinZip e WinRAR per sistema operativo Windows o gzip e 7-Zip per sistema operativo Linux.
L'algoritmo di costruzione del dizionario dei *token* è critico sia per l'efficacia che per l'efficienza di questa tecnica di compressione e praticamente tutte le versioni attuali derivano dagli algoritmi pubblicati nel 1977-1978 dai ricercatori israeliani Abraham Lempel e Jacob Ziv e per questo motivo noti come algoritmi **LZ**.

OSSERVAZIONE Per garantire l'efficacia della compressione, la costruzione del dizionario dei *token* deve individuare i gruppi di simboli più grandi e che si ripetono più volte nella sequenza da comprimere. Il grande successo dei programmi basati sugli algoritmi LZ è dovuto al fatto che in moltissime situazioni reali i file dei dati contengono gruppi di simboli che si ripetono numerose volte.

L'idea fondamentale degli algoritmi LZ di Lempel e Ziv è quella di analizzare sequenzialmente la sequenza di simboli ricercando nella parte già analizzata (*search buffer*) eventuali occorrenze, singole o multiple, del *token* che si sta analizzando (*look-ahead buffer*): in pratica, per essere efficiente, l'algoritmo non prende in considerazione l'intera sequenza – che in un file di grandi dimensioni può essere composta da miliardi di simboli – ma limita la ricerca delle occorrenze ai simboli immediatamente precedenti rispetto a quelli correntemente analizzati (normalmente il *search buffer* è di alcune centinaia di migliaia di simboli e il *look-ahead buffer* è di alcune centinaia di simboli).

Il metodo di compressione **DEFLATE** è in assoluto uno dei più diffusi – è utilizzato, per esempio, per la generazione degli archivi di file in formato .ZIP e per la codifica delle immagini in formato .PNG – e prevede due fasi di lavoro:

- costruzione del dizionario dei *token* utilizzando l'algoritmo LZ;
- generazione di uno schema di codifica VLC per i *token* mediante l'algoritmo di Huffman.

3.3 Compressione mediante trasformazioni basate sul contesto

Le tecniche di compressione statistica basate su schemi di codifica VLC non prendono in considerazione l'ordinamento dei simboli nel contesto della sequenza da comprimere, ma questo aspetto – in particolare per sequenze di tipo numerico – può rilevarsi un fattore fondamentale per la riduzione dell'entropia della sequenza originale e, quindi, per ottimizzarne la successiva codifica. Tra le tecniche di compressione che impiegano trasformazioni basate sul contesto sono molto diffuse RLE (*Run-Length Encoding*), per la riduzione delle successioni di valori adiacenti uguali, e *delta encoding*, per la codifica delle differenze dei valori adiacenti di una sequenza.

Trasformata BW

La trasformata BW, dai nomi dei ricercatori inglesi David Wheeler e Michael Burrows, è una tecnica di riordinamento dei simboli che trasforma una sequenza in una nuova sequenza costituita essenzialmente da successioni di simboli uguali e quindi facilmente comprimibile. Una delle caratteristiche fondamentali della trasformata BW è che è invertibile senza la necessità di memorizzare altri dati oltre a quelli della sequenza stessa.
L'algoritmo è stato pubblicato da Burrows nel 1994, ma era stato precedentemente inventato da Wheeler nel 1983. La trasformata BW è utilizzata dal programma di compressione bzip2, ma viene prevalentemente impiegata in bioinformatica per ottimizzare la memorizzazione di sequenze di DNA.

ESEMPIO

In un'immagine come la seguente

molti *pixel* adiacenti hanno lo stesso valore numerico: in particolare i *pixel* neri dello sfondo hanno il valore 0 che si ripete, spesso per migliaia di volte.
Lo schema di codifica RLE prevede di sostituire una successione di simboli uguali tra loro con il codice del simbolo associato al numero di simboli ripetuti: questa semplice tecnica in alcuni tipi di immagini riduce enormemente la lunghezza della sequenza codificata realizzando una compressione elevata. Il formato dei file per immagini .BMP utilizzato dal sistema operativo Windows adotta questa tecnica di compressione.

ESEMPIO

La seguente sequenza *N* composta da valori numerici

$$N = \{100, 110, 120, 130, 140, 150, 160, 170, 180, 190\}$$

ha un'entropia elevata (tutti i simboli sono diversi tra loro e ciascuno richiede una specifica codifica) e non presenta *token* di simboli ripetuti: con le tecniche di compressione statistica e basata su dizionario risulta difficilmente comprimibile e l'unica soluzione apparentemente consiste nel codificare i singoli valori numerici su 8 bit, per un totale di 80 bit.
La tecnica del *delta encoding* prevede di trasformare, prima di procedere alla codifica, la sequenza *N* in una sequenza *N'* in cui ogni valore rappresenta la differenza rispetto al valore precedente della sequenza

$$N' = \{100, 10, 10, 10, 10, 10, 10, 10, 10, 10\}$$

La sequenza trasformata *N'* ha solo 2 valori (100 e 10) che possono quindi essere codificati utilizzando un solo bit ciascuno: la codifica dell'intera sequenza è ora di soli 10 bit!

OSSERVAZIONE Anche nel caso di una sequenza di valori numerici non ordinata la tecnica del *delta encoding* presenta normalmente alcuni vantaggi:

$$N = \{190, 110, 170, 130, 120, 180, 140, 100, 160, 150\}$$
$$N' = \{190, -80, +60, -40, -10, +60, -40, -40, +60, -10\}$$

Il numero di simboli della sequenza trasformata è infatti minore del numero di simboli della sequenza originale e di conseguenza la loro codifica richiede un numero di bit per simbolo inferiore.

I CONCETTI CHIAVE

ENTROPIA. Per Shannon l'entropia H di una sequenza S di N simboli s_1, s_2, ... s_N in cui l'ordine non ha alcuna importanza è espressa dalla seguente formula

$$H(S) = -\sum_{i=1}^{N} f_i \times \log_2 f_i = -(f_1 \times \log_2 f_1 + ... + f_N \times \log_2 f_N)$$

dove f_i è la frequenza con cui il simbolo s_i compare nella sequenza, cioè il numero di volte in cui compare diviso il numero di simboli da cui è composta la sequenza stessa. L'entropia esprime il numero minimo di bit per simbolo – cioè il numero minimo di scelte binarie – necessario per codificare la sequenza: per questa grandezza è stato proposto come unità di misura lo *shannon*.

CODIFICHE FLC. Uno schema di codifica in cui tutti i simboli sono rappresentati con lo stesso numero di bit è definito a **lunghezza fissa** (**FLC**, *Fixed Length Code*). La codifica binaria di tipo FLC di una sequenza S di N simboli ha una lunghezza complessiva minima uguale all'entropia della sequenza $H(S)$ approssimata all'intero superiore moltiplicata per il numero N di simboli.

CODIFICA RIDONDANTE. Una codifica non ottimale è definita ridondante: con questo termine si indica che il numero di bit per simbolo della codifica è superiore alla misura dell'entropia della sequenza da codificare.

DISTANZA DI HAMMING. La distanza di Hamming tra due codici binari aventi la stessa lunghezza è il numero di bit che differiscono tra i due codici.
La distanza di Hamming minima di uno schema di codifica è la minima distanza di Hamming tra due codici validi dello schema.
Uno schema di codifica con distanza di Hamming minima uguale a 1 non consente la rilevazione di errori, in quanto esistono due codici validi che differiscono di un solo bit.

RILEVAZIONE DI ERRORI. In generale la rilevazione degli errori presenti in un codice si ottiene aggiungendo alcuni bit di controllo ridondanti rispetto allo schema di codifica. Il computer che genera o trasmette il codice calcola i bit di controllo a partire dai bit del codice in base a un determinato algoritmo e il computer che elabora o riceve il codice ricalcola i bit di controllo utilizzando lo stesso algoritmo: se i bit di controllo calcolati sono gli stessi di quelli generati o ricevuti si assume la correttezza del codice, se sono diversi si ha la certezza che il codice è errato.

COMPRESSIONE DEI DATI. Le tecniche di compressione dei dati che sfruttano la ridondanza dell'informazione sono oggi molto sofisticate, ma sono classificabili essenzialmente in tre categorie fondamentali:
- codifiche statistiche a lunghezza variabile;
- uso di dizionari;
- trasformazioni basate sul contesto.

CODIFICHE VLC. Dato che l'entropia di una sequenza di simboli rappresenta il numero minimo di bit per codice e che non è ovviamente possibile utilizzare codici che impiegano un numero frazionario di bit, una possibile tecnica per comprimere la codifica di una sequenza è quella di attribuire ai vari simboli della sequenza codici di lunghezza variabile (VLC, *Variable Length Code*).

CODIFICA DI HUFFMAN. La codifica di Huffman è l'algoritmo più noto e utilizzato per la generazione di uno schema di codifica VLC ottimo e non ambiguo in fase di decodifica a partire da una sequenza di simboli. L'algoritmo di Huffman genera lo schema di codifica costruendo un albero binario la cui «radice» rappresenta tutti i simboli della sequenza con le relative frequenze e ciascuna «foglia» un singolo simbolo: il percorso che congiunge la radice con la foglia determina il codice binario da assegnare allo specifico simbolo.

COMPRESSIONE STATISTICA. Le tecniche di compressione statistica basate su codifiche VLC hanno il limite di non poter essere migliori dell'entropia delle sequenze di simboli per la cui compressione sono impiegate, ma in realtà questo limite può essere superato codificando gruppi di simboli invece che i singoli simboli di una sequenza.
L'insieme dei gruppi di simboli selezionati per la codifica – che assumono la denominazione di *token* e ovviamente possono avere lunghezze diverse tra loro – prende il nome di **dizionario**, da cui deriva la denominazione di questa categoria di tecniche di compressione.

COMPRESSIONE CON DIZIONARIO. L'algoritmo di costruzione del dizionario dei *token* è critico sia per l'efficacia sia per l'efficienza di questa tecnica di compressione e praticamente tutte le versioni attuali derivano dagli algoritmi noti come algoritmi **LZ**.
Il metodo di compressione **DEFLATE** è in assoluto uno dei più diffusi – è utilizzato, per esempio, per la generazione degli archivi di file in formato .ZIP e per la codifica delle immagini in formato .PNG – e prevede due fasi di lavoro:
- costruzione del dizionario dei *token* utilizzando l'algoritmo LZ;
- generazione di uno schema di codifica VLC per i *token* mediante l'algoritmo di Huffman.

COMPRESSIONE BASATA SUL CONTESTO. Le tecniche di compressione statistica basate su schemi di codifica VLC non prendono in considerazione l'ordinamento dei simboli, ma questo aspetto è un fattore fondamentale per la riduzione dell'entropia della sequenza originale e quindi per ottimizzarne la successiva codifica. Tra le tecniche di compressione che impiegano trasformazioni basate sul contesto sono molto diffuse RLE (*Run-Length Encoding*) e *delta encoding*.

RIPASSA CON LA MAPPA

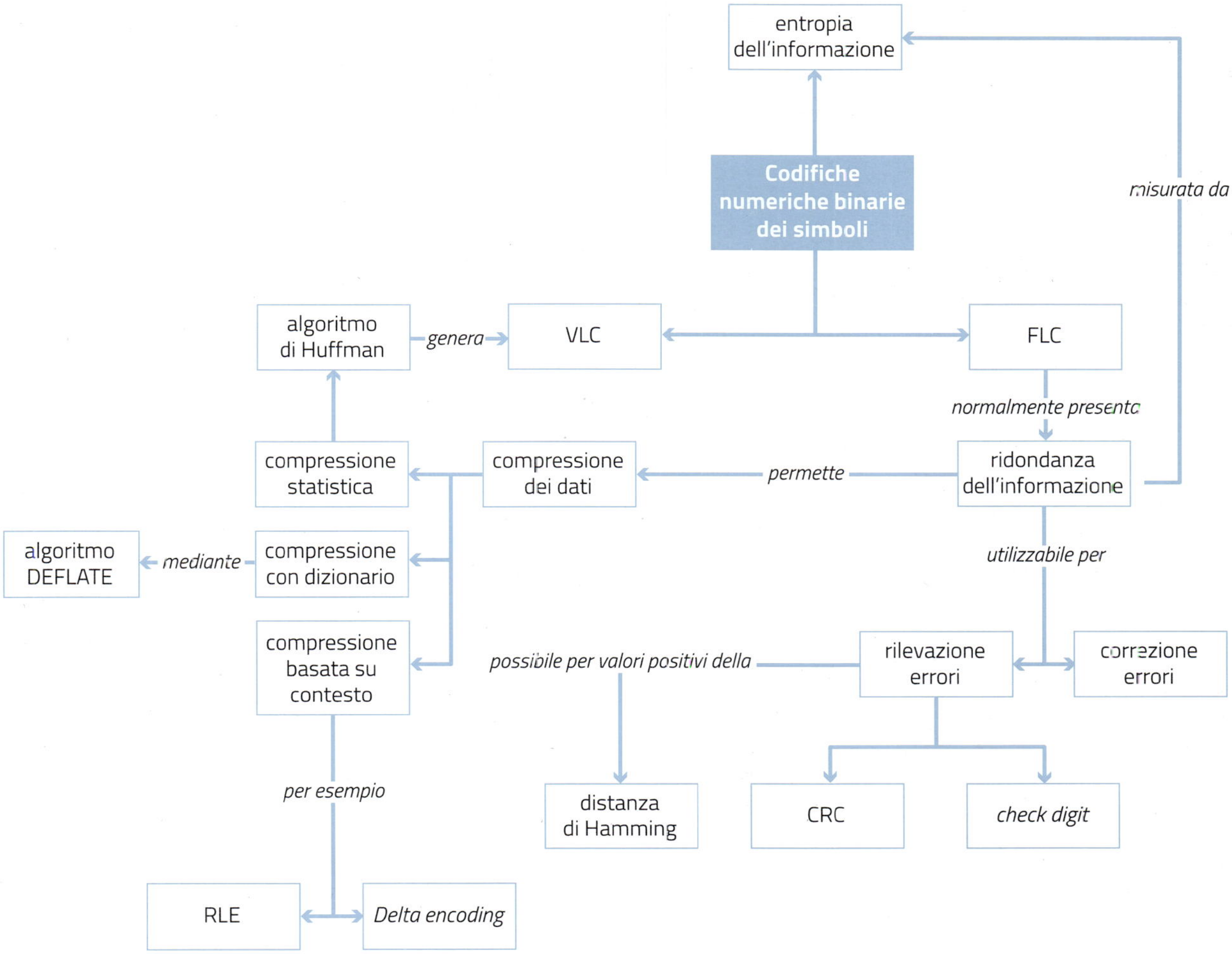

SPIEGA IN UNA PAGINA

1 **Illustrare il concetto di entropia come misura della quantità di informazione in relazione alla compressione dei dati.**

2 **Trattare l'argomento della rilevazione degli errori di memorizzazione o trasmissione dei dati.**

QUESITI A RISPOSTA APERTA

3 **Definire l'entropia di una sequenza di simboli.**

4 **Elencare le categorie con cui si classificano le tecniche di compressione dei dati.**

5 **Quale è lo scopo dell'algoritmo di Huffman?**

6 **Indicare le fasi del metodo di compressione DEFLATE.**

TEST A RISPOSTA MULTIPLA

7 **Quale è l'entropia della seguente sequenza di simboli**

S = {$, $, $, $}?

A 0
B 0,25
C 4
D 1

8 **Quale è il numero minimo di bit necessari per realizzare uno schema di codifica FLC per la seguente sequenza di simboli**

S = {$, £, $, €}?

A 4
B 3
C 2
D 8

9 **La distanza minima di Hamming:**

A è il numero di bit diversi tra due codici binari della stessa lunghezza.
B è il numero minimo di bit diversi tra due qualsiasi codici binari dello stesso schema di codifica.
C è il numero minimo di bit necessario per realizzare uno schema di codifica FLC per una data sequenza di simboli.
D è il numero massimo di bit necessario per realizzare uno schema di codifica VLC per una data sequenza di simboli.

10 **Un carattere di controllo:**

A permette di verificare la correttezza di un codice alfanumerico.
B permette di correggere un codice alfanumerico che presenta un errore limitato a un solo carattere.
C permette di determinare il numero di caratteri errati di un codice alfanumerico.
D permette di ridurre la ridondanza di una sequenza di simboli alfanumerici.

11 **L'algoritmo LZ:**

A genera un dizionario di gruppi di simboli a partire da una sequenza di simboli.
B comprime una sequenza di simboli con un numero di bit per simbolo sempre inferiore all'entropia.
C permette di determinare uno schema di codifica VLC ottimo per una sequenza di simboli alfanumerici.
D trasforma una sequenza di simboli in una nuova sequenza di simboli che presenta un'entropia minore dell'originale.

PROBLEMI

12 **Determinare la distanza minima di Hamming del seguente schema di codifica:**

£ 001 $ 010   € 100

13 **Determinare il *checksum* della seguente sequenza di codici binari:**

1001001, 1010101, 0101010, 1110000

14 **Definire una codifica di Huffman per la seguente sequenza di simboli:**

S = {$, £, $, €}

Dimostrare che è ottima, cioè che il numero di bit per simbolo necessari per codificare la sequenza è pari alla sua entropia.

CASI PRATICI

15 **Verificare il carattere di controllo del proprio codice fiscale basandosi sul seguente documento:**

Decreto Ministeriale del 23 Dicembre 1976
Sistemi di codificazione dei soggetti da iscrivere all'anagrafe tributaria

Art. 1 *Sistemi di codificazione.*
Le persone fisiche, le persone giuridiche e le società, associazioni e altre organizzazioni di persone o di beni prive di personalità giuridica sono iscritte all'anagrafe tributaria secondo appositi sistemi di codificazione.

Art. 2 *Numero di codice fiscale delle persone fisiche.*
Il numero di codice fiscale delle persone fisiche è costituito da un'espressione alfanumerica di sedici caratteri. I primi quindici caratteri sono indicativi dei dati anagrafici di ciascun soggetto secondo l'ordine seguente:

- *tre caratteri alfabetici per il cognome;*
- *tre caratteri alfabetici per il nome;*
- *due caratteri numerici per l'anno di nascita;*
- *un carattere alfabetico per il mese di nascita;*
- *due caratteri numerici per il giorno di nascita e il sesso;*
- *quattro caratteri (uno alfabetico e tre numerici) per il comune italiano o per lo stato estero di nascita.*

Il sedicesimo carattere, alfabetico, ha funzioni di controllo. […].

Art. 7 *Carattere alfabetico di controllo.*
Il sedicesimo carattere ha funzione di controllo della esatta trascrizione dei primi quindici caratteri. Esso viene determinato nel modo seguente: ciascuno degli anzidetti quindici caratteri, a seconda che occupi posizione di ordine pari o posizione di ordine dispari, viene convertito in un valore numerico in base alle corrispondenze indicate rispettivamente ai successivi punti 1) e 2).

1) *Per la conversione dei sette caratteri con posizione di ordine pari:*

A o 0 = 0	*F o 5 = 5*	*K = 10*	*P = 15*	*U = 20*
B o 1 = 1	*G o 6 = 6*	*L = 11*	*Q = 16*	*V = 21*
C o 2 = 2	*H o 7 = 7*	*M =12*	*R = 17*	*W = 22*
D o 3 = 3	*I o 8 = 8*	*N = 13*	*S = 18*	*X = 23*
E o 4 = 4	*J o 9 = 9*	*O = 14*	*T = 19*	*Y = 24*
				Z = 25

2) *Per la conversione degli otto caratteri con posizione di ordine dispari:*

A o 0 = 1	*F o 5 = 13*	*K = 2*	*P = 3*	*U = 16*
B o 1 = 0	*G o 6 = 15*	*L = 4*	*Q = 6*	*V = 10*
C o 2 = 5	*H o 7 = 17*	*M = 18*	*R = 8*	*W = 22*
D o 3 = 7	*I o 8 = 19*	*N = 20*	*S = 12*	*X = 25*
E o 4 = 9	*J o 9 = 21*	*O = 11*	*T = 14*	*Y = 24*
				Z = 23

I valori numerici così determinati vengono addizionati e la somma si divide per il numero 26. Il carattere di controllo si ottiene convertendo il resto di tale divisione nel carattere a esso corrispondente nella sotto indicata tabella:

0 = A	*5 = F*	*10 = K*	*15 = P*	*20 = U*
1 = B	*6 = G*	*11 = L*	*16 = Q*	*21 = V*
2 = C	*7 = H*	*12 = M*	*17 = R*	*22 = W*
3 = D	*8 = I*	*13 = N*	*18 = S*	*23 = X*
4 = E	*9 = J*	*14 = O*	*19 = T*	*24 = Y*
				25 = Z

awesome eccezionale

to boil down condensare

boring noioso

bucket secchio

bullet point elenco puntato

bunch quantità

deal accordo

to defeat sconfiggere

the fewest il minor numero

further oltre

horde orda

to pull tirare

to rack up accumulare

to scrape raschiare

to shuffle rimescolare

skewed distorto

to steal rubare

to throw gettare

worthy degno

Let's not be boring

[...]

This book is about compression. And compression is all about the most compact representation of data. So, we're going to run through this introductory stuff in the shortest form possible.

First, we are going to talk about buckets. Then, we're going to introduce you to this rebel named Claude Shannon, who pretty much ruined our life while simultaneously creating every important thing that you love about computers.

Finally, we are going to reveal to you the one essential thing you need to know about data compression.

Do we have a deal?

The 5 buckets of compression algorithms

Data compression algorithms are a really, really big space. Fortunately, these algorithms fall into a few buckets, which makes things a lot easier to understand. To throw the words at you, they are **variable-length codes**, **statistical compression**, **dictionary encodings**, **context modeling**, **and multi-context modeling**. Each of these five high-level buckets contains a horde of algorithm variations, which is a good thing: each variation differs slightly in intended input data, performance, memory constraints, and output sizes. Picking the right variant means performing tests on your data and encoders to find the one that works best.

Now, these buckets can be used together, because some buckets contain algorithms whose entire purpose is to transform the data, so that another bucket can be more efficient at compressing it.

So, for you to be viewed as a compression guru, you have to understand the buckets, how they fit together, and what types of variants to use from which bucket for your given data sets.

Let's get started.

Claude Shannon is infuriating!

Back in the 1940s, a statistical researcher named Claude Shannon published several papers detailing research he did while working with the military during World War 2, and later at Bell Labs.

Claude was a pretty smart guy (and very good at math). Before he left the University of Michigan in 1936, he'd racked up bachelor's degrees in engineering and mathematics. He then went on to do a bunch of crazy post-graduate stuff at the Massachusetts Institute of Technology, and his master's thesis, **A Symbolic Analysis of Relay and Switching Circuits**, became the foundation of modern electrical switch-based computing.

In 1948, Shannon published **A Mathematical Theory of Communication**, which detailed how to best encode information that a sender wants to transmit, thus inventing the entire field of **Information Theory**. Now, messages can be encoded in many ways, think "alphabet" or "Morse code", but for every message, there is a most efficient way to encode it, where "efficient" means using the fewest possible letters or symbols (or bits, or units of information). What "fewest" boils down to depends on the information content of the message.

Shannon invented a way of measuring the information content of a message and called it **Information Entropy**.

Data compression is a practical application of Shannon's research, asking, "*How compact can we make a message before we can no longer recover it?*"

You can thus look at data compression as ... a rebellion against information entropy. Because every compression algorithm computer scientists write, tries to disprove

Claude Shannon's research, and compress the data further than its measured entropy. We scrape and pull and steal any bits we can from a message, to make it as small as possible, each time trying to break below Shannon's definition of entropy, and get to a new level of information understanding.

So wait ... why is he infuriating then?

Well, while we can thank Mr. Shannon for creating the modern computers that this book is being typed and most likely consumed on, his work on information theory is directly the thing we're trying to defeat. Hours upon hours of engineering time over the past 60 years have been solely dedicated to creating algorithms that defeat a concept created by this brilliant man.

The only thing you need to know about data compression

Alright, here's what you need.

Data compression works via two simple ideas:

1. Reduce the number of unique symbols in your data (smallest possible "alphabet").
2. Encode more probable symbols with fewer bits (fewest bits for most common "letters").

Boom. Done. That's it.

60 years of compression research boiled down to two bullet points. Every single algorithm in data compression focuses on doing one of these two things.

1. It transforms the data to be more compressible by shuffling or reducing the number of symbols.

OR

2. It takes advantage of the fact that some symbols are more common than others, and encodes more common symbols with fewer bits.

What makes applied data compression so complex is that there's a gazillion ways to do these two things, depending on the kind of data you have.

- Different data needs to be treated differently. Words in a book and floating-point numbers, for example, respond to very different algorithms.
- Some data can be transformed first to make it more compressible.
- Data might be skewed. For example, temperature data taken in summer may be skewed towards high temperatures; that is, contain a lot more high than near-freezing temperatures.

Your challenge as a programmer is to figure out the best way, or combination of ways, for compressing a random block of data that a user throws at your application. And your challenge as a content developer is to figure out how to throw data at your users and not break their bank accounts.

That, my dear adventurer, is what the rest of this book is about. It's your field guide to understanding what in the compression world is worthy of your attention, and how the algorithms work CONCEPTUALLY, so that you can choose the right ones and apply them to your super awesome social/mobile/web/media application data.

[Colt McAnlis e Aleks Haecky, "Understanding Compression", O'Reilly, 2016]

QUESTIONS

a. **What are the five «buckets» of compression algorithms?**
b. **When did Shannon write *A Mathematical Theory of Communication*?**
c. **What are the two fundamental ideas of data compression?**
d. **Why are there a lot of data compression algorithms?**

A5

Il sistema operativo

Privo del software del sistema operativo l'hardware del computer sarebbe inutilizzabile. I sistemi operativi sono probabilmente tra i software più complessi mai realizzati.

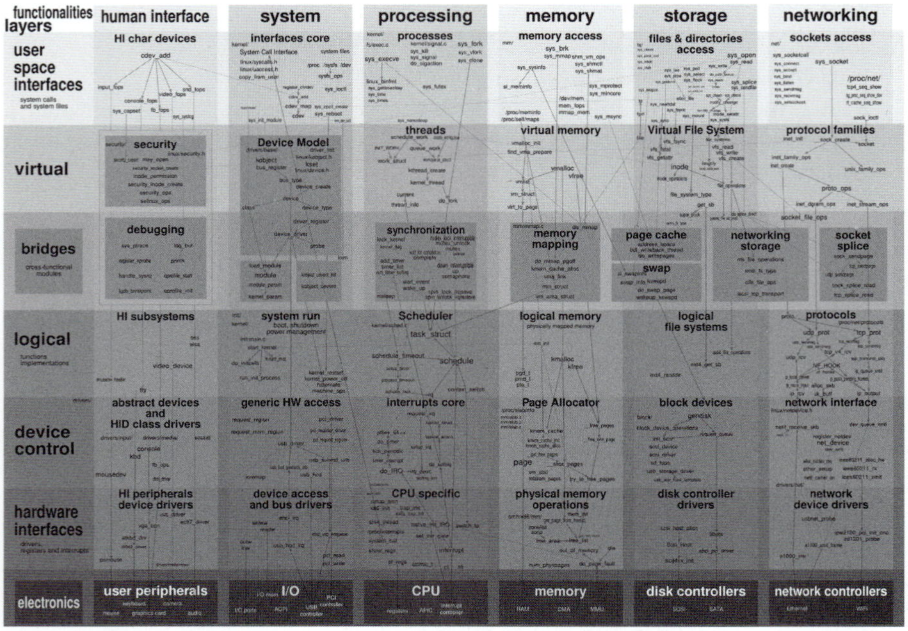

Struttura interna del sistema operativo Linux.

Schermata della fase di avvio di Microsoft Windows.

Nella fase di *bootstrap* che segue l'accensione il computer si attiva caricando nella memoria principale il codice del sistema operativo memorizzato nella memoria permanente: è solo l'esecuzione del sistema operativo, infatti, che trasforma l'hardware del computer nello strumento multifunzionale che conosciamo.

Esistono sistemi operativi diversi, anche per lo stesso hardware; per esempio su un PC è possibile installare Microsoft Windows, oppure una delle tante distribuzioni di Linux.

Diversi tipi di sistema operativo

I più comuni sistemi operativi, come Windows e Linux, sono utilizzati per i computer personali. Ma i computer che necessitano di un sistema operativo sono anche di altro tipo, per esempio:

- i **server** (come i computer che ospitano i dati aziendali, oppure i servizi Internet);
- i **dispositivi mobili** (smartphone, tablet, ecc.);
- i **dispositivi *embedded*** (computer incorporati in altri dispositivi, per esempio nel motore o nel sistema di guida di un'automobile).

Esistono sistemi operativi specifici e versioni specializzate dei sistemi operativi più comuni per questi particolari ambiti di applicazione.

1 Le funzionalità fondamentali del sistema operativo

Le numerose e diverse funzionalità del computer di cui gli utenti usufruiscono sono rese possibili da tre componenti fondamentali:

- l'hardware vero e proprio;
- il sistema operativo;
- le applicazioni software.

La multifunzionalità tipica dei computer attuali è certamente dovuta alla varietà dei programmi applicativi che vi possono essere installati, ma la loro esecuzione – per la quale l'hardware è sicuramente necessario – sarebbe comunque impossibile senza il supporto del sistema operativo.

ESEMPIO

La riproduzione di un filmato reso disponibile da un servizio Internet in modalità *streaming* è una delle più frequenti azioni che l'utente di un computer esegue. Per quanto la connessione «fisica» con la rete (*wired* o *wireless* che sia), il processore, la memoria, la scheda video e il monitor siano elementi essenziali per assolvere questo compito, è il sistema operativo che:

- **gestisce** la comunicazione di rete con il servizio remoto garantendo la ricezione in tempo reale dei dati che costituiscono i frammenti audio e video del filmato;
- **gestisce** e controlla l'esecuzione del programma[1] di riproduzione condividendo il processore tra i vari programmi contemporaneamente attivi;
- **gestisce** la memorizzazione temporanea dei dati ricevuti per renderli successivamente disponibili al programma di riproduzione;
- **gestisce** l'invio dei dati generati dal programma di riproduzione alla scheda video in modo trasparente (il programma di riproduzione, infatti, ignora le caratteristiche fisiche e funzionali di questo dispositivo).

1. In questo esempio invece di un programma applicativo vero e proprio potrebbe trattarsi di un *plug-in* del *browser* utilizzato per la navigazione della rete.

Il **sistema operativo** (**S.O.**) assolve a tre funzioni fondamentali:

- realizzare la **piattaforma** di esecuzione delle applicazioni software;
- **gestire le risorse hardware** del computer (la CPU, le memorie, i dispositivi di input e di output, ecc.);
- **gestire le risorse software** del computer (i programmi installati, i dati memorizzati permanentemente, ecc.).

OSSERVAZIONE Che il sistema operativo realizzi la «piattaforma» di esecuzione dei programmi applicativi è reso evidente dal fatto che, anche utilizzando lo stesso computer, i programmi sviluppati per Windows non possono essere installati in ambiente Linux e viceversa[2].

2. Un'eccezione è rappresentata dai programmi realizzati con linguaggi che utilizzano una «macchina virtuale» per l'esecuzione, come per esempio Java.

Dal punto di vista dell'utente la funzione principale del sistema operativo è però ancora un'altra: **fornire l'interfaccia per l'uso del computer** (FIGURE 1-4).

In realtà questo aspetto è una caratteristica solo di alcuni sistemi operativi – come le varie versioni di Windows e di macOS – perché in molti altri casi – per esempio nelle diverse distribuzioni Linux – l'interfaccia utente (spesso denominata GUI, *Graphics User Interface*) è realizzata da uno specifico programma separato dal sistema operativo vero e proprio ed è di conseguenza intercambiabile.

FIGURA 1 Interfaccia utente di Microsoft Windows.

FIGURA 2 Interfaccia utente di macOS.

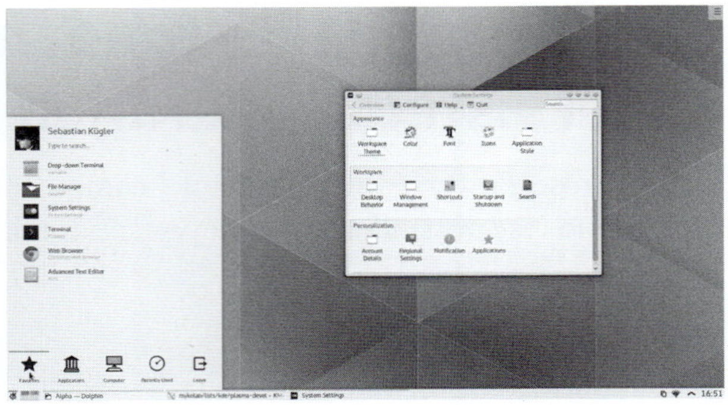

FIGURA 3 Interfaccia utente di tipo KDE per Linux.

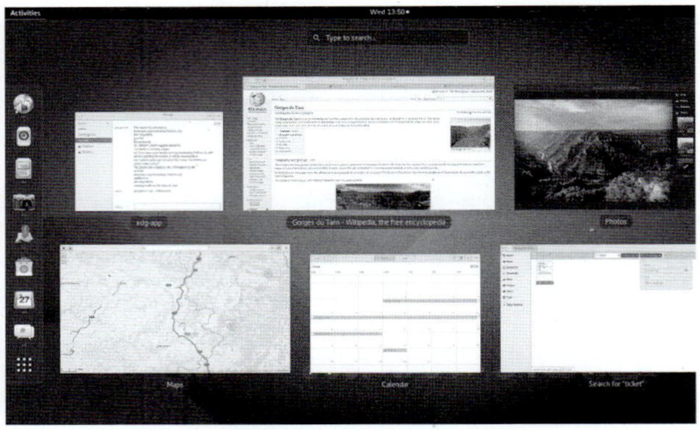

FIGURA 4 Interfaccia utente di tipo Gnome per Linux.

In definitiva il sistema operativo può essere sinteticamente definito come il gestore delle risorse (sia hardware sia software) del computer.

Interfaccia utente a riga di comando

Anche i S.O. moderni che presentano all'utente interfacce grafiche (GUI) sofisticate, mantengono la possibilità di interagire con il sistema mediante la digitazione di comandi che forniscono risposte in formato esclusivamente testuale.
Questa forma di interazione con il S.O. – l'unica disponibile fino all'avvento delle GUI negli anni Ottanta e Novanta del secolo scorso – è infatti ancora utile in molte situazioni.

2 L'architettura modulare e gerarchica dei sistemi operativi

Per semplificarne la progettazione e lo sviluppo un sistema operativo è di solito organizzato internamente in moduli corrispondenti alle diverse risorse che esso deve gestire:

- il gestore del processore e dei programmi in esecuzione;
- il gestore della memoria per il codice e per i dati dei programmi in esecuzione;
- il gestore dei file memorizzati su unità di memoria persistenti (HDD, SSD, ...);
- i gestori dei dispositivi di input e di output;
- il gestore della comunicazione di rete.

OSSERVAZIONE L'interfaccia grafica di interazione con l'utente non è, dal punto di vista tecnico, un componente fondamentale di un sistema operativo e, con le notevoli eccezioni di Windows e macOS, ne costituisce spesso un modulo esterno indipendente e intercambiabile.

Dal punto di vista dell'utente del computer il sistema operativo costituisce un'estensione dell'hardware (HW) che incapsula consentendo l'esecuzione dei programmi applicativi con cui interagisce (FIGURA 5).

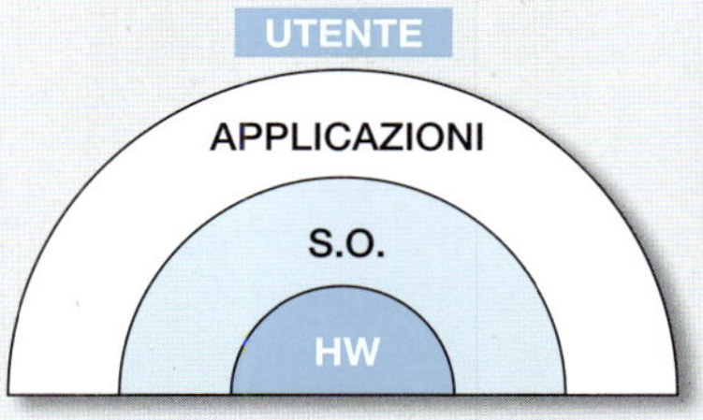

FIGURA **5**

In quest'ottica l'interfaccia grafica di interazione con l'utente è considerata come un'applicazione e non come un componente del sistema operativo.

Pur essendo un elemento software, la particolarità del sistema operativo di costituire un'estensione dell'hardware del computer lo rende un programma con privilegi speciali: il processore esegue il codice del sistema operativo in una modalità **protetta**, distinta dalla modalità **utente** in cui sono eseguiti i normali programmi applicativi; il ***kernel*** o **nucleo** di un sistema operativo è costituito dai moduli eseguiti in modalità protetta.

OSSERVAZIONE I sistemi operativi per i quali tutti i moduli sono eseguiti in modalità protetta, come un unico programma, sono definiti **monolitici**. Invece i sistemi operativi in cui tutti i moduli, esclusi i gestori del processore e della memoria, vengono eseguiti in modalità utente sono denominati ***micro-kernel***. La maggior parte dei sistemi operativi più diffusi sono monolitici, o ibridi; in quest'ultimo caso solo alcuni moduli sono eseguiti in modalità utente come programmi esterni.

Anche nei sistemi operativi monolitici il *kernel* ha un'organizzazione interna gerarchica distribuita su più livelli (FIGURA 6).

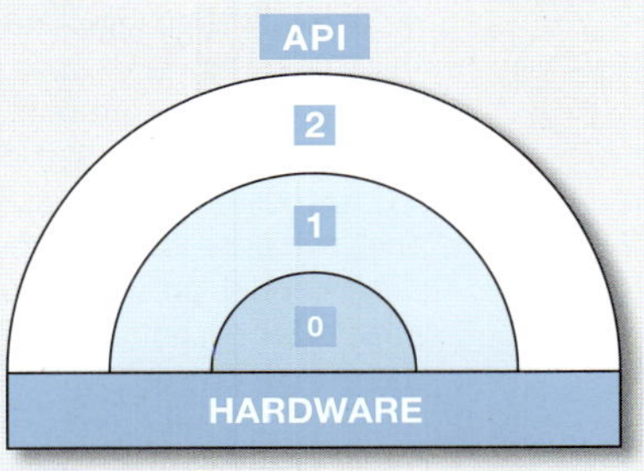

Livello	Modulo/i
0	Gestori del processore e della memoria
1	Gestori dei dispositivi di input/output e della comunicazione di rete
2	Gestore dei file

FIGURA **6**

Ma come avviene l'accesso alle risorse hardware e software gestite dal sistema operativo da parte dei programmi applicativi con cui interagisce l'utente del computer? Il sistema operativo espone un'***Application Program Interface* (API)** che tradizionalmente assume la forma di una libreria di funzioni speciali (note come *system call* o «chiamate di sistema»).

Gestione della sicurezza

La gestione della sicurezza è considerata una funzionalità indispensabile dei moderni sistemi operativi.
Un sistema operativo deve autenticare gli utenti (gli umani o le applicazioni software) con cui interagisce al fine di non consentire loro operazioni non autorizzate che potrebbero compromettere il corretto funzionamento del computer, o i dati di altri utenti del sistema.
L'autenticazione degli utenti avviene tradizionalmente mediante una *password* segreta, ma è ormai diffusa la pratica di utilizzare per gli utenti umani dati biometrici (per esempio le impronte digitali), o un supporto fisico (come una *smart-card*) abilitato mediante un PIN (*Personal Identification Number*). Le autorizzazioni delle applicazioni software che intendono accedere alle risorse di un computer sono invece verificate mediante tecniche crittografiche.

OSSERVAZIONE L'invocazione di una *system-call* da parte di un programma non può consistere in una semplice chiamata di funzione; infatti essa genera una vera e propria interruzione dell'esecuzione del programma e trasferisce al sistema operativo la richiesta dell'operazione desiderata. L'esecuzione del programma riprende solo dopo che il sistema operativo ha completato l'operazione richiesta.

ESEMPI

- Un programma di gioco con funzionalità di interazione *online* con i computer di altri giocatori deve invocare le funzioni dell'API del sistema operativo che utilizza come piattaforma di esecuzione per esempio per:
  - comunicare in rete con i programmi degli altri giocatori;
  - visualizzare sul monitor la scena del gioco utilizzando la scheda video del computer;
  - recuperare da file memorizzati su una unità di memoria persistente i filmati e i suoni da riprodurre;
  - salvare in modo permanente su file il livello e la situazione di gioco all'uscita dal programma.
- L'API delle varie versioni dei sistemi operativi Windows a 32 e 64 bit è nota come **WinAPI**, mentre molte funzionalità comuni ai vari sistemi Unix ed ereditate dal *kernel* di Linux sono state standardizzate in una interfaccia di riferimento denominata **POSIX**.

OSSERVAZIONE Molti programmatori non conoscono direttamente le funzionalità dell'API dei sistemi operativi che utilizzano come piattaforma di esecuzione del software che sviluppano: le funzionalità e le librerie standard di molti linguaggi di programmazione, infatti, «nascondono» l'interazione del codice con le funzioni esposte dal sistema operativo. Per esempio un programmatore C/C++ visualizzerà una stringa di testo nella console di esecuzione del programma utilizzando la funzione *printf* o l'oggetto *cout*: il compilatore che trasforma il codice sorgente C/C++ in codice eseguibile per quella specifica piattaforma hardware e software di esecuzione si occuperà di inserirvi le specifiche invocazioni alle funzioni dell'API del sistema operativo.

Lo schema di FIGURA 7 sintetizza l'architettura di un sistema operativo moderno e il contesto hardware e software in cui opera.

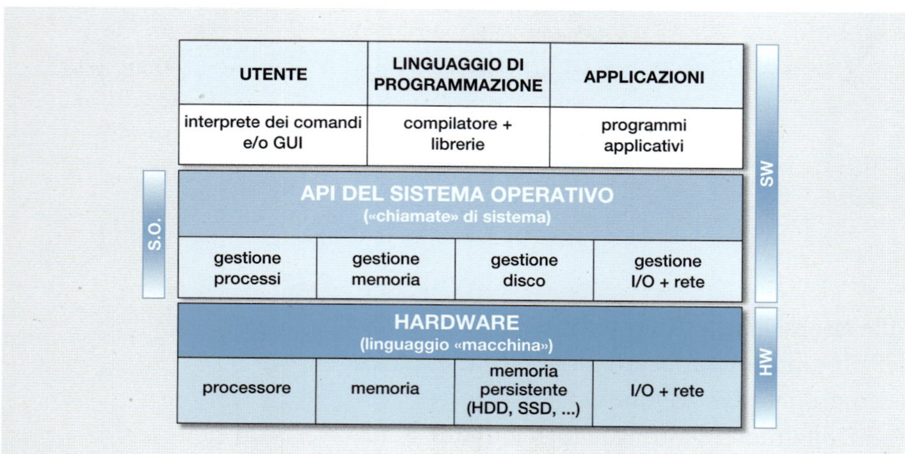

FIGURA 7

Macchine virtuali

Le elevate prestazioni dell'hardware dei computer attuali ha consentito la diffusione di applicazioni software capaci di emulare l'hardware di un computer: questi programmi sono noti come «macchine virtuali» ed è possibile installarvi sistemi operativi diversi da quello della piattaforma di esecuzione, ottenendo di fatto una nuova piattaforma di esecuzione distinta da quella originale. Per esempio è possibile avere un sistema Linux ospitato in una macchina virtuale eseguita in un sistema Windows, o viceversa.
Una tecnologia simile è utilizzata dai compilatori di alcuni linguaggi di programmazione, come Java, per rendere i programmi potenzialmente eseguibili su qualsiasi piattaforma hardware e software.

In quale linguaggio di programmazione sono scritti i S.O.?

Per quanto siano un prodotto molto particolare, i S.O. sono composti da moduli software e come tali sono progettati, implementati e mantenuti da programmatori.
Data la stretta dipendenza dall'hardware che hanno alcune componenti dei S.O., è inevitabile il ricorso al linguaggio macchina della piattaforma di esecuzione, ma tradizionalmente la maggior parte del codice del *kernel* di un S.O. è codificata nel linguaggio C che, pur essendo un linguaggio di alto livello, presenta molti costrutti per il controllo efficiente dell'esecuzione del codice e della gestione dei dati.
Molti sistemi operativi – Linux è in questo un esempio notevole – devono la loro diffusione su piattaforme diverse alla portabilità garantita da un *kernel* scritto in ampia misura in linguaggio C.

3 Windows e Linux

Il sistema operativo **Windows** è un prodotto commercializzato in varie versioni da Microsoft Corporation, un'azienda con sede a Redmond nello stato di Washington. Il primo sistema Windows fu rilasciato nel 1985, ma l'architettura interna oggi condivisa da tutte le versioni del sistema operativo nasce nel 1993 con la serie «NT».

La distribuzione commerciale dei sistemi Windows prevede oggi il supporto per le piattaforme hardware x86 (a 32 bit) e x64 (a 64 bit) di Intel e AMD e per la piattaforma ARM dei processori di tablet e smartphone. La portabilità tra architetture hardware diverse, è resa possibile da un livello HAL (*Hardware Abstraction Layer*) che separa il codice del *kernel* dalle specificità dell'hardware.

L'architettura interna dei sistemi operativi Windows è basata su un *kernel* ibrido che non comprende la gestione del sistema dei file; tuttavia questo modulo e la caratteristica GUI sono eseguiti in modalità protetta e di fatto sono componenti essenziali del sistema operativo stesso, le cui funzionalità sono esposte dall'API standard che ha mantenuto nel tempo e nelle varie versioni una elevata coerenza. Nonostante esistano versioni di Windows specializzate per server, dispositivi mobili e dispositivi *embedded*, questa caratteristica lo ha reso il più diffuso sistema operativo per computer di uso personale.

Le numerose distribuzioni del sistema operativo **Linux** rappresentano l'eredità tecnica dei sistemi Unix: il *kernel* monolitico espone un'API che discende da quella di Unix e che implementa lo standard POSIX.

Linux nasce nel 1992 da un progetto personale di Linus Torvalds, allora studente all'università di Helsinki, dove la prima versione fu presentata nel 1994, ma la sua evoluzione è avvenuta grazie al contributo di migliaia di sviluppatori e di aziende interessate al successo del progetto: questo è stato possibile grazie alla licenza legale adottata da Torvalds stesso che rende obbligatorio il rilascio pubblico del codice sorgente[3] del *kernel*. La libera disponibilità del codice sorgente ha inoltre consentito di «portare» Linux su una moltitudine di diverse architetture hardware; oggi esiste una versione di Linux praticamente per ogni tipo di computer esistente.

Il *kernel* di Linux è completamente indipendente dall'interfaccia utente: molte distribuzioni di tipo server si limitano a installare una interfaccia di comando non grafica, mentre le due GUI più diffuse – Gnome e KDE – sono entrambe basate sul servizio *X Window System* esterno al *kernel*.

Il campo applicativo in cui i sistemi Linux sono maggiormente diffusi è senz'altro quello dei sistemi server, ma negli ultimi anni sono sempre più numerose le distribuzioni di Linux dedicate ai computer per uso personale. Il sistema operativo Android per tablet e smartphone è stato sviluppato a partire dal *kernel* di Linux ed è oggi il sistema operativo più usato per questo tipo di dispositivi.

Windows e **Linux** sono oggi i sistemi operativi più diffusi e utilizzati. In questo testo tutti i concetti introdotti sono illustrati per entrambi gli ambienti, sottolineando convergenze ed eventuali divergenze.

Unix: il padre dei sistemi operativi

Il sistema operativo che ha maggiormente influenzato la progettazione di quelli attuali è senz'altro **Unix**, realizzato a partire dal 1969 nei laboratori di ricerca «Bell» della AT&T nel New Jersey, principalmente da Ken Thompson e Dennis Ritchie
Unix fu il primo sistema operativo «portabile», cioè parzialmente indipendente dall'hardware del computer. Questa caratteristica fondamentale è il risultato del fatto che Unix è stato fin dall'inizio scritto in gran parte in linguaggio C (sviluppato nello stesso periodo e nello stesso laboratorio da Dennis Ritchie e da Brian Kernighan).
Alcune versioni di Unix sono distribuite o commercializzate ancora oggi, ma – anche se la lezione di Unix è stata accolta da molti sistemi operativi attuali, compresi Windows e macOS – sono in particolare le numerose distribuzioni del sistema operativo Linux a rappresentare oggi l'eredità di Unix.

3. La gratuità della maggior parte delle distribuzioni di Linux è una conseguenza dell'adozione di una licenza legale del tipo noto come *open-source license* (in particolare si tratta della licenza denominata GPL, *GNU Public License*).

I CONCETTI CHIAVE

COMPONENTI DEL COMPUTER. Dal punto di vista dell'utente le componenti fondamentali del computer sono:

- l'hardware;
- il sistema operativo;
- i programmi applicativi.

FUNZIONI DEL SISTEMA OPERATIVO. Il sistema operativo (S.O.) assolve a tre funzioni fondamentali:

- realizza la piattaforma di esecuzione delle applicazioni;
- gestisce le risorse hardware del computer;
- gestisce le risorse software del computer.

Il S.O. può essere definito come il gestore delle risorse hardware e software del computer.

INTERFACCIA UTENTE GRAFICA. L'interfaccia utente grafica di un S.O. è un elemento caratterizzante, ma non fondamentale: in alcuni S.O. è implementata mediante un'applicazione indipendente dal sistema vero e proprio.

MODULI DEL SISTEMA OPERATIVO. Un S.O. è internamente organizzato in moduli corrispondenti alle diverse risorse che deve gestire:

- gestore del processore;
- gestore della memoria;
- gestore dei file memorizzati;
- gestore dei dispositivi di input e di output;
- gestore della comunicazione di rete.

SISTEMA OPERATIVO COME PIATTAFORMA DI ESECUZIONE. Il S.O. costituisce un'estensione dell'hardware, che incapsula per consentire l'esecuzione dei programmi applicativi.

***KERNEL* DEL SISTEMA OPERATIVO.** Il processore esegue il codice del S.O. in una modalità protetta, distinta dalla modalità utente in cui sono eseguiti i normali programmi applicativi; il *kernel* o nucleo di un sistema operativo è costituito dai moduli eseguiti in modalità protetta.

APPLICATION PROGRAM INTERFACE. Il sistema operativo espone una *Application Program Interface* (*API*) che tradizionalmente assume la forma di una libreria di funzioni speciali (note come *system-call* o «chiamate di sistema»).

WINDOWS E LINUX. Windows e Linux sono oggi i sistemi operativi più diffusi e utilizzati. Il sistema operativo Android per dispositivi mobili utilizza il *kernel* di Linux.

RIPASSA CON LA MAPPA

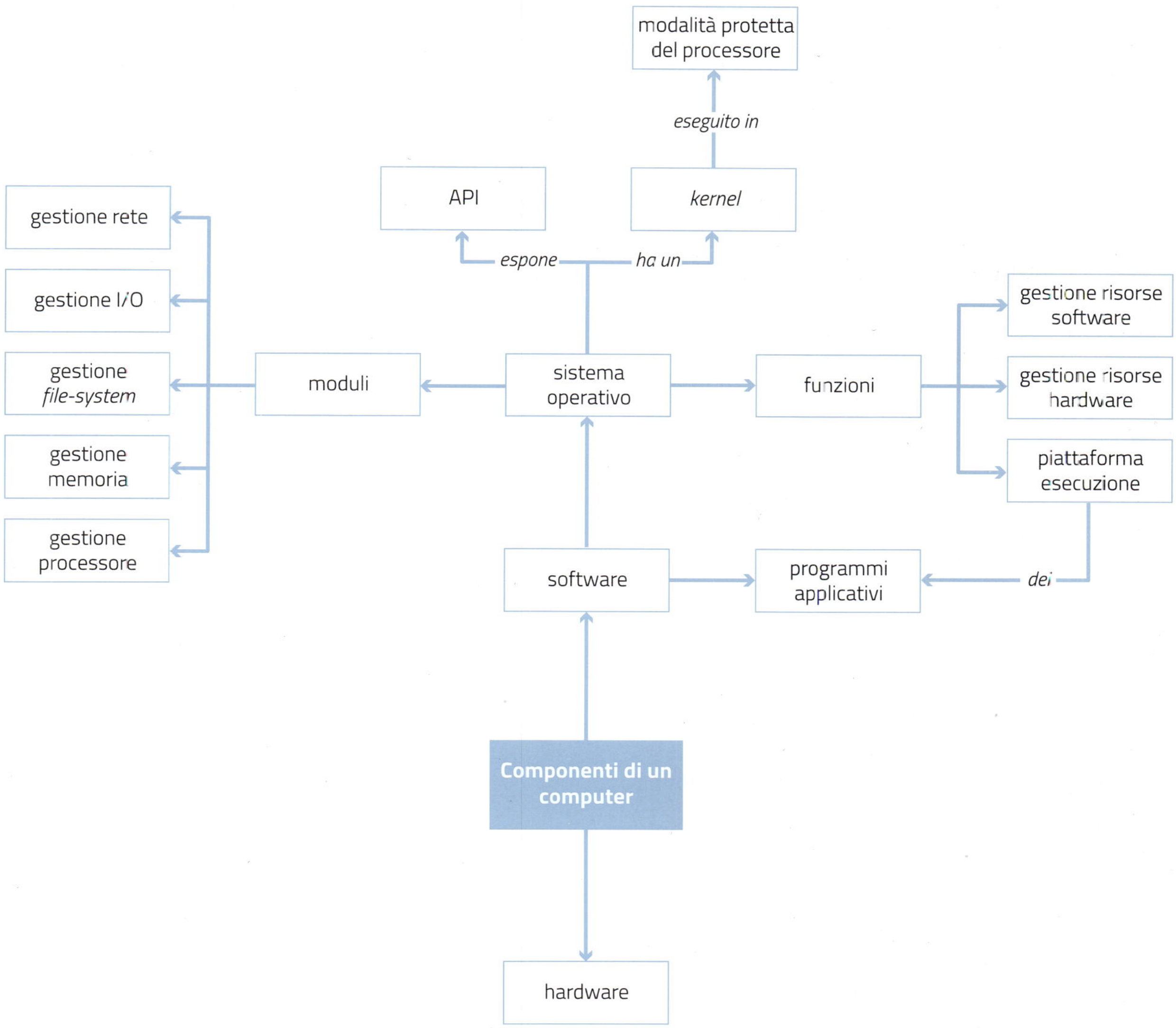

SPIEGA IN UNA PAGINA

1 **Descrivere le funzionalità generali e l'architettura di massima di un sistema operativo anche utilizzando rappresentazioni grafiche.**

2 **Confrontare le caratteristiche essenziali dei sistemi operativi Windows e Linux.**

QUESITI A RISPOSTA APERTA

3 **La *Graphic User Interface* (GUI) è un componente essenziale di un S.O.?**

4 **Elencare i moduli fondamentali che costituiscono un sistema operativo.**

5 **Che cosa è il *kernel* di un sistema operativo?**

6 **Che cosa distingue i sistemi operativi monolitici da quelli di tipo *micro-kernel*?**

TEST A RISPOSTA MULTIPLA

7 **Quali tra le seguenti sono funzionalità fondamentali di un sistema operativo?**

A Realizzare la piattaforma di esecuzione dei programmi.
B Gestire l'interfaccia utente del computer.
C Gestire le risorse hardware e software del computer.
D Gestire la sicurezza dell'accesso alle risorse del computer.

8 **Quali dei seguenti moduli che compongono un sistema operativo *micro-kernel* sono eseguiti in modalità protetta?**

A Gestore del processore.
B Gestore del *file-system*.
C Gestore della memoria.
D Gestore dell'input/output.

9 **Per API di un sistema operativo si intende**

A l'interfaccia software che il sistema operativo rende disponibile ai programmi applicativi o sviluppati dall'utente per l'interazione con i propri servizi.
B il linguaggio macchina usato dai progettisti del sistema operativo come interfaccia verso il livello hardware del computer.
C i comandi testuali resi disponibili all'utente del sistema operativo per interagire con i propri servizi.
D il meccanismo di interruzione software utilizzato per ottenere l'esecuzione in modalità protetta del codice di una chiamata di sistema effettuata da un programma applicativo.

10 **POSIX è uno standard per**

A le API dei sistemi operativi.
B i comandi testuali dei sistemi operativi.
C le interfacce grafiche (GUI) dei sistemi operativi.
D il *file-system* dei sistemi operativi.

11 **Le caratteristiche elencate appartengono a Windows (W) o Linux (L)?**

A. Interfaccia grafica integrata ....
B. Versioni per piattaforme diverse ....
C. *Kernel* monolitivo ....
D. Distribuzione commerciale ....

CASI PRATICI

12 **Ricercare in rete e realizzare una tabella comparativa delle principali distribuzioni del sistema operativo Linux.**

Introduction

awkward
scomodo

fairness
equità

to keep track
tenere traccia

lump
pezzo

to shield
isolare

tampering
manomissione

Without its software, a computer is basically a useless lump of metal. With its software, a computer can store, process, and retrieve information; play music and videos; send e-mail, search the Internet; and engage in many other valuable activities to earn its keep. Computer software can be divided roughly into two kinds: system programs, which manage the operation of the computer itself, and application programs, which perform the actual work the user wants. The most fundamental system program is the operating system, whose job is to control all the computer's resources and provide a base upon which the application programs can be written. [...]. A modern computer system consists of one or more processors, some main memory, disks, printers, a keyboard, a display, network interfaces, and other input/output devices. All in all, a complex system. Writing programs that keep track of all these components and use them correctly, let alone optimally, is an extremely difficult job. If every programmer had to be concerned with how disk drives work, and with all the dozens of things that could go wrong when reading a disk block, it is unlikely that many programs could be written at all. [...]. The way that has evolved gradually is to put a layer of software on top of the bare hardware, to manage all parts of the system, and present the user with an interface or virtual machine that is easier to understand and program. This layer of software is the operating system. [...].

On top of the operating system is the rest of the system software. Here we find the command interpreter (shell), window systems, compilers, editors, and similar application-independent programs. It is important to realize that these programs are definitely not part of the operating system, even though they are typically supplied preinstalled by the computer manufacturer, or in a package with the operating system if it is installed after purchase. This is a crucial, but subtle, point. The operating system is (usually) that portion of the software that runs in kernel mode or supervisor mode. It is protected from user tampering by the hardware (ignoring for the moment some older or low-end microprocessors that do not have hardware protection at all). [...].

[...]. Still, for traditional computers, the operating system is what runs in kernel mode. That said, in many systems there are programs that run in user mode but which help the operating system or perform privileged functions. [...]. In some systems [...] this idea is carried to an extreme form, and pieces of what is traditionally considered to be the operating system (such as the file system) run in user space. In such systems, it is difficult to draw a clear boundary. Everything running in kernel mode is clearly part of the operating system, but some programs running outside it are arguably also part of it, or at least closely associated with it. [...].

Finally, above the system programs come the application programs. These programs are purchased (or written by) the users to solve their particular problems, such as word processing, spreadsheets, engineering calculations, or storing information in a database.

What is an operating system?

Most computer users have had some experience with an operating system, but it is difficult to pin down precisely what an operating system is. Part of the problem is that operating systems perform two basically unrelated functions, extending the machine and managing resources, and depending on who is doing the talking, you hear mostly about one function or the other. Let us now look at both.

The operating system as an extended machine

[...].

Without going into the *real* details, it should be clear that the average programmer probably does not want to get too intimately involved with the programming of floppy disks (or hard disks, which are just as complex and quite different). Instead, what the programmer wants is a simple, high-level abstraction to deal with. In the case of disks, a typical abstraction would be that the disk contains a collection of named files. Each file can be opened for reading or writing, then read or written, and finally closed. Details such as whether or not recording should use modified frequency modulation and what the current state of the motor is should not appear in the abstraction presented to the user. The program that hides the truth about the hardware from the programmer and presents a nice, simple view of named files that can be read and written is, of course, the operating system. Just as the operating system shields the programmer from the disk hardware and presents a simple file-oriented interface, it also conceals a lot of unpleasant business concerning interrupts, timers, memory management, and other low-level features. In each case, the abstraction offered by the operating system is simpler and easier to use than that offered by the underlying hardware. In this view, the function of the operating system is to present the user with the equivalent of an extended machine or virtual machine that is easier to program than the underlying hardware. [...].

The operating system as a resource manager

The concept of the operating system as primarily providing its users with a convenient interface is a top-down view. An alternative, bottom-up, view holds that the operating system is there to manage all the pieces of a complex system. [...].

When a computer (or network) has multiple users, the need for managing and protecting the memory, I/O devices, and other resources is even greater, since the users might otherwise interfere with one another. In addition, users often need to share not only hardware, but information (files, databases, etc.) as well. In short, this view of the operating system holds that its primary task is to keep track of who is using which resource, to grant resource requests, to account for usage, and to mediate conflicting requests from different programs and users.

Resource management includes multiplexing (sharing) resources in two ways: in time and in space. When a resource is time multiplexed, different programs or users take turns using it. First one of them gets to use the resource, then another, and so on. For example, with only one CPU and multiple programs that want to run on it, the operating system first allocates the CPU to one program, then after it has run long enough, another one gets to use the CPU, then another, and then eventually the first one again. Determining how the resource is time multiplexed who goes next and for how long is the task of the operating system. Another example of time multiplexing is sharing the printer. When multiple print jobs are queued up for printing on a single printer, a decision has to be made about which one is to be printed next.

The other kind of multiplexing is space multiplexing. Instead of the customers taking turns, each one gets part of the resource. For example, main memory is normally divided up among several running programs, so each one can be resident at the same time (for example, in order to take turns using the CPU). Assuming there is enough memory to hold multiple programs, it is more efficient to hold several programs in memory at once rather than give one of them all of it, especially if it only needs a small fraction of the total. Of course, this raises issues of fairness, protection, and so on, and it is up to the operating system to solve them. Another resource that is space multiplexed is the (hard) disk. In many systems a single disk can hold files from many users at the same time. Allocating disk space and keeping track of who is using which disk blocks is a typical operating system resource management task.

[A. Tanenbaum, "Operating Systems Design and Implementation", Third Edition, Prentice Hall, 2006]

QUESTIONS

- a **What are the two kinds of computer software?**
- b **What are the two functionalities of an operating system?**
- c **Is a user interface part of an operating system?**
- d **How does a program invoke an operating system service?**
- e **What are the differences between time and space multiplexing of system resources?**

FUNDAMENTAL CONCEPTS

This chapter introduces a range of concepts related to Linux system programming. It is intended for readers who have worked primarily with other operating systems, or who have only limited experience with Linux or another UNIX implementation.

The Core Operating System: The Kernel

The term *operating system* is commonly used with two different meanings:

1. To denote the entire package consisting of the central software managing a computer's resources and all of the accompanying standard software tools, such as command-line interpreters, graphical user interfaces, file utilities, and editors.
2. More narrowly, to refer to the central software that manages and allocates computer resources (i.e., the CPU, RAM, and devices).

The term *kernel* is often used as a synonym for the second meaning, and it is with this meaning of the term *operating system* that we are concerned in this book.

Although it is possible to run programs on a computer without a kernel, the presence of a kernel greatly simplifies the writing and use of other programs, and increases the power and flexibility available to programmers. The kernel does this by providing a software layer to manage the limited resources of a computer.

The Linux kernel executable typically resides at the pathname */boot/vmlinuz*, or something similar. The derivation of this filename is historical. On early UNIX implementations, the kernel was called *unix*. Later UNIX implementations, which implemented virtual memory, renamed the kernel as *vmunix*. On Linux, the filename mirrors the system name, with the z replacing the final x to signify that the kernel is a compressed executable.

Tasks performed by the kernel

Among other things, the kernel performs the following tasks:

1. *Process scheduling*: A computer has one or more central processing units (CPUs), which execute the instructions of programs. Like other UNIX systems, Linux is a *preemptive multitasking* operating system, *Multitasking* means that multiple processes (i.e., running programs) can simultaneously reside in memory and each may receive use of the CPU(s). *Preemptive* means that the rules governing which processes receive use of the CPU and for how long are determined by the kernel process scheduler (rather than by the processes themselves).
2. *Memory management*: While computer memories are enormous by the standards of a decade or two ago, the size of software has also correspondingly grown, so that physical memory (RAM) remains a limited resource that the kernel must share among processes in an equitable and efficient fashion. Like most modern operating systems, Linux employs virtual memory management, a technique that confers two main advantages:
   - Processes are isolated from one another and from the kernel, so that one process can't read or modify the memory of another process or the kernel.
   - Only part of a process needs to be kept in memory, thereby lowering the memory requirements of each process and allowing more processes to be held in RAM simultaneously. This leads to better CPU utilization, since it increases the likelihood that, at any moment in time, there is at least one process that the CPU(s) can execute.
3. *Provision of a file system*: The kernel provides a file system on disk, allowing files to be created, retrieved, updated, deleted, and so on.
4. *Creation and termination of processes*: The kernel can load a new program into memory, providing it with the resources (e.g., CPU, memory, and access to files) that it needs in order to run. Such an instance of a running program is termed

to allow consentire
likelihood probabilità
mice mouse (plurale)
to mirror rispecchiare
narrowly accuratamente
to perform eseguire
to provide fornire
to route instradare

a *process*. Once a process has completed execution, the kernel ensures that the resources it uses are freed for subsequent reuse by later programs.

5 *Access to devices*: The devices (mice, monitors, keyboards, disk and tape drives, and so on) attached to a computer allow communication of information between the computer and the outside world, permitting input, output, or both. The kernel provides programs with an interface that standardizes and simplifies access to devices, while at the same time arbitrating access by multiple processes to each device.

6 *Networking*: The kernel transmits and receives network messages (packets) on behalf of user processes. This task includes routing of network packets to the target system.

7 *Provision of a system call application programming interface (API)*: Processes can request the kernel to perform various tasks using kernel entry points known as *system calls*. The Linux system call API is the primary topic of this book. [...].

In addition to the above features, multiuser operating systems such as Linux generally provide users with the abstraction of a *virtual private computer*; that is, each user can log on to the system and operate largely independently of other users. For example, each user has their own disk storage space (home directory). In addition, users can run programs, each of which gets a share of the CPU and operates in its own virtual address space, and these programs can independently access devices and transfer information over the network. The kernel resolves potential conflicts in accessing hardware resources, so users and processes are generally unaware of the conflicts.

Kernel mode and user mode

Modern processor architectures typically allow the CPU to operate in at least two different modes: *user mode* and *kernel mode* (sometimes also referred to as *supervisor mode*). Hardware instructions allow switching from one mode to the other. Correspondingly, areas of virtual memory can be marked as being part of *user space* or *kernel space*. When running in user mode, the CPU can access only memory that is marked as being in user space; attempts to access memory in kernel space result in a hardware exception. When running in kernel mode, the CPU can access both user and kernel memory space.

Certain operations can be performed only while the processor is operating in kernel mode. Examples include executing the halt instruction to stop the system, accessing the memory-management hardware, and initiating device I/O operations. By taking advantage of this hardware design to place the operating system in kernel space, operating system implementers can ensure that user processes are not able to access the instructions and data structures of the kernel, or to perform operations that would adversely affect the operation of the system.

[Michael Kerrisk, "The Linux programming interface", No Starch Press, 2010]

QUESTIONS

a **What meanings does the term *operating system* have?**
b **What tasks are performed by the *kernel*?**
c **In what way can a process interact with the *kernel*?**
d **What permits a Linux user to work on a computer along with other users but independently of them?**
e **Can a normal Linux program run in *kernel mode*?**

A6 Gestione dei processi

Tutti i sistemi operativi moderni sono in grado di eseguire «contemporaneamente» un elevato numero di programmi; oltre alle applicazioni eseguite dall'utente il sistema operativo esegue decine di altri programmi di servizio, come è possibile verificare in ogni momento con lo strumento «Gestione attività» di Windows:

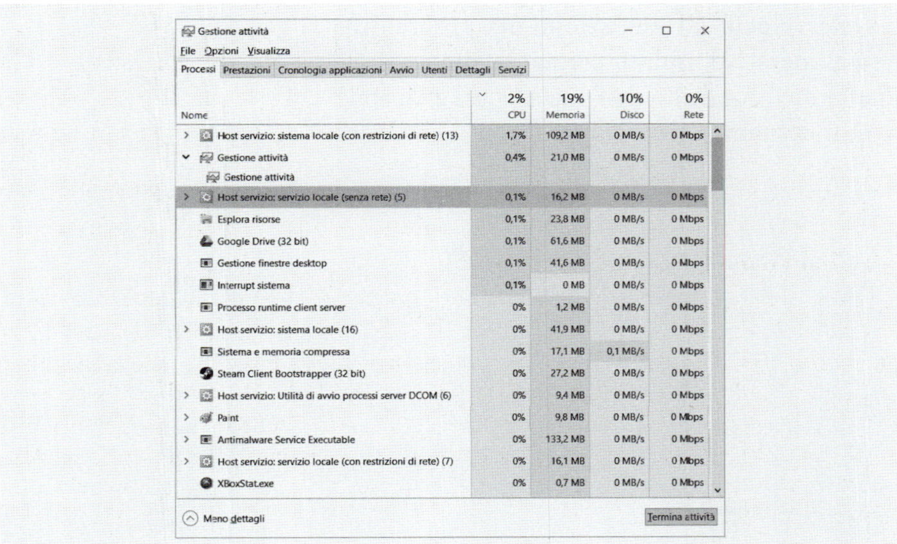

Lo stesso strumento permette di monitorare il carico di lavoro dei singoli *core* del processore:

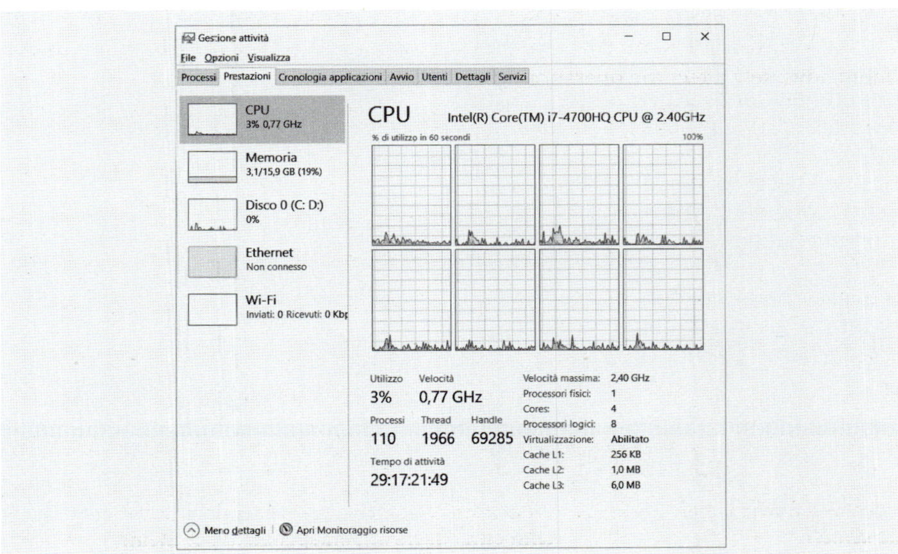

Anche se la maggior parte dei computer attuali ha un'architettura hardware in cui sono presenti più processori[1], il numero di programmi in esecuzione è molto superiore: come è possibile dato che l'esecuzione di un programma richiede necessariamente l'uso del processore?

1. In realtà la maggior parte dei computer ha un singolo processore *multi-core*, cioè un singolo processore fisico suddiviso al proprio interno in 2 o 4 unità di elaborazione autonome: dal punto di vista logico è possibile considerarlo come un vero e proprio computer multiprocessore.

1 *Multi-processing*

Come abbiamo visto, tra le risorse hardware che il sistema operativo è chiamato a gestire, è compreso anche il processore, che deve essere condiviso tra le attività del sistema operativo stesso, i programmi di servizio e le applicazioni dell'utente.

L'utente ha la sensazione che le proprie applicazioni siano eseguite contemporaneamente dal computer: può, per esempio, ascoltare un brano musicale mentre scrive un documento. In realtà l'esperienza di contemporaneità dell'utente è data dall'elevata velocità di esecuzione dei programmi da parte del computer: il sistema operativo, infatti, esegue le applicazioni singolarmente passando rapidamente il controllo dall'una all'altra e, di conseguenza, interrompendone continuamente l'esecuzione.

ESEMPIO

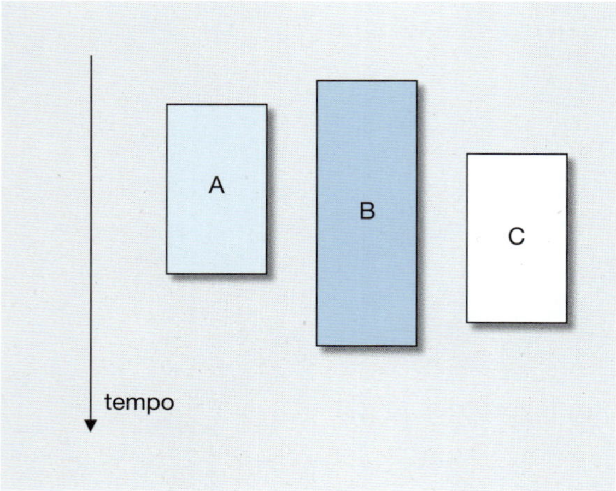

FIGURA 1

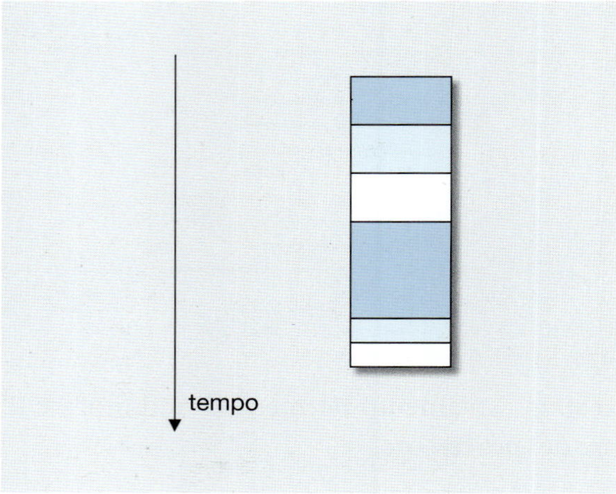

FIGURA 2

Avendo 3 programmi contemporaneamente attivi A, B e C la visione dell'utente è quella di una esecuzione contemporanea (FIGURA 1).
In realtà il sistema operativo gestisce in modo strettamente sequenziale l'esecuzione dei tre programmi interrompendone e riprendendone l'esecuzione più volte (FIGURA 2).
Il grafico di FIGURA 3 illustra quello che avviene in realtà: l'esecuzione frammentata e alternata del codice dei singoli programmi da parte dell'unico processore disponibile.

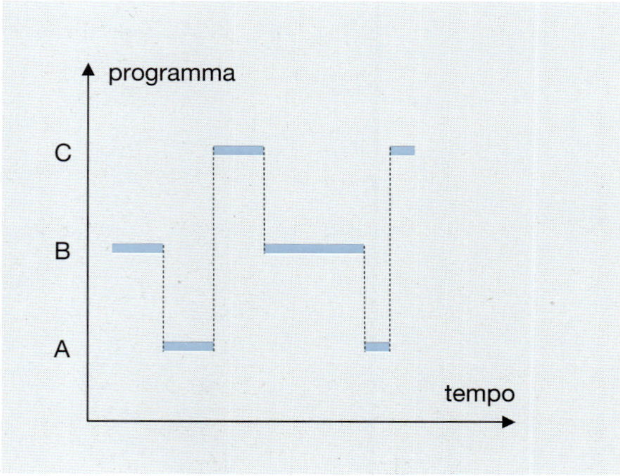

FIGURA 3

2 Programmi e processi

Un **processo** è definito come un programma in esecuzione.

Il codice del programma è normalmente contenuto in un file memorizzato su una unità di memoria persistente; al momento dell'attivazione il codice viene caricato dal sistema operativo nella memoria del computer, da dove può essere effettivamente eseguito: da questo momento il programma diviene un processo.

OSSERVAZIONE Un programma esiste indipendentemente dal computer che è in grado di eseguirlo: per esempio il pacchetto di installazione di un videogioco memorizzato su una memory-stick USB contiene i file con il codice eseguibile del programma che, al momento dell'installazione, sono copiati in una unità di memoria persistente del computer. Ma è solo quando si esegue il programma – il videogioco in questo esempio – che il sistema operativo crea il processo corrispondente.

Nel corso della propria esecuzione normalmente un processo impiega, oltre al processore, altre risorse hardware o software rese disponibili dal sistema operativo: memoria allocata, file aperti, connessioni di rete attivate, dispositivi di input e di output utilizzati, ecc. I descrittori di tutte le risorse usate da un processo costituiscono lo **stato** del processo a un certo istante della propria esecuzione. Inoltre un processo usa e/o produce dati (per esempio un'applicazione multimediale legge il contenuto di un file che contiene un filmato e produce i dati necessari alla scheda video e alla scheda audio per la sua riproduzione). I **dati** elaborati da un processo sono registrati nelle aree di memoria riservate dal sistema operativo al processo stesso.

In sintesi un processo è individuato dal **programma** in esecuzione più l'**ambiente** di esecuzione costituito dallo stato e dai dati.

OSSERVAZIONE Due istanze contemporaneamente attive di una specifica applicazione (per esempio di un programma per la redazione di documenti) hanno in comune lo stesso programma, ma hanno un distinto ambiente in quanto i dati (per esempio il testo visualizzato) e le risorse (per esempio il file aperto) sono diverse: sono quindi due processi distinti. Allo scopo di ridurre l'occupazione della memoria del computer, in questo caso il codice del programma viene caricato una sola volta, ma l'ambiente è ovviamente replicato per ogni istanza del programma in esecuzione.

Il sistema operativo associa a ogni processo fin dal momento della sua creazione un identificativo numerico univoco denominato **PID** (*Process ID*) e un insieme di informazioni definito *Process Control Block* (**PCB**). Il PCB di un processo consente al sistema operativo di interromperlo in qualsiasi momento per riprenderne successivamente l'esecuzione e comprende informazioni relative a:

- il PID e l'identificativo dell'utente (può trattarsi del sistema operativo stesso) che ha eseguito il processo;

- le risorse hardware e software attualmente utilizzate dal processo;
- lo stato del processore al momento della sua ultima interruzione, in particolare l'indirizzo dell'ultima istruzione di codice eseguita (cioè il contenuto del registro *Program Counter* della CPU);
- i dati relativi al processo e necessari al sistema operativo stesso che vedremo nel dettaglio in seguito.

Le informazioni contenute nel PCB permettono al sistema operativo di passare la risorsa processore da un processo a un altro, interrompendo momentaneamente l'esecuzione del primo per riprendere temporaneamente l'esecuzione del secondo. Questo passaggio prende il nome di ***context-switching*** e prevede il salvataggio del PCB del processo interrotto per ripristinare le informazioni contenute nel PCB del processo da eseguire.

Il *context-switching* è un'attività del sistema operativo – in particolare del gestore dei processi – che impiega la risorsa processore per essere svolta; il grafico temporale dell'esempio del paragrafo precedente sarà in realtà quello di FIGURA 4.

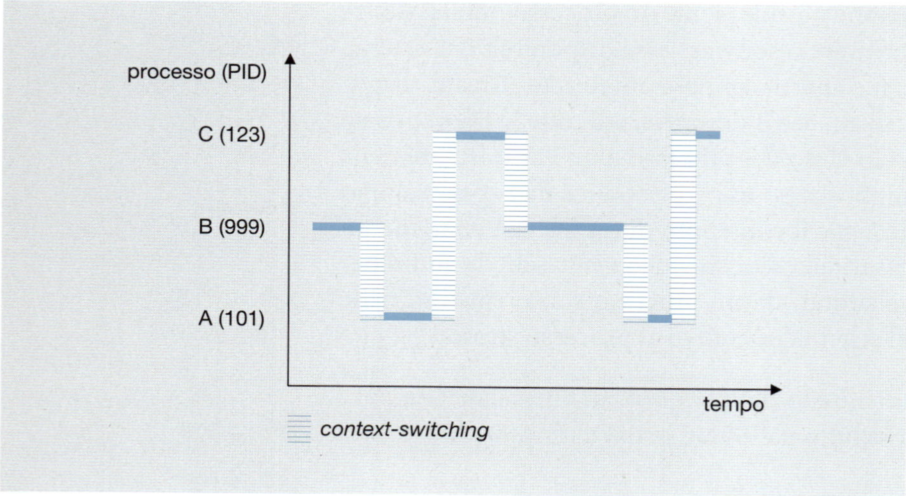

FIGURA 4

La sensazione dell'utente di una esecuzione contemporanea dei vari programmi presenta, quindi, il costo nascosto di un aggravio del tempo di esecuzione totale dovuta al tempo di *context-switching* da parte del sistema operativo.

OSSERVAZIONE Il *kernel* del sistema operativo, così come i processi di servizio creati dal sistema operativo stesso, deve disporre del processore per essere eseguito: nella fase di *context-switching* il gestore dei processi non si limita quindi a effettuare il passaggio della risorsa processore da un processo all'altro, ma eventualmente invoca anche altre e diverse funzioni del *kernel* del sistema operativo.
Il momento in cui effettuare il *context-switching* dipende da vari fattori: l'esecuzione di un processo può interrompersi perché il processo stesso richiede l'intervento del sistema operativo o, al contrario, perché il tempo di occupazione del processore da parte del processo è troppo elevato.

3 Stati di un processo

Il gestore dei processi del sistema operativo associa ogni processo attivo a uno dei seguenti 3 stati:

Stato	Descrizione
Ready	Il processo non è attualmente in esecuzione, ma è pronto per essere eseguito in quanto l'unica risorsa mancante è la CPU
Wait[2]	Il processo ha invocato un servizio del sistema operativo (per esempio ha iniziato un'operazione di lettura/scrittura da/su un file o è in attesa di una segnalazione da parte di un altro processo, cioè ha richiesto una risorsa non ancora disponibile: non può essere eseguito fino al termine della richiesta)
Run	Il processo è attualmente in esecuzione, cioè dispone di tutte le risorse necessarie al suo avanzamento

2. Questo stato prende anche il nome di *Block* o *Sleep*, in quanto il processo è bloccato in attesa di essere risvegliato dal sistema operativo.

Le transizioni da uno stato all'altro avvengono secondo il diagramma di FIGURA 5.

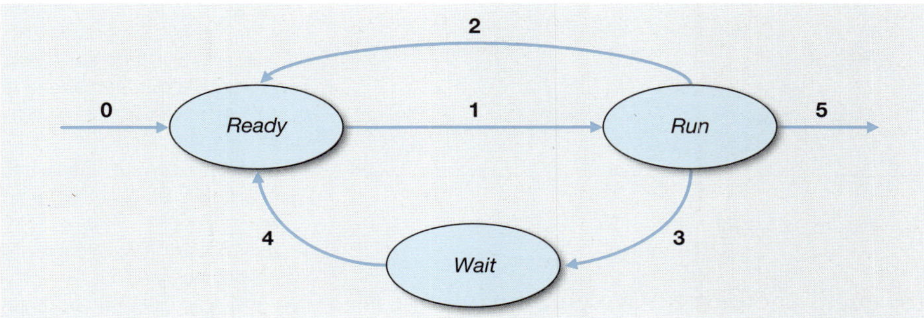

FIGURA 5

0. Il processo viene creato nello stato *Ready*.

1. Il sistema operativo seleziona il processo per l'esecuzione: passa nello stato *Run*.

2. Il sistema operativo interrompe l'esecuzione del processo che ritorna nello stato *Ready*.

3. Nel corso dell'esecuzione il processo richiede un servizio del sistema operativo: viene posto nello stato *Wait*.

4. Il sistema operativo completa la richiesta di un processo che può così riprendere l'esecuzione: dallo stato *Wait* passa nuovamente allo stato *Ready*.

5. Il processo termina l'esecuzione e il sistema operativo lo distrugge.

OSSERVAZIONE Nello stato di *Run* vi possono essere al massimo tanti processi quanti sono i processori (in particolare, su computer con un solo processore solo un processo può trovarsi in stato di *Run*), ma negli stati di *Wait* e di *Ready* vi possono essere numerosi processi in attesa di essere sbloccati o selezionati dal sistema operativo. I PID dei processi sono mantenuti in code che possono o meno essere gestite con una politica *First-In First-Out* (FIFO), in cui l'ultimo PID inserito in coda sarà anche l'ultimo a essere estratto. Come vedremo più avanti, infatti, non è opportuno che il sistema operativo consideri tutti i processi «uguali», in particolare rispetto alla politica di selezione per l'esecuzione.

4 Politiche di *scheduling*

Senza l'intervento del sistema operativo un processo prosegue la sua esecuzione fino alla terminazione, o fino all'inoltro di una richiesta al sistema operativo stesso, liberando il processore e passando allo stato di *Wait*. Tipicamente le richieste che un processo inoltra al sistema operativo sono richieste di operazioni di input/output (lettura/scrittura su file, ricezione/trasmissione da rete, visualizzazione di testo o immagini, ecc.).

Alcuni processi – in particolare quelli che prevedono una continua interazione con l'utente – passano molto tempo nello stato di *Wait* ad attendere come input un'azione (per esempio l'attivazione del mouse in una specifica posizione, oppure la digitazione di un testo) che viene intercettata dal sistema operativo e successivamente inoltrata al processo interessato: processi di questo tipo sono definiti di tipo *I/O-bound*, cioè dipendenti principalmente dall'I/O (Input/Output) (FIGURA 6).

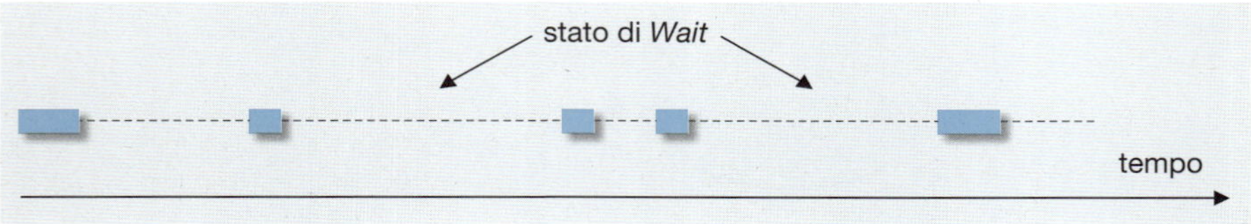

FIGURA 6 Esecuzione di un processo di tipo *I/O-bound*.

Altri processi – in particolare quelli che devono svolgere un'intensa attività di elaborazione di dati presenti in memoria – non rilasciano quasi mai il processore passando nello stato di *Wait* e sono definiti di tipo *CPU-bound*, cioè dipendenti principalmente dalla disponibilità del processore (FIGURA 7).

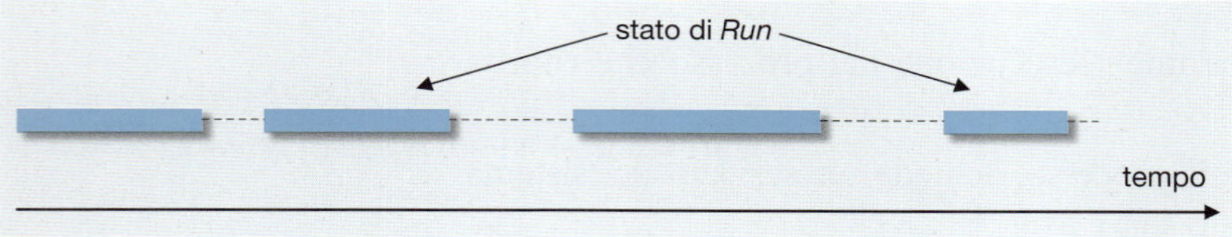

FIGURA 7 Esecuzione di un processo di tipo *CPU-bound*.

Compito del gestore dei processi del sistema operativo è quello di ottimizzare l'uso del processore: avere più processi di tipo *I/O-bound* contemporaneamente in esecuzione aumenta l'utilizzazione del processore, in quanto i lunghi periodi in cui un processo resta in stato di *Wait* possono essere utilizzati per eseguire altri processi nello stato di *Run*. Ma l'esecuzione di uno o più processi di tipo *CPU-bound*, che rilasciano raramente il processore uscendo dallo stato di *Run*, ha come conseguenza un progressivo ritardo nell'esecuzione degli altri processi che, pur avendo terminato l'attesa della richiesta avanzata al sistema operativo ed essendo quindi passati nello stato di *Ready*, devono nuovamente rimanere a lungo in attesa che sia disponibile il processore. In particolare, per i processi che interagiscono con l'utente, questo ritardo viene percepito come un malfunzionamento e non è quindi accettabile.

Obiettivi delle politiche di *scheduling*

La politica di *scheduling* di un sistema operativo ha tradizionalmente diversi obiettivi il cui raggiungimento richiede tecniche che contrastano tra di loro:

- ridurre il tempo complessivo di esecuzione di un processo;
- minimizzare il tempo di attesa da parte dell'utente;
- massimizzare il carico di lavoro dei processori del sistema;
- rispettare le priorità di esecuzione dei processi, impedendo che un processo con bassa priorità non venga mai eseguito.

Oggi, in particolare per i dispositivi alimentati a batteria, emergono anche altri obiettivi che la politica di *scheduling* deve assicurare:

- massimizzare il risparmio energetico da parte del processore;
- minimizzare il riscaldamento del processore.

Questi nuovi obiettivi possono essere perseguiti per esempio facendo lavorare il processore a velocità ridotta, ma deve essere il sistema operativo a individuare i processi per i quali questa soluzione è applicabile.

Per questo motivo i sistemi operativi moderni adottano la tecnica del *time-sharing* per la gestione della risorsa processore: a ogni processo viene assegnato un «quanto» di tempo massimo dopo il quale deve obbligatoriamente rilasciare il processore passando dallo stato di *Run* a quello di *Ready*[3].

3. La durata del quanto di tempo – normalmente dell'ordine delle decine di millisecondi – deve ovviamente essere superiore al tempo medio di *context-switching*. In caso contrario il processore sarebbe utilizzato prevalentemente per l'esecuzione del gestore dei processi invece che per l'esecuzione dei processi stessi.

OSSERVAZIONE In particolare in computer dotati di un solo processore il sistema operativo – non essendo in esecuzione – non può intervenire per interrompere un processo nello stato di *Run* una volta trascorso interamente il quanto di tempo assegnato. Prima di assegnare il processore al processo il sistema operativo attiva dunque un dispositivo hardware che ha il compito di interrompere automaticamente l'esecuzione del codice da parte del processore trascorso un tempo programmato. Il meccanismo hardware di interruzione esegue il codice del *kernel* del sistema operativo, che in questo modo può gestire correttamente il *context-switching*.

Il classico algoritmo di schedulazione denominato *round-robin* abbina la tecnica del *time-sharing* con la politica FIFO di selezione dei processi in coda nello stato di *Ready* e consente all'utente del computer di avere la sensazione di esecuzione contemporanea di più programmi interattivi.

OSSERVAZIONE Nel caso che non vi siano processi in stato di *Ready* da eseguire il gestore dei processi esegue un particolare processo di sistema, talvolta denominato *idle*, che configura il computer in uno stato di basso consumo energetico (per esempio diminuendo la velocità del processore); in alternativa questa situazione viene sfruttata per eseguire processi di utilità come la scansione antivirus.

Symmetric multi-processing

Molti computer moderni hanno più processori con le stesse caratteristiche.
In questo caso il gestore dei processi del sistema operativo deve implementare una politica di schedulazione che realizzi il *symmetric multi-processing* (SMP) bilanciando il carico di lavoro dei singoli processori del computer, o dei *core* multipli di un processore.

ESEMPIO La schedulazione temporale di tre processi A, B e C con quanto di tempo prefissato e algoritmo *round-robin* può essere rappresentata graficamente come in FIGURA 8.
La coda dei processi in stato di *Ready* è inizialmente

→ C (123) → A (101) → **B (999)** →

e il gestore dei processi seleziona il processo B (PID 999) per l'esecuzione; la coda – gestita con politica FIFO – diviene:

→ C (123) → **A (101)** →

Il processo B (PID 999) rilascia il processore prima della scadenza del quanto di tempo assegnato inoltrando una richiesta al sistema operativo: il gestore dei processi seleziona il processo A (PID 101) per l'esecuzione e la coda diviene:

→ **C (123)** →

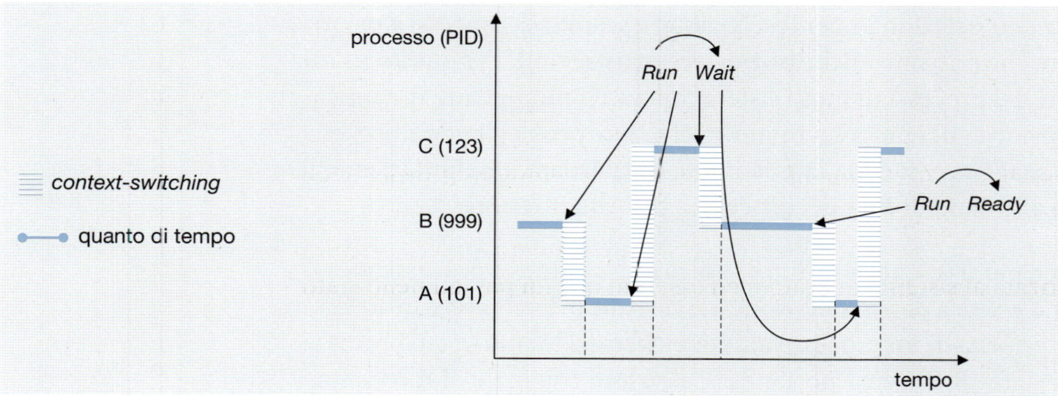

FIGURA 8

Quando il sistema operativo conclude la richiesta inoltrata dal processo B (PID 999) lo inserisce nuovamente nella coda dei processi in stato di *Ready*:

→ B (999) → **C (123)** →

Anche il processo A (PID 101) rilascia il processore prima della scadenza del quanto di tempo assegnato e il gestore dei processi seleziona il processo C (PID 123) per l'esecuzione; la coda diviene:

→ **B (999)** →

Appena il sistema operativo conclude l'operazione invocata dal processo A (PID 101) questo viene nuovamente inserito nella coda dei processi che si trovano nello stato di *Ready*:

→ A (101) → **B (999)** →

Alla conclusione del processo C (PID 123) prima del quanto di tempo assegnato il gestore dei processi seleziona il processo B (PID 999) per l'esecuzione; nella coda inizialmente rimane solo il processo A (PID 101)

→ **A (101)** →

ma dopo che il sistema operativo ha assolto la richiesta del processo C (PID 123) questo viene nuovamente inserito:

→ C(123) → **A (101)** →

Il processo B (PID 999) utilizza completamente il quanto di tempo assegnato e, al momento dell'interruzione, viene inserito dal gestore dei processi – che seleziona il processo A (PID 101) per l'esecuzione – direttamente nella coda dei processi in stato di *Ready*:

→ B (999) → **C (123)** →

Quando il processo A (PID 101) invoca le funzionalità del sistema operativo rilasciando il processore prima dello scadere del quanto di tempo, il gestore dei processi seleziona il processo C (PID 123) per l'esecuzione nella coda e rimane il solo processo B (PID 999)

→ **B (999)** →

fino al momento in cui il sistema operativo conclude la richiesta del processo A (PID 101) inserendolo nuovamente nella coda dei processi in stato di *Ready*:

→ A (PID 101) → **B (999)** →

OSSERVAZIONE La politica FIFO di gestione della coda dei processi in stato di *Ready* dell'algoritmo di schedulazione *round-robin* ha come conseguenza che tutti i processi – compresi i processi di servizio del sistema operativo – sono selezionati per l'esecuzione in modo rigorosamente sequenziale; infatti non è possibile fare in modo che un processo assuma un'importanza maggiore rispetto a un altro.

Molti sistemi operativi associano a ogni processo un valore di **priorità** in base al quale il gestore dei processi seleziona dalla coda dei processi in stato di *Ready* il primo processo con priorità più alta anziché semplicemente il primo in ordine di attesa.

Questa soluzione consente di avere processi che vengono schedulati per l'esecuzione più frequentemente di altri, ma presenta un rischio: infatti, se sono attivi processi di tipo *CPU-bound* a cui viene assegnata un'alta priorità, essi – non transitando quasi mai per lo stato di *Wait* – sono continuamente selezionati per l'esecuzione a scapito di processi a priorità inferiore che possono anche non essere mai eseguiti. Per questo motivo i gestori dei processi di molti sistemi operativi modificano dinamicamente le priorità dei processi in modo che, pur privilegiando i processi a priorità maggiore, si evita la possibilità di ritardare indefinitamente il passaggio allo stato di *Run* dei processi a priorità inferiore.

La tecnica più usata per garantire l'esecuzione di tutti i processi adottando una politica di schedulazione basata sulle priorità consiste nell'elevare la priorità di un processo all'aumentare del tempo in cui permane nello stato di *Ready*, riportandola al valore originale al momento che viene selezionato per l'esecuzione e transita nello stato di *Run*.

Code multiple per i processi in stato di *Ready*

I gestori dei processi di alcuni sistemi operativi classificano i processi in esecuzione in base ad alcuni criteri e li assegnano a code distinte quando sono in stato di *Ready*.
Le diverse code sono gestite con algoritmi di schedulazione differenziati, ottimizzati per la specifica classe di processi.
La più comune distinzione è quella tra processi interattivi (di tipo *foreground*) e processi non interattivi (di tipo *background*).

In altri sistemi operativi il valore di priorità non altera la politica FIFO di gestione della coda dei processi nello stato di *Ready*, ma il quanto di tempo assegnato per l'esecuzione di un processo è **variabile e proporzionale alla sua priorità**: in questo modo si evita il rischio di non selezionare per l'esecuzione processi a priorità inferiore, ma il processore viene ugualmente utilizzato maggiormente dai processi con priorità maggiore.

5 *Multi-threading* in Windows e Linux

Nei moderni sistemi operativi ogni singolo processo può essere composto da più elementi separati e attivi contemporaneamente – denominati ***thread*** e usualmente identificati da un valore numerico univoco – che sono singolarmente schedulati per l'esecuzione da parte del gestore dei processi: a questo scopo a ogni *thread* è associato un TCB (*Thread Control Block*).

In questo caso tutto ciò che è stato precedentemente illustrato per i processi viene applicato ai *thread*, che divengono le unità elementari gestite dal sistema operativo per l'assegnazione del processore o dei processori nel caso di sistemi multiprocessore o *multi-core*.

Il fatto che *thread* diversi dello stesso processo possano essere eseguiti, anche contemporaneamente, da processori o da *core* distinti viene definito ***space-sharing***.

ESEMPIO

Nel caso di due processi A e B in cui il processo A è composto da 2 *thread*, mentre il processo B è costituito da un solo *thread* la schedulazione dell'esecuzione in un sistema con due processori potrebbe avvenire come illustrato in figura:

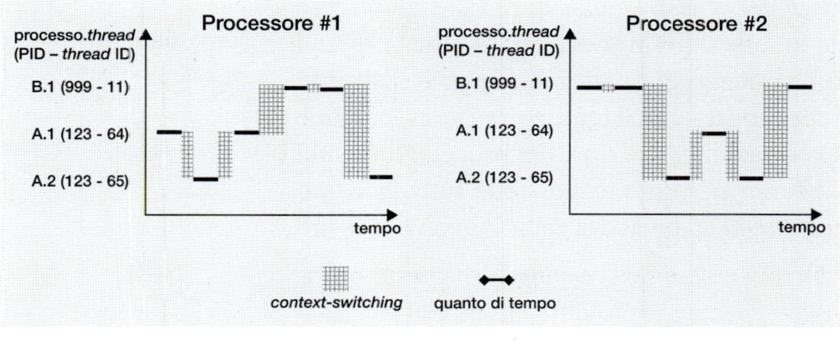

Si noti che il tempo di *context-switching* tra processi è più elevato rispetto al tempo di *context-switching* tra *thread* dello stesso processo: in quest'ultimo caso infatti il PCB del processo non deve essere salvato e ripristinato.

Nelle versioni più recenti dei sistemi operativi Windows e Linux il gestore dei processi schedula in realtà singoli *thread* adottando alcune delle tecniche e delle politiche che sono state descritte per i processi; in particolare gli stati in cui si può trovare un *thread* sono gli stessi di un processo: *Run*, *Wait* e *Ready*.

Inter-process communication

Come vedremo nella seconda parte del volume i *thread* dello stesso processo possono interagire tra loro mediante variabili comuni. Ma la loro eventuale sincronizzazione, così come la necessità di condividere dati tra processi diversi richiede l'intervento del sistema operativo. Tutti i sistemi operativi forniscono delle funzionalità di *Inter-Process Communication* (IPC) che i processi possono invocare per gestire e coordinare la loro cooperazione o la loro concorrenza.

Il sistema operativo **Windows** a ogni singolo *thread* associa una priorità (un valore numerico compreso tra 0 e 31): le priorità da 1 a 15 sono adattate automaticamente dal gestore dei processi, mentre le priorità da 16 a 31 (denominate *real-time priority*) sono costanti[4]. Il *thread* da eseguire viene selezionato tra quelli in stato di *Ready* aventi la priorità più alta; se non ci sono *thread* nello stato di *Ready* viene eseguito un *thread* speciale denominato ***idle thread***. L'esecuzione di un *thread*, oltre alle modalità che abbiamo illustrato nei paragrafi precedenti, può essere interrotta dal sistema operativo prima della conclusione del quanto di tempo assegnato, se entra nella coda dei *thread* in stato di *Ready* un *thread* avente priorità più alta che viene in questo caso immediatamente eseguito. Questa tecnica di schedulazione è definita ***preemptive***.

4. La priorità 0 è riservata esclusivamente al *thread* di servizio dedicato alla gestione della memoria per conto del sistema operativo.

Per promuovere l'esecuzione dei *thread* a bassa priorità, la priorità di un *thread*, del tipo variabile, viene diminuita quando esso consuma interamente il quanto di tempo assegnato per l'esecuzione e viene ripristinata al valore originale dopo un'eventuale permanenza nello stato di *Wait*. Il sistema operativo Windows assegna ai *thread* dei processi di tipo *foreground* quanti di tempo più estesi rispetto a quelli dei processi *background*, allo scopo di garantire la fluidità dell'interazione dell'utente con i programmi in esecuzione.

Anche il sistema operativo **Linux** ha due classi di priorità per i *thread*: quella comprendente le priorità da 0 a 99 è denominata ***real-time***, mentre i *thread* di tipo ***normal*** hanno priorità da 100 a 139.

Per i *thread* di tipo *real-time* il *kernel* del sistema operativo Linux utilizza uno *scheduling* di tipo FIFO in cui l'esecuzione di un *thread* termina solo se esso rilascia volontariamente il processore, o se deve essere schedulato un *thread* avente una priorità superiore; per i *thread* aventi la stessa priorità lo *scheduling* è di tipo *round-robin*. Per i *thread* di tipo *normal* invece il *kernel* del sistema operativo Linux impiega un sofisticato algoritmo di *scheduling* denominato *Completely Fair Scheduler* (CFS): l'idea è quella di suddividere il tempo di esecuzione reso disponibile dal/i processore/i tra tutti i *thread* in modo equo. A questo scopo il concetto di quanto di tempo è sostituito dal concetto di *virtual runtime* che rappresenta il tempo di reale esecuzione del *thread* dal momento della sua creazione: il gestore dei processi schedula i singoli *thread* in modo che abbiano per quanto possibile tutti lo stesso *virtual runtime*; la priorità di un *thread* stabilisce la rapidità con cui il suo *virtual runtime* viene aggiornato.

I CONCETTI CHIAVE

PROCESSO PCB E *CONTEXT-SWITCHING*. Un processo è definito come un programma in esecuzione; un processo è individuato dal programma in esecuzione più l'ambiente di esecuzione costituito dallo stato e dai dati. Il sistema operativo associa a ogni processo un identificativo numerico univoco denominato **PID** (*Process ID*) e un insieme di informazioni definito *Process Control Block* (**PCB**). Le informazioni contenute nel PCB permettono al sistema operativo di passare la risorsa processore da un processo a un altro interrompendo momentaneamente l'esecuzione del primo per riprendere temporaneamente l'esecuzione del secondo. Questo passaggio prende il nome di *context-switching* e prevede il salvataggio del PCB del processo interrotto per ripristinare le informazioni contenute nel PCB del processo da eseguire.

STATI DI UN PROCESSO. Il gestore dei processi del sistema operativo associa ogni processo attivo a uno dei seguenti tre stati: *Ready* (pronto per l'esecuzione), *Wait* (sospeso in attesa della risposta a una richiesta inoltrata al sistema operativo) e *Run* (attualmente in esecuzione).

***TIME-SHARING*.** Nei sistemi operativi che adottano la politica di schedulazione *time-sharing* a ogni processo in esecuzione viene assegnato un «quanto» di tempo massimo dopo il quale la sua esecuzione viene sospesa. In questo caso il processo dallo stato di *Run* ritorna allo stato di *Ready*; se, prima della conclusione del quanto di tempo assegnato, il processo richiede un servizio al sistema operativo, la sua esecuzione viene sospesa e passa nello stato di *Wait*.

***ROUND-ROBIN* E PRIORITÀ.** L'algoritmo di schedulazione *round-robin* prevede una gestiore rigorosamente FIFO (*First-In First-Out*) della coda dei processi in stato di *Ready*. Molti sistemi operativi associano a ogni processo un valore di priorità in base al quale il gestore dei processi seleziona dalla coda dei processi in stato di *Ready* il primo processo con priorità più alta anziché semplicemente il primo in ordine di attesa. La tecnica più usata per garantire l'esecuzione di tutti i processi adottando una politica di schedulazione basata sulle priorità consiste nell'elevare la priorità di un processo all'aumentare del tempo in cui permane nello stato di *Ready*. In altri sistemi operativi il valore di priorità non altera la politica FIFO di gestione della coda dei processi nello stato di *Ready*, ma il quanto di tempo assegnato per l'esecuzione di un processo è variabile e proporzionale alla sua priorità.

***THREAD*.** Nei moderni sistemi operativi ogni singolo processo può essere composto da più elementi separati e attivi contemporaneamente – denominati *thread* – che sono singolarmente schedulati per l'esecuzione da parte del gestore dei processi. La possibilità che *thread* dello stesso processo siano eseguiti, anche contemporaneamente, da diversi processori/*core* prende il nome di *space-sharing*.

RIPASSA CON LA MAPPA

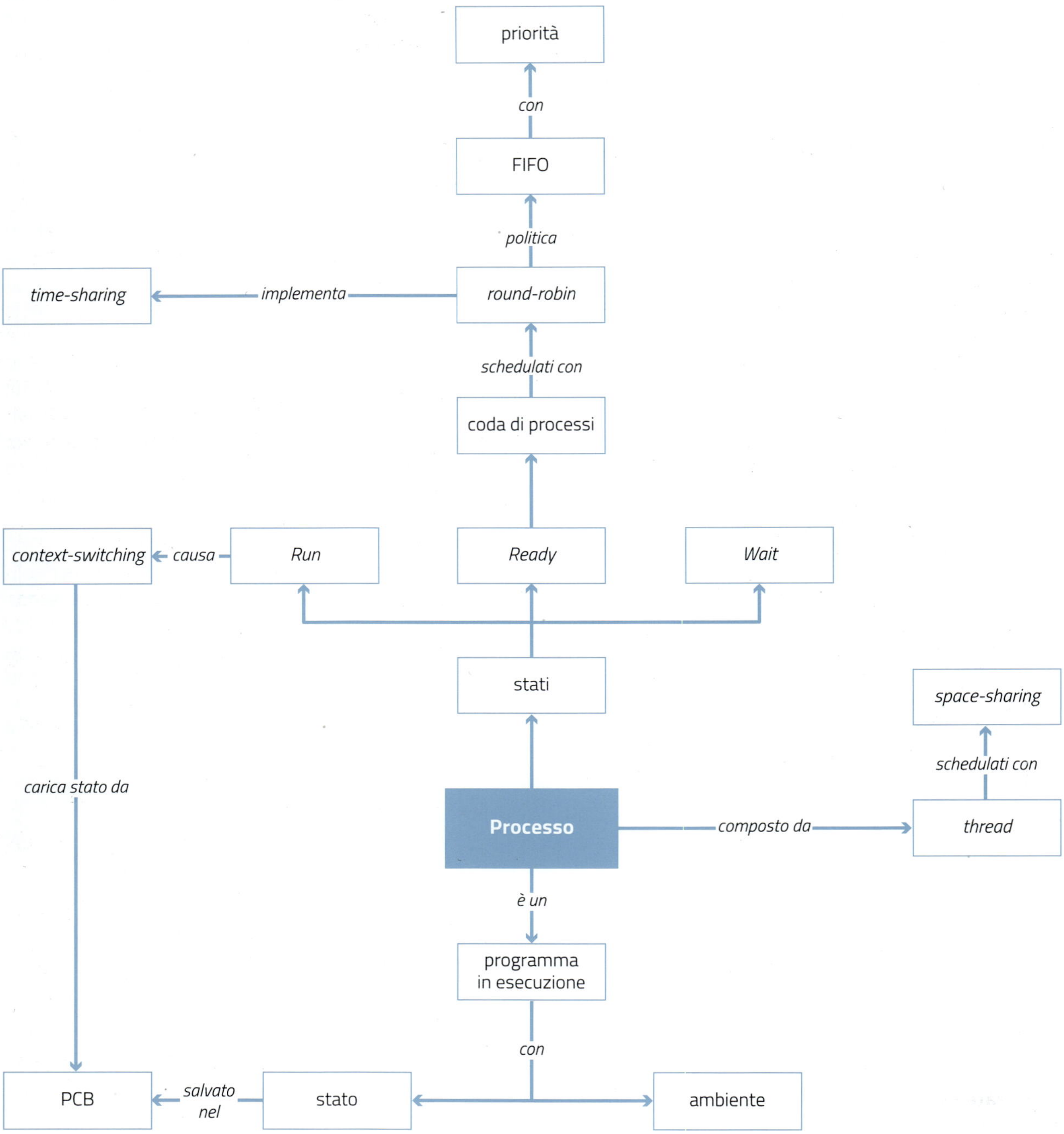

SPIEGA IN UNA PAGINA

1 **Descrivere i principi generali della gestione e della schedulazione dei processi da parte di un sistema operativo.**

2 **Confrontare la schedulazione dei *thread* tra i sistemi operativi Windows e Linux.**

QUESITI A RISPOSTA APERTA

3 **Rappresentare graficamente il grafo dei possibili stati di un processo/*thread* descrivendo sinteticamente le possibili transizioni da uno stato all'altro.**

4 **Che cosa è un processo?**

TEST A RISPOSTA MULTIPLA

5 **Un processo è un programma:**

A in esecuzione nel contesto del proprio ambiente di esecuzione.
B memorizzato su disco dopo essere stato installato da un supporto esterno.
C eseguito automaticamente del sistema operativo e non eseguibile dall'utente.
D privo di interfaccia grafica verso l'utente.

6 **PCB è l'acronimo di:**

A *Process Control Block.*
B *Program Control Block.*
C *Program Code Block.*
D *Process Control Byte.*

7 **Quali delle seguenti informazioni sono memorizzate nel PCB di un processo?**

A PID.
B Risorse hardware e software utilizzate.
C Numero di processori/*core* del computer.
D Stato del processore.

8 **Il *context-switching*:**

A è utilizzato da tutti i sistemi operativi moderni per realizzare il *multi-processing.*
B è tipico dei sistemi operativi Linux, ma non è adottato da Windows.
C è una tecnica utilizzata dai sistemi operativi non *multi-thread.*
D è una politica di *scheduling* alternativa all'algoritmo *round-robin.*

9 **In un computer con un solo processore avente un singolo *core*, nello stato di *Run* vi possono essere contemporaneamente:**

A un solo processo.
B un solo processo oltre al *kernel* del sistema operativo.
C tutti i processi precedentemente in stato di *Ready.*
D un numero prefissato di processi determinato nel corso della configurazione iniziale del sistema operativo effettuata in fase di installazione.

10 **Un processo di tipo *CPU-bound* è un processo:**

A che trascorre molto del proprio tempo di attività nello stato di *Wait.*
B che spesso nello stato di *Run* consuma l'intero quanto di tempo disponibile.
C che spesso dallo stato di *Run* passa allo stato di *Wait.*
D alterna lo stato di *Wait* allo stato di *Ready* senza passare per lo stato di *Run.*

11 **La tecnica del *time-sharing*:**

A prevede l'assegnazione a ogni processo di un quanto di tempo di esecuzione.
B prevede una politica FIFO di gestione della coda dei processi in stato di *Ready.*
C viene applicata solo nei computer con più di un processore.
D prevede la classificazione dei processi in stato di *Ready* in processi di tipo *foreground* e processi di tipo *background.*

12 **La politica di *scheduling round-robin*:**

A prevede l'assegnazione a ogni processo di un quanto di tempo di esecuzione.
B prevede una politica FIFO di gestione della coda dei processi in stato di *Ready.*
C viene applicata solo nel caso di *scheduling* a livello di *thread* (e non di processo).
D prevede obbligatoriamente la ripartizione dei processi in stato di *Ready* tra code diverse in base alla loro tipologia.

13 Un *thread*:

A è un gruppo di processi con caratteristiche simili (*I/O-bound* o *CPU-bound*).

B è un elemento attivo di un processo selezionato in modo indipendente per l'esecuzione da parte del S.O.

C è una tecnica di gestione dei processi che prevede l'attribuzione di un livello di priorità a ciascuno di essi.

D è un tipo di processo particolare a cui viene assegnato un «quanto» di tempo infinito per l'esecuzione.

14 Un processore *multi-core* è in grado di eseguire:

A un solo *thread* volta.

B un *thread* per ogni *core* disponibile indipendentemente dal processo.

C un *thread* per ogni *core* disponibile, ma solo se di processi distinti.

D tutti i *thread* attivi dei vari processi contemporaneamente.

PROBLEMI

15 Rappresentare in un diagramma temporale una possibile alternanza di esecuzione di tre processi distinti aventi rispettivamente PID 99, 100 e 101 in un computer dotato di un unico processore *single-core*; evidenziare il tempo di *context-switching*.

16 Disegnare un ipotetico diagramma temporale di esecuzione per i seguenti processi nel contesto di un sistema operativo con *scheduling* di tipo *round-robin* nell'ipotesi di disporre di un unico processore con *core* singolo:

A. *CPU-bound*;

B. *I/O-bound*;

C. *I/O-bound*.

17 Ripetere il problema precedente nell'ipotesi che il sistema operativo assegni le seguenti priorità di esecuzione ai singoli processi:

A. «alta»;

B. «bassa»;

C. «media».

18 Disegnare un ipotetico diagramma temporale di esecuzione per i seguenti processi nel contesto di un sistema operativo con *scheduling* di tipo *round-robin* nell'ipotesi di disporre di un unico processore *dual-core*:

A. *CPU-bound*;

B. *I/O-bound*;

C. *CPU-bound*;

D. *I/O-bound*.

A7 Gestione della memoria

La visualizzazione delle prestazioni del computer mediante lo strumento «Gestione attività» di Windows riporta molte informazioni relative all'uso della memoria:

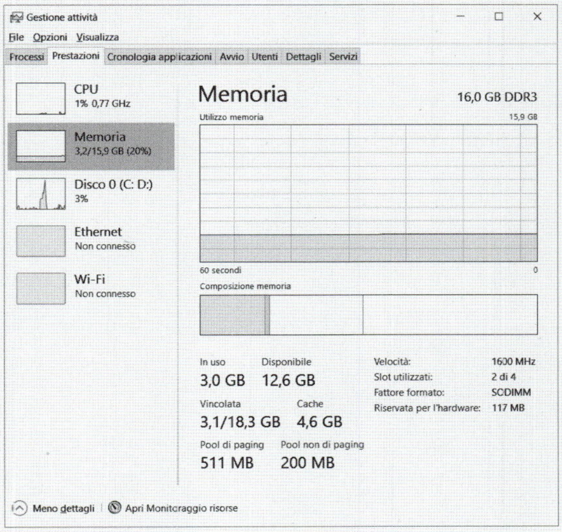

Nei computer attuali la memoria RAM può avere una capacità fino ad alcune decine di Gigabyte ed è interfacciata direttamente al processore.

Moduli di memoria RAM montati negli *slot* della scheda madre di un PC.

Tutti i processi in esecuzione necessitano della memoria del computer per:

- le istruzioni che costituiscono il codice dei programmi da cui sono originati;
- i dati su cui operano.

Di conseguenza la gestione efficiente di questa risorsa è uno dei compiti fondamentali di ogni sistema operativo.

1 Le memorie di un computer

Il computer che utilizziamo quotidianamente incorpora al proprio interno tre diverse tipologie di memoria (FIGURA 1):

- la memoria persistente è tradizionalmente costituita da un disco magnetico capace di conservare le informazioni in assenza di energia elettrica, ma, sempre più spesso, il disco magnetico, che prevede delicate parti meccaniche in rapido movimento, è sostituito da una memoria elettronica non volatile realizzata con tecnologia FLASH. La dimensione tipica è in ogni caso dell'ordine delle centinaia, o migliaia, di Gigabyte e per questo motivo viene definita **memoria di massa**;
- la memoria principale è denominata per motivi storici **RAM** (***Random Access Memory***): in questo caso la dimensione è dell'ordine dei Gigabyte, o delle decine di Gigabyte;
- la velocissima memoria ***cache*** del processore ha una dimensione di alcuni Megabyte, o al massimo di poche decine di Megabyte.

L'unità di misura delle memorie

I multipli dell'unità di misura delle dimensioni delle memorie – il *byte* (simbolo B) – sono stati individuati nelle potenze di 2 più prcssime alle usuali potenze di 10 utilizzate da tutti i sistemi di misura (2^{10} = 1024 è molto prossimo a 10^3 = 1000):

KB	(2^{10} B)	=	1024	B
MB	(2^{20} B)	=	1024	KB
GB	(2^{30} B)	=	1024	MB
TB	(2^{40} B)	=	1024	GB

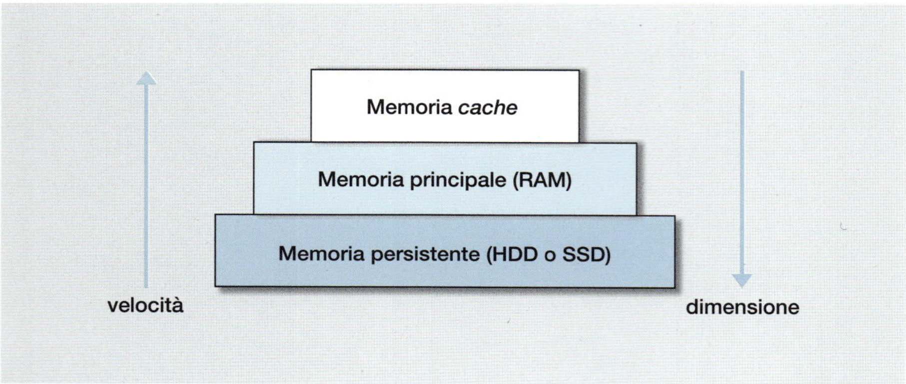

FIGURA 1

OSSERVAZIONE In realtà molti computer comprendono anche una memoria specifica per la scheda video di dimensioni equivalenti a una frazione della memoria principale. Il sistema operativo non gestisce direttamente questa memoria che è utilizzata dal *driver* della scheda video realizzato dal produttore.

ESEMPIO Prima dell'avvio il codice di un videogioco e i dati che utilizza (profili, scenari, elementi multimediali, situazione salvata al termine dell'ultima sessione, ecc.) sono memorizzati in file nella memoria persistente del computer. Al momento dell'avvio del videogioco parti significative del codice e dei dati sono copiati nella memoria RAM principale: il codice per essere eseguito dal processore e i dati per essere elaborati. Nel corso del gioco, infine, l'esecuzione delle istruzioni e il caricamento nei registri del processore dei singoli dati comporta necessariamente il loro transito dalla memoria *cache*.

OSSERVAZIONE La memoria *cache* del processore (il termine deriva da una parola francese che significa «nascosto») è normalmente gestita dall'hardware del computer e risulta «trasparente» al sistema operativo, che ne ignora esistenza e dimensione.

Il suo scopo è quello di aumentare le prestazioni del computer memorizzando, in una memoria il cui accesso risulta estremamente veloce per il processore, le istruzioni e i dati contigui a quelli correntemente utilizzati. Dato che l'esecuzione delle istruzioni è sequenziale, così come spesso la disposizione dei dati (una delle strutture dati più utilizzate dai programmatori è costituita dagli *array*), nella maggior parte dei casi il processore trova già disponibili nella memoria *cache* le istruzioni e i dati che richiede senza doverne attendere il più lento caricamento dalla memoria RAM principale.

L'idea di von Neumann

L'idea che la memoria contenga sia i dati sia il codice dei programmi è uno dei fondamenti dell'architettura del computer moderno ed è stato forse il contributo più importante di von Neumann al progetto **EDVAC** (*Electronic Discrete Variable Automatic Calculator*) nel 1945.

Il *multi-processing* realizzato dal sistema operativo ha come conseguenza che nella memoria principale del computer coesistano codice e dati di processi diversi; il gestore della memoria dovrà quindi assicurare:

- la necessaria disponibilità di memoria per il codice e i dati a ogni processo in esecuzione;
- la protezione dei dati e delle istruzioni di ogni singolo processo da parte di accessi errati o maligni eseguiti da processi diversi;
- il riutilizzo, per altri processi che ne facciano richiesta, della memoria non più utilizzata da processi terminati;
- l'eventuale condivisione di aree di memoria tra processi cooperanti.

Tutti i processori moderni contengono un componente hardware denominato **MMU** (***Memory Management Unit***) che agevola il sistema operativo nel compito di garantire una efficace, efficiente e sicura gestione della memoria.

2 Paginazione della memoria e traslazione degli indirizzi

Un metodo semplicistico per assegnare la memoria principale ai vari processi in esecuzione contemporanea consiste nell'allocare a ogni processo un settore di memoria compreso tra un indirizzo iniziale e uno finale (FIGURA 2).

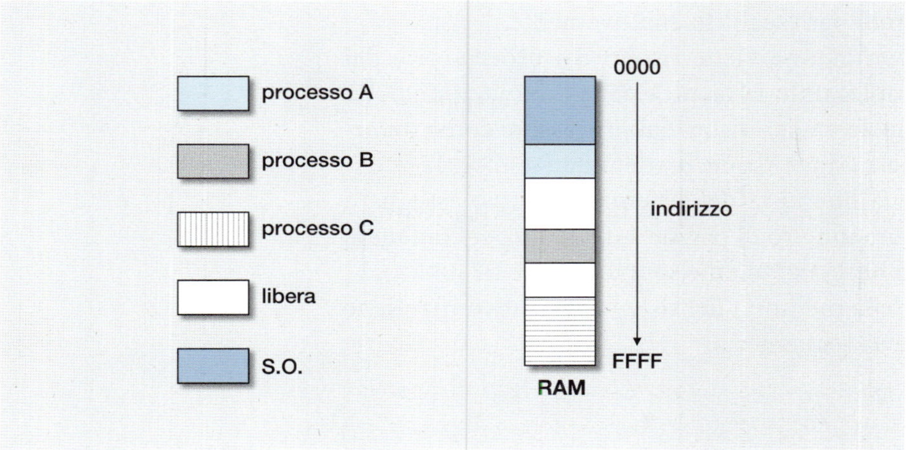

FIGURA 2

Il gestore della memoria del sistema operativo dovrebbe a questo scopo mantenere una tabella di indirizzi simile alla seguente:

Processo	Indirizzo iniziale	Indirizzo finale
S.O.	0000H	4FFFH
A	5000H	7FFFH
B	A000H	BFFFH
C	D000H	FFFFH

Al momento della compilazione il programma eseguibile viene creato assumendo un **indirizzamento logico** (**generato staticamente**) in cui la memoria disponibile per il codice e per i dati ha sempre inizio all'indirizzo 0: il programma viene caricato in memoria per l'esecuzione con questi indirizzi logici.
Ma nel corso dell'esecuzione del programma gli indirizzi devono essere «traslati», sommando a ogni indirizzo logico l'indirizzo iniziale del settore di memoria principale assegnato al programma, per ottenere un effettivo **indirizzo fisico** (**generato dinamicamente**). Questa operazione deve essere effettuata per ogni istruzione caricata e per ogni dato letto o scritto, e di conseguenza è efficiente solo se viene eseguita automaticamente dall'hardware del processore (nello specifico dalla MMU).

OSSERVAZIONE In un computer il processore elabora indirizzi logici, mentre sul *bus* di interconnessione con la memoria principale sono emessi gli indirizzi fisici traslati dalla MMU.

Per quanto semplice, questo schema di allocazione della memoria principale ha un grave difetto: quando un processo termina, viene liberato il settore di memoria allocato per la sua esecuzione, ma la memoria libera di cui il sistema operativo dispone per l'allocazione a un nuovo processo rimane «frammentata» in diversi settori non contigui. Non è da escludere il caso che vi sia complessivamente memoria libera sufficiente per l'esecuzione di un nuovo processo, ma che non esista nemmeno un settore sufficientemente grande da contenerle e quindi per eseguirlo effettivamente.

Il problema della **frammentazione** viene risolto dai processori e dai sistemi operativi moderni impiegando la tecnica della **paginazione della memoria**: la memoria principale viene «vista» dal processore come un *array* di settori aventi tutti la stessa dimensione predefinita (FIGURA 3).

Il modulo di gestione della memoria del sistema operativo assegna a ogni processo in esecuzione un numero di pagine sufficiente per contenere il codice e i dati, ma esse non necessariamente sono contigue (FIGURA 4).

In questo caso il gestore della memoria del sistema operativo mantiene una tabella delle pagine come la seguente:

Pagina	0	1	2	3	4	5	6	7
Processo/Stato	S.O.	S.O.	A	B	libera	A	B	B

Il limite alle dimensioni della memoria

La dimensione massima della memoria è limitata dal numero di bit che il processore utilizza per gli indirizzi: una CPU a 32 bit, per esempio, ha una dimensione massima della memoria pari a

$$2^{32} \text{ byte} = 4\,294\,967\,296 \text{ B}$$

cioè 4 GB.
Lo spazio di indirizzamento a 64 bit tipico delle CPU attuali è pari a più di 17 miliardi di Gigabyte, ma è sempre limitato a 48 bit che permettono comunque di indirizzare più di 250 000 Gigabyte!

Essa però è del tutto inutile ai fini della traslazione degli indirizzi logici in indirizzi fisici che sono ora «sparpagliati».

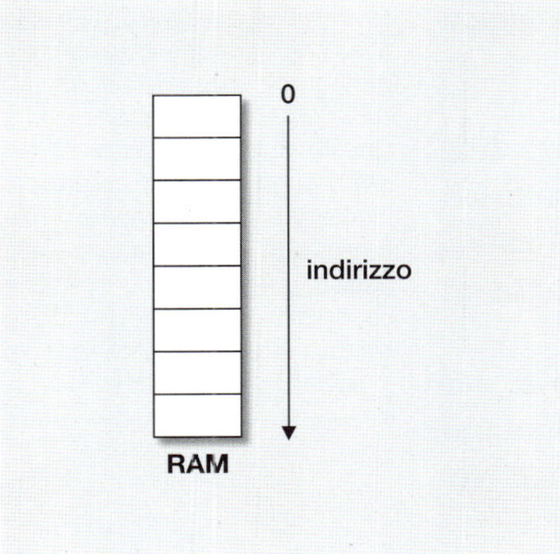

FIGURA 3

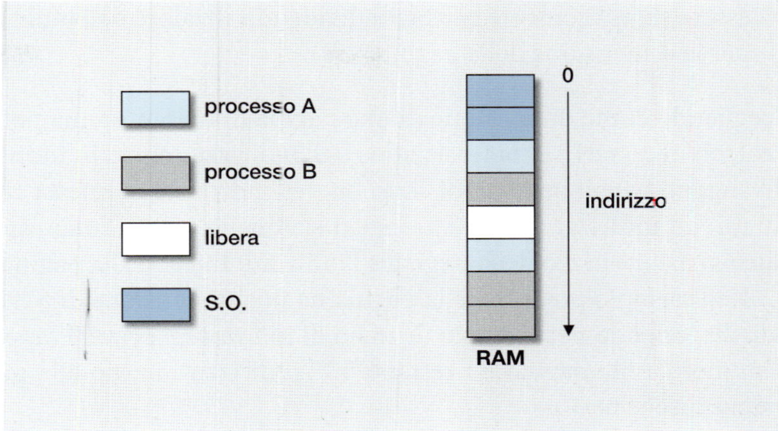

FIGURA 4

Il modulo di gestione della memoria dovrà quindi disporre di tabelle specifiche per i singoli processi come le seguenti:

Processo A			
Pagina logica	Indirizzo base logico	Pagina fisica	Indirizzo base fisico
0	0x0000	2	0x4000
1	0x2000	5	0xA000

Processo B			
Pagina logica	Indirizzo base logico	Pagina fisica	Indirizzo base fisico
0	0x0000	3	0x6000
1	0x2000	6	0xC000
2	0x4000	7	0xE000

L'attività della MMU è ora più complessa: per traslare l'indirizzo logico in indirizzo fisico deve prima determinare la pagina logica cui appartiene e la corrispondente pagina fisica allocata secondo quanto riportato nella tabella di paginazione; la traslazione vera e propria avviene sottraendo l'indirizzo base della pagina logica e sommando l'indirizzo base della pagina fisica.

La rappresentazione degli indirizzi di memoria

Tradizionalmente gli indirizzi delle locazioni di memoria sono rappresentati in codifica esadecimale. Dato che i valori numerici esadecimali nel linguaggio di programmazione C hanno sempre il prefisso **0x**, è usuale scrivere gli indirizzi con questa notazione, comprendendo gli 0 non significativi, per allinearlo alla massima dimensione dello spazio di indirizzamento.

Per esempio, l'indirizzo 1023 di uno spazio di indirizzamento a 16 bit sarà indicato come 0x03FF; lo stesso indirizzo riferito a uno spazio di indirizzamento a 32 bit sarà invece scritto come 0x000003FF.

ESEMPIO

Dovendo effettuare un «salto» all'istruzione di indirizzo logico 0x1110 del processo A – la cui tabella di paginazione è riportata sopra – si verifica che l'indirizzo appartiene alla pagina logica 0 (indirizzo base 0x0000), corrispondente alla pagina fisica 2 (indirizzo base 0x4000), per cui l'indirizzo fisico corrispondente è:

0x1110 – 0x0000 + 0x4000 → 0x5110

Analogamente, dovendo caricare il contenuto della locazione di memoria con indirizzo logico 0x4440 del processo B – la cui tabella di paginazione è quella riportata in precedenza – si determina che l'indirizzo appartiene alla pagina logica 2 (indirizzo base 0x4000), corrispondente alla pagina fisica 7 (indirizzo base 0xE000), di conseguenza l'indirizzo fisico corrispondente è:

0x4440 – 0x4000 + 0xE000 → 0xE440

OSSERVAZIONE Il compilatore che trasforma il codice sorgente in codice eseguibile ignora la paginazione; infatti, essendo le pagine logiche consecutive, il numero di pagina corrispondente a un indirizzo logico può essere semplicemente calcolato dividendo il valore dell'indirizzo logico per la dimensione della pagina.

Scegliendo come dimensione di una pagina di memoria una potenza di 2, i calcoli necessari per la traslazione dell'indirizzo logico in indirizzo fisico divengono banali operazioni con i bit dell'indirizzo. In questa condizione, infatti, gli indirizzi (sia quello logico sia quello fisico) sono «spezzati» in due parti: l'indirizzo della pagina e l'indirizzo interno alla pagina.

Nell'esempio precedente la pagina ha una dimensione di 8192 byte per cui, disponendo per esempio di 16 bit di indirizzo, i primi 3 rappresentano il numero della pagina e i restanti 13 l'indirizzo interno alla pagina. Nel primo caso si ha

0001000100010000 (pagina 0, indirizzo 0x1110)

per la traslazione è sufficiente sostituire il numero di pagina logica con il numero di pagina fisica

0101000100010000 (pagina 2, indirizzo 0x1110).

Il secondo caso è analogo

0100010001000000 (pagina 2, indirizzo 0x0440)

la traslazione avviene sostituendo il numero di pagina logica con il numero di pagina fisica:

1110010001000000 (pagina 7, indirizzo 0x0440).

La funzione di traslazione implementata dalla MMU può essere schematizzata come in FIGURA 5.

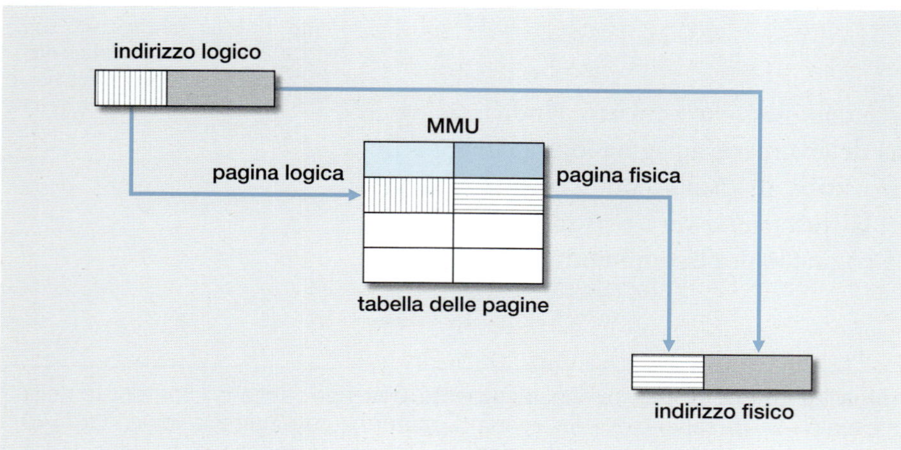

FIGURA 5

La traslazione degli indirizzi è un'operazione completamente hardware, ma il gestore della memoria del sistema operativo ha il compito di impostare la corretta tabella delle pagine nella MMU ogni volta che avviene il *context-switching* da un processo all'altro.

Codice e dati

Per quanto non strettamente necessario, tutti i sistemi operativi dividono le pagine di memoria che contengono le istruzioni dei programmi da quelle dei dati su cui le istruzioni operano.
Questa tecnica consente di garantire una maggiore sicurezza; inoltre, nel caso comune di più processi che sono istanze dello stesso programma, è possibile condividere le pagine di codice tra tutti i processi replicando solo le pagine relative ai dati.

Gestione e protezione

La MMU ha spesso delle funzioni aggiuntive di protezione e viene in questo caso denominata MMPU (*Memory Management and Protection Unit*).
La MMPU associa a ogni pagina il PID del processo cui appartiene e un permesso di lettura e/o scrittura nella pagina.
LA MMPU è quindi in grado di rilevare operazioni non consentite (causate da errori di programmazione o da un'attività maligna), come la richiesta di accesso a una pagina di dati da parte di un altro processo, o il tentativo di modificare una pagina di codice: in questi casi il sistema operativo interrompe l'esecuzione del processo.

OSSERVAZIONE Il problema della frammentazione è completamente risolto dalla tecnica della paginazione: al termine di un processo il gestore della memoria rende nuovamente disponibili tutte le pagine in precedenza utilizzate dal processo stesso; al momento della creazione di un nuovo processo il gestore della memoria dispone per l'assegnazione di tutte le pagine di memoria libere, cioè di tutto lo spazio di memoria effettivamente disponibile.

Lo schema che segue ben rappresenta la distribuzione che subiscono nell'allocazione nella memoria fisica le pagine che nell'immagine logica del processo sono consecutive (FIGURA 6).

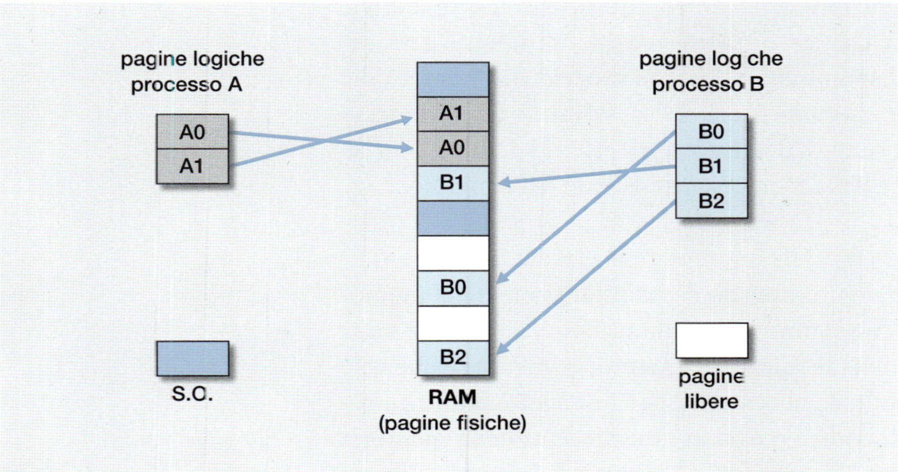

FIGURA **6**

La contiguità logica delle pagine così distribuite è assicurata dal meccanismo di traslazione degli indirizzi logici in indirizzi fisici operato dalla MMU.

OSSERVAZIONE Le dimensioni della memoria di un computer moderno comportano dimensioni della tabella delle pagine non compatibili con l'organizzazione interna della MMU: 4 Gigabyte di RAM con pagine di 4 Kilobyte comportano per esempio una tabella composta complessivamente da $1024^2 = 1\,048\,576$ pagine. Di conseguenza la tabella delle pagine deve essere memorizzata nella memoria principale, ma questo renderebbe di una lentezza non accettabile l'operazione di traslazione degli indirizzi (ogni traslazione comporterebbe infatti un ulteriore accesso alla memoria RAM). Per ovviare a questo problema la MMU contiene una copia di una piccola parte (quella correntemente necessaria al gestore della memoria) della tabella delle pagine che viene effettivamente memorizzata in RAM: questa copia interna prende il nome di TLB (*Translation Look-aside Buffer*) e viene aggiornata ogni volta che il gestore della memoria lo ritiene utile (tipicamente nella fase di *context-switching* tra l'esecuzione di processi diversi).
Il TLB realizza una vera e propria *cache* della tabella delle pagine ottimizzando le prestazioni dalla MMU come la *cache* della CPU ne ottimizza le prestazioni rispetto all'accesso alla memoria RAM.

3 Memoria virtuale

Un sistema operativo mantiene contemporaneamente attivi molti processi: nonostante le grandi dimensioni delle memorie principali dei computer attuali, è probabile che il numero complessivo delle pagine di memoria richiesto da tutti i processi attivi sia superiore al numero delle pagine di memoria fisica effettivamente disponibili. Inoltre alcuni processi possono permanere in stato di *Ready* per tempi molto lunghi senza transitare nello stato di *Run* e, di conseguenza, senza necessitare del codice e dei dati memorizzati nelle pagine a essi allocate.

Sulla base di queste considerazioni praticamente tutti i sistemi operativi implementano la cosiddetta tecnica della **memoria virtuale**: il gestore della memoria simula una disponibilità di pagine superiore al numero di pagine effettivamente presenti nella memoria fisica, salvando temporaneamente le pagine che non dovessero trovare posto all'interno della memoria principale in un'area specifica della memoria persistente del computer.

OSSERVAZIONE Ma come è possibile mantenere le elevate prestazioni tipiche di un computer attuale utilizzando come estensione della memoria principale dispositivi che hanno tempi di accesso migliaia di volte più lenti? L'idea alla base della tecnica della memoria virtuale è che solo in rare situazioni deve risultare necessario, per l'esecuzione di un processo, caricare le pagine di codice o di dati non presenti nella memoria principale dalla memoria non volatile: in questo modo le prestazioni risultano mediamente quasi inalterate.

I sistemi operativi che adottano la tecnica della memoria virtuale mantengono nella memoria di massa del computer (per esempio un disco, oppure una unità SSD) un'area – denominata **area di *swap*** o di ***paging*** – per la memorizzazione di tutte le pagine utilizzate dal gestore della memoria. Quest'area è organizzata in modo da identificare la posizione di ogni pagina – spesso chiamata ***frame*** – mediante un indice numerico (FIGURA 7).

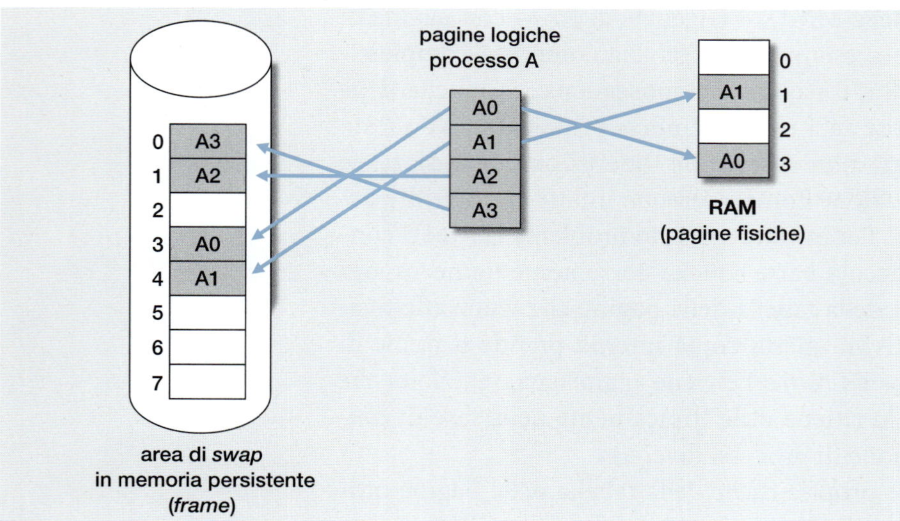

FIGURA 7

OSSERVAZIONE Nei sistemi operativi con memoria virtuale ogni singolo processo può teoricamente richiedere una quantità di memoria superiore all'intera memoria fisica del computer. In questo modo si distingue lo spazio di indirizzamento logico della memoria virtuale dallo spazio della memoria fisica.

Il modulo di gestione della memoria deve tenere traccia delle pagine eventualmente non presenti nella memoria principale in modo da poterle caricare dalla memoria persistente quando necessario; dovrà quindi disporre di tabelle per i singoli processi simili alla seguente:

Processo A					
Pagina logica	Indirizzo base logico	Presente	Pagina fisica	Indirizzo base fisico	Posizione nell'area di *swap*
0	0x0000	Sì	**3**	0x6000	3
1	0x2000	Sì	**1**	0x2000	4
2	0x4000	NO			1
3	0x6000	NO			0

La MMU opera normalmente traslando gli indirizzi logici delle istruzioni e dei dati in indirizzi fisici: nel caso che si trovi a tradurre un indirizzo logico la cui corrispondente pagina fisica non è presente nella memoria principale, interrompe il processo, forzandone la transizione nello stato di *Wait*, in attesa che il gestore della memoria provveda a caricare la pagina richiesta dalla posizione nell'area di *swap* indicata (questa situazione viene comunemente definita *page-fault*) (FIGURA 8).

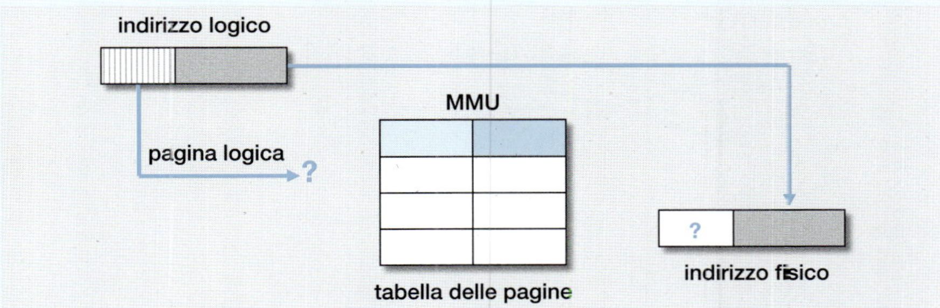

FIGURA 8

Il gestore della memoria completa l'operazione aggiornando la tabella delle pagine e sbloccando il processo che viene nuovamente posto in stato di *Ready* per proseguire l'esecuzione (FIGURA 9).

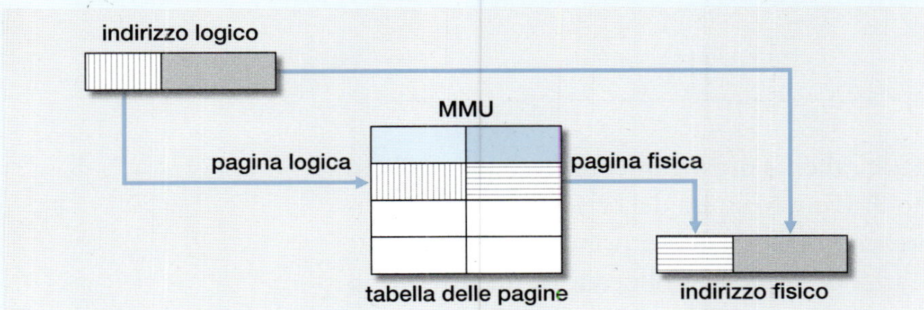

FIGURA 9

«Località» del codice e dei dati

Il successo della tecnica della memoria virtuale si deve al fatto che normalmente un processo riferisce in ogni fase della sua esecuzione le istruzioni e i dati contenuti in poche pagine di memoria contigue, e non viene penalizzato dal fatto che le pagine rimanenti non si trovino nella memoria principale del computer. La struttura di programmazione più utilizzata è il ciclo che ripete più volte istruzioni consecutive che usualmente si trovano nella stessa pagina o in due pagine consecutive; la struttura dati più comune è l'*array*, i cui elementi sono collocati in pagine di memoria contigue.

ESEMPIO

Nella situazione illustrata in FIGURA 10 la richiesta di eseguire un'istruzione nella pagina logica 2 del programma da cui è stato istanziato il processo A genera un *page-fault*. Il gestore della memoria provvederà a copiare la pagina richiesta dall'area di *swap* nella memoria persistente in una pagina libera della memoria principale per consentire la prosecuzione del processo (FIGURA 11).

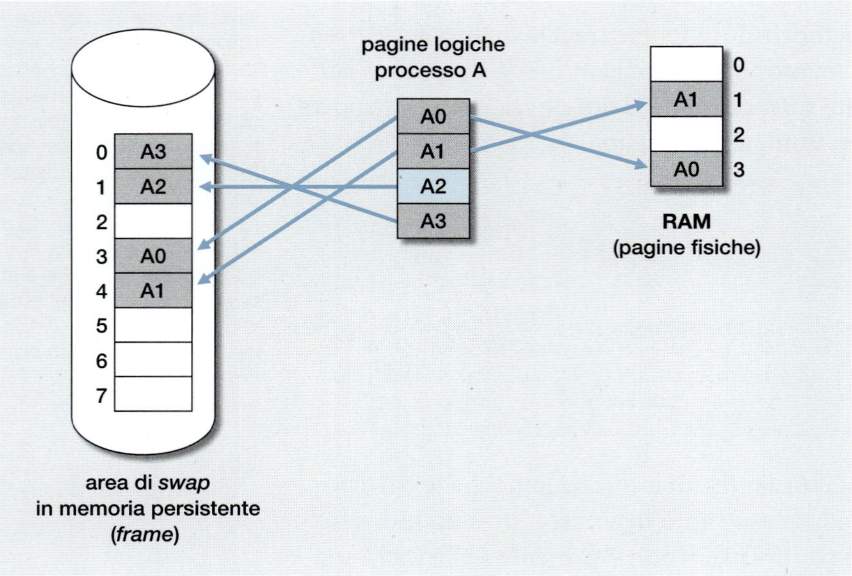

FIGURA 10

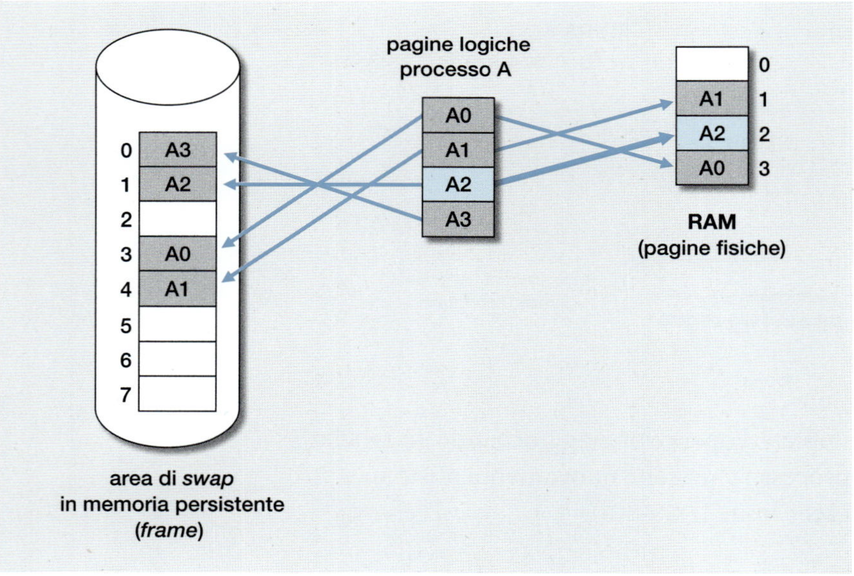

FIGURA 11

OSSERVAZIONE Ogni *page-fault* rallenta drasticamente l'esecuzione di un processo, ponendolo in stato di *Wait*, in attesa del caricamento del codice o dei dati richiesti non presenti nella memoria principale, operazione che nel comune caso che l'area di *swap* sia collocata in un disco o in un'unità SSD, risulta essere estremamente lenta. Minimizzare il numero di *page-fault* è quindi lo scopo di ogni gestore della memoria.

Se al momento del *page-fault* non sono disponibili pagine fisiche libere nella memoria principale del computer, si pone il problema per il gestore della memoria di utilizzare una pagina già allocata allo stesso processo – o anche a un qualsiasi altro processo: si parla rispettivamente di **allocazione locale** o **globale** – copiandone il contenuto nell'area di *swap* nella memoria persistente.

Ma quale pagina scegliere, volendo minimizzare la probabilità di rimuovere una pagina che sia necessaria in un momento immediatamente successivo e di conseguenza rendendo minimo il numero medio di *page-fault*? Non potendo un algoritmo prevedere il futuro, la TABELLA 1 elenca e descrive alcune delle politiche più utilizzate.

TABELLA **1**

Politica	Descrizione
FIFO (*First-In First-Out*)	La prima pagina da rimuovere è la prima che è stata caricata, cioè quella presente da più tempo in memoria; il principio su cui si basa questa politica è che l'accesso a una pagina è generalmente per un periodo di tempo limitato e quindi che pagine «vecchie» non saranno più necessarie in futuro
LRU (*Least Recently Used*)	La pagina da rimuovere è quella inutilizzata da più tempo; il principio su cui si basa questa politica è che una pagina non riferita di recente probabilmente non sarà riferita in futuro
LFU (*Least Frequently Used*)	La pagina da rimuovere è quella meno utilizzata; in questo caso il principio è che una pagina poco utilizzata in passato non verrà riferita nel futuro

L'implementazione delle politiche di selezione della/e pagina/e da rimuovere necessita di un supporto da parte della MMU e/o del gestore della memoria, che deve mantenere degli indicatori relativi all'accesso (per caricare istruzioni o leggere/scrivere dati) alle singole pagine:

- nel caso di politica **FIFO** è sufficiente memorizzare per ogni pagina il valore dell'orologio interno del computer al momento del caricamento della pagina stessa dalla memoria non volatile: la pagina più «vecchia» risulta così sempre rintracciabile;
- per gestire efficacemente la politica **LRU**, la MMU deve memorizzare per ogni pagina il valore dell'orologio interno del computer a ogni accesso: in questo modo è possibile determinare la pagina non riferita da più tempo;
- l'implementazione della politica **LFU** prevede un contatore di accessi per ogni singola pagina aggiornato dalla MMU: questo consente di determinare la pagina meno utilizzata tra quelle presenti in memoria.

OSSERVAZIONE Le politiche LRU e LFU per essere efficienti richiedono un supporto hardware complesso da parte della MMU; per questo motivo spesso si implementa un'approssimazione della politica LRU – nota come **NRU** (***Not Recently Used***) – in cui la MMU gestisce un ***reference-bit*** per ogni pagina, che imposta in caso di accesso alla pagina stessa: il periodico azzeramento di tutti i *reference-bit* consente di determinare in prima approssimazione le pagine non utilizzate recentemente.

Prima di essere rimossa dalla memoria principale, una pagina deve essere salvata nell'area di *swap* nella memoria persistente, allo scopo di rendere disponibili eventuali modifiche quando risulterà nuovamente necessaria. Si tratta di un'operazione lenta, ma spesso non necessaria. In molti casi infatti – un esempio notevole è dato dalle pagine di codice – il contenuto della pagina non viene modificato e la sua copia risulterebbe un'inutile perdita di tempo; a questo scopo molte MMU associano a ogni pagina un ***dirty-bit*** che viene automaticamente impostato al primo accesso in scrittura: il gestore della memoria copierà nel *frame* su disco la pagina da rimuovere solo se il *dirty-bit* è impostato.

Come illustrato dal grafico di FIGURA **12** il numero di *page-fault* generato per ogni processo dipende ovviamente dal numero di pagine di codice e di dati che il gestore della memoria mantiene nella memoria principale per quel processo (al limite se tutte le pagine logiche del processo sono presenti nella memoria fisica la sua esecuzione non genera mai un *page-fault*).

I gestori della memoria tentano di evitare di lavorare nell'area del grafico evidenziata: in questo caso, infatti, la frequenza di *page-fault* è molto alta e le prestazioni del processo sono fortemente deteriorate.

Ma se la richiesta di pagine di memoria da parte di numerosi processi in esecuzione è elevata e le dimensioni della memoria fisica sono limitate, è inevitabile che il numero di pagine che ogni processo potrà mantenervi sarà basso, con conseguente innalzamento del tasso di *page-fault* per tutti i processi. In questa situazione, denominata ***trashing***, si hanno un continuo salvataggio (***swap-out***) e caricamento (***swap-in***) delle pagine nella e dalla memoria persistente, con conseguente degrado delle prestazioni del sistema operativo e del computer.

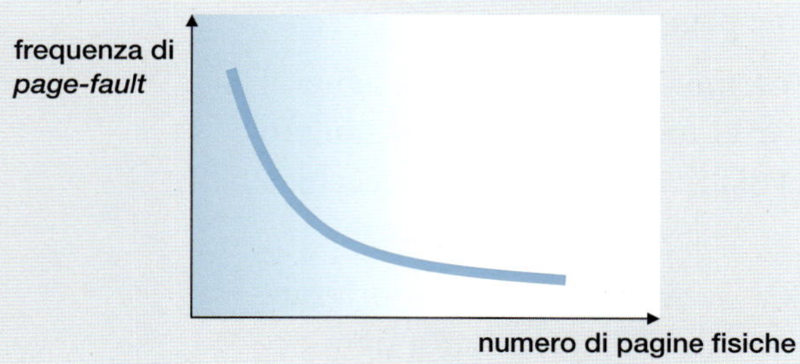

FIGURA **12**

OSSERVAZIONE Lo spazio della memoria persistente riservato al salvataggio delle pagine di memoria dei processi attivi (area di *swap*) ha una dimensione predefinita e limitata; si pone di conseguenza il problema di assegnare a ogni processo un corretto numero di *frame* al momento della sua creazione. Premesso che il gestore della memoria avrà il compito di mantenere una lista dei *frame* disponibili, le politiche più utilizzate a questo scopo sono essenzialmente due:

- ***demand-paging***: i *frame* sono assegnati in base alle richieste causate dai *page-fault*;
- ***working-set***: il gestore della memoria stabilisce per ogni processo il numero di *frame* da assegnare.

Limitare il «consumo» di memoria

La maggior parte dei programmi in esecuzione in un computer sono stati compilati utilizzando le stesse librerie di funzioni (quelle, per esempio, per la gestione della GUI): se il codice delle funzioni comuni viene associato staticamente ai programmi e di conseguenza replicato per tutti i processi che le utilizzano, si ha un enorme quanto inutile consumo di memoria.
Tutti i sistemi operativi prevedono l'uso di librerie di funzioni condivise tra i processi e a caricamento dinamico (denominate per esempio ***shared objects*** in Linux e ***Dynamic Load Library*** in Windows): il gestore della memoria alloca la memoria per il codice di queste funzioni solo se e quando un processo le invoca effettivamente. Le pagine così allocate vengono inoltre condivise tra tutti i processi che le richiedono, con conseguente risparmio di memoria.

Per concludere si può affermare che il gestore della memoria applica tecniche per governare il conflitto tra la dimensione limitata della memoria fisica e lo spazio di memoria richiesto dai processi in esecuzione concorrente per il proprio codice e i propri dati, implementando le seguenti funzionalità:

- rilocazione del codice e dei dati di un programma in una qualsiasi posizione della memoria;
- riduzione dello spazio occupato mantenendo in memoria, se necessario, solo una parte del codice di un programma e dei dati su cui esso opera;
- condivisione del codice fra diversi processi generati a partire da uno stesso programma;
- assicurazione ai vari processi di uno spazio di indirizzamento virtuale che può essere superiore alla memoria fisica presente nel computer;
- realizzazione di meccanismi di protezione che tutelano la privatezza dello spazio di memoria assegnato a ogni processo;
- recupero della memoria rilasciata dai processi terminati.

4 La gestione della memoria in Windows e Linux

Sia Windows sia Linux utilizzano la tecnica della memoria virtuale paginata; la TABELLA 2 riassume le principali caratteristiche dei gestori della memoria dei due sistemi operativi quando installati su PC con processore a 64 bit.

TABELLA 2

Caratteristiche	Windows	Linux
Dimensione della pagina	4 KB	4 KB
Politica di sostituzione delle pagine	Locale (solo tra pagine dello stesso processo)	Globale (tra pagine di tutti i processi)
Memoria per il salvataggio delle pagine	*Page-file* su unità di memoria persistente	Partizione di *swap* o *page-file* su unità di memoria persistente

OSSERVAZIONE Sia i progettisti di Windows sia quelli del *kernel* di Linux hanno optato per una dimensione di pagina di 4 Kilobyte. Tenendo conto che, per i motivi già analizzati, è opportuno che la dimensione della pagina di memoria sia una potenza di 2, non deve meravigliare questa scelta che non è una coincidenza, ma il risultato di criteri progettuali simili:

- pagine di memoria troppo grandi contribuiscono al consumo di memoria: nel caso infatti che il codice o i dati che contengono abbiano una dimensione inferiore a quella della pagina, lo spreco sarà mediamente tanto maggiore quanto più grande è la dimensione della pagina;
- pagine di memoria troppo piccole sono – a parità di dimensioni del codice e dei dati di un processo – molto numerose e comportano tabelle delle pagine molto grandi e una frequenza di *page-fault* più alta.

In ogni caso le grandi dimensioni della memoria RAM dei computer attuali ha come conseguenza tabelle delle pagine molto grandi. Le versioni più recenti dei sistemi operativi Windows e Linux per questo motivo prevedono «tabelle» delle pagine organizzate su più livelli.

Il gestore della memoria di Windows alloca le pagine mediante un modello *working-set* che prevede per ogni processo un numero predefinito ma variabile di *frame*; inoltre il servizio di gestione del *page-fault* implementa un sistema di *clustering* delle pagine caricando le pagine immediatamente precedenti o successive alla pagina che ha effettivamente generato il *page-fault* (fino a un massimo di 8, sempre che nella memoria principale vi siano pagine fisiche libere) allo scopo di anticipare le future esigenze del processo e di minimizzare il numero di *page-fault* complessivi.

Il gestore della memoria di Linux mantiene un'unica copia delle pagine di dati (che, a differenza delle pagine di codice, sono potenzialmente modificabili) condivise tra più processi: questa viene replicata – creando una normale pagina privata – solo quando uno dei processi effettua un accesso in scrittura: questa tecnica prende il nome di ***copy-on-write*** ed è particolarmente importante per garantire l'efficienza del meccanismo di creazione dei processi di Linux che comporta una iniziale clonazione dei dati del processo originale.

I CONCETTI CHIAVE

MEMORY MANAGEMENT UNIT. Il sistema operativo gestisce la memoria volatile principale e la memoria persistente di massa in modi molto diversi, ma il loro contenuto è in ogni caso costituito dal codice dei programmi e dai dati su cui essi operano; i processori moderni contengono un componente hardware denominato MMU (*Memory Management Unit*) che agevola il sistema operativo nel compito di garantire una efficace, efficiente e sicura gestione della memoria.

INDIRIZZI LOGICI E FISICI. Al momento della compilazione il programma eseguibile viene creato assumendo un indirizzamento logico (generato staticamente) in cui la memoria disponibile per il codice e per i dati ha inizio all'indirizzo 0: il programma viene caricato in memoria per l'esecuzione con questi indirizzi logici. Nel corso dell'esecuzione del programma gli indirizzi devono essere «traslati» per ottenere un effettivo indirizzo fisico (generato dinamicamente): questa operazione deve essere effettuata per ogni istruzione caricata e per ogni dato letto o scritto e quindi è efficiente solo se viene eseguita automaticamente dalla MMU.

PAGINAZIONE DELLA MEMORIA. Con la tecnica della paginazione della memoria si risolve il problema della frammentazione, ma l'attività richiesta alla MMU è complessa: per traslare l'indirizzo logico in indirizzo fisico si deve infatti prima determinare la pagina logica cui appartiene e la corrispondente pagina fisica allocata secondo quanto riportato nella tabella di paginazione; la traslazione vera e propria avviene sottraendo l'indirizzo base della pagina logica e sommando l'indirizzo base della pagina fisica.

MEMORIA VIRTUALE. Molti sistemi operativi implementano la cosiddetta tecnica della memoria virtuale: il gestore della memoria simula una disponibilità di pagine superiore al numero di pagine effettivamente presenti nella memoria fisica, salvando temporaneamente le pagine che non dovessero trovare posto all'interno della memoria principale in un'area specifica della memoria non volatile, usualmente l'unità di memoria persistente.

GESTIONE DEL *PAGE-FAULT*. La MMU opera normalmente traslando gli indirizzi logici delle istruzioni e dei dati in indirizzi fisici: nel caso che si trovi a tradurre un indirizzo logico la cui corrispondente pagina fisica non è presente nella memoria principale, interrompe il processo forzandone la transizione nello stato di *Wait*, in attesa che il gestore della memoria provveda a caricare la pagina richiesta dalla posizione su disco indicata (questa situazione viene definita *page-fault*); il gestore della memoria completa l'operazione aggiornando la tabella delle pagine e sbloccando il processo che viene nuovamente posto in stato di *Ready* per proseguire l'esecuzione.

POLITICHE DI RIMOZIONE DELLE PAGINE. Se al momento del *page-fault* non sono disponibili pagine fisiche libere nella memoria principale del computer, il gestore della memoria deve selezionare una pagina già allocata dello stesso processo (nel caso di allocazione locale) o di un qualsiasi processo (nel caso di allocazione globale) da rimuovere; le politiche più utilizzate sono: FIFO (*First-In First-Out*), LRU (*Least Recently Used*) e LFU (*Least Frequently Used*).

TRASHING. Se la richiesta di pagine di memoria da parte di numerosi processi in esecuzione è elevata e le dimensioni della memoria fisica sono limitate, è inevitabile che il numero di pagine che ogni processo potrà mantenervi sarà basso, con conseguente innalzamento del tasso di *page-fault* per tutti i processi. In questa situazione, denominata *trashing*, si hanno un continuo salvataggio (*swap-out*) e caricamento (*swap-in*) delle pagine sul e dal disco, con conseguente degrado delle prestazioni del sistema operativo e del computer.

WINDOWS E LINUX. Sia Windows sia Linux realizzano una gestione della memoria virtuale con paginazione.

RIPASSA CON LA MAPPA

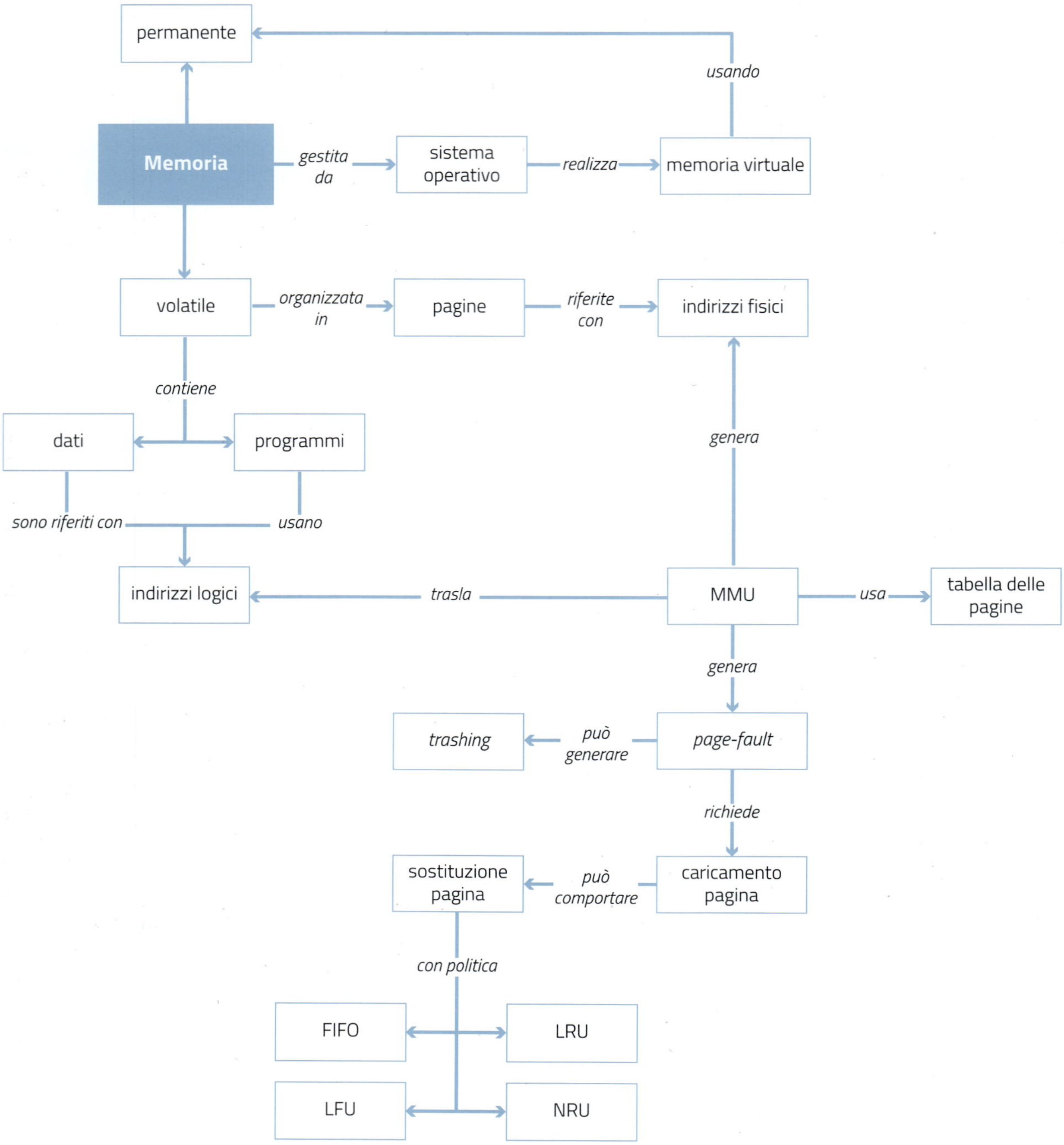

SPIEGA IN UNA PAGINA

1 **Motivare ed esporre il funzionamento, anche mediante rappresentazioni grafiche, della tecnica di paginazione della memoria RAM implementata dai processori e dai sistemi operativi moderni.**

2 **Motivare ed esporre il funzionamento, anche mediante rappresentazioni grafiche, della tecnica della memoria virtuale implementata dai processori e dai sistemi operativi moderni.**

QUESITI A RISPOSTA APERTA

3 **Quali sono le funzioni fondamentali della MMU del processore?**

4 **Disegnare il grafico qualitativo della frequenza di *page-fault* in funzione del numero di pagine allocate a un processo evidenziando il fenomeno del *trashing*.**

TEST A RISPOSTA MULTIPLA

5 **Quali delle seguenti affermazioni sono vere?**

A In un sistema operativo con gestione della memoria virtuale la dimensione dello spazio di indirizzamento di un singolo processo può essere maggiore della dimensione della memoria fisica.

B In un sistema operativo con gestione della memoria paginata il codice di un processo è sempre memorizzato sequenzialmente nella memoria fisica.

C Nella memoria fisica possono essere contemporaneamente presenti parti del codice e dati di processi distinti.

D Al momento dell'esecuzione il codice di un processo presente nella memoria fisica comprende gli indirizzi reali delle istruzioni e dei dati che riferisce.

6 **Quali delle seguenti politiche sono usualmente impiegate per la selezione della pagina da rimuovere dalla memoria principale nella fase di *swapping*?**

A FIFO

B LIFO

C NRU

D NFU

E LRU

F LILO

G MRU

H LFU

PROBLEMI

7 **Ordinare temporalmente le seguenti fasi della gestione di un *page-fault* da parte del S.O.**

... Eventuale selezione della pagina da rimuovere.

... Trasferimento del processo interrotto in stato di *Wait.*

... Eventuale copia della pagina selezionata per la rimozione nella memoria persistente.

... Trasferimento del processo nello stato di *Ready.*

... Aggiornamento della tabella delle pagine.

... Copia della pagina mancante nella memoria principale.

8 **Disponendo della seguente tabella delle pagine relativa a un processo determinare per ogni indirizzo logico il corrispondente indirizzo fisico (gli indirizzi per semplicità sono indicati con valori decimali):**

Pagina logica	Indirizzo base logico	Pagina fisica	Indirizzo base fisico
0	0	8	16 000
1	2000	3	6000
2	4000	12	24 000

A. **1111**

B. **2000**

C. **3999**

D. **4001**

9 Data la seguente tabella delle pagine, dove per semplicità gli indirizzi sono espressi in forma decimale, traslare gli indirizzi logici indicati in indirizzi fisici indicando le eventuali condizioni di *page-fault*:

Pagina logica	Indirizzo base logico	Presente	Pagina fisica	Indirizzo base fisico
0	0	SÌ	**5**	5000
1	1000	SÌ	**12**	12 000
2	2000	NO		
3	3000	SÌ	**7**	7000

A. 512
B. 1001
C. 2999
D. 3096

10 Nel contesto di un S.O. che, in caso di necessità, rimuove le pagine dello stesso processo che ha causato il *page-fault* aggiornare la seguente tabella applicando una politica di tipo LRU:

Pagina logica	Indirizzo base logico	Presente	Pagina fisica	Indirizzo base fisico	Ultimo accesso	*Dirty-bit*
0	0	SÌ	**5**	5000	12:00:01,999	1
1	1000	SÌ	**12**	12 000	12:01:59,001	0
2	2000	NO				
3	3000	SÌ	**7**	7000	12:00:32,500	1

È necessario copiare la pagina da sostituire nella memoria persistente?

11 Nel contesto di un S.O. che, in caso di necessità, rimuove le pagine dello stesso processo che ha causato il *page-fault*, aggiornare la seguente tabella applicando una politica di tipo NRU:

Pagina logica	Indirizzo base logico	Presente	Pagina fisica	Indirizzo base fisico	*Reference-bit*	*Dirty-bit*
0	0	SÌ	**5**	5000	0	1
1	1000	SÌ	**12**	12 000	1	0
2	2000	NO				
3	3000	SÌ	**7**	7000	1	1

È necessario copiare la pagina da sostituire nella memoria persistente?

12 Nel contesto di un S.O. che, in caso di necessità, rimuove le pagine dello stesso processo che ha causato il *page-fault*, aggiornare la seguente tabella applicando una politica di tipo NRU:

Pagina logica	Indirizzo base logico	Presente	Pagina fisica	Indirizzo base fisico	*Reference-bit*	*Dirty-bit*
0	0	SÌ	**12**	12 000	0	1
1	1000	NO				
2	2000	SÌ	**8**	8000	1	0
3	3000	SÌ	**17**	17 000	1	1

È necessario copiare la pagina da sostituire nella memoria di massa?

A8

Gestione del *file-system*

Lo strumento «Esplora risorse» di Windows (così come l'analogo strumento presente in tutte le GUI delle distribuzioni Linux) consente all'utente di gestire – cioè di elencare, cancellare, rinominare, copiare, spostare, «aprire», ... – i file presenti nel computer:

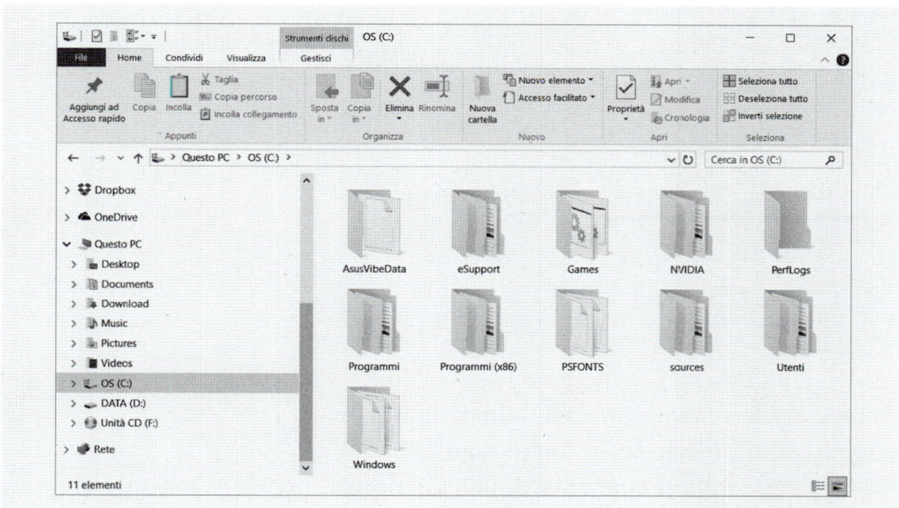

In realtà i file sono memorizzati in modo non volatile (cioè in modo permanente rispetto all'assenza di energia elettrica che alimenta il computer) su un dispositivo di memoria persistente.

Tradizionalmente l'unità di memoria persistente di un computer è costituita da un disco rotante di materiale magnetico (**HDD**, *Hard Disk Drive*) dotato di una testina mobile per la lettura/scrittura dei dati, ma negli ultimi anni si sono diffuse le unità cosiddette allo «stato solido» (**SSD**, *Solid State Drive*) realizzate con la tecnologia elettronica FLASH e aventi prestazioni superiori in relazione alla velocità di lettura/scrittura dei dati.

In entrambi i casi un dispositivo di memoria persistente ha una velocità che è circa un milione di volte inferiore a quella della memoria principale, per cui il gestore del *file-system* deve adottare tecniche anche complesse per garantire le prestazioni del computer all'interno del quale occupa un ruolo non secondario.

1 La visione dell'utente: file e directory

Tutti i sistemi operativi espongono all'utente la memoria persistente del computer come un sistema di file (contenenti il codice dei programmi applicativi, o i dati su cui essi operano) organizzato in strutture contenitore denominate **directory**. Ogni directory può contenere altre directory e/o file – identificati in entrambi casi da un nome – realizzando una struttura ad albero come quello di FIGURA 1.

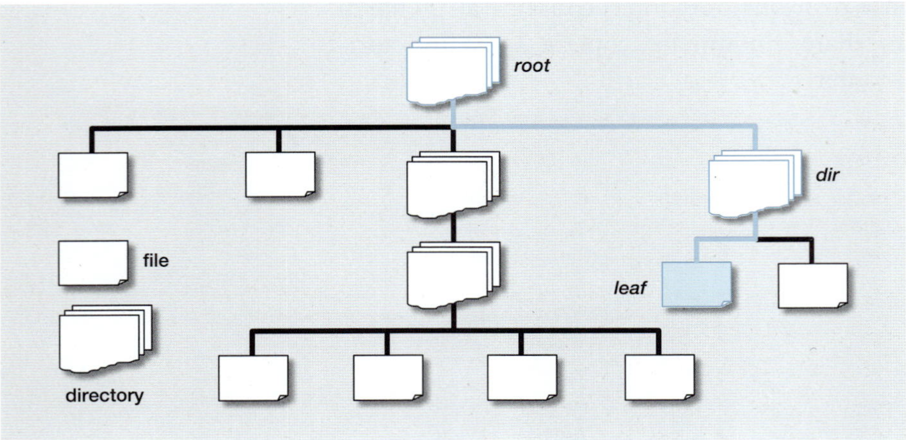

FIGURA 1

Rappresentando l'organizzazione del *file-system* come un albero in cui la directory di livello più alto è la radice e i file sono le foglie, ogni singolo file può essere univocamente identificato dalla sequenza ordinata dei nomi delle directory del percorso (***pathname***) che lo connette alla radice; per esempio il file evidenziato in figura è identificato dal percorso *root-dir-leaf*.

Le interfacce utente dei sistemi operativi – sia quelle testuali sia quelle grafiche – consentono la «navigazione» dell'albero delle directory e le più comuni operazioni sui file che esse contengono:

- elencazione;
- eliminazione;
- ridenominazione;
- copia;
- spostamento;
- visualizzazione delle proprietà (dimensione, ...).

L'«apertura» di un file richiede l'esecuzione di un programma in grado di interpretare il contenuto nel particolare formato interno con cui è stato memorizzato.

OSSERVAZIONE Dal punto di vista del sistema operativo, infatti, i file sono semplici sequenze di byte: solo i programmi applicativi ne conoscono l'organizzazione interna e sono in grado di decodificarne ed elaborarne il contenuto.

Metadati dei file

Il *file-system* memorizza per ogni file, oltre al contenuto del file stesso, anche alcuni metadati tra cui tipicamente:

- la data/ora di creazione;
- la data/ora dell'ultima modifica;
- l'utente o il gruppo di utenti proprietario;
- gli attributi di accesso (sola lettura, lettura/scrittura, ...).

> **ESEMPIO**
> Il brano musicale contenuto in un file in formato MP3 può essere suonato esclusivamente da un riproduttore multimediale che ne riconosca l'organizzazione del contenuto e sia in grado di decodificarlo; una fotografia contenuta in un file in formato JPEG può essere visualizzata o modificata unicamente con un programma di elaborazione delle immagini.

I sistemi operativi associano ai vari formati dei file di dati i corrispondenti programmi applicativi in due modi diversi:

- l'«estensione» del nome del file costituita dagli ultimi 3 o 4 caratteri – sempre successivi a un simbolo «.» – del nome stesso del file;
- un codice identificativo (noto come *magic-number*) memorizzato nei primi byte del file.

> **ESEMPIO**
> Il seguente elenco riporta a solo titolo di esempio le estensioni di alcuni dei più comuni formati di file:

.HTM	file con una pagina web
.TXT	file con testo
.CSV	file con dati in formato *Comma Separated Values*
.JPG	file con un'immagine in formato JPEG
.CPP	file con codice sorgente in linguaggio C++
.PDF	file con un libro in formato elettronico
.ZIP	file con un archivio in formato compresso
.DOC	file con un documento in formato Word
.EXE	file con un programma in formato eseguibile
.DLL	file con una libreria a caricamento dinamico
.MP3	file con un brano musicale in formato compresso
.MPG	file con un video in formato MPEG
.ISO	file con l'immagine di un CD o DVD

Un programma applicativo necessita di eseguire alcune tipiche operazioni sui file di dati su cui opera:

- apertura;
- lettura di dati;
- scrittura di dati;
- posizionamento;
- chiusura.

Una volta aperto un file identificato univocamente dal nome o dal *pathname*, un programma opera leggendo dal file e/o scrivendo nel file blocchi di dati in una qualsiasi posizione; le operazioni terminano con la chiusura del file.

Tutti i sistemi operativi hanno un ricco insieme di funzionalità API per la gestione dei file, ma la necessità di rendere indipendente dalla piattaforma questo aspetto fondamentale ha portato alla loro standardizzazione all'interno delle librerie dei vari linguaggi di programmazione.

I programmi applicativi necessitano di accedere ai dati contenuti in un file in modo non rigorosamente sequenziale, altrimenti non sarebbe possibile, per esempio, «saltare» a una particolare scena di un video, ma sarebbe necessario attenderne la visualizzazione da parte del riproduttore multimediale. Questa necessità ha un impatto importante sulla modalità di memorizzazione del contenuto dei file da parte del sistema operativo.

La sicurezza nell'accesso ai file

Il *file-system* deve garantire il controllo dell'accesso ai singoli file e directory, impedendo a utenti privi di specifici privilegi di leggere e scrivere o cancellare i file esistenti, o di creare nuovi file in una directory.
Il controllo degli accessi è trattato nel capitolo dedicato alla sicurezza.

2 Organizzazione del *file-system* nell'unità di memorizzazione

Nel caso in cui l'unità di memoria persistente è costituita da un disco magnetico, questo è mantenuto in rapida rotazione intorno al proprio asse ed è possibile posizionare una testina per la lettura/scrittura dei dati (FIGURA 2).

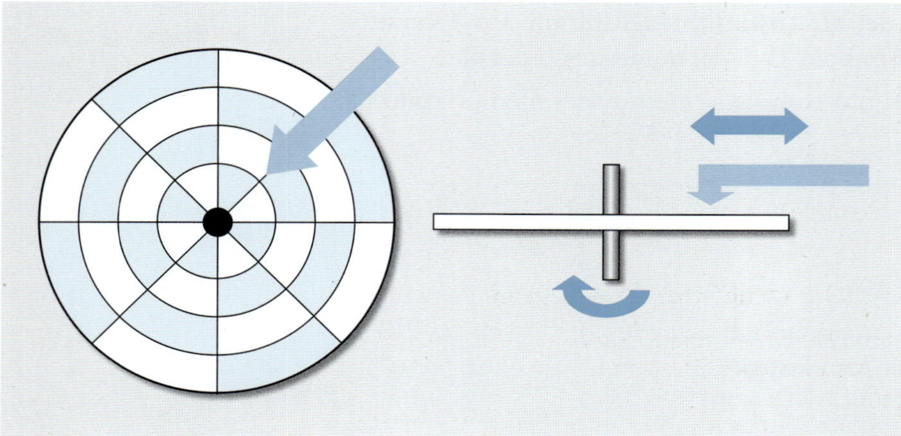

FIGURA 2

OSSERVAZIONE La grande capacità di memorizzazione dei dischi attuali è data dal fatto che sono costituiti da più «superfici» impilate sullo stesso asse, tra cui scorre una testina di lettura/scrittura multipla.
I movimenti meccanici del disco (rotazione continua intorno al proprio asse e traslazione della testina per il suo posizionamento) lo rendono l'unico elemento non completamente elettronico dei computer moderni.

Il posizionamento della testina individua sopra alla superficie del disco una successione di **tracce** circolari concentriche, mentre la rotazione del disco sotto di essa individua una sequenza di **settori** circolari per ciascuna di esse.

La lettura/scrittura dei dati dal e sul disco avviene per singoli **settori di traccia** individuati dalle rispettive coordinate nella geometria del disco: traccia e settore (nel caso di dischi multipli è necessario includere nella localizzazione anche la superficie).

OSSERVAZIONE Per motivi tecnologici un settore di traccia ha la tipica capacità di 512 byte, ma i gestori del *file-system* dei sistemi operativi considerano più settori consecutivi della stessa traccia come un unico **blocco di dati** (*cluster*) da leggere e scrivere sempre nella sua interezza. Questa modalità di lettura/scrittura dei dati è finalizzata all'ottimizzazione delle prestazioni di un dispositivo per sua caratteristica estremamente lento: una volta posizionata la testina sulla traccia specificata, si deve infatti attendere che il settore richiesto si trovi sotto di essa; la lettura/scrittura di più settori consecutivi non richiede nuovi spostamenti della testina, o attese della rotazione del disco.

L'integrità dei dati memorizzati su disco

La correttezza delle operazioni di lettura/scrittura dei dati dalla e sulla unità di memoria persistente è ovviamente della massima importanza. Nonostante l'elevata affidabilità dei dispositivi attuali, insieme ai dati sono sempre memorizzati anche dei codici di controllo calcolati a partire dai dati stessi. In fase di lettura dei dati i codici di controllo vengono nuovamente calcolati e confrontati con quelli memorizzati in fase di scrittura: in caso di difformità si ha un errore che può in questo modo essere rilevato. Volendo garantire un'alta immunità agli errori, è possibile utilizzare due unità di memoria persistente identiche per memorizzare in «parallelo» (*mirroring*) gli stessi dati: in caso di errore in uno dei due dispositivi è possibile utilizzare i dati memorizzati nell'altro.

Nel caso invece in cui l'unità di memoria persistente è costituita da un dispositivo SSD internamente organizzato in pagine di dimensione fissa, tipicamente di 4 Kilobyte (FIGURA 3).

FIGURA 3

La pagina di un dispositivo SSD è identificata da uno o più valori numerici e rappresenta l'insieme minimo di dati che possono essere letti o scritti in un'unica operazione da parte del computer.

La scrittura deve avvenire in una pagina cancellata (non è infatti possibile sovrascrivere una pagina già scritta) e la cancellazione deve essere effettuata per un intero «blocco» di pagine, formato, per esempio, da 128 pagine. Inoltre il numero di volte che una pagina può essere cancellata è limitato e, per garantire una lunga vita operativa di un dispositivo SSD, la cancellazione delle pagine deve essere effettuata nel tempo in modo uniforme su tutti i blocchi. Dato che la cancellazione di un blocco è un'operazione lenta, le versioni più recenti dei sistemi operativi prevedono una specifica azione – denominata *trim* – con cui il gestore del *file-system* indica al *driver* dell'unità SSD quali blocchi di pagine può cancellare anticipandone in questo modo la disponibilità per il futuro riuso.

OSSERVAZIONE Per quanto tecnologicamente molto diversa da un dispositivo HDD, un'unità SSD espone al sistema operativo del computer un'interfaccia operativa simile, costituita da un numero elevato di elementi (settori o pagine) leggibili e scrivibili, ciascuno dei quali indirizzabile mediante uno o più indici numerici.

Il gestore del *file-system* di un sistema operativo deve normalmente organizzare centinaia di migliaia di file con dimensioni estremamente variabili (si passa dalle poche centinaia di byte di un file contenente un'icona ai diversi miliardi di byte di un file contenente un video). Oltretutto, nonostante la tipica caratteristica di memorizzazione persistente che il *file-system* realizza, la variazione dei dati è – nel normale uso del computer – estremamente alta: i file sono infatti continuamente creati ed eliminati e il loro contenuto viene frequentemente aggiornato.

L'idea ingenua di memorizzare sequenzialmente in settori consecutivi di tracce contigue del disco, o in pagine consecutive e contigue di un'unità SSD, ogni singolo file non è mai stata presa in considerazione dai progettisti di *file-system* perché presenta due gravi problemi:

- una volta che lo spazio destinato alla memorizzazione di un file è incastrato tra gli spazi allocati ad altri file, diventa impossibile aumentarne le dimensioni, se non copiandolo preventivamente in una zona libera sufficientemente grande;
- la continua cancellazione dei file causa il problema della frammentazione dello spazio libero: in breve tutto lo spazio disponibile per la memorizzazione di nuovi file sarebbe distribuito in brevissime sequenze di blocchi o pagine contigui in cui non risulterebbe possibile memorizzare file se non di dimensioni piccolissime.

Per questo motivo – in analogia a quanto già visto per la gestione della memoria principale – i singoli file costituiti logicamente da una sequenza di byte sono memorizzati nell'unità di memoria persistente come una **sequenza non contigua di blocchi/pagine**, ciascuno individuato dalla sua coordinata costituita dai numeri di traccia e di settore nel caso di dispositivi HDD, o di pagina nel caso di unità SSD (FIGURA 4).

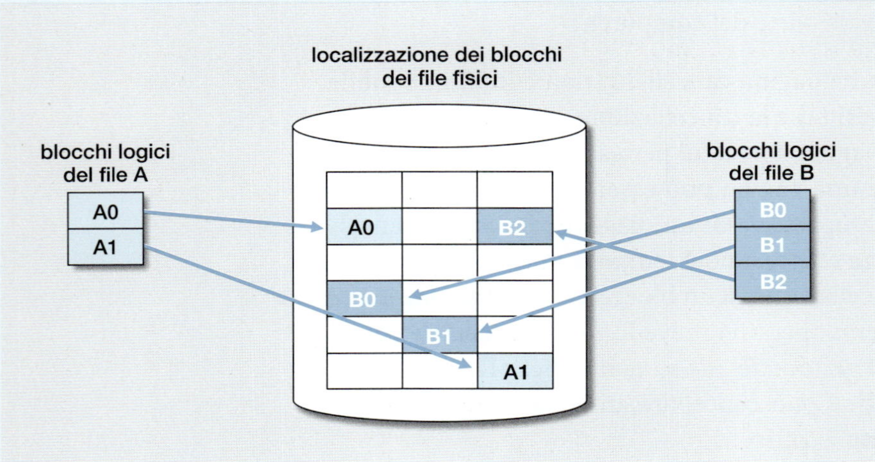

FIGURA 4

La memorizzazione in blocchi non contigui dei file risolve il problema della frammentazione dello spazio libero, ma l'elevato numero di blocchi di un'unità di memoria persistente attuale rende non praticabile la memorizzazione di tabelle di allocazione dei blocchi logici dei singoli file nei corrispondenti blocchi fisici del disco, o nelle corrispondenti pagine di un'unità SSD.

Una soluzione possibile ed effettivamente implementata in passato da alcuni sistemi operativi è quella di collegare i blocchi che compongono un file in una catena dove in ogni blocco sono inseriti i numeri di traccia e di settore o il numero di pagina del blocco successivo o, in alternativa, l'indicazione che si tratta dell'ultimo blocco del file: in questo modo, nella tabella che il gestore del *file-system* deve mantenere per localizzare i singoli file contenuti in una directory, è sufficiente riportare i numeri relativi al primo blocco del file (FIGURA 5). Questa soluzione risolve il problema della variazione della dimensione di un file perché i blocchi possono essere collocati in modo non contiguo, ma non viene mai adottata.

Il *file-system* FAT

Questo tipo di *file-system*, progettato originariamente da Microsoft per il sistema operativo DOS, è stato utilizzato da molte versioni di Windows ed è ancora oggi ampiamente utilizzato per dispositivi portatili come le memorie FLASH con interfaccia USB.
Le directory sono in questo caso file di tipo speciale e ogni *cluster* del disco ha una posizione in una tabella denominata **FAT** (*File Allocation Table*): viene impiegata la tecnica della concatenazione dei blocchi che compongono un file, ma gli indici del blocco successivo sono memorizzati direttamente nella FAT, che può essere interamente o parzialmente copiata nella memoria principale del computer riducendo drasticamente le problematiche di prestazione tipiche dell'accesso sequenziale.

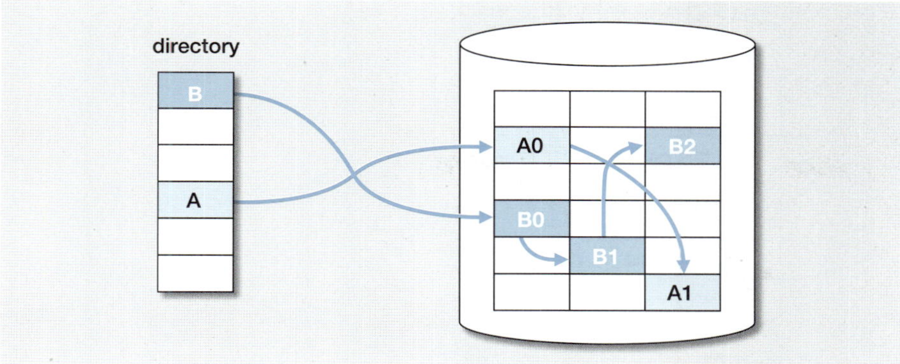

FIGURA 5

La soluzione dei blocchi concatenati ha infatti un grave difetto: dovendo accedere agli ultimi dati di un file – per esempio per estenderne il contenuto – è necessario scorrere sequenzialmente tutti i blocchi precedenti; nel caso di file di dimensioni notevoli questo metodo è altamente inefficiente.

La tecnica adottata dalla maggior parte dei *file-system* è denominata **indicizzazione ad albero** ed è un intelligente compromesso tra l'impraticabilità delle tabelle di indicizzazione di tutti i blocchi e l'inefficienza della concatenazione dei blocchi stessi.

Nella tabella che rappresenta la directory, per ogni file sono mantenuti i numeri (di traccia/settore o di pagina) relativi a un numero limitato di blocchi; se il file è costituito da pochi blocchi di dati, questi sono gli «indici» dei blocchi corrispondenti (FIGURA 6).

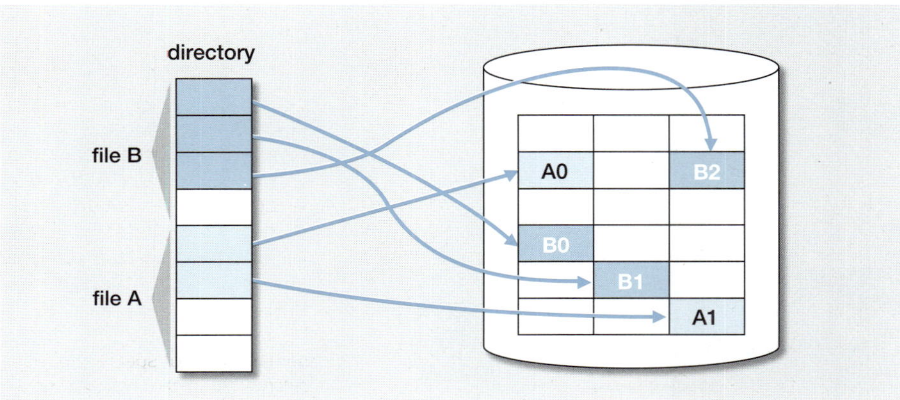

FIGURA 6

Altrimenti, se il file è costituito da più blocchi, gli ultimi blocchi conterranno le coordinate di traccia/settore o il numero di pagina che costituiscono un indice per ulteriori blocchi di dati (FIGURA 7).

OSSERVAZIONE La struttura ad albero utilizzata per la gestione dei blocchi che costituiscono i file nell'unità di memoria persistente non ha nulla in comune con l'organizzazione ad albero delle directory e dei file: si tratta di due livelli di organizzazione del tutto diversi.

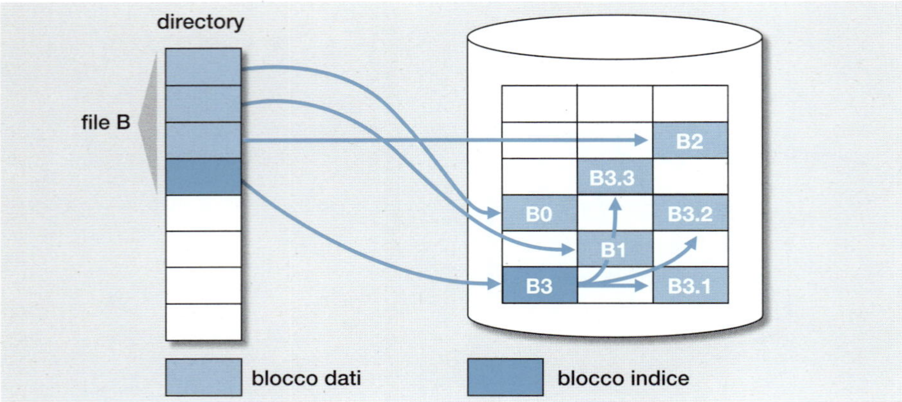

FIGURA 7

All'aumentare del numero di blocchi di dati che costituiscono il file, anche i blocchi di secondo livello (cioè i blocchi che sono riferiti all'interno di altri blocchi e non direttamente alla directory) individuano, anziché direttamente blocchi di dati, blocchi contenenti riferimenti ad altri blocchi, realizzando una struttura ad albero come quella di FIGURA 8.

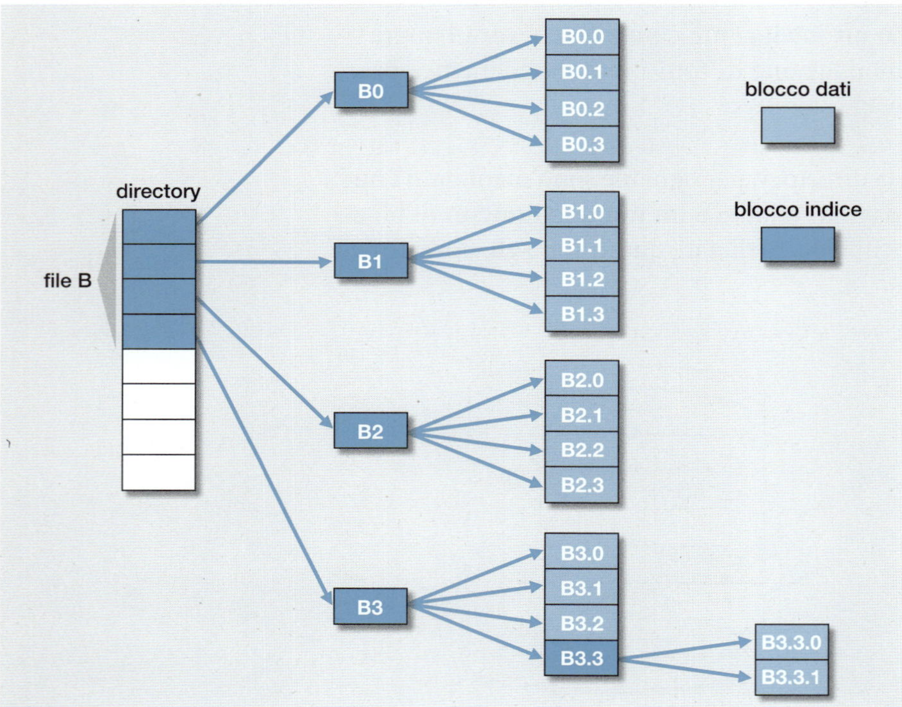

FIGURA 8

OSSERVAZIONE Nelle figure precedenti il massimo numero di coordinate contenute in ogni blocco indice è stato fissato a 4, ma nella realtà esso è notevolmente superiore. Per esempio, prevedendo 8 indici nella tabella della directory e fino a 256 indici per ogni blocco e impiegando al massimo 3 livelli di indicizzazione, si riescono a gestire file fino alla dimensione di

$$8 \times 256^3 = 134\,217\,728 \text{ blocchi}$$

che con blocchi di 4 Kilobyte corrispondono a 512 Gigabyte.

ESEMPIO

Il *file-system* originariamente utilizzato dai sistemi operativi Unix memorizzava i blocchi dei file utilizzando uno schema di indicizzazione ad albero modificato: i primi 10 riferimenti della directory erano sempre utilizzati per blocchi di dati ed erano seguiti da un riferimento a un blocco indice a un solo livello e, se necessario, dai riferimenti a un blocco indice a due livelli e a un ultimo blocco indice a tre livelli; ciascun blocco indice riferiva 256 blocchi.
Questo schema mantiene tutti i vantaggi degli indici ad albero, privilegiando l'accesso ai file di piccola dimensione e i dati iniziali dei file di dimensione maggiore. La dimensione massima di un file è facilmente calcolabile:

$$10 + 256 + 256^2 + 256^3 = 16\,843\,018 \text{ blocchi}$$

Con un blocco di 4 Kilobyte si possono gestire file di dimensione fino a quasi 64 Gigabyte.

Formattazione di un HDD o di un SSD

La formattazione di un'unità di memoria persistente consiste nella configurazione della struttura tipica di uno specifico *file-system* e comporta di conseguenza la cancellazione delle directory e dei file memorizzati in precedenza. Opzionalmente la formattazione può prevedere la rilevazione di eventuali *cluster* o pagina danneggiati e la loro estromissione dall'elenco dei blocchi disponibili per la memorizzazione dei file.

L'adozione dello schema di memorizzazione dei file con indicizzazione ad albero dei blocchi ha come conseguenza l'accesso relativamente rapido ai dati contenuti in file di piccola dimensione – in questo caso, infatti, i blocchi sono accessibili direttamente dalla directory, o al massimo utilizzando un blocco indice intermedio – e una minore velocità di reperimento dei dati contenuti in file di grande dimensione, per i quali diviene necessario leggere diversi blocchi indice in cascata prima di ottenere i numeri di traccia/settore o il numero di pagina del *cluster* richiesto. La limitazione del numero di livelli di indicizzazione consente comunque di mantenere un'elevata efficienza rispetto alla tecnica della concatenazione dei blocchi.

I sistemi operativi moderni limitano l'uso della concatenazione dei blocchi unicamente alla gestione dello spazio libero: i blocchi non occupati sono concatenati in una lista da dove vengono rimossi quando allocati per l'estensione di file già esistenti, o per la creazione di nuovi file (FIGURA 9).

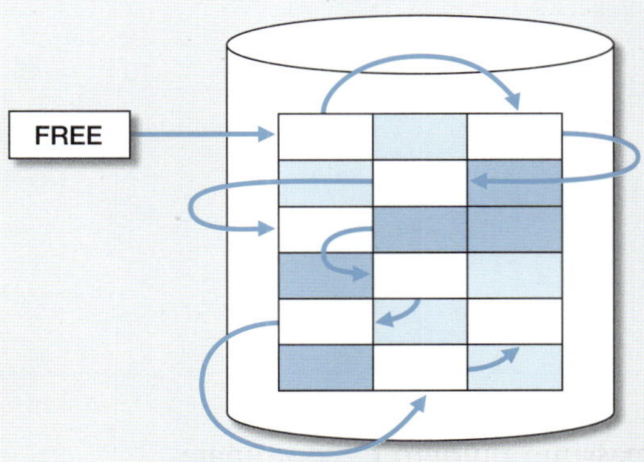

FIGURA 9

Un modo alternativo di gestire lo spazio libero è quello di mantenere una *bitmap* che associa in forma binaria a ogni *cluster* del disco o a una pagina di un'unità SSD il suo stato: libero o occupato.

Questa sequenza di bit viene memorizzata in una posizione fissa.

3 Ottimizzazione delle prestazioni del *file-system*

L'unità di memoria persistente è mediamente un milione di volte più lenta della memoria principale del computer; di conseguenza l'ottimizzazione delle prestazioni del *file-system* è sempre stato un tema fondamentale per i progettisti dei sistemi operativi.

Nel caso del disco è importante ottimizzare il lento movimento della testina, evitando continui spostamenti dalle posizioni interne a quelle esterne sulla superficie.

OSSERVAZIONE L'esecuzione contemporanea di molti processi, ciascuno dei quali accede in lettura e/o scrittura a più file i cui blocchi sono disseminati sulla superficie del disco, genera un flusso di richieste di posizionamento della testina del disco essenzialmente casuale.

Una politica comunemente adottata per ottimizzare lo spostamento della testina del disco è l'«**algoritmo dell'ascensore**», così chiamato per analogia con la strategia di ottimizzazione dei percorsi di salita e discesa dell'ascensore di un grattacielo: l'algoritmo consiste nel servire le richieste ricevute non nell'ordine con cui sono state generate, ma alternando il movimento della testina di lettura/scrittura nei due sensi e servendo le richieste in ordine crescente o decrescente di traccia.

ESEMPIO

Avendo ricevuto la richiesta di leggere o scrivere i seguenti settori di traccia (il primo numero si riferisce alla traccia, il secondo al settore)

(**9**,15), (**12**,20), (**4**,5), (**8**,10), (**2**,10), (**16**,15)

il movimento della testina per posizionarsi sulle tracce secondo l'ordine temporale delle richieste dovrebbe essere quello di FIGURA 10.

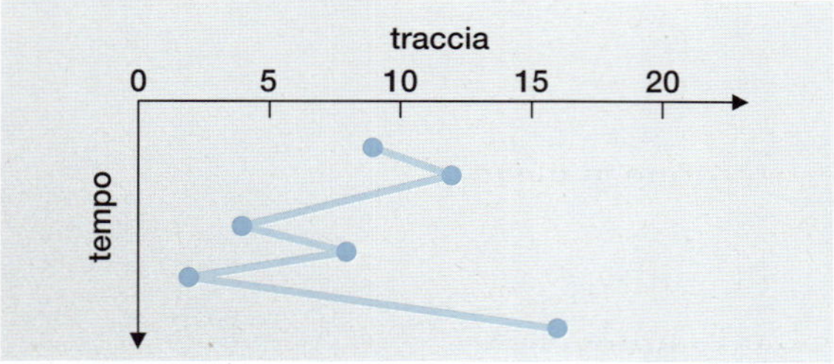

FIGURA **10**

Ma riordinando le richieste in modo da ottenere il percorso di FIGURA 11, si ottimizza il tempo di spostamento della testina: alcune specifiche richieste verranno differite, ma mediamente le richieste saranno soddisfatte in un tempo minore.

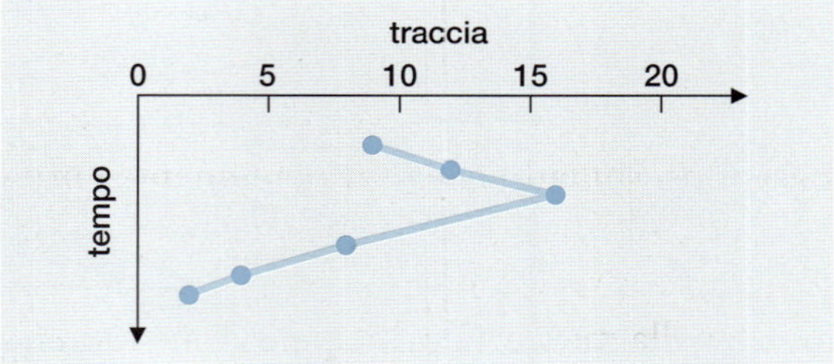

FIGURA **11**

OSSERVAZIONE Riordinare le richieste di lettura/scrittura non presenta nessun vantaggio nel caso di un'unità SSD nella quale il tempo di accesso è indipendente dal numero di pagina.

Un parametro da ottimizzare sempre legato al movimento del disco è la dimensione del *cluster* di settori di traccia cui il gestore del *file-system* accede in un'unica operazione; il grafico di FIGURA 12 sintetizza due aspetti contrastanti:

- un *cluster* formato da molti settori consecutivi diminuisce il numero medio degli accessi al disco per operazioni di lettura/scrittura, aumentando in media le prestazioni;
- un *cluster* di dimensione elevata non ottimizza l'uso dello spazio del disco, in quanto l'ultimo *cluster* allocato a ogni singolo file viene utilizzato solo in parte (moltiplicando i settori non utilizzati per le centinaia di migliaia di file che compongono un tipico *file-system* si ottiene un vero e proprio spreco dello spazio di memorizzazione sul disco).

OSSERVAZIONE La dimensione del *cluster* di pagine di un'unità SSD ha un'impatto minimo sulle sue prestazioni.

Il fatto che il tempo di accesso ai dati memorizzati su un'unità di memoria persistente (tipicamente dell'ordine di alcuni millisecondi) sia circa un milione di volte superiore al tempo di accesso ai dati presenti in memoria principale (tipicamente dell'ordine di pochi nanosecondi) ha suggerito ai progettisti di sistemi operativi di ottimizzare il tempo medio di accesso implementando nel gestore del *file-system* una *cache* in memoria RAM dei dati contenuti nei file (FIGURA 13).

Deframmentazione del *file-system*

Il *caching* dei dati di un file viene effettuato con successo solo se la lettura dei blocchi precedente e successivo al blocco oggetto di accesso è compatibile dal punto di vista prestazionale con lo spostamento pianificato della testina del disco. Questo avviene preferenzialmente se i blocchi che costituiscono lo stesso file si trovano in *cluster* contigui sulla stessa traccia o su tracce adiacenti: la deframmentazione di un disco scambia tra loro i blocchi dei file, allo scopo di ottenere una distribuzione non frammentata per rendere sempre possibile e quindi massimizzare i vantaggi del *caching* dei dati. Dato che in un'unità SSD il tempo di accesso a pagine consecutive o meno è lo stesso, questa operazione risulta inutile.

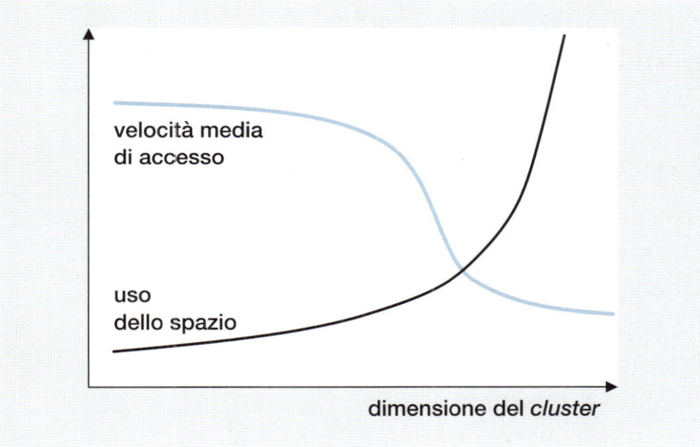

FIGURA **12**

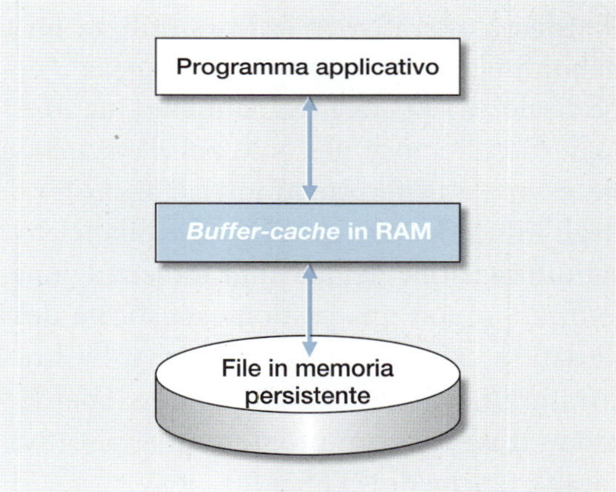

FIGURA **13**

Basandosi sul fatto che prevalentemente i programmi accedono ai file in modalità sequenziale o comunque locale rispetto all'ultima operazione di lettura/scrittura, il gestore del *file-system* memorizza in un *buffer* allocato nella memoria principale i dati contenuti nei blocchi immediatamente precedenti o successivi all'ultimo blocco acceduto, nel tentativo di anticipare le richieste future del programma che sta utilizzando il file: nei casi in cui ciò avviene si ha un considerevole risparmio di tempo e statisticamente le prestazioni del *file-system* risultano essere molto migliori.

ESEMPIO L'apertura di un voluminoso documento con uno specifico programma applicativo risulta normalmente piuttosto lenta; la successiva chiusura del programma immediatamente seguita dalla riapertura dello stesso documento risulta tipicamente molto più veloce a causa del *caching* in RAM dei dati contenuti nel file e del codice del programma effettuato dal gestore del *file-system*.

OSSERVAZIONE In fase di scrittura l'adozione della tecnica del *caching* comporta la scrittura temporanea dei dati nel *buffer* prima dell'effettiva scrittura nella memoria persistente: in seguito a un eventuale malfunzionamento del computer è quindi possibile che dati che un programma applicativo considerava «salvati» non siano stati permanentemente memorizzati.

Un malfunzionamento, come una banale interruzione di alimentazione elettrica nel corso di un'operazione di scrittura su disco, può comportare la perdita di integrità del *file-system*, con conseguente perdita dei dati memorizzati nei file su disco. Allo scopo di elevare l'affidabilità, i moderni *file-system* implementano la tecnica del ***journaling***: prima di effettuare le operazioni sul disco il sistema operativo le annota in uno speciale file di *log*; nello stesso file riporta le operazioni effettivamente concluse. In caso di *crash* la lettura del file di *log* consente di sapere quali operazioni sono rimaste incomplete e di ripristinare uno stato consistente. Praticamente tutti i moderni *file-system* sono di questo tipo.

File-system di tipo COW

Alcuni recenti *file-system*, tra cui **BTRFS** (*B TRee File System*) per sistema operativo Linux, implementano la politica *Copy On Write* (**COW**): la modifica dei dati contenuti in un file non avviene sovrascrivendo i blocchi di dati preesistenti, ma scrivendo i dati aggiornati in blocchi liberi che vengono allocati al file in sostituzione dei precedenti. Questa tecnica è particolarmente adatta all'ottimizzazione delle prestazioni delle unità di memoria persistente di tipo SSD perché agevola la formazione di blocchi di pagine non più utilizzati dal *file-system* e di conseguenza cancellabili in previsione del loro uso futuro.

4 Il *file-system* in Windows e Linux

Il sistema operativo **Windows** utilizza un tipo di *file-system* proprietario denominato **NTFS** (*New Technologies File-System*), la cui prima versione risale al 1993. NTFS mantiene una *Master File Table* (**MFT**), dove per ogni file/directory presente nel *file-system* sono riportate le informazioni necessarie e i riferimenti iniziali ai *cluster* del file. NTFS mantiene l'albero degli indici dei blocchi di un file bilanciato: questa soluzione garantisce la minimizzazione dei livelli di indicizzazione. NTFS è un *file-system* di tipo *journaling*, con una gestione sofisticata del file di *log* che limita le perdite di dati in caso di *crash* del sistema. Inoltre NTFS supporta su richiesta la cifratura/decifrazione e la compressione/decompressione dei dati dei file in modo trasparente ai programmi applicativi. La TABELLA **1** riassume alcune caratteristiche di NTFS.

La struttura predefinita del *file-system*

Sia in Windows sia in Linux il *file-system* ha una struttura di base predefinita. Per esempio le directory con i dati degli utenti in Linux sono posizionate all'interno della directory/home, mentre in Windows si trovano all'interno della cartella «Utenti».

TABELLA **1**

Lunghezza massima del nome di file/directory	256 caratteri
Numero massimo di file/directory	4 miliardi
Dimensione massima di un file	Teorica: 16 Exabyte (16 milioni di Terabyte) Implementata: 256 Terabyte con *cluster* di 64 Kilobyte
Dimensione massima di un disco	Teorica: 16 Exabyte (16 milioni di Terabyte) Implementata: 256 Terabyte con *cluster* di 64 Kilobyte

Resilient File-system (ReFS)

ReFS è il nuovo *file-system* sviluppato da Microsoft e reso disponibile a partire dal 2012 per le versioni server di Windows. Si tratta di un *file-system* di tipo COW che include varie funzionalità a garanzia dell'integrità dei dati contenuti nei file. Le sue caratteristiche lo rendono particolarmente adatto per la gestione di *storage array*, unità di memorizzazione persistenti comprendenti centinaia di dispositivi HDD o SSD utilizzate nei data center.

Linux implementa un *file-system* virtuale che consente l'integrazione da parte del *kernel* di *file-system* di diversa tipologia (compreso NTFS): a differenza di Windows – che mostra all'utente e ai programmi applicativi dischi logici distinti anche per le diverse partizioni dello stesso disco fisico – le unità di memorizzazione sono integrate in un unico albero «montando» la radice di un *file-system* in una directory del *file-system* principale. Il *fi-*

le-system attualmente più utilizzato dalle distribuzioni Linux è **ext4**, rilasciato nel 2008 a partire da ext3 (2001), che a sua volta si basava su ext2 (1993): ext4 mantiene la compatibilità con entrambi. ext4 è un *file-system* di tipo *journaling* (caratteristica introdotta con ext3) che implementa in modo fortemente innovativo la tradizionale struttura di indicizzazione a blocchi del *file-system* di Unix (e in particolare del *Fast File-system* sviluppato all'università di Berkeley in California). La TABELLA 2 riassume alcune caratteristiche di ext4.

TABELLA **2**

Lunghezza massima del nome di file/directory	256 caratteri
Numero massimo di file/directory	4 miliardi (modificabile in fase di formattazione)
Dimensione massima di un file	16 Terabyte con *cluster* di 4 Kilobyte
Dimensione massima di un disco	Teorica: 1 Exabyte (1 milione di Terabyte) Implementata: 16 Terabyte

Sia le più recenti versioni di **NTFS** sia **ext4** implementano una tecnica di allocazione dei *cluster* contigui nota come ***extent***, che riduce e in alcuni casi elimina la frammentazione dei blocchi di dati dei file su disco, aumentando le prestazioni del *file-system*.

I CONCETTI CHIAVE

STRUTTURA DEL *FILE-SYSTEM*. Il *file-system* presenta ai programmi applicativi e all'utente del computer la tipica struttura ad albero delle directory e dei file che esse contengono; l'associazione dei file di dati con i programmi applicativi in grado di gestirli avviene mediante estensione del nome del file o *magic-number*.

HDD ED SSD. La superficie del disco è «vista» dal gestore del *file-system* come un sistema di coordinate di tracce e settori che individuano il settore di traccia che viene letto e scritto sempre integralmente; per motivi di efficienza più settori contigui della stessa traccia costituiscono un unico blocco o *cluster*. Un'unità SSD è «vista» dal gestore del *file-system* come un *array* di pagine identificate da un indice numerico.

ORGANIZZAZIONE A BLOCCHI DEI FILE. Per evitare il problema della frammentazione dello spazio libero, i file sono memorizzati in blocchi non contigui; il *file-system* utilizza una tecnica di indicizzazione ad albero per associare in modo efficiente i blocchi di dati a uno specifico file: i blocchi dei file di ridotta dimensione sono indicizzati direttamente dalla tabella della directory e richiedono un solo accesso al disco, mentre i blocchi dei file di elevata dimensione richiedono uno o più accessi preliminari al disco per leggere i blocchi degli indici che li riferiscono.

GESTIONE DELLO SPAZIO LIBERO. Lo spazio libero in un'unità di memoria persistente è gestito mediante una lista dei blocchi disponibili o mediante una *bitmap* che indica per ogni *cluster* del disco o pagina del dispositivo SSD il suo stato (libero/allocato).

OTTIMIZZAZIONE DELLE PRESTAZIONI. Date le scarse prestazioni del disco in relazione alla velocità del processore e della memoria RAM del computer, la gestione del *file-system* deve essere ottimizzata con una scelta opportuna della dimensione del *cluster* su disco e con l'adozione di un algoritmo di riordinamento delle richieste finalizzato a minimizzare lo spostamento della testina da una traccia all'altra del disco. Ma la soluzione di ottimizzazione fondamentale, anche nel caso che la memoria persistente sia realizzata con un dispositivo SSD, è data dalla gestione di un *buffer-cache* in memoria RAM delle operazioni di lettura e scrittura dei dati dei file.

WINDOWS E LINUX. Il *file-system* adottato normalmente dal sistema operativo Windows è **NTFS**, mentre il più diffuso *file-system* per le distribuzioni Linux è **ext4**.

RIPASSA CON LA MAPPA

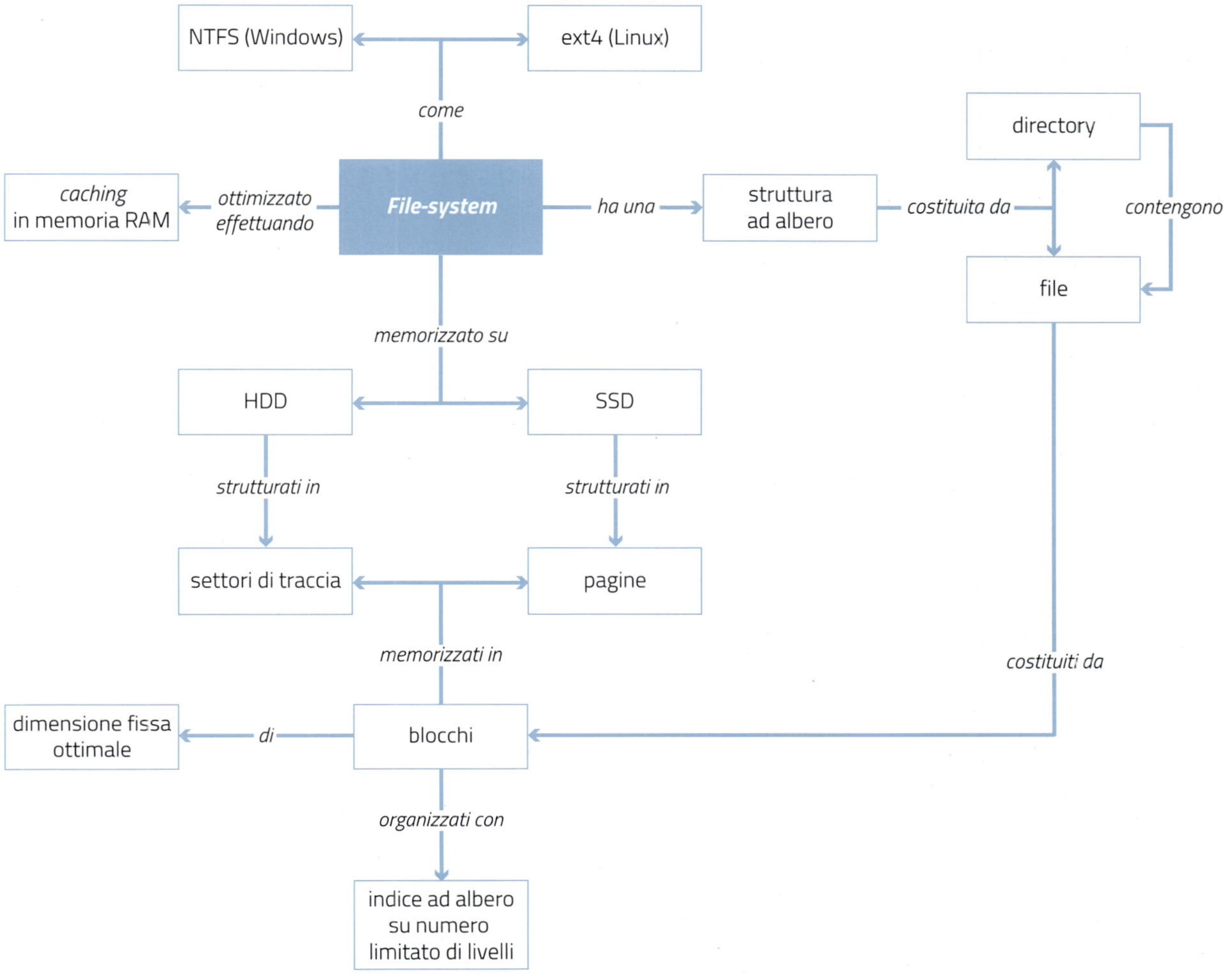

SPIEGA IN UNA PAGINA

1 **Descrivere, anche mediante rappresentazioni grafiche, l'organizzazione esterna con cui un *file-system* espone all'utente e alle applicazioni la gestione dei file.**

2 **Descrivere, anche mediante rappresentazioni grafiche, l'organizzazione interna con cui un tipico *file-system* memorizza i file su un'unità di memoria persistente.**

QUESITI A RISPOSTA APERTA

3 **Quali tecniche possono essere utilizzate dal gestore del *file-system* per tracciare lo spazio libero sull'unità di memoria persistente?**

4 **Tracciare un grafico qualitativo che mostri l'utilizzazione dello spazio fisico di un'unità di memoria persistente in funzione delle dimensioni dei blocchi allocati dal *file-system*.**

5 **Descrivere sinteticamente funzionamento e scopo del *caching* in memoria RAM del *file-system*.**

TEST A RISPOSTA MULTIPLA

6 **Quali delle seguenti affermazioni sono vere?**

A L'utente «vede» un'organizzazione gerarchica ad albero del *file-system*.

B Il sistema operativo utilizza l'estensione del nome dei file per associarli ai programmi applicativi.

C Windows e Linux espongono ai programmi applicativi la stessa API di accesso al *file-system*.

D I singoli byte memorizzati sull'unità di memoria persistente possono essere letti e scritti singolarmente.

7 **Il contenuto di un file è:**

A sempre interpretato dal sistema operativo.

B normalmente interpretato da un programma applicativo.

C interpretato dal sistema operativo solo se è presente il *magic-number*.

D interpretato da un programma applicativo solo se è presente il *magic-number*.

8 **I file sono memorizzati sull'unità di memoria persistente:**

A sempre in blocchi contigui del dispositivo fisico.

B in blocchi di dimensione variabile in funzione della loro dimensione.

C in blocchi normalmente non contigui di dimensione fissa.

D in posizioni distinte del dispositivo fisico in funzione della loro dimensione.

9 **La normale allocazione dei blocchi di dati di un file prevede:**

A una lista concatenata dei blocchi che costituiscono un file.

B un'organizzazione ad albero degli indici dei singoli blocchi che costituiscono un file.

C una tabella ordinata di tutti gli indici dei singoli blocchi che costituiscono un file.

D la memorizzazione fisicamente contigua dei singoli blocchi che costituiscono un file.

10 **Il *caching* in memoria RAM del *file-system* da parte del sistema operativo:**

A consente di mantenere integro il *file-system* anche nel caso di improvvisi arresti del sistema.

B consente di ottimizzare le prestazioni delle operazioni di lettura/scrittura dei dati.

C velocizza le operazioni di apertura e chiusura di un file da parte di un programma applicativo.

D minimizza la quantità di memoria RAM utilizzata dal sistema operativo.

11 **Quale politica adotta il gestore del *file-system* per ottimizzare il percorso della testina di lettura/scrittura di un disco magnetico?**

A Riordina le richieste ricevute per minimizzare gli spostamenti della testina.

B Elimina le richieste ricevute non coerenti con lo spostamento della testina pianificato.

C Attende la chiusura di un file da parte del programma applicativo prima di accettare la richiesta di apertura di un nuovo file.

D Mantiene la testina posizionata su ogni singola traccia per uno specifico periodo di tempo.

PROBLEMI

12 Nell'ipotesi di un *file-system* che disponga di 4 indici per ogni file nella directory e di 8 indici per ogni blocco indice:

A. rappresentare graficamente l'allocazione su disco di un file composto da 3 blocchi di dati;

B. rappresentare graficamente l'allocazione su disco di un file composto da 10 blocchi di dati.

13 Nell'ipotesi di un *file-system* che disponga di 5 indici per ogni file nella directory e di 5 indici per ogni blocco indice:

A. rappresentare graficamente l'allocazione su disco di un file composto da 10 blocchi di dati;

B. rappresentare graficamente l'allocazione su disco di un file composto da 20 blocchi di dati.

14 Facendo riferimento alle caratteristiche del *file-system* del quesito precedente, quale è il massimo numero di blocchi di cui può essere composto un singolo file prevedendo al massimo due livelli di blocchi indice?

15 Facendo riferimento alle caratteristiche del *file-system* del quesito precedente, quale è il massimo numero di blocchi di cui può essere composto un singolo file prevedendo al massimo tre livelli di blocchi indice?

16 Riordinare le seguenti richieste di letture/scritture di *cluster* su un disco magnetico applicando l'algoritmo «dell'ascensore» per ottimizzare lo spostamento della testina (il numero di traccia è quello in colore):

(90,15), (20,20), (40,5), (80,10), (20,25), (60,15)

A9

Gestione dell'input/output

Nella parte posteriore del computer si trovano usualmente le connessioni hardware per i dispositivi di input e di output (come tastiera, mouse, monitor, stampante, ecc.).

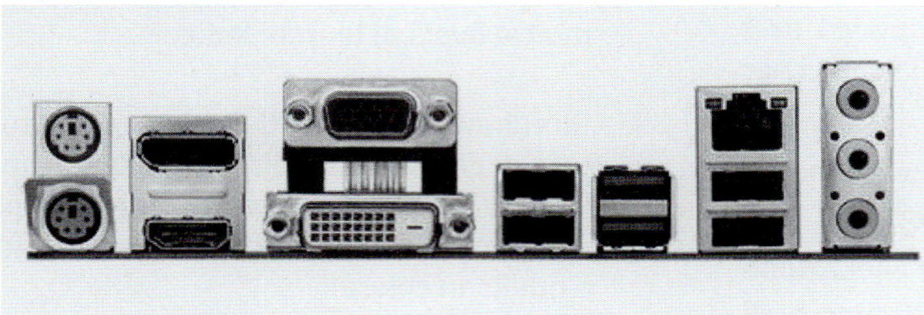

Lo strumento software «Gestione dispositivi» del panello di controllo di Windows visualizza tutti i sistemi (i singoli dispositivi, ma anche i generici «bus» di connessione come USB) di input e di output connessi al computer:

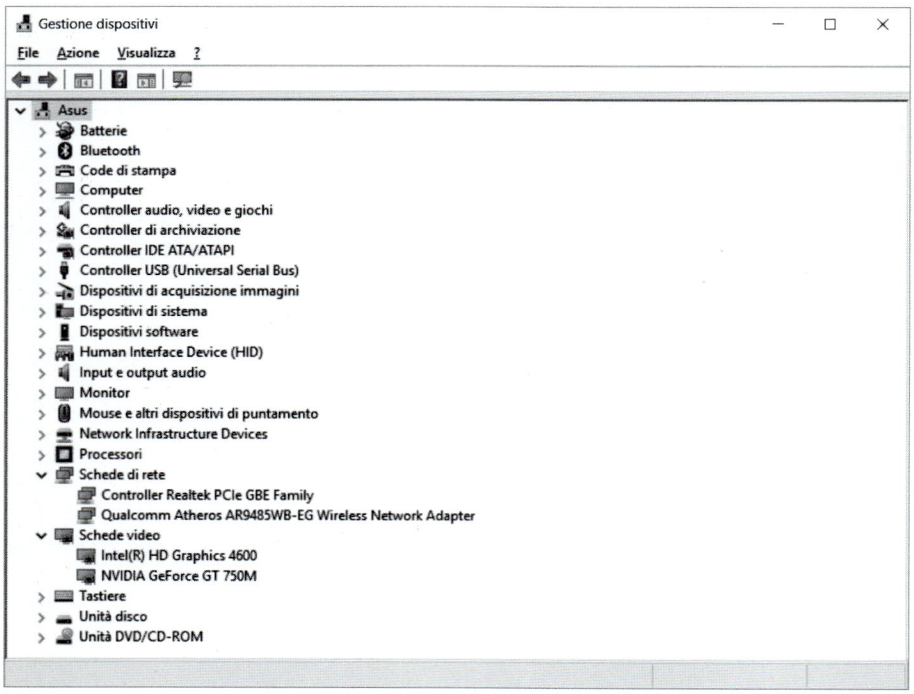

Per ciascun dispositivo di input/output esiste un ***device driver***: il sistema operativo – i cui programmatori non possono conoscere il tipo di dispositivi che saranno connessi al computer – deve infatti cooperare con questi moduli software sviluppati dai costruttori dell'hardware e installati, manualmente o automaticamente, dall'utente del computer.

1 L'interfaccia hardware dei dispositivi di input/output (I/O)

Molti dispositivi si connettono al computer mediante un'interfaccia standard; la più utilizzata è senza dubbio USB (*Universal Serial Bus*). Ma il controllore del bus USB interno al computer, così come i controllori di altre tipologie di dispositivi – il bus SATA per i dischi, per esempio, o la scheda video – devono necessariamente interfacciarsi al processore e alla memoria principale del computer; i controllori dei dispositivi di input/output sono gestibili mediante le istruzioni eseguite dalla CPU (e quindi dal codice del sistema operativo) in due diverse modalità:

- alcuni processori prevedono uno spazio di indirizzi speciali per l'I/O e istruzioni di lettura e scrittura specifiche;
- altri processori riservano una parte degli indirizzi della memoria RAM come indirizzi di I/O accessibili con le normali istruzioni di lettura/scrittura della memoria (questa modalità è nota come ***memory-mapped* I/O**).

I dispositivi espongono per la loro gestione un insieme di **registri**, cioè di locazioni di memoria con scopi specializzati; il controllo delle loro funzionalità avviene mediante la lettura e la scrittura da parte del codice eseguito dal processore del contenuto di questi registri.

L'accesso ai registri di controllo di un dispositivo è effettuato dal codice del *driver* del dispositivo stesso: non potrebbe essere diversamente dato che solo il produttore del dispositivo conosce l'organizzazione dei registri.

ESEMPIO

Una semplice tastiera potrebbe esporre un registro denominato KEY, per la lettura del codice dell'ultimo tasto premuto, e un secondo registro denominato STATUS, in cui un singolo bit indica la pressione (1) o meno (0) di un tasto successivamente all'ultima lettura del registro KEY.
Il codice del *driver* di gestione della tastiera potrebbe semplicemente implementare l'algoritmo di FIGURA 1.
Naturalmente i codici dei tasti premuti devono essere memorizzati per essere resi disponibili ai programmi applicativi che li richiedono: si tratta della parte dello schema omessa.

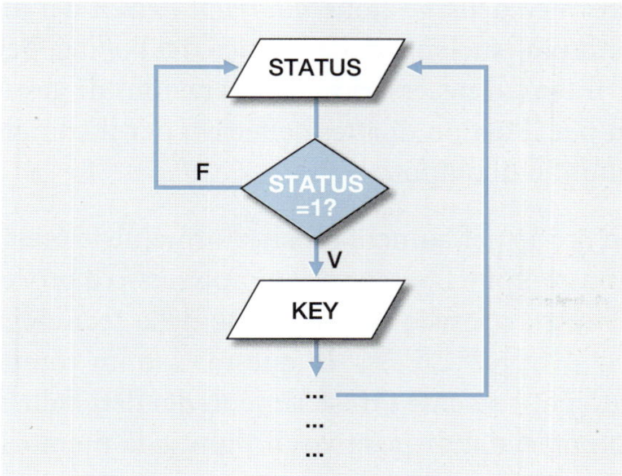

FIGURA 1

La tecnica utilizzata dall'algoritmo illustrato nell'esempio precedente è molto inefficiente: per tutto il tempo che intercorre tra la pressione di due tasti (tempo che anche nel caso di digitazione veloce da parte dell'utente è estremamente lungo rispetto alla velocità di esecuzione del codice da parte del processore) il ciclo di «interrogazione» del registro STATUS viene inutilmente ripetuto. Questa tecnica prende il nome di ***polling*** (interrogazione ciclica) o ***busy-wait*** (attesa attiva) e come vedremo **non** viene implementata dai *driver* dei dispositivi.

La maggior parte dei dispositivi di I/O utilizza la tecnica dell'interruzione (***interrupt***) per evitare di impegnare inutilmente il processore nell'attesa di un evento. Quando è disponibile un nuovo dato in input, o è terminato l'output di un dato fornito in precedenza, il dispositivo interrompe il processo attualmente in esecuzione invocando una funzione di servizio dell'interruzione stessa (**ISR**, ***Interrupt Service Routine***). L'esecuzione del processo riprende automaticamente una volta servita la richiesta del dispositivo.

OSSERVAZIONE L'esecuzione di una ISR, anche se avviene in modalità protetta, non prevede – per motivi di efficienza – un vero e proprio *context-switch* tra il processo in esecuzione e il sistema operativo: il processore che riceve una richiesta di interruzione da parte di un dispositivo effettua il salvataggio di parte dello stato del processo in esecuzione per ripristinarlo automaticamente al termine dell'esecuzione della ISR stessa.

Praticamente tutti i *driver* dei dispositivi sono di tipo *interrupt-driven*, cioè eseguono il codice di gestione dei dispositivi stessi in risposta alle interruzioni da essi generate.

ESEMPIO Dovendo scrivere su un'unità di memoria persistente alcuni blocchi di dati, il *driver* del dispositivo si limita a iniziare la scrittura del primo blocco senza attenderne la fine. Quando il controllore hardware dell'unità ha terminato la scrittura del blocco genera un'interruzione la cui funzione di servizio inizia la scrittura del blocco successivo. Quando la funzione di servizio dell'interruzione non dispone di ulteriori operazioni di scrittura da effettuare invoca il *driver* del dispositivo per segnalare il completamento delle operazioni richieste.

La tecnica della gestione *interrupt-driven* dei dispositivi di input/output è molto più efficiente della tecnica del *polling*, perché impegna la CPU solo per il tempo necessario alle operazioni di gestione dei dispositivi stessi e non per il tempo di attesa effettivo per il completamento di un'operazione di input o di output.

Un modo per aumentare ulteriormente le prestazioni delle operazioni di input/output, liberando al tempo stesso il processore per l'esecuzione dei processi, consiste nell'adozione della tecnologia nota come **DMA** (***Direct Memory Access***). In questo caso un componente hardware gestisce automaticamente i trasferimenti dei dati dalla memoria al dispositivo di output, o dal dispositivo di input alla memoria, interrompendo il processore solamente al termine di più operazioni di input/output, come schematizzato in FIGURA 2.

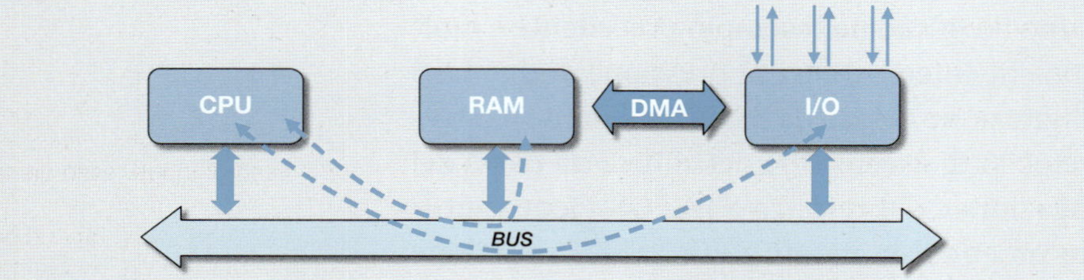

FIGURA 2

La tecnologia DMA consente di effettuare l'intera operazione di input/output senza utilizzare la CPU per il trasferimento dei dati nella o dalla memoria RAM; il dispositivo DMA notifica al processore mediante un'interruzione solo la conclusione dell'operazione programmata.

ESEMPIO Dovendo inviare alla stampante un blocco di dati corrispondenti a un'immagine, il sistema operativo programma il dispositivo DMA fornendo l'indirizzo di memoria iniziale del blocco e la sua dimensione espressa in byte. Il dispositivo DMA gestisce il trasferimento accedendo alla memoria RAM contemporaneamente alla CPU, che continua la sua normale attività; al termine del trasferimento il dispositivo DMA genera un'interruzione per segnalare al sistema operativo la conclusione dell'operazione.

2 La gestione dei dispositivi di input/output (I/O)

L'aggiunta di un nuovo dispositivo hardware al computer è normalmente seguita dall'installazione del *driver* software, cioè dall'integrazione del sistema operativo con un componente specifico – il cui codice viene normalmente eseguito in modalità protetta – per la gestione del dispositivo stesso.

OSSERVAZIONE In alcuni casi, come per molti dispositivi con connessione USB, l'installazione avviene automaticamente. In questo caso il sistema operativo ricerca e scarica il *driver* software dalla rete dopo avere identificato il dispositivo hardware.

L'installazione di un *driver* software integra il codice del sistema operativo con un insieme di funzioni di gestione delle interruzioni che il controllore dell'hardware è in grado di generare e con un insieme di funzioni che – tramite l'API del sistema operativo stesso – i programmi applicativi possono invocare (FIGURA 3).

La frequenza e la velocità con cui un dispositivo hardware invia i dati di input o riceve i dati di output sono molto variabili: non è pensabile che un programma applicativo sincronizzi l'invocazione delle funzioni del sistema operativo che gestiscono le operazioni di input/output con il flusso di dati del dispositivo hardware.

Per ovviare al fatto che l'esecuzione del programma che richiede dati di input o produce dati di output è asincrona rispetto all'invio o alla ricezione dei dati da parte del dispositivo fisico, è necessario bufferizzare i dati memorizzandoli temporaneamente in un'area della memoria principale. La bufferizzazione può essere effettuata dal *driver* del dispositivo all'interno del *kernel* del sistema operativo, oppure dal programma applicativo stesso, o ancora – ed è il caso più comune – a entrambi i livelli.

Spooling

Molti dispositivi di I/O possono essere utilizzati da più processi allo stesso tempo, anche se il sistema operativo deve garantire la corretta gestione di queste risorse rispetto alle richieste.
Dispositivi come la stampante non sono invece condivisibili tra più processi: è infatti necessario mettere in coda le richieste di stampa e soddisfarle una alla volta; questa tecnica prende il nome di ***spooling***, dall'acronimo SPOOL (*Simultaneous Peripheral Operations On-Line*).

Double buffering

Una tecnica piuttosto diffusa di programmazione del codice di gestione dei *buffer* prevede l'uso di due aree di memoria: una utilizzata dalle funzioni ISR e l'altra a disposizione del *driver* e del sistema operativo. Quando il *buffer* è vuoto (in caso di output), o pieno (in caso di input), esso viene scambiato con quello utilizzato dal programma applicativo, che lo utilizza per elaborare i dati ricevuti o per predisporre nuovi dati da inviare.

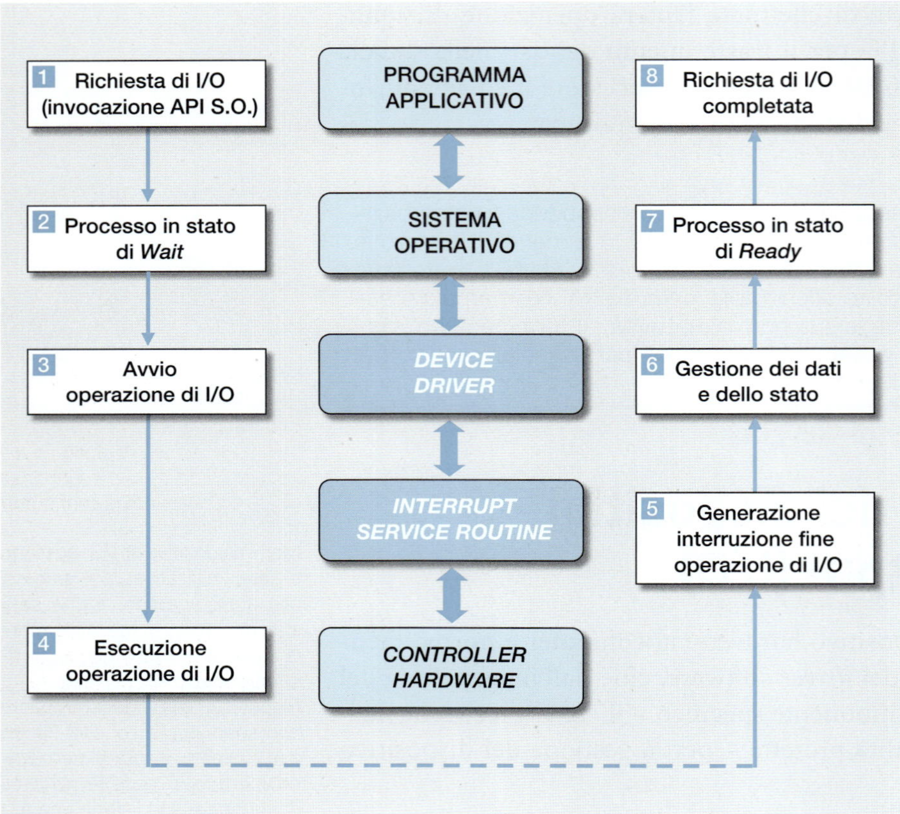

FIGURA **3**

ESEMPIO

Nel corso del download di un file i dati che lo costituiscono sono forniti dal *driver* del dispositivo di rete a blocchi di dimensione variabile; la funzione ISR del *device driver* deputata alla gestione dei dati in arrivo li memorizza in un *buffer* in attesa che il programma applicativo li richieda (FIGURA **4**).

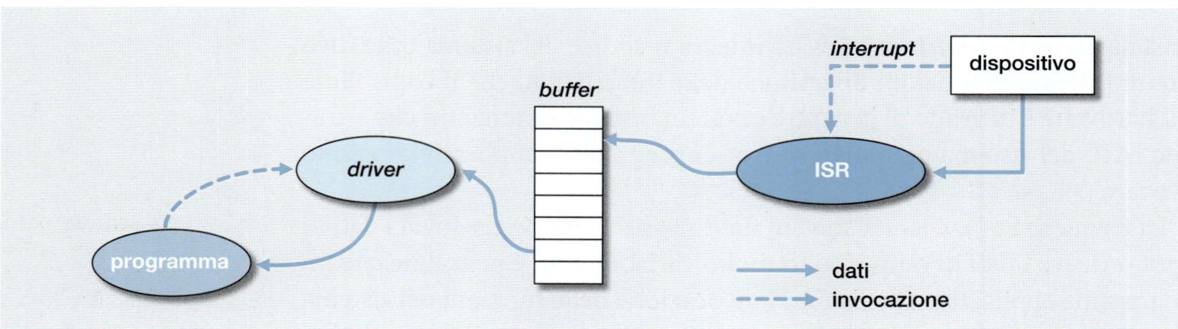

FIGURA **4**

ESEMPIO

Per effettuare la stampa di un documento il programma applicativo bufferizza i dati che la codificano prima di invocare le funzioni che avviano e alimentano la stampa; a queste funzioni viene fornito come argomento il *buffer* contenente i dati da stampare.

Il sistema operativo – la cui API deve garantire ai programmi applicativi un'interfaccia software di gestione dei dispositivi hardware indipendente dai dettagli realizzativi – espone un'astrazione delle caratteristiche funzionali delle diverse categorie di dispositivi (dispositivi di memorizzazione, dispositivi audio/video, dispositivi di interazione con l'utente, dispositivi di stampa, ecc.) e incapsula i *device driver* in modo che essi siano invocati tramite un'interfaccia standard.

> **ESEMPIO** Due mouse realizzati da due produttori diversi presentano interfacce hardware differenziate: i *driver* software installati per la loro gestione uniformano il funzionamento nei confronti del sistema operativo e per i programmi applicativi la differenza è completamente trasparente.

3 La gestione dell'input/output in Linux e Windows

Il sistema operativo Linux eredita da Unix l'idea di rappresentare ciascun dispositivo di input o di output mediante un file di tipo speciale – usualmente collocato nella directory */dev* – collegato al *driver* del dispositivo stesso. Questa soluzione («*everything is a file*») consente ai programmatori di utilizzare per i dispositivi fisici le stesse funzionalità dell'API di gestione dei file (apertura, chiusura, lettura, scrittura, ecc.). Tradizionalmente Linux classifica i dispositivi di input/output nelle seguenti categorie:

- *character-oriented*;
- *block-oriented*;
- *network*.

I dispositivi ***character-oriented*** prevedono la ricezione o la trasmissione di un flusso sequenziale di singoli byte, mentre i dispositivi ***block-oriented*** – come le unità di memoria persistente – hanno la caratteristica di eseguire la scrittura e la lettura dei dati a blocchi di dimensione prestabilita e necessitano di conseguenza di una gestione separata. In un computer moderno, infine, i dispositivi di rete costituiscono un elemento fondamentale le cui prestazioni sono critiche per l'intero sistema.

Nel sistema operativo Windows i *device driver* dei dispositivi di input/output sono – come d'altra parte in Linux – caricati dinamicamente dal *kernel*, quando necessario. In Windows i *driver* software sono inoltre «impilabili»: tipicamente «sopra» il *driver* del bus USB viene installato il *driver* di un dispositivo USB come una stampante o uno scanner.

OSSERVAZIONE Sia in Linux sia in Windows i *driver* dei dispositivi di rete assumono un ruolo speciale nel contesto del sistema operativo. Per esempio il *file-system* può essere integrato con quello di altri computer connessi in rete in modo trasparente – cioè come se i file e le directory si trovassero sul disco del computer stesso – grazie all'adozione di «protocolli» di comunicazione specifici come **NFS** (***Network File System***), per i sistemi Unix e Linux, ed **SMB** (***Server Message Block***), per i sistemi Windows.

Plug & play

Sia Windows sia Linux supportano la tecnologia *plug & play*, che consente la connessione di un dispositivo hardware al computer senza la necessità di installare il *driver* software e/o di configurare il dispositivo stesso.
In realtà il sistema operativo riconosce la categoria del dispositivo (memoria FLASH, tastiera, mouse, stampante, ecc.) e ne gestisce automaticamente la configurazione scaricandone, se necessario, il *driver* dalla rete.
La tecnologia *plug & play* necessita della funzionalità di enumerazione dei dispositivi connessi al computer.

Kernel device driver

Pur essendo prevista dai più diffusi sistemi operativi come Windows e Linux la possibilità di avere *device driver* eseguiti in modalità utente, la maggior parte dei *driver* software dei dispositivi hardware viene eseguita in modalità protetta nel contesto del *kernel* del sistema operativo. Questa modalità garantisce le massime prestazioni, ma al tempo stesso espone il *kernel* del sistema operativo a errori del codice scritto dai produttori dei dispositivi hardware e non dagli sviluppatori del sistema operativo stesso: la maggior parte dei *crash* degli attuali sistemi operativi è dovuta a malfunzionamenti dei *kernel mode device driver*.

I CONCETTI CHIAVE

DISPOSITIVI DI I/O. I dispositivi di input/output espongono per la loro gestione un insieme di **registri**, cioè di locazioni di memoria con scopi specializzati. Il controllo delle loro funzionalità avviene mediante la lettura e la scrittura da parte del codice eseguito dal processore del contenuto di questi registri.

***MEMORY-MAPPED* I/O.** Alcuni processori prevedono uno spazio di indirizzi speciali per l'I/O e istruzioni di lettura e scrittura specifiche, mentre altri processori riservano una parte degli indirizzi della memoria RAM come indirizzi di I/O accessibili con le normali istruzioni di lettura/scrittura della memoria (questa modalità è nota come *memory-mapped* I/O).

***INTERRUPT*.** La maggior parte dei dispositivi di I/O utilizza la tecnica dell'interruzione (*interrupt*) per evitare di impegnare inutilmente il processore nell'attesa di un evento. Quando è disponibile un nuovo dato in input, o è terminato l'output di un dato fornito in precedenza, il dispositivo interrompe il processo attualmente in esecuzione invocando una funzione di servizio dell'interruzione stessa (ISR, *Interrupt Service Routine*). L'esecuzione del processo riprende automaticamente una volta servita la richiesta del dispositivo.

***DIRECT MEMORY ACCESS*.** Con la tecnologia DMA (*Direct Memory Access*) un componente hardware gestisce automaticamente i trasferimenti dei dati dalla memoria al dispositivo di output, o dal dispositivo di input alla memoria, interrompendo il processore solamente al termine di più operazioni di input/output.

***DEVICE DRIVER*.** L'installazione di un *driver* software integra il codice del sistema operativo con un insieme di funzioni di gestione delle interruzioni che il controllore dell'hardware è in grado di generare e con un insieme di funzioni che – tramite l'API del sistema operativo stesso – i programmi applicativi possono invocare.

***BUFFER*.** Per ovviare al fatto che l'esecuzione del programma che richiede dati di input o produce dati di output è asincrona rispetto all'invio o alla ricezione dei dati da parte del dispositivo fisico, è necessario bufferizzare i dati memorizzandoli temporaneamente in un'area della memoria principale: la bufferizzazione può essere effettuata dal *driver* del dispositivo all'interno del *kernel* del sistema operativo, oppure dal programma applicativo stesso.

RIPASSA CON LA MAPPA

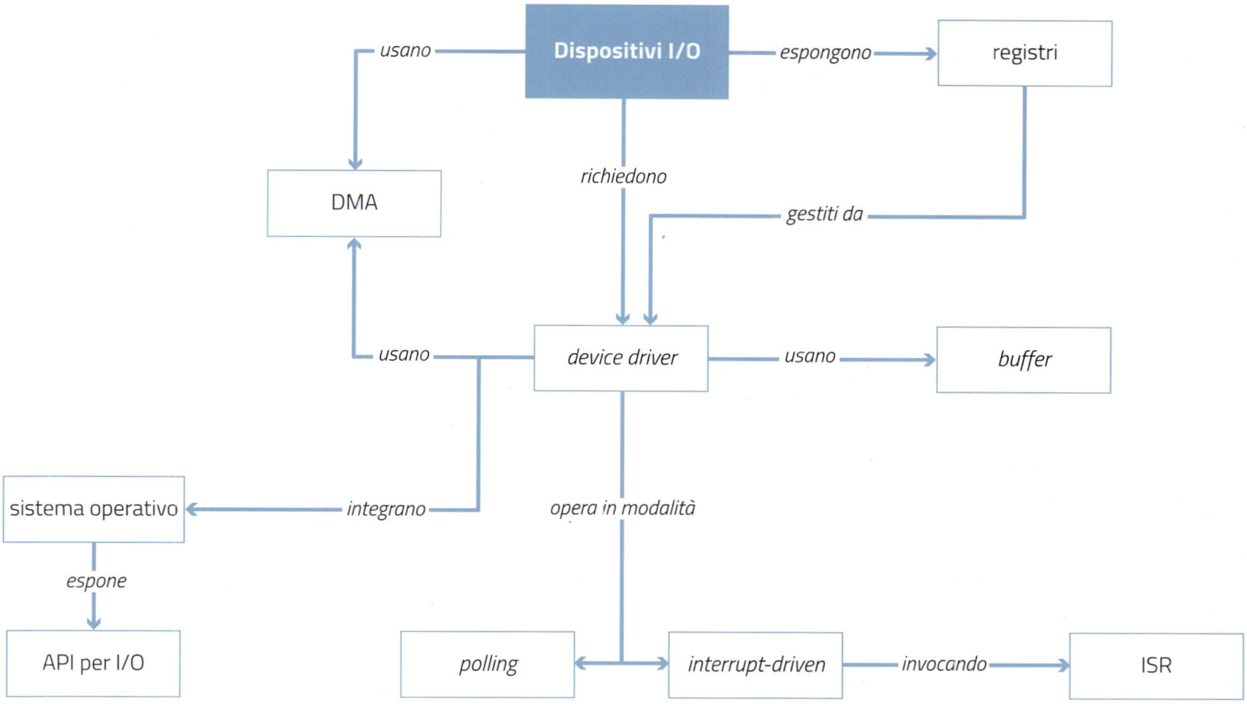

SPIEGA IN UNA PAGINA

1 **Descrivere, anche ricorrendo a rappresentazioni grafiche, la gestione delle operazioni di I/O da parte del sistema operativo.**

QUESITI A RISPOSTA APERTA

2 **Che cos'è un *device driver*?**

3 **Rappresentare graficamente e descrivere sinteticamente la modalità di funzionamento DMA per un dispositivo di I/O.**

4 **Indicare per ogni livello della gestione dell'I/O da parte del sistema operativo la funzionalità principale.**

TEST A RISPOSTA MULTIPLA

5 **Un *device driver* è un componente**

A hardware.
B non necessario con i moderni sistemi *plug & play*.
C software, realizzato dai produttori dell'hardware.
D software, realizzato dai progettisti del sistema operativo.

6 **Quali sono i vantaggi della modalità *interrupt-driven* di gestione dell'I/O da parte del sistema operativo rispetto alla modalità *polling*?**

A Esecuzione contemporanea di codice estraneo all'operazione.
B Semplificazione della struttura del *controller*.
C Semplificazione dell'organizzazione del *driver*.
D Segnalazione automatica dello stato di *Ready* del dispositivo di I/O.

7 **La modalità di funzionamento DMA per un dispositivo di I/O**

A è possibile solo in architetture hardware con gestione *memory-mapped* dell'I/O.
B dipende esclusivamente dalle caratteristiche del dispositivo e non dall'architettura hardware del sistema.
C è possibile solo nel contesto di un'architettura hardware che la supporti.
D è una tecnica obsoleta sostituita nei sistemi attuali dalla modalità *memory-mapped* di gestione dell'I/O.

8 **La bufferizzazione dei dati nelle operazioni di input/output è resa necessaria**

A dall'asincronia tra le richieste dei programmi applicativi e il funzionamento dei dispositivi.
B dal fatto che i programmi applicativi non sono eseguiti in modalità protetta.
C dalla diversa velocità di esecuzione del codice dei programmi applicativi rispetto al codice del *kernel* del sistema operativo.
D dalla complessità della gestione dei registri esposti dai dispositivi.

PROBLEMI

9 **Ordinare temporalmente le fasi di un'operazione di I/O.**

... Avvio operazione di I/O da parte del *driver*.
... Richiesta di I/O (invocazione API S.O.).
... Generazione interruzione fine operazione I/O.
... Processo in stato di *Ready*.
... Processo in stato di *Wait*.
... Richiesta di I/O completata.
... Gestione dei dati e dello stato.
... Esecuzione operazione di I/O.

A10 Politiche e tecniche per la gestione della sicurezza

Un compito fondamentale del sistema operativo è quello di garantire la sicurezza delle risorse hardware e software che gestisce, in particolare di assicurarne la funzionalità e di impedirne l'uso non autorizzato. Dal pannello di controllo di Windows si accede alla scheda «Sicurezza e manutenzione», che consente di impostare vari aspetti legati alla sicurezza del computer:

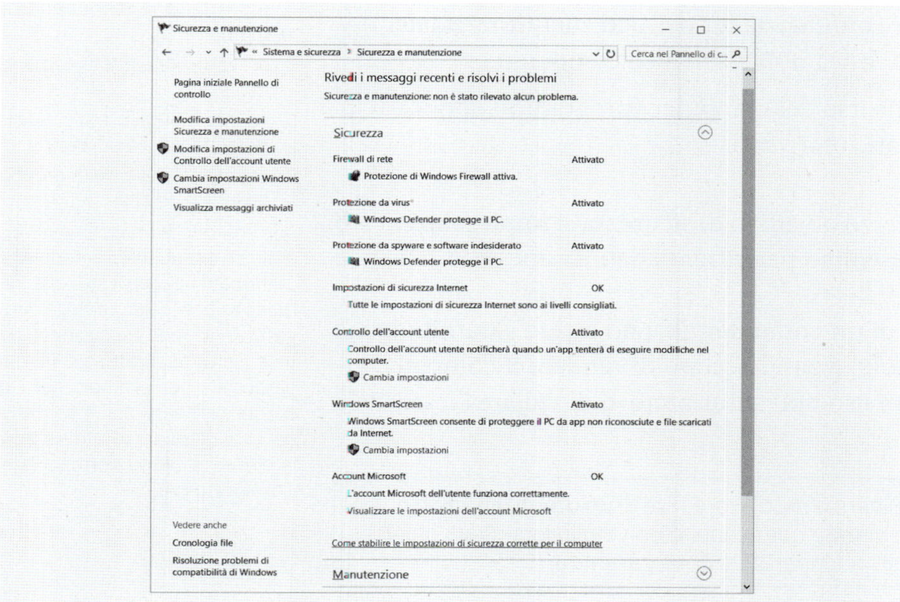

Linux ha derivato da Unix il concetto che ogni risorsa «è un file» e di conseguenza implementa lo stesso sistema di controllo degli accessi ai singoli file e alle directory, ormai storico. La digitazione del comando di elencazione dei file contenuti in una directory dalla *shell* testuale visualizza i «permessi» di accesso assicurati all'utente proprietario del file, al gruppo di utenti cui appartiene il proprietario e a tutti i rimanenti utenti del sistema:

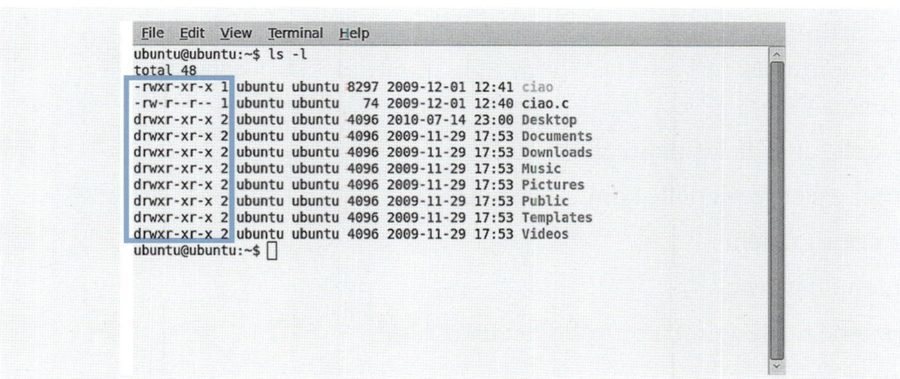

Manutenzione del sistema operativo

La scoperta delle vulnerabilità e dei difetti di sicurezza di un sistema operativo – così come di una qualsiasi altra applicazione software – avviene spesso nel tempo, dopo che è stato installato su milioni di computer distribuiti in tutto il mondo. Le *patch* che risolvono le problematiche di sicurezza che emergono nel tempo sono di conseguenza rilasciate continuamente dai produttori nel corso del ciclo di vita di una particolare versione di un sistema operativo: l'aggiornamento continuo è una pratica fondamentale per mantenere un adeguato livello di sicurezza.

1 I criteri di sicurezza di un computer

Che cosa si intende per sicurezza di un computer? In alcuni casi il malfunzionamento hardware o software di un computer può rappresentare un vero e proprio rischio: basta pensare alle conseguenze di guasti o errori dei computer che controllano il traffico aereo, o dei computer per la gestione di una centrale elettronucleare. Il termine originale con cui si indica questo aspetto è *computer safety* e l'argomento, per quanto fondamentale, è molto specialistico, per cui non lo tratteremo nel seguito.

La *computer security* ha invece altri obiettivi:

- garantire la corretta funzionalità del computer;
- garantire l'integrità e la confidenzialità dei dati memorizzati nel *file-system* di un computer o scambiati con altri computer;
- garantire l'accesso alle risorse del computer (programmi applicativi, file di dati) solo agli utenti autorizzati.

Per garantire il secondo e il terzo obiettivo di sicurezza si impiegano spesso tecniche crittografiche, per esempio per cifrare i dati trasmessi in rete, o le *password* degli utenti.

Gli obiettivi di sicurezza di un computer devono essere garantiti anche nel caso di «attacchi» malevoli, aventi lo scopo di rendere il computer inservibile o di finalizzarlo a un uso non autorizzato, o di violare l'integrità e la riservatezza dei dati.

ESEMPIO La possibilità di copiare, eliminare o modificare i file di un utente che non abbia espressamente autorizzato queste operazioni è una violazione degli obiettivi di sicurezza che qualsiasi sistema operativo deve garantire.

OSSERVAZIONE La sicurezza di un computer non può essere garantita solo dal sistema operativo: molte organizzazioni i cui computer sono connessi in rete tra loro e con Internet separano la rete interna da quella esterna mediante un *firewall*, un dispositivo configurabile dedicato a impedire accessi non autorizzati alle risorse dei computer interni da parte di computer esterni.

A livello internazionale è stata definita una normativa di verifica del livello di sicurezza di un computer denominata *Common Criteria*[1]; gli ambiti di sicurezza previsti sono i seguenti:

- registrazione e protezione delle attività attinenti alla sicurezza;
- comunicazione tra computer e sicurezza delle comunicazioni;
- supporto alle funzionalità crittografiche;
- protezione dei dati degli utenti e *privacy*;
- identificazione e autenticazione degli utenti, controllo degli accessi;
- utilizzazione delle risorse.

EAL, *Evaluation Assurance Levels*

I *Common Criteria* prevedono che la verifica degli ambiti di sicurezza di un software per computer, e in particolare di un sistema operativo, sia classificata con un livello corrispondente alla metodologia di accertamento:

1. test funzionale;
2. test strutturale;
3. test e verifiche metodici;
4. progettazione, test e verifiche metodici;
5. progettazione e test semiformali;
6. verifica semiformale della progettazione e dei test;
7. verifica formale della progettazione e dei test.

Per metodi formali e semiformali si intendono metodologie matematiche applicate alla dimostrazione della corretta progettazione ed esecuzione dei test. Sono applicati solo in casi particolari, per esempio nel caso del software per il controllo del volo di un aereo. Un sistema operativo sicuro è normalmente classificato EAL-4.

1. Il nome deriva dal fatto che si tratta dell'armonizzazione di norme europee e americane precedenti.

Le tipologie di «attacco» più comuni da cui il sistema operativo deve difendersi in modo adeguato sono le seguenti:

- limitazione o soppressione delle funzionalità (DOS, *Denial Of Service*);
- violazione dell'integrità o della confidenzialità dei dati anche mediante l'assunzione fraudolenta dell'identità di utenti autorizzati.

Rientrano nel primo tipo i virus per computer e il consumo incontrollato di risorse (tempo di CPU, memoria RAM, comunicazione di rete, ecc.) da parte di programmi ostili. Il secondo caso comprende invece gli attacchi finalizzati all'acquisizione o alla manipolazione di dati che dovrebbero rimanere riservati agli utenti che ne detengono il diritto di accesso.

Virus, *worm* e cavalli di Troia

Un **virus** è tecnicamente un codice eseguibile capace di replicarsi autonomamente e che «infetta» i programmi del computer.
Un *worm* è un programma a sé stante con gli stessi effetti dannosi di un virus.
Anche se molti virus e *worm* sono relativamente poco dannosi per le attività del computer, alcuni sono stati creati per cancellare o rendere inservibili dati fondamentali che ne impediscono il corretto funzionamento.
Un **cavallo di Troia**, infine, è un programma con normali funzionalità che nasconde un comportamento dannoso, o finalizzato a forzare la protezione del sistema operativo.
Data la rapida diffusione del *malware* nei computer connessi a Internet, è sicuramente buona norma integrare i meccanismi di protezione del sistema operativo con uno specifico software antivirus, per massimizzare la protezione del computer dai virus e dalle altre applicazioni malevole.

2 Autenticazione e identificazione degli utenti

Per garantire l'accesso alle risorse del computer ai soli utenti autorizzati, è ovviamente necessario che il sistema operativo identifichi gli utenti che richiedono l'accesso: tradizionalmente questa operazione è implementata richiedendo all'utente del computer uno ***username*** e una ***password*** segreta. Basandosi sull'assunzione che la *password* è nota solo all'utente cui è stata assegnata, il riconoscimento della sua correttezza da parte del sistema operativo autentica l'utente, a cui verrà consentito l'accesso.

OSSERVAZIONE Non necessariamente l'utente di un computer è una persona: in alcuni casi può trattarsi di un diverso computer che – autenticandosi per essere identificato – richiede l'accesso. È quello che accade, per esempio, quando il dispositivo POS (*Point Of Sale*) collegato alla cassa del supermercato richiede alla banca l'autorizzazione per il pagamento mediante carta di credito.

Se il sistema operativo memorizzasse in un file le *password* associate agli utenti così come sono state definite per poterle successivamente confrontare con quelle fornite al momento della richiesta di autenticazione, la possibilità di leggere il contenuto del file renderebbe il computer poco sicuro; per questo motivo le *password* sono sempre memorizzate in forma cifrata.

ESEMPIO Nei sistemi Unix/Linux le informazioni relative agli utenti del computer sono memorizzate nel file */etc/passwd*:

```
root:x:0:0:root:/root:/bin/bash
giorgio:x:500:500:GM:/home/giorgio:/bin/bash
```

mentre le *password* associate agli utenti sono memorizzate in forma cifrata nel file */etc/shadow*:

```
root:$1$xHkMhql0$utt9s/y7XsjxksihmSs381:12922:0:99999:7:::
giorgio:$1$1tuFUmA0sSAyAJ7t5qGmlVNMjtTcUlxO:12922:-1:99999:-1:::
```

Gli algoritmi di cifratura di tipo *hash* generano, a partire da una stringa di testo di lunghezza qualsiasi, una stringa di testo di lunghezza fissa nota come *fingerprint* (impronta digitale): le proprietà matematiche degli algoritmi *hash* rendono di fatto impossibile risalire alla stringa originale a partire dal *fingerprint*; al momento della registrazione di un nuovo utente il sistema operativo calcola e memorizza esclusivamente il *fingerprint* della *password* associata (FIGURA 1).

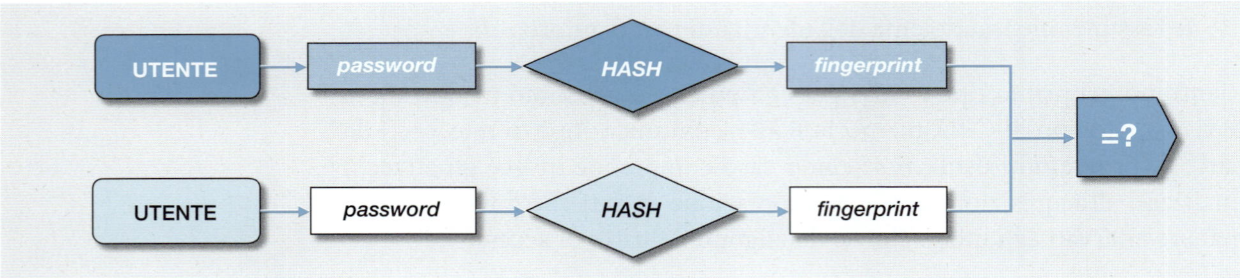

FIGURA **1**

Quando l'utente fornisce la *password* per richiedere l'accesso alle risorse del computer, il modulo del sistema operativo che controlla gli accessi ne calcola immediatamente il *fingerprint* mediante l'algoritmo di *hashing* e confronta il risultato con il *fingerprint* memorizzato: se sono uguali la *password* corrisponde a quella fornita in precedenza e l'utente viene autenticato e identificato per l'accesso al computer, altrimenti l'accesso viene negato.

Gli algoritmi *hash* più utilizzati sono MD (*Message Digest*), sviluppato da Donald Rivest, e SHA (*Secure Hash Algorithm*), sviluppato dalla National Security Agency degli Stati Uniti.

OSSERVAZIONE Gli algoritmi *hash* sono molto sicuri: è cioè praticamente impossibile risalire dal *fingerprint* alla *password* e l'eventuale conoscenza del *fingerprint* non consente l'accesso al computer in quanto il sistema operativo richiede l'inserimento della *password*. Ciò nonostante, sono facilmente producibili elenchi di parole con associato il relativo *fingerprint*, e se la *password* non è stata scelta dall'utente avendo cura di evitare parole comuni, è probabilmente facile «indovinarla» ricercandone la cifratura in un elenco. Per questo motivo le *password* non devono corrispondere a parole o a nomi prevedibili.

ESEMPIO Un classico tipo di attacco per ottenere l'accesso a un computer senza disporre di una *password* valida è l'attacco per «forza bruta». Si tratta in pratica di indovinare la *password* provando sistematicamente tutte le possibili combinazioni di caratteri fino alla massima lunghezza consentita. Un attacco di questo tipo è intrinsecamente limitato dall'enorme numero di combinazioni possibili, inoltre il sistema di convalida della *password* normalmente introduce un ritardo nel fornire la risposta che risulta impercettibile all'utente, ma che rende proibitivi i tentativi di accesso mediante generazione automatica della *password*.

Allo scopo di aumentare la sicurezza dei meccanismi di autenticazione, molti sistemi operativi gestiscono dispositivi hardware specializzati per l'identificazione degli utenti:

Autenticazione tra computer

Quando l'«utente» da autenticare è un computer, viene solitamente utilizzata la tecnica del *challenging*: il computer che richiede la risorsa e il computer che la rende disponibile condividono una *password*. Per evitare di inviare la *password* sul canale di comunicazione tra i due computer (per esempio Internet), il computer che dispone della risorsa genera una stringa casuale – sempre diversa – e la invia al computer che la richiede: questo concatena la stringa casuale con la *password* condivisa, ne calcola il *fingerprint* con un algoritmo di tipo *hash* e restituisce il risultato che viene confrontato con il risultato dello stesso calcolo effettuato dal computer che dispone della risorsa. La risorsa viene resa disponibile al computer richiedente solo se i risultati coincidono: in questo modo, anche se osservato, lo scambio di messaggi tra i due computer è sempre diverso e inutile ai fini di un attacco da parte di un intruso.

- lettori di *smart-card* mediante contatto o a breve distanza;
- sensori di dati biometrici come le impronte digitali.

Se un sensore affidabile di dati biometrici considerati unici può ovviamente sostituire il meccanismo di autenticazione basato su *password*, l'uso di una *smart-card* – che può essere persa o rubata – deve sempre essere confermato mediante un PIN (*Personal Identification Number*) noto solo al proprietario.

3 La protezione crittografica dei dati

Come vedremo, il sistema operativo deve impedire l'accesso non autorizzato alle risorse che gestisce – e in particolare ai file di dati – da parte di utenti privi dei necessari privilegi. Per quanto sofisticati possano essere i meccanismi di difesa, è sempre possibile che un utente non autorizzato acceda a dati riservati; inoltre esistono situazioni – come la trasmissione dei dati in una rete di computer – in cui non è praticamente possibile impedire l'accesso ai dati da parte di soggetti estranei.

I dati per i quali è richiesta una particolare protezione devono essere cifrati mediante un algoritmo crittografico e decifrati dall'utente autorizzato al momento del loro uso. Dato che gli algoritmi di crittografia utilizzati sono standard, e quindi noti, la segretezza dei dati viene garantita da una chiave (in pratica una stringa di caratteri anche casuale) nota solo al cifratore e al decifratore. Non essendo possibile risalire dal contenuto cifrato a quello originale in altro modo, la segretezza della chiave garantisce la confidenzialità dei dati.

Lo schema di FIGURA 2 si riferisce alla trasmissione di un messaggio da un mittente a un destinatario, ma nulla cambia se intendiamo semplicemente salvare in modo sicuro i dati nel *file-system* del computer per recuperarli successivamente, salvo che in questo caso cifratore e decifratore non devono scambiarsi in modo sicuro la chiave.

La crittografia asimmetrica

La necessità di uno scambio sicuro della chiave segreta di un algoritmo di cifratura simmetrico tra mittente e destinatario rende questa tecnica di difficile praticabilità, su un canale insicuro come Internet, nelle comunicazioni estemporanee che richiedono la confidenzialità dei dati.
Fortunatamente esistono algoritmi di crittografia in cui le chiavi sono generate a coppie: la *chiave pubblica* e la corrispondente *chiave privata*. Cifrando un messaggio con la chiave pubblica del destinatario (nota a tutti gli interessati) esso può essere decifrato esclusivamente con la chiave privata corrispondente, che viene ovviamente mantenuta riservata.
A causa della lentezza degli algoritmi di crittografia asimmetrici, spesso essi sono utilizzati solo per lo scambio iniziale di una stringa casuale che viene successivamente utilizzata come chiave segreta di un algoritmo simmetrico più efficiente.

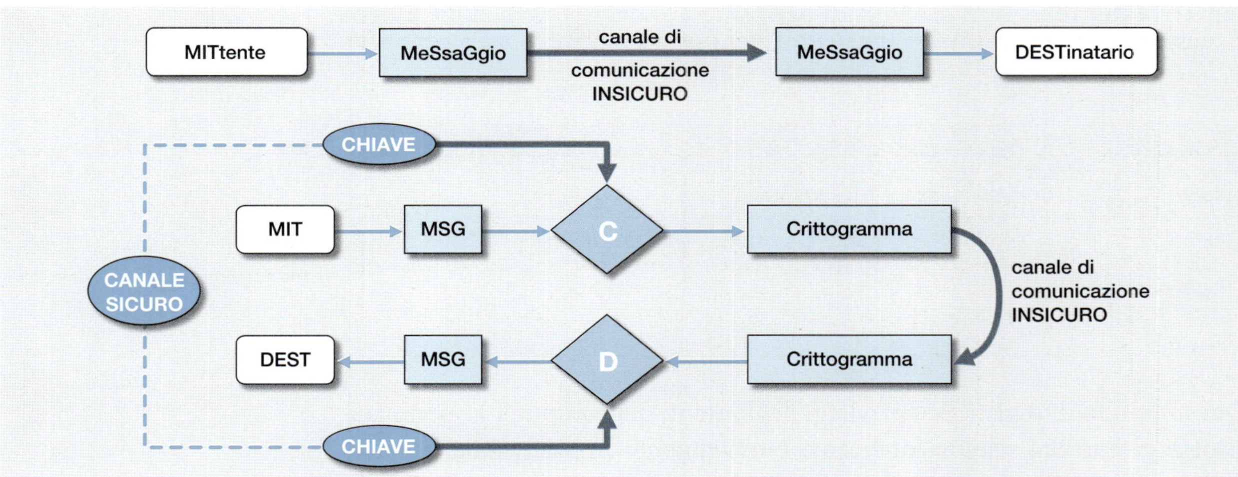

FIGURA 2

La necessità di scambiare in modo sicuro la chiave tra il mittente del messaggio (cifratore) e il destinatario (il decifratore) giustifica il nome di **cifrari simmetrici** con cui questi algoritmi sono conosciuti: tra i più noti DES (*Data Encryption Standard*), considerato ormai datato con la sua chiave di soli 64 bit di lunghezza (8 caratteri), e AES (*Advanced Encryption Standard*), che può utilizzare chiavi di lunghezza pari a 128 o 256 bit (16 o 32 caratteri).

OSSERVAZIONE Praticamente tutti gli algoritmi crittografici cifrano un piccolo blocco di dati (tipicamente 8, 16 o 32 byte): la cifratura di un file avviene suddividendone il contenuto in blocchi della dimensione specificata.

ESEMPIO

La stringa «**Computer**» cifrata con AES utilizzando la seguente chiave esadecimale di 16 byte (128 bit)

0F1571C947D9E8590CB7ADD6AF7F6798

diviene «**B¯wo±¤_0Zàåxa›Ü**».

4 La gestione dei privilegi di accesso alle risorse

La richiesta di autenticazione e la conseguente identificazione degli utenti di un computer mediante, per esempio, la richiesta di *username* e *password* ha come scopo la gestione da parte del sistema operativo dei privilegi di accesso dei singoli utenti alle singole risorse (file e directory, dispositivi di input/output, programmi applicativi, ecc.). Limitandosi ai file e alle directory è ragionevole individuare i seguenti privilegi:

- lettura del contenuto;
- scrittura (comprende la creazione e la cancellazione);
- esecuzione (se si tratta di un programma).

Idealmente il sistema operativo potrebbe mantenere una tabella come la TABELLA 1 per registrare privilegi di ogni singolo utente in relazione a ogni singolo file.

TABELLA **1**

Utente/File	Documento.doc	Presentazione.ppt	Programma.exe	...
Pippo	lettura/scrittura	lettura	–	...
Pluto	lettura	lettura/scrittura	esecuzione	...
Paperino	–	–	esecuzione	...
...	...	...	...	...

Questo modo di registrare i privilegi degli utenti del computer rispetto alle risorse gestite dal sistema operativo è ovviamente impraticabile, a causa delle proibitive dimensioni che assumerebbe la tabella. Inoltre nella pratica molte caselle rimarrebbero vuote.

I sistemi operativi riducono la complessità di gestione della tabella dei privilegi di accesso utilizzando una delle seguenti tecniche:

- *Access Control List* (ACL), in cui a ogni risorsa viene associata una lista dei soli utenti che dispongono di privilegi sulla risorsa stessa;
- *Capability List* (C-list), in cui a ogni utente viene associata una lista delle sole risorse su cui dispone di privilegi.

ESEMPIO

Facendo riferimento alla precedente tabella dei privilegi le ACL sarebbero le seguenti:

Documento.doc:	Pippo (lettura/scrittura), Pluto (lettura)
Presentazione.ppt:	Pippo (lettura), Pluto (lettura/scrittura)
Programma.exe:	Pluto (esecuzione), Paperino (esecuzione)

Invece le C-list sarebbero le seguenti:

Pippo:	Documento.doc (lettura/scrittura), Presentazione.ppt (lettura)
Pluto:	Documento.doc (lettura), Presentazione.ppt (lettura/scrittura), Programma.exe (esecuzione)
Paperino:	Programma.exe (esecuzione)

Inoltre la maggior parte dei sistemi operativi organizza gli utenti – che spesso condividono i medesimi privilegi di accesso alle stesse risorse – in «gruppi», costruendo le C-list o riportando nelle ACL i privilegi dei gruppi invece che dei singoli utenti.

ESEMPIO

Il sistema operativo Windows distingue gli utenti del computer nei gruppi *Amministratore* e *Standard*: i primi hanno accesso a tutte le risorse del computer, mentre i secondi non possono installare nuovi programmi e normalmente non possono accedere alle directory e ai file di sistema e degli altri utenti.

5 La protezione del *file-system* in Linux e Windows

Anche se opzionalmente in grado di gestire un vero e proprio sistema di ACL, il sistema operativo **Linux** eredita da Unix un sofisticato sistema di gestione dei privilegi di accesso ai singoli file e alle directory. Ogni utente viene prima di tutto identificato mediante autenticazione dal sistema operativo e ogni utente appartiene a uno o più gruppi di utenti. Dato che in Unix e Linux ogni risorsa è rappresentata da un file, sono stati definiti i seguenti «permessi»:

- *read* (r);
- *write* (w);
- *execute* (x).

Nel caso delle directory il permesso *read* consente di visualizzarne il contenuto, il permesso *write* consente di creare nuovi file o directory e il permesso *execute* consente di attraversarle per accedere a sottodirectory.

Microsoft *account*

Nelle recenti versioni del sistema operativo Windows l'utente può accedere utilizzando – anziché uno *username* e una *password* «locali» – il proprio Microsoft *account* che associa la *password* a un indirizzo e-mail registrato e che la verifica, mediante una connessione sulla rete Internet, accedendo a un server gestito da Microsoft: in questo scenario lo *username* e la *password* locali sono utilizzati solo in assenza di collegamento alla rete Internet. La stessa *password* può essere utilizzata per qualsiasi sito web o applicazione software gestita da Microsoft: si tratta di un esempio di uso della tecnologia *Single Sign-On*.

Super-user

Sia Windows sia Linux hanno un superutente predefinito (la cui *password* viene impostata in fase di installazione o configurazione del sistema operativo) che dispone di tutti i privilegi su tutte le risorse. Il superutente di Linux ha ereditato da Unix il nome *root*, mentre il superutente di Windows è denominato *Administrator*.

Per ogni file e directory sono codificati i permessi garantiti al proprietario del file o della directory, i permessi garantiti agli utenti che appartengono al gruppo di utenti associato al file o alla directory e i permessi garantiti a tutti gli altri utenti del computer.

ESEMPIO Il comando della *shell* Linux che visualizza il contenuto di una directory riporta per ogni file il nome dell'utente proprietario e del gruppo associato, codificando i permessi mediante una sequenza di 10 caratteri di cui il primo serve a distinguere le directory per le quali assume il valore «d»; i rimanenti nove sono suddivisi in 3 gruppi di 3 caratteri che codificano in modo ordinato rispettivamente i permessi *read/write/execute* del proprietario, del gruppo associato e degli altri utenti:

```
drwx------   2 paperino  paperi  4096  01-01-2010  00:01  place
-rwxrwx---   1 paperino  paperi  512   31-12-2009  23:59  pluto
-rw-r-r--    1 paperone  paperi  1024  30-06-2010  12:00  pippo
```

La directory *place* è di proprietà dell'utente *paperino*, che vi può accedere, ne può visualizzare il contenuto e può creare all'interno nuovi file e/o directory; gli altri utenti del computer (compresi gli utenti del gruppo *paperi*) non hanno privilegi sulla directory *place*. Il file *pluto* appartiene a *paperino*, che lo può leggere, scrivere (cancellare o modificare) ed eseguire, così come tutti gli utenti del gruppo *paperi*, mentre gli altri utenti non hanno privilegi *paperino* sul file *pluto*. Il file *pippo* appartiene all'utente *paperone*, che lo può leggere e scrivere (cancellare o modificare); tutti gli altri utenti del computer (compresi gli utenti del gruppo *paperi*) hanno il solo privilegio di leggere il file *pippo*.
Naturalmente l'utente proprietario ha il privilegio di modificare i permessi di acceso a un file e anche di modificarne il gruppo associato e il proprietario stesso.

OSSERVAZIONE Nel caso di file eseguibili, il privilegio di esecuzione può essere assegnato in una modalità speciale, consentendo al programma di essere eseguito con i privilegi del proprietario del file invece che con quelli dell'utente che lo esegue. Ma questo meccanismo è stato in varie occasioni accusato di non garantire un'adeguata sicurezza.

I comandi della *shell* e varie funzioni API del sistema operativo Linux permettono di rappresentare i privilegi di accesso a un file o a una directory mediante una configurazione binaria di 9 bit in cui ogni bit assume il valore 0 in caso di privilegio negato o il valore 1 in caso di privilegio concesso:

R	W	X	R	W	X	R	W	X

proprietario gruppo altri

La configurazione binaria viene normalmente rappresentata mediante un numero ottale di tre cifre in cui ogni cifra codifica nell'ordine i 3 bit relativi ai privilegi del proprietario, del gruppo e di tutti gli altri utenti.

Il sistema operativo **Windows** gestisce la protezione dei file e delle directory mediante ACL; per ogni file è possibile attribuire le seguenti «autorizzazioni» a ogni singolo utente o gruppo di utenti:

- lettura;
- lettura ed esecuzione;
- scrittura;
- modifica;
- controllo completo.

L'ultimo privilegio dell'elenco consente di modificare i privilegi stessi di protezione del file; inoltre per le directory esiste anche l'autorizzazione «visualizza contenuto». La TABELLA 2 illustra i privilegi che derivano dalle autorizzazioni.

TABELLA **2**

Autorizzazioni	Controllo completo	Modifica	Lettura/ esecuzione	Visualizza contenuto cartella	Lettura	Scrittura
Attraversa cartelle Esecuzione file	•	•	•	•		
Visualizzazione contenuto Lettura dati	•	•	•	•	•	
Lettura attributi	•	•	•	•	•	
Creazione file Scrittura dati	•	•				•
Creazione cartelle Aggiunta dati	•	•				•
Scrittura attributi	•	•				•
Eliminazione sottocartelle e file	•					
Autorizzazioni di lettura	•	•	•	•	•	•
Cambia autorizzazioni	•					
Diventa proprietario	•					
Sincronizza	•	•				

Sia Windows sia Linux gestiscono l'assegnazione del proprietario e dei privilegi di accesso a un file/directory in modo «automatico» al momento della creazione del file o della directory in funzione dell'utente che sta operando.

I CONCETTI CHIAVE

SICUREZZA DI UN COMPUTER. Il sistema operativo deve assicurare la sicurezza di un computer garantendone la corretta funzionalità, l'integrità e la confidenzialità dei dati, limitando l'accesso alle risorse ai soli utenti autorizzati.

TIPOLOGIE DI ATTACCO. Le tipologie di attacco più comuni da cui il sistema operativo deve difendersi sono la limitazione o la soppressione delle funzionalità e la violazione dell'integrità o della confidenzialità dei dati, anche mediante l'assunzione fraudolenta dell'identità di utenti autorizzati.

AUTENTICAZIONE MEDIANTE *PASSWORD*. Quando l'utente fornisce la *password* per richiedere l'accesso alle risorse di un computer, il modulo del sistema operativo che controlla gli accessi ne calcola immediatamente il ***fingerprint*** mediante un algoritmo di ***hashing*** e confronta il risultato con il *fingerprint* memorizzato: se sono uguali la *password* corrisponde a quella fornita in precedenza e l'utente viene autenticato e identificato per l'accesso al computer, altrimenti l'accesso viene negato.

ALGORITMI CRITTOGRAFICI. I dati per i quali è richiesta una particolare protezione devono essere cifrati mediante un algoritmo crittografico e decifrati dall'utente autorizzato al momento del loro uso. Dato che gli algoritmi di crittografia utilizzati sono standard, e quindi noti, la segretezza dei dati viene garantita da una **chiave** (in pratica una stringa di caratteri anche casuale) nota solo al cifratore e al decifratore: non essendo possibile risalire dal contenuto cifrato a quello originale in altro modo, la segretezza della chiave garantisce la confidenzialità dei dati.

ACL E C-LIST. I sistemi operativi implementano la tabella che associa i privilegi di ciascun utente sulle singole risorse mediante ACL (*Access Control List*), in cui a ogni risorsa viene associata una lista dei soli utenti che dispongono di privilegi sulla risorsa stessa, o mediante C-list (*Capability List*), in cui a ogni utente viene associata una lista delle sole risorse su cui dispone di privilegi.

WINDOWS E LINUX. Il sistema operativo Windows adotta le ACL per la protezione del *file-system*, mentre Linux – pur disponendo opzionalmente di un sistema di ACL – adotta il sistema dei «permessi» ereditato da Unix.

RIPASSA CON LA MAPPA

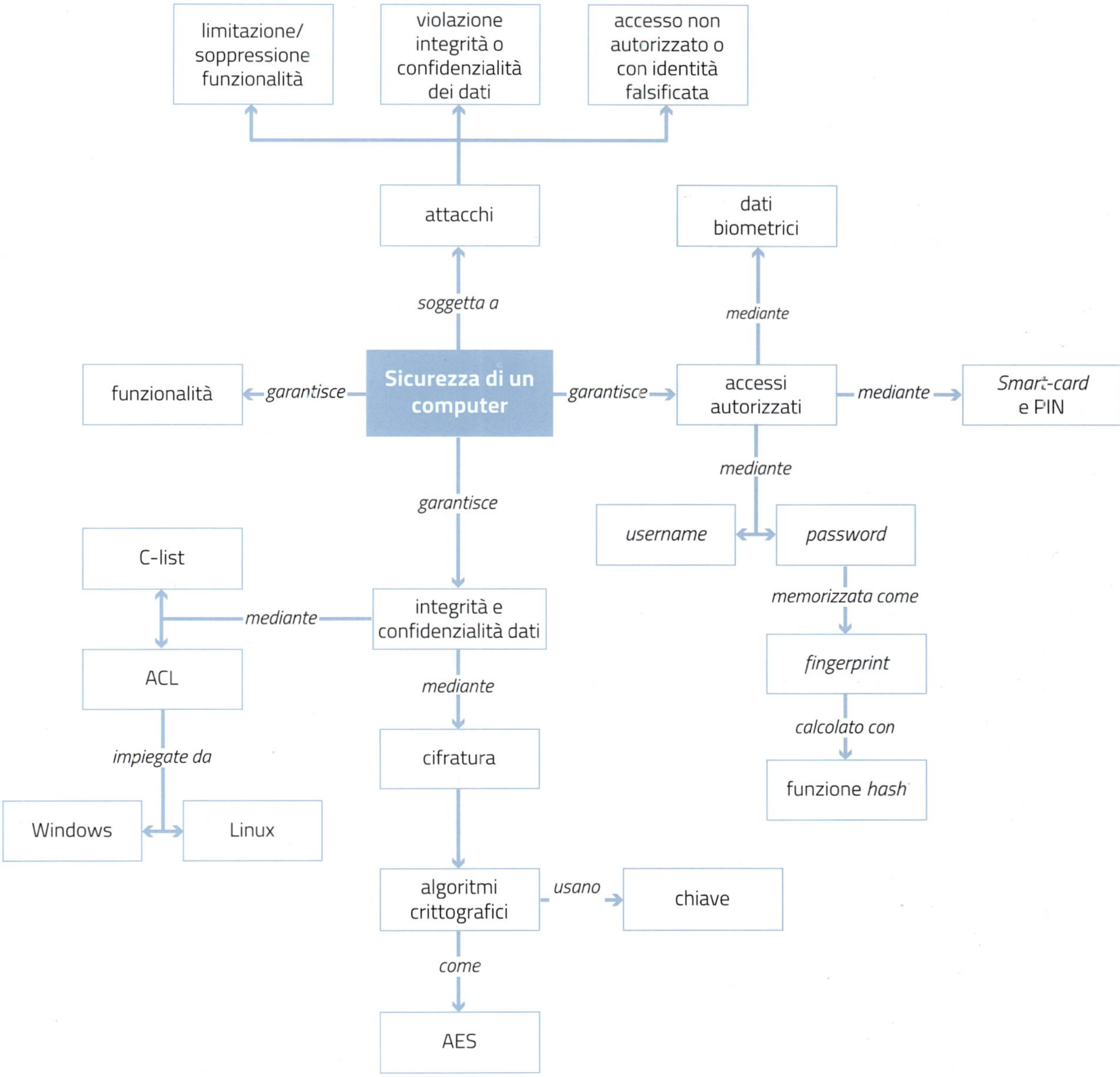

SPIEGA IN UNA PAGINA

1 **Trattare il tema della sicurezza di un computer individuando le responsabilità del sistema operativo e descrivendo le tecniche fondamentali che esso utilizza.**

QUESITI A RISPOSTA APERTA

2 **Elencare gli ambiti di sicurezza individuati dai *Common Criteria*.**

3 **Come gestisce i privilegi di accesso ai file e alle directory il sistema operativo Linux?**

4 **Come gestisce i privilegi di accesso ai file e alle directory il sistema operativo Windows?**

TEST A RISPOSTA MULTIPLA

5 **Quali tra i seguenti sono obiettivi della *computer security*?**

A Garantire che un guasto del computer non causi danni a cose o persone.
B Garantire la corretta funzionalità del computer anche nel caso di attacchi malevoli.
C Garantire l'accesso alle risorse del computer a qualsiasi utente.
D Garantire l'integrità e la confidenzialità dei dati contenuti nei file.

6 **I sistemi operativi per l'autenticazione e l'identificazione degli utenti possono utilizzare:**

A dati anagrafici e domande personali.
B *username* e *password*.
C impronte digitali.
D *smart-card* e PIN.

7 **Le *password* di autenticazione degli utenti di un computer sono memorizzate:**

A in un file nascosto.
B in forma cifrata mediante un algoritmo di *hashing*.
C in un server sicuro accessibile mediante la rete.
D in forma cifrata mediante un algoritmo segreto.

8 **Le tecniche di crittografia utilizzate dal sistema operativo per proteggere il contenuto dei file:**

A utilizzano la stessa chiave per le fasi di codifica e decodifica del contenuto.
B utilizzano due chiavi distinte per le fasi di codifica e decodifica del contenuto.
C non necessitano di una chiave per la codifica e la decodifica del contenuto.
D consentono di condividere senza rischi le chiavi di codifica e decodifica del contenuto.

9 **Le ACL sono utilizzate dal sistema operativo per:**

A associare ai singoli utenti del computer i privilegi di accesso alle risorse.
B associare alle singole risorse del computer i privilegi di accesso da parte degli utenti.
C difendersi dai più comuni attacchi malevoli provenienti dalla rete.
D mantenere le liste delle *password* degli utenti del computer.

PROBLEMI

10 **Descrivere il significato dei seguenti «permessi» Linux:**

A. `-rw-rw----`
B. `-r-xr-xr-x`
C. `-rw-------`
D. `-rw-r--r--`
E. `drwxrwx---`

SEZIONE

B

Linguaggio C

In questa sezione sono messi in evidenza gli esercizi che concorrono a rafforzare le competenze dello sviluppatore software: definire l'architettura di un prodotto o servizio software (DESIGN) e realizzarlo (CODING).

B1

Il linguaggio di programmazione C

Per calcolare la potenza di un numero utilizzando un computer è possibile programmarlo usando il linguaggio del processore, come nel seguente esempio, in cui inizialmente i valori della base e dell'esponente sono rispettivamente memorizzati nelle locazioni di memoria di indirizzo 100 e 101 e il valore del risultato viene memorizzato dal programma nella locazione di memoria di indirizzo 102[1]:

```
0) LOD #1
1) STO 102
2) LOD 101
3) JMZ 11
4) LOD 100
5) MUL 102
6) STO 102
7) LOD 101
8) SUB #1
9) STO 101
10)JMP 2
11)HLT
```

1. Il codice fa riferimento al computer ipotetico introdotto nella prima parte del volume come esempio di architettura della macchina di von Neumann.

Ma i programmatori preferiscono ricorrere a linguaggi più astratti e meno dipendenti dalle caratteristiche di uno specifico processore. Il seguente frammento di codice C effettua esattamente lo stesso calcolo (inizialmente i valori della base e dell'esponente sono rispettivamente memorizzati nelle variabili *x* e *y* e il valore della potenza viene calcolato nella variabile *z*):

```
...
int z = 1;

while (y != 0)
  {
    z = z*x;
    y--;
  }
...
```

I programmi in linguaggio C, per essere eseguiti da un particolare processore, devono essere prima «compilati»: la compilazione converte il codice sorgente in linguaggio C in istruzioni per lo specifico processore del computer su cui si intende eseguire il programma stesso.

Il linguaggio di programmazione C fu progettato da Dennis Ritchie – che ne realizzò anche il primo compilatore – all'inizio degli anni Settanta del secolo scorso nei laboratori «Bell» della AT&T, nel New Jersey, dove, a partire dal 1969, Ken Thompson e Brian Kernighan avevano sviluppato il

Il linguaggio C standard

Il linguaggio di programmazione ideato da Dennis Ritchie nel 1972 in quasi cinquant'anni di storia ha subito alcune evoluzioni.
Il linguaggio originale (descritto nel libro *The C programming language* del 1978) è noto come K&R C, dalle iniziali dei due autori. Il linguaggio che nel 1990 è divenuto uno standard è noto come ANSI C, dalla denominazione dell'ente di standardizzazione americano (*American National Standard Institute*). Infine nel 1999 il linguaggio è divenuto uno standard internazionale a cura di ISO (*International Standard Organization*) e questa versione è nota come C-99. ISO ha successivamente aggiornato lo standard del linguaggio C nel 2011: quest'ultima versione è denominata C-11. La diffusione del linguaggio C ha fatto sì che abbia ispirato molti altri linguaggi di programmazione di successo, in particolare C++ (realizzato da Bjarne Stroustrup nei laboratori «Bell» di AT&T), C# e Java.

sistema operativo Unix. Le origini di Unix e del linguaggio C sono strettamente intrecciate: infatti Unix fu successivamente programmato quasi interamente in C, cosa che lo rese il primo sistema operativo «portatile» su ogni computer per il quale esisteva un compilatore del linguaggio C. Il libro *The C programming language*, scritto nel 1978 da Kernighan e Ritchie, è stato il manuale di programmazione di intere generazioni di informatici.

1 Elementi fondamentali del linguaggio e struttura del programma

ESEMPIO

Tutti i manuali di apprendimento del linguaggio C iniziano, come il classico libro di Kernighan e Ritchie, introducendo la struttura di un programma che visualizza nella finestra di testo dello schermo il saluto «Hello world!»:

```
#include <stdio.h>

void main(void)
{
  printf("Hello world!\r\n");
}
```

Trascurando per il momento la riga iniziale del codice dell'esempio, la base di un qualsiasi programma in linguaggio C è data da una serie di dichiarazioni e di istruzioni, comprese tra i simboli «{» e «}», che delimitano il corpo del programma introdotto dalla classica intestazione `void main(void)`. Tutte le istruzioni sono terminate dal simbolo «;».

Per introdurre rapidamente gli elementi fondamentali del linguaggio, prendiamo in esame un esempio un po' più complesso che calcola e visualizza una sequenza di 15 valori numerici che approssimano con sempre maggiore precisione il valore di π, secondo un metodo ideato nel 1593 dal matematico francese François Viète[2]:

```
#include <stdio.h>
#include <math.h>

void main(void)
{
  int n = 0;
  float c = 0;
  float p = 2;
  while (n < 16)
    {
      printf("%f\r\n",p);
      c = sqrt((1+c)/2);
      p = p/c;
      n = n+1;
    }
}
```

2. Il metodo ha la seguente notazione matematica, dove al crescere di n il valore p_n approssima il valore di π:

$$c_0 \qquad p_0 = 2$$

$$c_n = \sqrt{\frac{1+c_{n-1}}{2}} \qquad p_n = \frac{p_{n-1}}{c_n}$$

Il corpo del programma principale, introdotto dall'intestazione `void main(void)`, è in questo caso costituito dalla dichiarazione di tre variabili (*n*, *c* e *p*) inizializzate ciascuna con uno specifico valore: la prima di tipo `int` (valore numerico intero) e le altre di tipo `float` (valore numerico in virgola mobile). Questa dichiarazione è seguita da un ciclo introdotto dalla parola chiave `while`, seguita dalla condizione che stabilisce che esso si ripete fino a che il valore della variabile *n* è minore di 16. Il corpo del ciclo è delimitato dai simboli «{» e «}» e comprende tre istruzioni di assegnamento del valore di un'espressione a una variabile precedute da una funzione che, come abbiamo visto nell'esempio precedente, consente di visualizzare stringhe di caratteri e valori delle variabili nella finestra di testo dello schermo.

I principali **tipi numerici** del linguaggio C sono riportati nella TABELLA 1. In C la dichiarazione delle variabili avviene elencando uno o più nomi di variabile – in quest'ultimo caso separati dal simbolo «,» – dopo la parola chiave che ne definisce il tipo. Le variabili non inizializzate assumono inizialmente un valore indefinito; tutte le variabili possono essere inizializzate contestualmente alla loro dichiarazione.

TABELLA **1**

Tipo	Descrizione
`bool`[3]	Valore booleano che può assumere i valori true e false
`int`	Valore intero in complemento a 2
`short`	Valore intero in complemento a 2 di almeno 16 bit
`long`	Valore intero in complemento a 2 di almeno 32 bit
`long long`	Valore intero in completamento a 2 di almeno 64 bit
`unsigned int`	Valore intero senza segno
`unsigned short`	Valore intero senza segno di almeno 16 bit
`unsigned long`	Valore intero senza segno di almeno 32 bit
`unsigned long long`	Valore intero senza segno di almeno 64 bit
`float`	Valore in virgola mobile a singola precisione (32 bit)
`double`	Valore in virgola mobile a doppia precisione (64 bit)
`long double`	Valore in virgola mobile a quadrupla precisione (128 bit)
`char`	Carattere di almeno 8 bit (tipicamente con codifica ASCII o ISO-8859)

L'assegnazione di un carattere a una variabile di tipo `char` avviene ponendo il carattere tra due simboli «`'`».

OSSERVAZIONE Lo standard del linguaggio di programmazione C non stabilisce la dimensione minima delle variabili di tipo intero che, in funzione della piattaforma hardware e software di esecuzione e del compilatore, può essere di 16, 32 o 64 bit.
A questo proposito lo standard C-99 introduce i seguenti tipi disponibili previa inclusione del file «stdint.h»:

Tipo	Tipologia e dimensione in bit
`int8_t`	8 bit (complemento a 2)
`uint8_t`	8 bit (senza segno)
`int16_t`	16 bit (complemento a 2) ▶

`void main (void)` o `int main (void)`

Molti compilatori del linguaggio di programmazione C accettano come intestazione di un programma in linguaggio C sia la riga `void main (void)`; che la riga `int main (void)`;. Alcuni segnalano un avviso o, come il compilatore GCC, un errore nel caso di impiego della prima forma che, pur essendo quella tradizionale, non rispetta gli standard più recenti del linguaggio. Nel caso di impiego della seconda forma il programma dovrebbe sempre terminare con l'istruzione `return 0;` (o un valore intero diverso da 0), ma anche in questo caso la maggior parte dei compilatori ne segnala la mancanza con un semplice avviso. Nel testo per semplicità i programmi di esempio più semplici - destinati alla lettura - hanno come intestazione iniziale la prima forma, mentre per i programmi di esempio più complessi - destinati alla compilazione e alla esecuzione - è stata adottata la seconda forma. I programmi per sistema operativo Windows sono sempre presentati con l'intestazione tradizionale che è quella predefinita del compilatore Microsoft inserito nell'IDE Visual Studio.

3. Introdotto con lo standard C-99: richiede l'inclusione del file «stdbool.h».

Tipo	Tipologia e dimensione in bit
`uint16_t`	16 bit (senza segno)
`int32_t`	32 bit (complemento a 2)
`uint32_t`	32 bit (senza segno)
`int64_t`	64 bit (complemento a 2)
`uint64_t`	64 bit (senza segno)

Molti programmatori non usano variabili di tipo bool: il linguaggio C infatti interpreta il valore «0» delle variabili intere come «falso» e qualunque valore diverso da «0» come «vero».

Gli operatori numerici più comuni utilizzati nelle espressioni sono riepilogati nella TABELLA 2.

TABELLA 2

Operatore	Descrizione
+	Somma o segno
–	Sottrazione o segno
*	Moltiplicazione
/	Divisione
%	Modulo

Il risultato della valutazione di un'espressione dipende dal tipo delle variabili che vi compaiono. In particolare la divisione tra valori interi è sempre un valore intero, indipendentemente dal tipo della variabile a cui viene assegnato. Consideriamo il seguente frammento di codice:

```
int x=3, y=2;
float z;
z = y/x;
```

Esso assegna alla variabile *z* il valore 0. Per assegnare alla variabile *z* il valore corretto è necessario dichiarare anche le variabili *x* e *y* di tipo *float*:

```
float x=3, y=2;
float z;

z = y/x;
```

In alternativa è possibile «promuovere» temporaneamente i valori interi a valori di tipo *float* con un'operazione di «*casting*»:

```
int x=3, y=2;
float z;

z = (float)y/(float)x;
```

Nel codice del programma l'espressione il cui valore viene assegnato alla variabile *c* comprende una funzione matematica che consente di calcolare la radice quadrata (*sqrt* è la contrazione di *square root*) del proprio argomento.

Per chi già conosce un qualsiasi linguaggio di programmazione diverso dal C l'aspetto più complesso è rappresentato dalla linea di codice

```
printf("%f\r\n",p);
```

che visualizza il valore della variabile *p*.

La funzione *printf* permette di visualizzare una semplice stringa di caratteri delimitata da una coppia di simboli «"» (come nell'esempio iniziale), oppure il valore di una o più variabili. In quest'ultimo caso gli argomenti della funzione sono le variabili il cui valore deve essere visualizzato – in questo caso solo p – preceduti da una stringa che stabilisce il formato della visualizzazione per ogni singola variabile, secondo le codifiche riportate nella TABELLA 3.

TABELLA **3**

Tipo	Codice di formato
`int`	`"%i"` o `"%d"`
`short`	`"%hi"`
`long`	`"%li"`
`long long`	`"%lli"`
`unsigned int`	`"%u"`
`unsigned short`	`"%hu"`
`unsigned long`	`"%lu"`
`unsigned long long`	`"%llu"`
`float`	`"%f"`
`double`	
`long double`	`"%lf"`
`char`	`"%c"`

ESEMPIO

Nel programma che visualizza le approssimazioni successive del valore di π, volendo far precedere la stima dal numero di iterazione, è sufficiente sostituire la riga contenente la funzione *printf* con la seguente:

```
printf("%i) %f\r\n",n,p);
```

Con questa modifica il programma produce il seguente output:

```
0)  2.000000
1)  2.828427
2)  3.061467
3)  3.121445
4)  3.136549
5)  3.140331
6)  3.141267
7)  3.141514
8)  3.141573
9)  3.141588
10) 3.141592
...
```

Si noti come i caratteri estranei ai codici di formato inseriti nella stringa di formato della funzione *printf* (in questo caso la parentesi e lo spazio) siano riportati nella visualizzazione. Volendo fissare il numero di cifre decimali da visualizzare, è sufficiente inserire immediatamente dopo il simbolo «%» del codice di formato (prima del simbolo «f») il simbolo «.» seguito dal numero di cifre desiderato. Per esempio, sostituendo la seguente riga nel programma precedente

```
printf("%i) %.4f\r\n",n,p);
```

si otterrà il seguente output:

```
0)  2.0000
1)  2.8284
2)  3.0615
3)  3.1214
4)  3.1365
5)  3.1403
6)  3.1413
7)  3.1415
8)  3.1416
9)  3.1416
10) 3.1416
...
```

Dovendo visualizzare un carattere «"» utilizzando la funzione *printf* nella stringa di formato è necessario inserire «\"». Per visualizzare i caratteri «\» o «%» essi devono essere raddoppiati: «\\» o «%%».

OSSERVAZIONE L'eventuale incoerenza tra il codice di formato e il tipo della variabile il cui contenuto deve essere visualizzato dall'invocazione della funzione *printf* genera normalmente visualizzazioni errate, ma in alcuni casi può essere voluta. Per esempio il seguente frammento di codice

```
char c;
...
c = 'A';
...
printf("%i",c);
```

visualizza il codice ASCII numerico del carattere (in questo caso 65). Si noti come nell'assegnazione del carattere `'A'` alla variabile *c* esso è stato posto tra apici. Alcuni codici di formato consentono di visualizzare in modo alternativo il contenuto di una variabile. Per esempio il codice di formato `"%x"` permette di visualizzare un valore numerico intero in formato esadecimale.

I simboli `"\r\n"` rappresentano la sequenza di codici ASCII <CR> (valore decimale 13) e <LF> (valore decimale 10) che causa il ritorno «a capo». In generale nel linguaggio C alcuni codici ASCII inferiori al valore decimale 32 (i cosiddetti caratteri «non visualizzabili») sono rappresentati in modo analogo; per esempio il simbolo `"\t"` rappresenta il carattere di tabulazione.

Funzioni come *sqrt* e *printf* sono molto utilizzate dai programmatori C, ma non sono parte del linguaggio base. Esse sono comprese nella libreria standard del linguaggio e le definizioni necessarie al loro uso corretto sono presenti nei **file di intestazione** (***header file***) che si includono prima dell'inizio del programma, nel nostro caso *stdio.h* e *math.h*. La TABELLA 4 elenca i file di intestazione di uso più comune.

TABELLA 4

File	Funzionalità
`<stdlib.h>`	Funzioni di conversione del tipo, allocazione della memoria, controllo del processo, funzioni di ricerca e di ordinamento, …
`<stdio.h>`	Funzioni per la gestione dell'I/O standard (tastiera e finestra di testo dello schermo) e su file
`<string.h>`	Funzioni di gestione delle stringhe di caratteri
`<math.h>`	Funzioni matematiche
`<time.h>`	Funzioni per la gestione delle date e degli orari
`<stdint.h>`	Definizioni per tipi interi di dimensione definita
`<stdbool.h>`	Definizioni per l'uso del tipo `bool`
`<type.h>`	Funzioni per la classificazione dei caratteri

OSSERVAZIONE Le direttive di inclusione (`#include <...>`) non sono – così come altre direttive che vedremo nel seguito – interpretate dal compilatore, ma dal «preprocessore» che – prima che avvenga la compilazione vera e propria – le sostituisce con il contenuto del file indicato.

Come tutti i linguaggi di programmazione imperativi, il linguaggio C è basato sulle strutture di sequenza, selezione e iterazione e presenta costrutti specifici per la loro gestione. La **struttura di sequenza** è implementata dalla possibilità di comprendere in un «blocco» delimitato dai simboli «{» e «}» più istruzioni successive. La struttura di **selezione condizionale** è implementata dall'istruzione `if`, che ha due varianti:

```
if (condizione)
    ...;

if (condizione)
    ...;
else
    ...;
```

OSSERVAZIONE Naturalmente l'istruzione la cui esecuzione è vincolata al verificarsi o meno della condizione logica valutata dall'istruzione `if` può essere sostituita da un blocco di più istruzioni la cui esecuzione avviene in sequenza.

ESEMPIO Spesso in caso di errore si deve interrompere l'esecuzione del programma non senza visualizzare un messaggio per l'utente. Per esempio, dovendo calcolare una radice quadrata, è bene verificare preventivamente che il valore non sia negativo, allo scopo di evitare un errore del programma in fase di esecuzione:

```
if (x < 0)
  {
    printf("Errore: %f e' negativo\r\n",x);
    return;
  }
else
    {
      y = sqrt(x);
      printf("La radice di %f e' %f\r\n",x,y);
    }
```

Il linguaggio C ha due **strutture iterative indefinite** (una con controllo «in testa» e l'altra con controllo «in coda») e una **struttura iterativa definita**:

```
while (condizione)
  {
    ...;
    ...;
  }

do {
    ...;
    ...;
  } while (condizione);

for (inizializzazione; condizione; variazione)
  {
    ...;
    ...;
  }
```

Il linguaggio di programmazione C ha due specifiche istruzioni per controllare l'esecuzione dei cicli: `break` e `continue`. L'istruzione `break`, eseguita nel corpo di un ciclo, forza l'uscita immediata da esso, interrompendo il processo iterativo e proseguendo l'esecuzione dall'istruzione successiva al ciclo stesso. L'istruzione `continue` causa la prosecuzione dell'esecuzione della prima istruzione del ciclo, ignorando le istruzioni del corpo del ciclo che eventualmente sono specificate dopo di essa.

Gli **operatori relazionali** del linguaggio C utilizzabili per costruire le condizioni logiche sono elencati nella TABELLA 5.

TABELLA 5

Operatore	Descrizione
==	Uguale
<	Minore
<=	Minore o uguale
>	Maggiore
>=	Maggiore o uguale
!=	Diverso

Le condizioni logiche possono inoltre essere combinate in un'espressione mediante i seguenti **operatori logici**:

Operatore	Descrizione
!	NOT
&&	AND
||	OR

ESEMPIO Il ciclo del programma che calcola e visualizza le prime 15 approssimazioni di π può essere codificato utilizzando le altre due forme di iterazione senza alterare il funzionamento del programma stesso:

```
void main(void)
{
   int n = 0;
   float c = 0;
   float p = 2;

   do {
        printf("%f\r\n",p);
        c = sqrt((1+c)/2);
        p = p/c;
        n = n+1;
      } while (n < 16);
}
```

```
void main(void)
{
   int n;
   float c = 0;
   float p = 2;

   for (n=0; n<16; n=n+1)
      {
        printf("%f\r\n",p);
        c = sqrt((1+c)/2);
        p = p/c;
      }
}
```

OSSERVAZIONE Il linguaggio C dispone degli operatori di **autoincremento** («++») e di **autodecremento** («– –») delle variabili. Per quanto ridondanti, sono molto utilizzati dai programmatori, per cui l'intestazione del ciclo *for* dell'esempio precedente si scrive comunemente nella seguente forma:

```
for (n=0; n<16; n++)
```

Come in tutti i linguaggi di programmazione, anche in C è possibile inserire, all'interno del codice, commenti che il compilatore non esamina e che sono riservati alla lettura da parte del programmatore. Il simbolo «//» permette di scrivere un commento dal punto in cui si trova fino alla fine della riga corrente, mentre il simbolo «/*» inizia un commento che si può estendere su più linee fino al simbolo «*/».

ESEMPIO

Una buona pratica di programmazione suggerisce di commentare il proprio codice per una rapida e corretta interpretazione futura o da parte di altri programmatori. Per esempio, il programma precedente dovrebbe essere scritto come nel seguito:

```
/*
   Programma per la stima numerica del valore di PI-greco con il
   metodo di Viete ripetuto per 16 iterazioni: sono visualizzate
   le approssimazioni successive.
*/
void main(void)
{
   int n; // variabile contatore per il numero delle iterazioni
   float c = 0; // variabile per i valori intermedi del calcolo
   float p = 2; // variabile per le approssimazioni di PI-greco
   // ciclo iterativo per la ripetizione del calcolo
   for (n=0; n<16; n=n+1)
     {
       printf("%f\r\n",p);
       c = sqrt((1+c)/2); // calcolo iterativo
       p = p/c; // approssimazione di PI-greco
     }
}
```

2 Funzioni e passaggio di parametri

Se la libreria standard del linguaggio C non comprendesse la funzione *sqrt* per il calcolo della radice quadrata di un valore numerico, il programmatore potrebbe realizzarne una analoga implementando un metodo iterativo proposto da Newton ormai alcuni secoli fa[4] (la struttura condizionale ha lo scopo di inizializzare correttamente la variabile x in base al valore del parametro n):

```
float radice(float n)
{
  float x;

  if (n > 1)
    x = n;
  else
    x = 1;

  while (x*x != n)
    x = 0.5*(x + n/x);
  return x;
}
```

4. Il metodo ha la seguente notazione matematica, dove al crescere di i il valore x_n approssima il valore della radice quadrata di n:

$$x_0 = n$$

$$x_{i+1} = \frac{1}{2}\left(x_1 + \frac{n}{x_i}\right)$$

La **prima riga della funzione** ne definisce la «firma» (*signature*): il nome, i parametri e i relativi tipi e il tipo del valore restituito. In questo caso la funzione sarà invocata con il nome *radice*, accetterà in input un parametro denominato *n* di tipo `float` e restituirà in output come risultato un valore di tipo `float`.

OSSERVAZIONE La condizione di terminazione, che verifica che il quadrato del valore della variabile *x* sia effettivamente il valore *n* fornito come parametro, è esposta a errori di approssimazione imputabili agli errori tipici dei valori in virgola mobile. Per arrestare l'interazione è molto più sicura la seguente condizione, che verifica che la differenza tra il quadrato del valore della variabile *x* differisca al massimo di un errore definito dal valore *n* fornito come parametro:

```
while (((x*x - n) > 0.000001) || ((x*x - n) < -0.000001))
```

La riga di intestazione di una funzione può essere utilizzata da sola come definizione della funzione stessa. In questo caso prende il nome di **prototipo** e viene terminata dal simbolo «;».

Nel caso dell'esempio precedente abbiamo:

```
float radice(float n);
```

Nell'eventualità che una funzione non abbia parametri, o che non debba restituire un valore, viene utilizzata la parola chiave `void`. Per esempio, una funzione che genera e restituisce un numero casuale potrebbe avere un prototipo come il seguente:

```
float caso(void);
```

Una classica funzione di questo tipo è la funzione di libreria *rand* (per la quale è necessario includere il file di intestazione *stdlib.h*) che restituisce un numero intero positivo casuale:

```
int rand(void);
```

ESEMPIO

Il seguente programma

```
#include <stdio.h>
#include <stdlib.h>

void main(void)
{
  int n;
  int r;

  for (n=0; n<10; n++)
  {
    r = rand();
    printf("%d\r\n",r);
  }
}
```

▶

produce un output simile a questo:

```
41
18467
6334
26500
19169
15724
11478
29358
26962
24464
```

All'interno del corpo di una funzione C – delimitato dai simboli «{» e «}» – è possibile dichiarare **variabili «locali»** indipendenti da eventuali variabili omonime dichiarate in un'altra funzione o nel programma principale. La parola chiave `return` termina l'esecuzione della funzione e restituisce come risultato il valore indicato.

La funzione può essere invocata – nel codice del programma principale, o nel codice di un'altra funzione – come nel seguente frammento di codice che assegna alla variabile *y* la radice del valore della variabile *x*:

```
float x=2, y;
...
y = radice(x);
```

ESEMPIO

La seguente funzione calcola e restituisce la potenza dei valori interi della base e dell'esponente forniti come parametro:

```
unsigned int potenza(unsigned int b, unsigned int e)
{
  int p = 1;

  while (e > 0)
    {
      p = p*b;
      e--;
    }
  return p;
}
```

La variazione del valore di un parametro nel codice della funzione non altera il valore della corrispondente variabile definita nel codice che invoca la funzione. Nel caso dell'esempio precedente, in un'invocazione come la seguente

```
unsigned int x=2, y=4, z;
...
z = potenza(x,y);
```

la variabile *y* associata al parametro *e* modificato dalla funzione mantiene il suo valore originale.

Una buona pratica di programmazione consiste nel separare l'**inter-**

faccia di una funzione (il prototipo) dalla sua implementazione (il codice). A questo scopo i programmatori C creano due file separati, un file di intestazione (con estensione del nome «.h» o «.H») comprendente i soli prototipi e un file di codice (con estensione del nome «.c» o «.C») per le funzioni complete del proprio corpo. Il file di intestazione viene incluso (con la direttiva `#include <...>`) sia nel file che contiene le implementazioni delle funzioni, sia nel file che contiene il codice che invoca le funzioni stesse.

ESEMPIO

Facendo riferimento agli esempi precedenti, il file di intestazione *matematica.h* conterrà i soli prototipi delle funzioni e, per ciascuna di esse, un commento che ne ricordi lo scopo e l'invocazione corretta con particolare riferimento ai parametri:

```
// calcolo della radice quadrata con il metodo di Newton
// n e' l'argomento della radice
float radice(float n);

// calcolo iterativo della potenza intera di numeri positivi
// b e' la base della potenza
// e e' l'esponente della potenza
unsigned int potenza(unsigned int b, unsigned int e);
```

Il file «matematica.c» avrà come prima riga la direttiva di inclusione `#include "matematica.h"` seguita dalle due funzioni come definite negli esempi precedenti.
L'eventuale programma che dovrà invocare una delle due funzioni, o entrambe, comprenderà `#include "matematica.h"` tra le proprie direttive di inclusione.

È possibile dichiarare variabili globali esternamente al corpo di qualsiasi funzione e del programma principale; in questo caso – in assenza di variabili locali omonime – le variabili sono comuni a tutte le funzioni e definite nello stesso file, e al programma principale stesso se definito nello stesso file. Le variabili globali sono inizializzate al valore 0.

Nel linguaggio C la visibilità di una variabile globale è limitata al codice del file in cui essa è dichiarata. I programmi complessi sono però costituiti da numerose funzioni organizzate in file distinti; per riferire una variabile globale dichiarata in un file diverso è possibile ripeterne la dichiarazione (senza inizializzazione) preceduta dalla parola chiave `extern`, altrimenti la coincidenza del nome genererà comunque variabili distinte. Il programmatore che intende impedire il riferimento esterno alle variabili globali che definisce deve premetterne la dichiarazione con la parola chiave `static`.

OSSERVAZIONE La parola chiave `static` ha diversi significati nel linguaggio C: quando è usata nella dichiarazione di una variabile locale di una funzione fa in modo che il valore della variabile venga mantenuto per le invocazioni successive della funzione stessa.

Una funzione che ha come scopo l'aggiornamento dello stato di variabili globali può anche non restituire alcun valore ed essere definita di tipo `void`.

ESEMPIO La seguente funzione *contaEventi* ha come unico scopo l'incremento della variabile globale *eventi*; essa non ha nessun parametro e non restituisce alcun valore:

```
int eventi = 0;
...
void contaEventi(void)
{
  eventi++;
}
...
```

Essa non necessita dell'istruzione `return` e viene invocata come nella seguente linea di codice:

```
...
contaEventi();
...
```

OSSERVAZIONE La funzione dell'esempio precedente poteva essere definita in modo da restituire il numero di eventi totalizzati:

```
int eventi = 0;
...
int contaEventi(void)
{
   eventi++;
   return eventi;
}
...
```

Ma, pur avendo questa nuova firma, essa può continuare a essere invocata trascurando il valore restituito, che, in questo caso, viene perduto:

```
...
contaEventi();
...
```

In alternativa essa può essere riscritta nel seguente modo:

```
void contaEventi(void)
{
   static int eventi = 0;
   eventi++;
   return eventi;
}
```

3 Strutture

Una **struttura** è definita nel linguaggio C mediante la parola chiave `struct`, che deve essere utilizzata anche per la dichiarazione delle variabili che ne implementano il tipo. L'accesso ai singoli campi della struttura avviene premettendo al nome del campo il nome della variabile di tipo `struct` separato dal simbolo «.».

ESEMPIO

Le coordinate di un punto nel piano cartesiano possono essere rappresentate mediante una struttura come la seguente:

```
struct POINT
{
  double X;
  double Y;
};
```

La funzione che segue restituisce la distanza tra due punti forniti come argomento:

```
double distance(struct POINT p, struct POINT q)
{
  double d;

  d = (p.X*p.X - q.X*q.X) - (p.Y*p.Y - q.Y*q.Y);
  return sqrt(d);
}
```

Il seguente frammento di codice esemplifica l'invocazione della funzione:

```
...
struct POINT A = {0.0, 0.0};
struct POINT B;
float d;
...
B.X = 1.0;
B.Y = 1.0;
d = distance(A, B);
printf("Distanza = %f\r\n", d);
...
```

Nell'esempio precedente si noti la sintassi di inizializzazione della variabile *A* di tipo `struct POINT`.

ESEMPIO

Rappresentando le coordinate di un punto nel piano cartesiano con la struttura

```
struct POINT
{
  double X;
  double Y;
};
```

la funzione che segue restituisce il punto medio di un segmento di cui gli estremi sono forniti come argomento:

```
struct POINT mean(struct POINT p, struct POINT q)
{
  struct POINT m;

  m.X = (p.X+q.X)/2.0;
  m.Y = (p.Y+q.Y)/2.0;

  return m;
}
```

Nell'esempio precedente si noti il fatto che la funzione restituisce un valore di tipo `struct POINT`.

typedef

Il costrutto `typedef` del linguaggio di programmazione C consente di definire un nuovo tipo di dato a partire dai tipi di dato esistenti. Per esempio la definizione

```
typedef unsigned int
    uint;
```

definisce il tipo di dato «uint» come sinonimo di «unsigned int» utilizzabile nelle successive dichiarazioni delle variabili:

```
uint distanza;
```

Il costrutto `typedef` è spesso utilizzato per definire tipi di dato corrispondenti a strutture

```
typedef struct {float x;
    float y;} POINT;
```

in modo da evitare l'uso successivo della *keyword* `struct` nelle dichiarazioni di variabili:

```
POINT P;
```

4 Invocazione di API in Linux e Windows

Sia in ambiente Windows che in ambiente Linux, programmando in linguaggio C, le chiamate di sistema (*system call*) della API resa disponibile dal *kernel* del sistema operativo consistono semplicemente nell'invocazione di funzioni i cui prototipi sono predefiniti.

ESEMPIO

Il seguente programma compilato in ambiente Linux visualizza il PID del processo che il sistema operativo crea per la sua esecuzione:

```
#include <stdio.h>
#include <unistd.h>

int main(void)
{
  int pid;

  pid = getpid();
  printf("Il mio PID e' %i\r\n",pid);
  return 1;
}
```

Nel file di intestazione *unistd.h* è definito il prototipo della funzione *getpid* esposta dalla API del *kernel* di Linux.

ESEMPIO

Il seguente programma ha lo stesso scopo in ambiente Windows:

```
#include <stdio.h>
#include <windows.h>

void main(void)
{
  unsigned long pid;

  pid = GetCurrentProcessId();
  printf("Il mio PID e' %u\r\n",pid);
}
```

Nel file di intestazione *windows.h* è definito il prototipo della funzione *GetCurrentProcessId* esportata dalla API del *kernel* di Windows. In questo caso, anche se il nome della funzione e il tipo del risultato sono diversi, non vi sono particolari differenze tra i due sistemi operativi: come vedremo, non sempre è così.

Altre funzionalità tipiche del sistema operativo – un notevole esempio è dato dalla gestione dei file – sono richiamate indirettamente da funzioni della libreria standard del linguaggio. In questo caso non vi sono differenze tra il codice da scrivere in ambiente Windows e quello da scrivere in ambiente Linux perché la differenza delle funzioni esposte dalla API del sistema operativo è confinata nel codice della libreria. Utilizzando solo funzioni della libreria standard è possibile "portare" un programma da un sistema operativo all'altro ricompilandolo.

Linguaggio C e programmazione di sistema

Pur essendo stato utilizzato per scrivere software del tipo più svariato, fin dalle sue origini nei laboratori «Bell» della AT&T il linguaggio di programmazione C è stato sempre considerato un linguaggio per la «programmazione di sistema». Molte delle sue caratteristiche – pur mantenendolo indipendente dalla piattaforma di esecuzione – lo rendono infatti particolarmente adatto per l'interazione con l'hardware. Non è un caso che molti sistemi operativi (tra cui Windows e Linux) siano stati scritti utilizzando questo linguaggio che, di conseguenza, risulta in genere il più adatto per invocare direttamente le funzionalità API esposte dal *kernel*.

ESEMPIO

Il seguente programma visualizza il numero di secondi trascorsi dalla mezzanotte del 1 gennaio 1970 (UTC, *Universal Time Coordinated*):

```
#include <stdio.h>
#include <time.h>

int main(void)
{
  unsigned long utc;

  utc = time(0);
  printf("UTC = %u\r\n",utc);
  return 1;
}
```

Il parametro di valore 0 della funzione *time* consente di evitare alla funzione stessa di copiare il risultato in un parametro fornito secondo un metodo che sarà illustrato in seguito.

OSSERVAZIONE Nel file di intestazione *time.h* della libreria standard è definito il prototipo della funzione *time* comune a qualsiasi piattaforma per cui esiste un compilatore del linguaggio C: è la funzione di libreria che si fa carico di richiedere al sistema operativo il valore attuale dell'orologio, nascondendo al codice le differenze tra le varie piattaforme di esecuzione. Questo programma deve essere ricompilato per essere eseguito in ambiente Windows o Linux, ma viene considerato **portatile** perché non deve essere modificato per essere eseguito su piattaforme di esecuzione diverse.

I CONCETTI CHIAVE

PROGRAMMA IN LINGUAGGIO C. Un programma base in linguaggio C è costituito da una serie di dichiarazioni e di istruzioni comprese tra i simboli «{» e «}» che delimitano il corpo del programma introdotto dalla classica intestazione `void main(void)`. Tutte le istruzioni sono terminate dal simbolo «;».

VARIABILI. In C la dichiarazione delle variabili avviene elencando uno o più nomi di variabile – in quest'ultimo caso separati dal simbolo «,» – dopo la parola chiave che ne definisce il tipo. Le variabili non inizializzate assumono inizialmente un valore indefinito. Tutte le variabili possono essere inizializzate contestualmente alla loro dichiarazione.

VISUALIZZAZIONE OUTPUT. La funzione *printf* permette di visualizzare una semplice stringa di caratteri delimitata da simboli «"», oppure il valore di una o più variabili. In quest'ultimo caso gli argomenti della funzione sono le variabili il cui valore deve essere visualizzato, preceduti da una stringa che stabilisce il formato della visualizzazione per ogni singola variabile.

FILE DI INTESTAZIONE. Funzioni come *sqrt* e *printf* sono molto utilizzate dai programmatori C, ma non sono parte del linguaggio base: esse sono comprese nella libreria standard del linguaggio e le definizioni necessarie al loro uso corretto sono presenti nei file di intestazione (*header file*) che si includono prima dell'inizio del programma con la direttiva `#include`.

SEQUENZA DI ISTRUZIONI. Come tutti i linguaggi di programmazione imperativi, il linguaggio C è basato sulle strutture di sequenza, selezione e iterazione e presenta costrutti specifici per la loro gestione. La struttura di sequenza è implementata dalla possibilità di comprendere in un «blocco» delimitato dai simboli «{» e «}» più istruzioni successive.

STRUTTURA CONDIZIONALE La struttura di selezione condizionale è implementata dall'istruzione `if`, che ha due varianti:

```
if (condizione)
    ...;

if (condizione)
    ...;
else
    ...;
```

STRUTTURE ITERATIVE. Il linguaggio C ha due strutture iterative **indefinite** (una con controllo «in testa» e l'altra con controllo «in coda») e una struttura iterativa definita:

```
while (condizione)
    {
      ...;
      ...;
    }

do {
      ...;
      ...;
    } while (condizione);
for (inizializzazione; condizione; variazione)
    {
      ...;
      ...;
    }
```

CONTROLLO DEI CICLI. Il linguaggio di programmazione C ha due specifiche istruzioni per controllare l'esecuzione dei cicli: `break` e `continue`. L'istruzione `break`, eseguita nel corpo di un ciclo, forza l'uscita immediata da esso interrompendo il processo iterativo e proseguendo l'esecuzione dall'istruzione successiva al ciclo stesso. L'istruzione `continue` causa la prosecuzione dell'esecuzione della prima istruzione del ciclo, ignorando le istruzioni del corpo del ciclo che eventualmente sono specificate dopo di essa.

PROTOTIPO DI UNA FUNZIONE. La riga di intestazione di una funzione ne definisce la «firma» (*signature*): il nome, i parametri e i relativi tipi e il tipo del valore restituito. Può essere utilizzata da sola come definizione della funzione stessa: in questo caso prende il nome di prototipo e viene terminata dal simbolo «;».

VARIABILI LOCALI DI UNA FUNZIONE. All'interno del corpo di una funzione C – delimitato dai simboli «{» e «}» – è possibile dichiarare variabili «locali» indipendenti da eventuali variabili omonime dichiarate in un'altra funzione o nel programma principale. La parola chiave `return` termina l'esecuzione della funzione e restituisce come risultato il valore indicato.

STRUTTURE. Una struttura è definita nel linguaggio C mediante la parola chiave `struct`, che deve essere utilizzata anche per la dichiarazione delle variabili che ne implementano il tipo. L'accesso ai singoli campi della struttura avviene premettendo al nome del campo il nome della variabile di tipo `struct` separato dal simbolo «.».

CHIAMATE DI SISTEMA. Le chiamate di sistema (*system call*) della API del *kernel* del sistema operativo consistono nell'invocazione di funzioni dai prototipi predefiniti in linguaggio C.

RIPASSA CON LA MAPPA

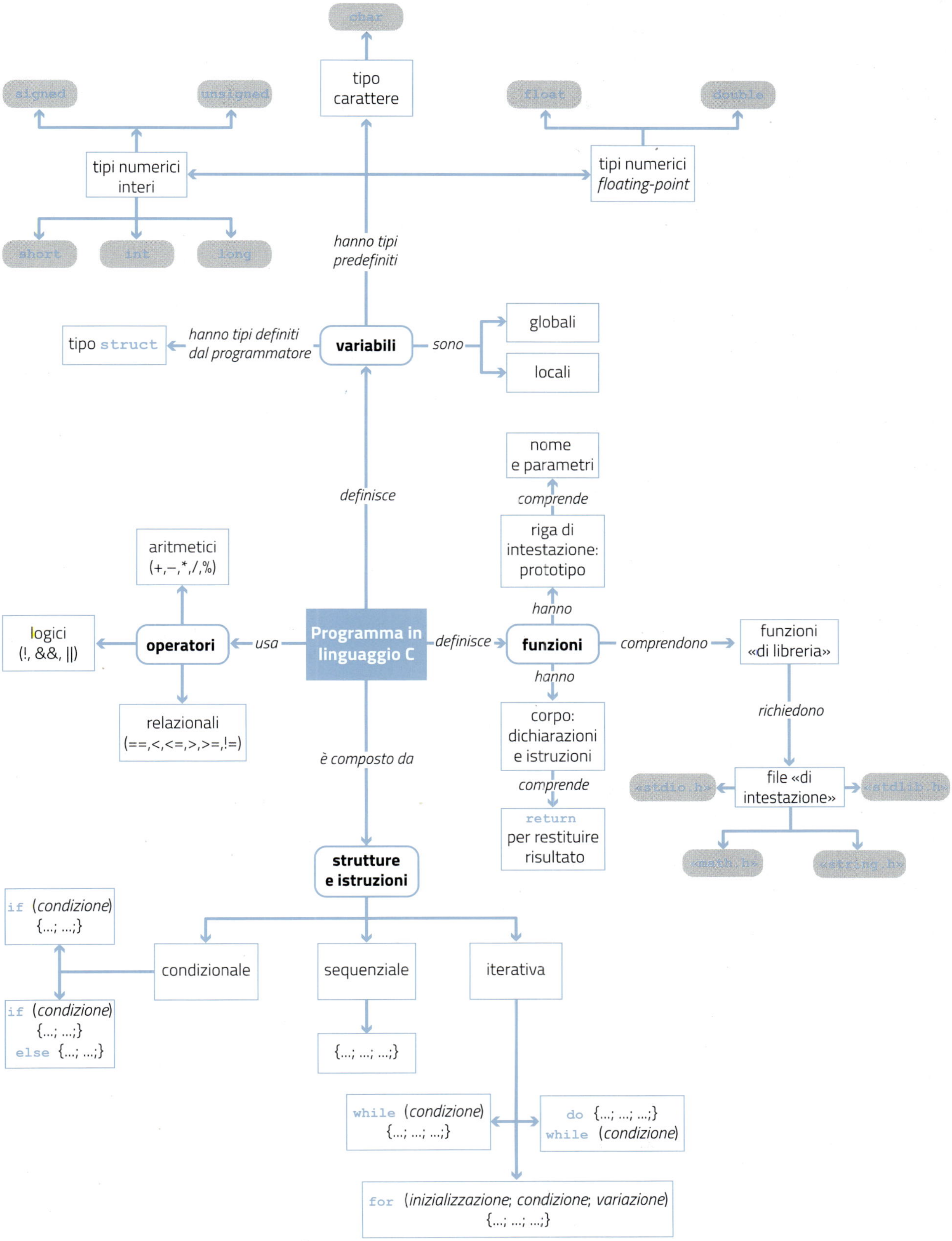

SPIEGA IN UNA PAGINA

1 Descrivere la struttura generale di un programma in linguaggio C.

QUESITI A RISPOSTA APERTA

2 Elencare e descrivere sinteticamente i tipi di dato fondamentali del linguaggio di programmazione C.

TEST A RISPOSTA MULTIPLA

3 Quale valore assume la variabile *N* di tipo `int` al termine dell'esecuzione di ciascuno dei seguenti frammenti di programma in linguaggio C?

A.
```
...
N = 2;
if (N > 0)
 N = N - 1;
else
 N = N + 1;
...
```

- A Non è possibile stabilirlo.
- B 1
- C 2
- D 3

B.
```
...
A = 1;
B = -1;
if ((A > 0) && (B < 0))
 N = N - N;
...
```

- A Non è possibile stabilirlo.
- B –1
- C 0
- D 1

C.
```
...
Y = 1;
X = 2;
Y = Y - X;
N = X + Y;
if ((X > 0) || (Y > 0))
 N = N * N;
...
```

- A Non è possibile stabilirlo.
- B 2
- C 0
- D 1

4 Le seguenti affermazioni sono vere o false?

A. Il valore di una variabile dichiarata «localmente» a una funzione C può essere riferito in un'espressione di una diversa funzione. V F

B. Il valore di una variabile «globale» dichiarata in un file può essere riferito in un'espressione di una qualsiasi funzione C dello stesso file. V F

PROBLEMI

5 È dato il seguente programma C.

```
#include <math.h>

int x0=0, y0=0, x1=1, y1=1;

float Euclidean(float x0, float y0, float x1,
                float y1)
  {
    float d;
    d = sqrt((x1-x0)*(x1-x0) + (y1-y0)
    *(y1-y0));
    return d;
  }

void main (void)
  {
    int Xa=1, Ya=1, Xb=-1, Yb=-1;
    float e, d=0;

    e = Euclidean(Xa, Ya, Xb, Yb);
    return;
  }
```

A. Ipotizza di interrompere l'esecuzione in coincidenza dell'istruzione `return` del programma principale; quali sono i valori delle variabili *d* ed *e* definite all'interno del *main*?

B. Ipotizza di interrompere l'esecuzione in coincidenza dell'istruzione `return` del programma principale; quali sono i valori delle variabili *x0*, *y0*, *x1*, *y1* globali?

6 Dati i seguenti cicli iterativi in linguaggio C indicare per ciascuno di essi quante volte viene ripetuto:

```
c = 1;
do
{
 c--;
}
while (c>1);
```

```
c = 0;
while (c>=0)
{
 c++;
}
```

```
c = 2;
while (c>2)
{
 c++;
}
```

```
c = 0;
do
{
 c=c+2;
}
while (c>=2);
```

7 CODING La prima stima precisa del valore di π è stata fornita dal matematico cinese Tsu Chung-chi nel V secolo d.C. utilizzando il seguente metodo iterativo:

$$x_0 = \sqrt{2}$$
$$x_{n+1} = \sqrt{2 - \sqrt{4 - x_n^2}}$$

dove, a partire dal valore iniziale x_0, viene calcolato ogni volta il valore successivo x_{n+1} a partire dal valore precedente x_n; al termine del procedimento – dopo N iterazioni del calcolo – la stima del valore di π è data dalla seguente formula:

$$s = 2^N \cdot x_N$$

Scrivere un programma in linguaggio C che visualizzi le prime 10 approssimazioni del valore di π prodotte dal metodo.

8 È esperienza comune che la presenza di vento fa percepire una temperatura inferiore a quella reale. La seguente formula, messa a punto da scienziati americani durante la seconda guerra mondiale, consente di calcolare la temperatura t percepita a partire dalla temperatura T reale e dalla velocità v del vento:

$$t = 33 + (0{,}45 + 0{,}29 \cdot \sqrt{v} - 0{,}02 \cdot v) \cdot (T - 33)$$

Le temperature sono espresse in °C e la velocità del vento in miglia per ora (mph); la formula è valida solo per velocità del vento superiori a 5 mph, al di sotto della quale t è uguale a T. Scrivere una funzione C che, a partire dalla temperatura reale e dalla velocità del vento calcoli la temperatura percepita.

9 Scrivere una funzione C che restituisca il numero di giorni trascorsi dal 1 Gennaio a partire da una data specificata come giorno, mese e anno (negli anni bisestili il mese di Febbraio ha 29 giorni invece che 28).

10 Che cosa verifica la seguente funzione C?

```
bool mistery(int N)
{
  int x;

  x = sqrt(n);
  if (X*X == n)
    return true;
  else
    return false;
}
```

CASI PRATICI

11 CODING L'indice di massa corporea è dato dal rapporto tra il peso P di una persona espresso in chilogrammi e il quadrato della sua altezza H espressa in metri:

$$\text{IMC} = \frac{P}{H^2}$$

Il risultato viene interpretato in base alla seguente tabella:

IMC < 18,5	sottopeso
18,5 < IMC < 25	peso normale
25 < IMC < 30	sovrappeso
IMC > 30	obesità

A. Scrivere in linguaggio C una funzione, con relativo file di intestazione, che a partire dal peso e dall'altezza di una persona determini il valore dell'indice di massa corporea IMC.

B. Scrivere in linguaggio C un programma di test della funzione che, dopo aver richiesto all'utente i valori del peso e dell'altezza, calcoli utilizzando la funzione e visualizzi il valore dell'indice di massa corporea (IMC).

C. **Compilare il programma e usarlo per compilare il seguente piano di verifica:**

Valori di input	Risultato atteso*	Risultato ottenuto	Esito
P = 65 Kg H = 1,70 m	IMC =		☐ Positivo ☐ Negativo
P = 95 Kg H = 1,80 m	IMC =		☐ Positivo ☐ Negativo
P = 85 Kg H = 1,90 m	IMC =		☐ Positivo ☐ Negativo

*** Da calcolare con la calcolatrice.**

12 CODING **Lo spazio s espresso in metri di frenata di un'automobile supposto essere di 1 secondo il tempo di reazione del guidatore è stimato mediante la seguente formula dove v è la velocità in chilometri orari ed f un coefficiente relativo alle condizioni stradali:**

$$s = \frac{v^2}{250 \cdot f}$$

Condizioni stradali	f
asfalto ruvido	0,6
asfalto liscio	0,5
asfalto bagnato	0,4
asfalto ghiacciato	0,1

A. **Scrivere in linguaggio C una funzione che, a partire dalla velocità v di un'automobile e dal coefficiente f determini lo spazio di frenata necessario; il prototipo della funzione deve essere esportato in un file di intestazione.**

B. **Scrivere in linguaggio C un programma che, dopo aver richiesto all'utente i valori della velocità e del coefficiente relativo alle condizioni stradali, calcoli utilizzando la funzione e visualizzi il valore dello spazio di frenata.**

C. **Utilizzare il programma per completare il seguente piano di verifica:**

Valori di input	Risultato atteso	Risultato ottenuto	Esito
v = 100 Km/h f = 0,5	80 m		☐ Positivo ☐ Negativo
v = 50 Km/h f = 0,1	100 m		☐ Positivo ☐ Negativo
v = 80 Km/h f = 0,4	64 m		☐ Positivo ☐ Negativo

13 CODING **Un pendolo oscilla con un periodo di P secondi che è funzione della lunghezza l espressa in metri del filo di sospensione secondo la seguente formula**

$$P = 6{,}2832 \cdot \sqrt{\frac{l}{g}}$$

dove la costante g è l'accelerazione di gravità che sulla Terra vale 9,8 m/s^2, mentre per altri pianeti assume i valori riportati nella tabella:

Pianeta	Accelerazione di gravità
Venere	8,6 m/s^2
Marte	3,7 m/s^2
Giove	25,9 m/s^2
Saturno	11,3 m/s^2

A. Scrivere in linguaggio C una funzione che, a partire dalla lunghezza *l* del filo di sospensione e dal valore *g* dell'accelerazione di gravità calcoli il periodo di un pendolo; il prototipo della funzione deve essere esportato in un file di intestazione.

B. Scrivere in linguaggio C un programma che, dopo aver richiesto all'utente i valori della lunghezza del pendolo e dell'accelerazione di gravità, calcoli utilizzando la funzione e visualizzi il valore del periodo del pendolo.

C. Utilizzare il programma per completare il seguente piano di verifica:

Valori di input	Risultato atteso	Risultato ottenuto	Esito
l = 1 m *g* = 9,8	2,0070095 s		☐ Positivo ☐ Negativo
l = 1 m *g* = 25,9	1,234613 s		☐ Positivo ☐ Negativo
l = 10 m *g* = 3,7	10,329517 s		☐ Positivo ☐ Negativo

14 CODING Ogni anno un materiale radioattivo perde per disintegrazione atomica una certa percentuale *p* della propria massa *m* secondo la seguente formula:

$$m = m - m \cdot \frac{p}{100}$$

A. Scrivere in linguaggio C una funzione che, a partire dalla massa *m* espressa in grammi, dal numero di anni *N* e dalla percentuale di disintegrazione *p*, determini la massa residua di un materiale radioattivo.

B. Scrivere in linguaggio C un programma che, dopo aver richiesto all'utente i valori della massa, del numero di anni e della percentuale di disintegrazione, calcoli utilizzando la funzione e visualizzi il valore della massa residua di un materiale radioattivo.

C. Utilizzare il programma per completare il seguente piano di verifica:

Valori di input	Risultato atteso	Risultato ottenuto	Esito
m = 10 grammi *N* = 10 anni *p* = 10%	3,486784 g		☐ Positivo ☐ Negativo
m = 10 grammi *N* = 1 anno *p* = 50%	5,000000 g		☐ Positivo ☐ Negativo
m = 100 grammi *N* = 100 anni *p* = 10%	0,002656 g		☐ Positivo ☐ Negativo

15 CODING Ogni ora una colonia batterica aumenta per accrescimento di una certa percentuale *p* la propria consistenza numerica *N* espressa in unità secondo la seguente formula:

$$N = N + N \cdot \frac{p}{100}$$

A. Scrivere in linguaggio C una funzione che, a partire dalla consistenza numerica *N*, dal numero di ore *h* e dalla percentuale di accrescimento *p*, determini la consistenza finale di una colonia batterica. Il prototipo della funzione deve essere esportato in un file di intestazione.

B. Scrivere in linguaggio C un programma che, dopo aver richiesto all'utente i valori della consistenza numerica, del numero di ore e della percentuale di accrescimento, calcoli utilizzando la funzione e visualizzi il valore della consistenza finale della colonia batterica.

C. Utilizzare il programma per completare il seguente piano di verifica:

Valori di input	Risultato atteso	Risultato ottenuto	Esito
N = 1 000 000 unità h = 10 ore p = 10%	3 138 428 unità		☐ Positivo ☐ Negativo
N = 1 000 000 unità h = 1 ora p = 50%	1 500 000 unità		☐ Positivo ☐ Negativo
N = 1000 unità h = 48 ore p = 2%	2587,07 unità		☐ Positivo ☐ Negativo

PROGETTI

16 DESIGN CODING **Realizzare una libreria di funzioni per la gestione dei valori frazionari rappresentati mediante una struttura del tipo:**

```
struct FRAZIONE
{
  int num; // numeratore
  int den; // denominatore
};
```

La libreria sarà articolata in un file di intestazione con la definizione della struttura dei seguenti prototipi delle funzioni

```
struct FRAZIONE semplifica(struct FRAZIONE f);
struct FRAZIONE somma(struct FRAZIONE f1, struct FRAZIONE f2);
struct FRAZIONE differenza(struct FRAZIONE f1, struct FRAZIONE f2);
struct FRAZIONE prodotto(struct FRAZIONE f1, struct FRAZIONE f2);
struct FRAZIONE quoziente(struct FRAZIONE f1, struct FRAZIONE f2);
```

e in un file di implementazione con il codice delle funzioni stesse.
La verifica del corretto funzionamento di tutte le funzioni della libreria deve essere effettuata codificando uno specifico programma che visualizzi i risultati dell'invocazione delle funzioni a partire da valori definiti come inizializzazione di variabili di tipo `struct FRAZIONE`.
[Suggerimento: la semplificazione di una frazione si ottiene dividendo numeratore e denominatore per il loro MCD.]

17 DESIGN CODING **È richiesto lo sviluppo di una libreria di funzioni per il calcolo delle formule di meccanica elementare. Le formule che si intendono calcolare sono le seguenti:**

A. **spazio percorso al tempo t (s) in un moto uniforme con velocità v (m/s):**

$$s = v \cdot t$$

B. **spazio percorso al tempo t (s) in un moto uniformemente accelerato con accelerazione a (m/s^2):**

$$s = \frac{1}{2} \cdot a \cdot t^2$$

Sono richiesti:

- **il file di intestazione con i prototipi delle funzioni della libreria e il file di implementazione delle funzioni della libreria (il codice delle funzioni deve evitare potenziali condizioni di errore nei calcoli);**
- **un programma di test per ciascuna funzione della libreria e un piano di verifica per ciascuna funzione della libreria.**

to botch
pasticciare

hurdle
ostacolo

to leap
saltare

A Tutorial Introduction

[...].

Getting started

The only way to learn a new programming language is by writing programs in it. The first program to write is the same for all languages:

Print the words
`hello, world`

This is a big hurdle; to leap over it you have to be able to create the program text somewhere, compile it successfully, load it, run it, and find out where your output went. With these mechanical details mastered, everything else is comparatively easy.

In C, the program to print "`hello, world`" is

```
#include <stdio.h>

main()
{
  printf("hello, world\n");
}
```

Just how to run this program depends on the system you are using. As a specific example, on the UNIX operating system you must create the program in a file whose name ends in "`.c`", such as `hello.c`, then compile it with the command

```
cc hello.c
```

If you haven't botched anything, such as omitting a character or misspelling something, the compilation will proceed silently, and make an executable file called `a.out`. If you run `a.out` by typing the command

```
a.out
```

it will print

```
hello, world
```

On other systems, the rules will be different; check with a local expert.

Now for some explanations about the program itself. A C program, whatever its size, consists of *functions* and *variables*. A function contains *statements* that specify the computing operations to be done, and variables store values used during the computation. C functions are like the subroutines and functions in Fortran or the procedures and functions in Pascal. Our example is a function named `main`. Normally you are at liberty to give functions whatever names you like, but "`main`" is special – your program begins executing at the beginning of `main`. This means that every program must have a `main` somewhere.

`main` will usually call other functions to help perform its job, some that you wrote, and others from libraries that are provided for you. The first line of the program,

```
#include <stdio.h>
```

tells the compiler to include information about the standard input/output library; the line appears at the beginning of many C source files. [...].

One method of communicating data between functions is for the calling function to provide a list of values, called *arguments*, to the function it calls. The parentheses after the function name surround the argument list. In this example, `main` is defined to be a function that expects no arguments, which is indicated by the empty list ().

```
#include <stdio.h>          include information about standard library
main()                      define a function called main
```

```
                                   that received no argument values
{                                  statements of main are enclosed in braces
  printf("hello, world\n"); main calls library function printf
                                   to print this sequence of characters
}                                  \n represents the newline character
```

The first C program

The statements of a function are enclosed in braces { }. The function `main` contains only one statement,

```
printf("hello, world\n");
```

A function is called by naming it, followed by a parenthesized list of arguments, so this calls the function `printf` with the argument `"hello, world\n"`. `printf` is a library function that prints output, in this case the string of characters between the quotes.

A sequence of characters in double quotes, like `"hello, world\n"`, is called a *character string* or *string constant*. For the moment our only use of character strings will be as arguments for `printf` and other functions.

The sequence `\n` in the string is C notation for the *newline character*, which when printed advances the output to the left margin on the next line. If you leave out the `\n` (a worthwhile experiment), you will find that there is no line advance after the output is printed. You must use `\n` to include a newline character in the `printf` argument; if you try something like

```
printf("hello, world
");
```

the C compiler will produce an error message.

`printf` never supplies a newline character automatically, so several calls may be used to build up an output line in stages. Our first program could just as well have been written

```
#include <stdio.h>

main()
{
  printf("hello, ");
  printf("world");
  printf("\n");
}
```

to produce identical output.

Notice that `\n` represents only a single character. An *escape sequence* like `\n` provides a general and extensible mechanism for representing hard-to-type or invisible characters. Among the others that C provides are `\t` for tab, `\b` for backspace, `\"` for the double quote, and `\\` for the backslash itself. [...]

Exercise 1-1 Run the `"hello, world"` program on your system. Experiment with leaving out parts of the program, to see what error messages you get.

Exercise 1-2 Experiment to find out what happens when `printf`'s argument string contains `\c`, where *c* is some character not listed above.

[B. Kernighan, D. Ritchie, "The C programming language", 2nd edition, Prentice Hall, 1988]

QUESTIONS

a What does a C program consist of?
b In a C function, what are enclosed in braces?
c In a C program, why is the `main` function special?
d What is the purpose of the `printf` library function?
e What does the symbol `\n` mean?

B2
Puntatori e *array* nel linguaggio C

La determinazione della data in cui cade la Pasqua è stato uno dei più ardui problemi aritmetici affrontati nel medioevo dalla civiltà cristiana dell'Europa. Le regole che seguono, elaborate dal matematico e astronomo gesuita tedesco Clavius alla fine del XVI secolo, consentono di ricavare la data della Pasqua per un qualsiasi anno A successivo al 1582[1]:

- il «numero d'oro» G è dato dal resto della divisione del numero A per 19 incrementato di 1;
- il numero di secolo C è dato dalla parte intera della divisione del numero A per 100 incrementata di 1;
- il numero X è dato dalla parte intera della divisione del triplo del numero C per 4 diminuita di 12 (è il numero di anni che dovrebbero essere bisestili, ma che – come il 1900 – non lo sono per mantenere la sincronizzazione del calendario con il moto del Sole);
- il numero Z è dato dalla parte intera della divisione per 25 del numero $8 \cdot C + 5$ diminuita di 5;
- il numero D è dato dalla parte intera della divisione per 4 del quintuplo del numero A diminuita della quantità $X + 10$;
- il numero E («epatta») è dato dal resto della divisione del risultato dell'espressione $11 \cdot G + 20 + Z - X$ per 30;
- se E è uguale a 25 e il numero G è maggiore di 11, oppure se E è uguale a 24, il numero E stesso deve essere incrementato di 1;
- il «numero pasquale» N è dato dalla differenza tra 44 e il numero E; se N diviene minore di 21, deve essere incrementato di 30;
- N deve essere trasformato aggiungendo 7 e sottraendo il resto della divisione per 7 della quantità $D + N$;
- se il numero N è maggiore di 31, la Pasqua cade di **aprile** nel giorno $N - 31$, se N è minore o uguale a 31, la Pasqua cade di **marzo** nel giorno N.

1. In quell'anno Papa Gregorio XIII riformò il calendario e, per recuperare lo svantaggio di 10 giorni accumulato dal calendario civile adottato da Giulio Cesare nel 46 a.C. rispetto al moto del Sole, impose che il 15 ottobre fosse il giorno successivo al 4 ottobre.

La seguente funzione in linguaggio C calcola il «numero pasquale» a partire dall'anno A:

```
int numeroPasquale(int A)
{
  int G, C, X, Z, D, E, N;

  G = A%19+1;
  C = A/100+1;
  X = 3*C/4-12;
  Z = (8*C+5)/25-5;
```

►

```
  D = 5*A/4-X-10;
  E = (11*G+20+Z-X)%30;
  if (((E == 25) && (G > 11)) || (E == 24))
    E++;
  N = 44-E;
  if (N < 21)
    N += 30;
  N = N+7-(D+N)%7;
  return N;
}
```

Volendo disporre di un'unica funzione che restituisca sia il giorno sia il mese in cui cade la Pasqua di un determinato anno, si è limitati dal fatto che l'istruzione `return` permette di fornire un solo risultato: è necessario un meccanismo diverso per consentire a una funzione di restituire risultati multipli.

1 Passaggio di parametri alle funzioni per indirizzo

Normalmente la variazione del valore dei parametri di una funzione nel codice della funzione stessa non modifica il valore delle variabili passate come parametri al momento dell'invocazione.

La normale modalità di passaggio dei parametri a una funzione implica una copia del valore del parametro attuale nella variabile locale che costituisce il parametro formale: per questo motivo si parla di **passaggio dei parametri per valore**.

Nel caso che una funzione debba restituire più di un risultato, è possibile prevedere dei parametri che, anziché rappresentare valori di input della funzione stessa, rappresentino valori di output, o entrambe le cose. Il meccanismo di copia intrinseco nel passaggio dei parametri per valore non è utile a questo scopo; nel linguaggio C è però possibile utilizzare la tecnica del **passaggio dei parametri per indirizzo**. In questo modo la variazione dei parametri nel codice della funzione causa la variazione delle variabili passate come parametri al momento dell'invocazione, permettendo la restituzione dei risultati senza ricorrere all'istruzione `return`.

> Nella lista dei parametri della funzione i parametri passati per indirizzo sono identificati dal simbolo «*», che precede il nome del parametro stesso, e il loro uso nel codice della funzione prevede che il nome sia sempre preceduto dal simbolo «*». Inoltre il codice che invoca la funzione fornirà come parametri alla funzione il nome delle variabili preceduti dal simbolo «&».

OSSERVAZIONE I parametri passati per indirizzo sono una forma particolare di «puntatore», concetto a cui è dedicato il prossimo paragrafo.

ESEMPIO

La seguente funzione in linguaggio C determina la data della Pasqua di un certo anno utilizzando la funzione vista in precedenza per il calcolo del «numero pasquale»:

```
void Pasqua(int anno, int *giorno, int *mese)
{
  int N = numeroPasquale(anno);

  if (N > 31)
    {
      *mese = 4;
      *giorno = N-31;
    }
  else
    {
      *mese = 3;
      *giorno = N;
    }
}
```

Il seguente frammento di codice illustra una possibile invocazione della funzione:

```
...
int g, m, a=2011;
Pasqua(a, &g, &m);
printf("Nel %i la Pasqua cade il %i/%i\r\n", a, g, m);
...
```

OSSERVAZIONE La funzione Pasqua dell'esempio precedente è di tipo `void` in quanto – oltre ai risultati forniti mediante le variabili passate come parametri per indirizzo – non restituisce altri valori.

La tecnica del passaggio dei parametri per indirizzo è alla base della funzione di libreria del linguaggio C *scanf*, che consente all'utente di un programma di inserire valori da assegnare alle variabili. La funzione *scanf* ha due parametri: una stringa di formato e la variabile cui assegnare il valore passata per indirizzo.

ESEMPIO

Il seguente programma in linguaggio C utilizza le funzioni definite in precedenza per calcolare la data della Pasqua dell'anno richiesto in input all'utente:

```
#include <stdio.h>

int main(void)
{
  int a, g, m;

  printf("Anno?");
  scanf("%i", &a);
  Pasqua(a, &g, &m);
  printf("Nel %i la Pasqua cade il %i/%i\r\n", a, g, m);
  return 1;
}
```

Nel caso che l'utente digiti «2018» il programma visualizzerà «Nel 2018 la Pasqua cade il 1/4».

I codici di formato utilizzati dalla funzione di libreria *scanf* sono gli stessi della funzione *printf*. È buona pratica inserire prima di ogni invocazione della funzione *scanf* una invocazione alla funzione *printf* che visualizzi all'utente del programma la richiesta del dato da inserire.

ESEMPIO

La funzione che segue utilizza la tecnica del passaggio dei parametri per indirizzo per scambiare tra loro il contenuto di due variabili (in questo caso numeriche intere):

```
void swap(int *x, int *y)
{
   int t;

   t = *x;
   *x = *y;
   *y = t;
}
```

La funzione può essere invocata come nel seguente frammento di codice:

```
...
int a, b;
...
swap(&a, &b);
...
```

2 Puntatori e *array*

2.1 Puntatori

La tecnica del passaggio dei parametri per indirizzo è un caso particolare dell'uso dei **puntatori**, una delle caratteristiche del linguaggio di programmazione C che lo rendono il linguaggio di elezione per la realizzazione di programmi che interagiscono con l'hardware e il sistema operativo.

Infatti le variabili di un programma sono memorizzate nella memoria del computer, ciascuna a partire da uno specifico indirizzo e per un numero di byte corrispondente alla loro dimensione.

L'operatore «&» del linguaggio C premesso al nome di una variabile ne restituisce l'indirizzo di memorizzazione[2]. Una variabile di tipo **puntatore** viene dichiarata premettendo il simbolo «*» al nome della variabile stessa e può assumere come valori gli indirizzi di variabili dello stesso tipo.

2. In realtà l'indirizzo restituito non è effettivamente quello fisico relativo alla memoria del computer, ma quello logico precedente la traslazione da parte della MMU del processore.

ESEMPIO

Il seguente programma in linguaggio C visualizza (in formato esadecimale) l'indirizzo di memorizzazione della variabile di tipo `int` *var*:

```
int main(void)
{
   int *ind, var;

   ind = &var; // il puntatore 'ind' assume l'indirizzo di 'var'
   printf("L'indirizzo della variabile e' %x\r\n",ind);
   return 1;
}
```

Per essere utilizzata, una variabile di tipo puntatore deve essere sempre inizializzata con l'indirizzo di un'altra variabile assegnato direttamente mediante l'operatore «&», o indirettamente copiandovi il contenuto di un altro puntatore.

Una variabile di tipo puntatore è utilizzata direttamente solo se al programmatore interessa l'indirizzo che essa contiene, come nel caso dell'esempio precedente. Normalmente è invece usata in modo indiretto, ricorrendo all'operatore di deferimento «*»: se *p* è un puntatore che contiene l'indirizzo di una variabile, allora **p* riferisce la variabile «puntata» da *p*.

ESEMPIO

Il seguente frammento di codice assegna il valore 99 alla variabile *x* utilizzando il puntatore *p*:

```
...
int x, *p;
p = &x;
*p = 99;
...
```

Lo schema di FIGURA 1 chiarisce il frammento di codice dell'esempio precedente (la disposizione delle variabili nella memoria del computer è decisa dal compilatore e non è in generale prevedibile o controllabile da parte del programmatore).

Alla variabile di tipo puntatore *p* viene assegnato dal codice l'indirizzo della variabile *x* (1000001); l'istruzione

```
*p = 99;
```

causa l'assegnamento del valore 99 *alla variabile il cui indirizzo è contenuto nel puntatore p*, in questo caso alla variabile *x*. Invece l'istruzione, probabilmente errata,

```
p = 99;
```

avrebbe sostituito nella variabile puntatore *p* l'indirizzo della variabile *x* (1000001) con il valore 99, lasciando inalterato il precedente contenuto della variabile *x* e rendendo di fatto inutilizzabile il puntatore stesso (FIGURA 2).

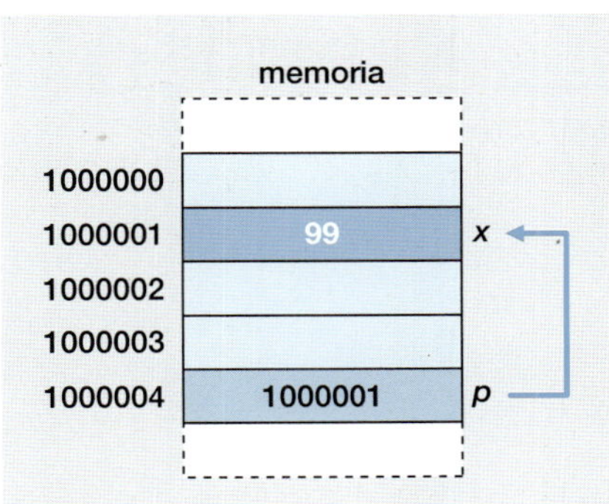

FIGURA 1

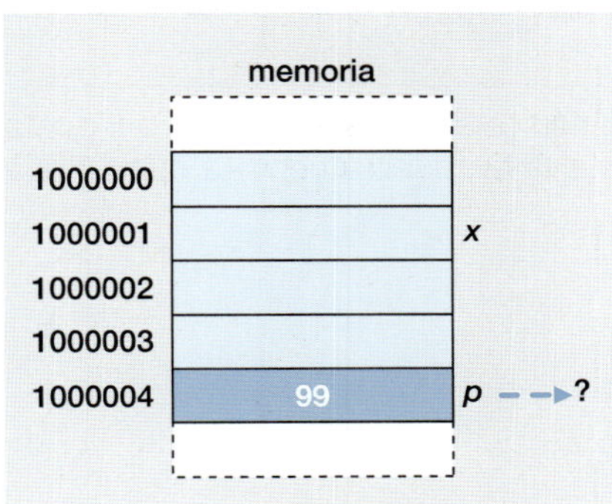

FIGURA 2

ESEMPIO Il codice che segue assegna il contenuto della variabile *x* (101) alla variabile *y* usando il puntatore *p*:

```
...
int x=101, y, *p;
p = &x;
y = *p;
...
```

Lo schema di FIGURA 3 chiarisce il frammento di codice dell'esempio precedente. Alla variabile di tipo puntatore *p* viene assegnato l'indirizzo della variabile *x* (1000001) e l'istruzione

```
y = *p;
```

causa l'assegnamento del valore *della variabile il cui indirizzo è contenuto nel puntatore p*, in questo caso della variabile *x*, alla variabile *y*. Invece l'istruzione

```
y = p;
```

è probabilmente errata e avrebbe copiato nella variabile *y* il contenuto della variabile puntatore *p*, cioè l'indirizzo della variabile *x* (1000001) (FIGURA 4).

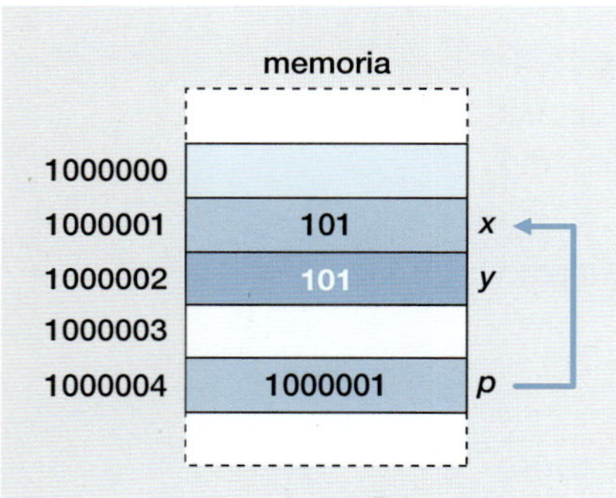

FIGURA 3

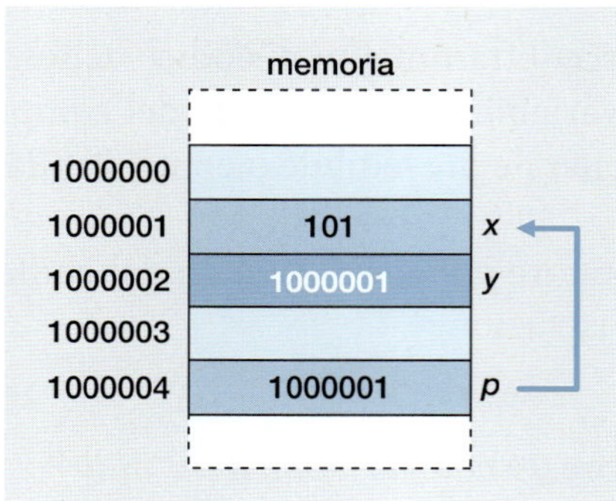

FIGURA 4

L'uso di puntatori per accedere alle variabili richiede molta attenzione da parte del programmatore, in particolare per i seguenti motivi.

- Due diversi puntatori possono riferire la stessa variabile:

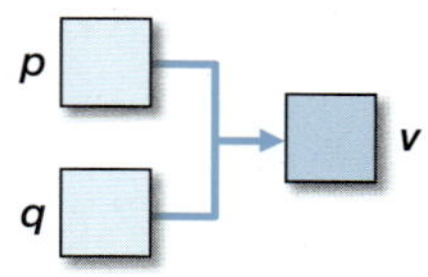

ESEMPIO Nel seguente frammento di codice sia il puntatore *p* sia il puntatore *q* riferiscono la variabile *v* che viene di fatto incrementata due volte assumendo il valore 2:

```
...
int v=0, *p, *q;
p = &v;
q = &v;
*p = *p + 1;
*q = *q + 1;
...
```

- Lo stesso puntatore può puntare, in momenti diversi dell'esecuzione, a variabili diverse:

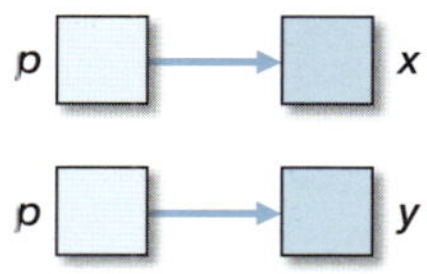

ESEMPIO

Nel seguente frammento di codice il puntatore *p* riferisce inizialmente la variabile *x* e successivamente la variabile *y*, che sono entrambe raddoppiate:

```
...
float x=1, y=1, *p;
p = &x;
*p = 2*(*p);
...
p = &y;
*p = 2*(*p);
...
```

- Un puntatore può non puntare ad alcuna variabile valida:

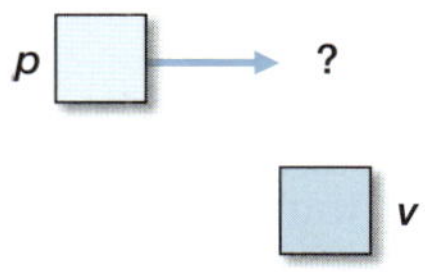

ESEMPIO

Nel seguente frammento di codice il puntatore *p* non viene inizializzato e, di conseguenza, non riferisce alcuna variabile; il suo uso causa un errore irrecuperabile del programma:

```
...
char v, *p;
*p = 'A'; // errore
...
```

OSSERVAZIONE L'uso di puntatori non inizializzati o che contengono riferimenti invalidi è uno dei più diffusi errori dei programmi scritti in linguaggio C/C++. La mancata presenza di puntatori in altri linguaggi di programmazione (come per esempio Java) è indicata dai progettisti come una delle caratteristiche che li rendono maggiormente sicuri.

È spesso necessario assegnare a una variabile di tipo puntatore un valore che sia facilmente riconoscibile come invalido: lo standard del linguaggio C stabilisce che questo valore è l'indirizzo «0».

Tutte le funzioni della libreria del linguaggio che restituiscono un puntatore come risultato utilizzano questo valore per indicare una condizione in cui il puntatore non assume un valore valido e nei file di intestazione della libreria stessa è sempre definita una costante denominata NULL che equivale a questo valore.

2.2 *Array*

Nel linguaggio C un vettore di elementi si dichiara facendo seguire il nome della variabile dalla dimensione compresa tra i simboli «[» e «]».

ESEMPIO

La dichiarazione

```
int v[1000];
```

definisce un vettore denominato *v* di 1000 elementi di tipo `int`.
La dichiarazione

```
int v[10] = {1,2,3,4,5,6,7,8,9,0};
```

definisce un vettore di 10 elementi inizializzato con i valori della lista.

I singoli elementi di un vettore si riferiscono nel codice utilizzando il nome del vettore stesso seguito dall'indice – costante o variabile – compreso tra i simboli «[» e «]», come nelle seguenti linee di codice:

```
x = v[10];
v[i] = 10;
```

Gli **indici di un vettore** in linguaggio C sono sempre di tipo numerico intero e il primo elemento del vettore ha sempre indice 0.

ESEMPIO

Gli elementi di un vettore di 1000 elementi sono riferiti con indici che assumono i valori compresi tra 0 e 999 inclusi.

OSSERVAZIONE I programmi in linguaggio C non effettuano in fase di esecuzione controlli di validità sugli indici dei vettori, per cui è demandata all'attenzione del programmatore la coerenza con le dimensioni dei vettori utilizzati.

I vettori sono passati come parametri alle funzioni utilizzando i simboli «[» e «]» dopo il nome del parametro, senza indicazione della dimensione effettiva.

ESEMPIO

La seguente funzione che, oltre a un vettore di valori numerici ha come parametro di input anche la dimensione del vettore stesso, ne restituisce la somma di tutti i valori:

```
float somma(float v[], int n)
{
  float s=0;
  int i;

  for (i=0; i<n; i++)
    s = s+v[i];

  return s;
}
```

Il codice di una funzione che ha un vettore come parametro non ha modo di conoscerne la dimensione se questa non viene esplicitamente fornita come parametro aggiuntivo.

I vettori sono passati come parametri alle funzioni sempre per indirizzo (senza l'uso esplicito del simbolo «*»). Ogni variazione apportata agli elementi del vettore nel codice della funzione influenza i corrispondenti elementi del vettore passato come parametro.

ESEMPIO La seguente funzione ordina gli elementi del vettore fornito come argomento insieme alla sua dimensione applicando l'algoritmo *bubble-sort*:

```
void bubbleSort (int v[], int n)
{
  int i, s, t;

  do
    {
      s = 0;
      for (i=0; i<n-1; i++)
        if (v[i] > v[i+1])
          {// scambio elementi
            t = v[i];
            v[i] = v[i+1];
            v[i+1] = t;
            s = 1;
          }
    } while(s);
}
```

Una possibile invocazione della funzione *bubbleSort* è la seguente:

```
int vett[1000];
...
bubbleSort(vett, 1000);
...
```

OSSERVAZIONE Nell'esempio precedente il vettore passato come parametro alla funzione *bubbleSort* viene ordinato – e quindi modificato – senza esplicitarne il passaggio per indirizzo, che per gli *array* è sempre implicito.

I progettisti del linguaggio C hanno enfatizzato il ruolo dei puntatori in relazione agli *array*; infatti il nome di un vettore coincide con un puntatore al suo primo elemento (l'elemento di indice 0). Questa caratteristica del linguaggio, unita alla possibilità di operare aritmeticamente sui puntatori, permette di gestire i vettori senza usare l'indicizzazione. Infatti è possibile incrementare o decrementare un puntatore ottenendo l'effetto di farlo puntare all'elemento successivo o precedente di un vettore (in generale è possibile sommare o sottrarre quantità numeriche intere a un puntatore per ottenere riferimenti a elementi successivi o precedenti di un vettore).

ESEMPIO La funzione *somma* di uno degli esempi precedenti può essere riscritta utilizzando una variabile di tipo puntatore invece della tradizionale indicizzazione:

```
float somma(float v[], int n)
{
  float s=0, *p;

  for (p=v; p<(v+n); p++)
    s=s+*p;

  return s;
}
```

La variabile puntatore *p* dell'esempio precedente, che deve essere dichiarata di tipo omogeneo rispetto al tipo degli elementi del vettore, viene inizializzata con l'indirizzo del primo elemento del vettore.

OSSERVAZIONE L'inizializzazione della variabile puntatore utilizzando il nome del vettore

```
p = v;
```

è equivalente ad assegnare al puntatore l'indirizzo del primo elemento

```
p = &v[0];
```

I successivi incrementi del puntatore *p* fanno in modo che «punti» agli elementi successivi del vettore:

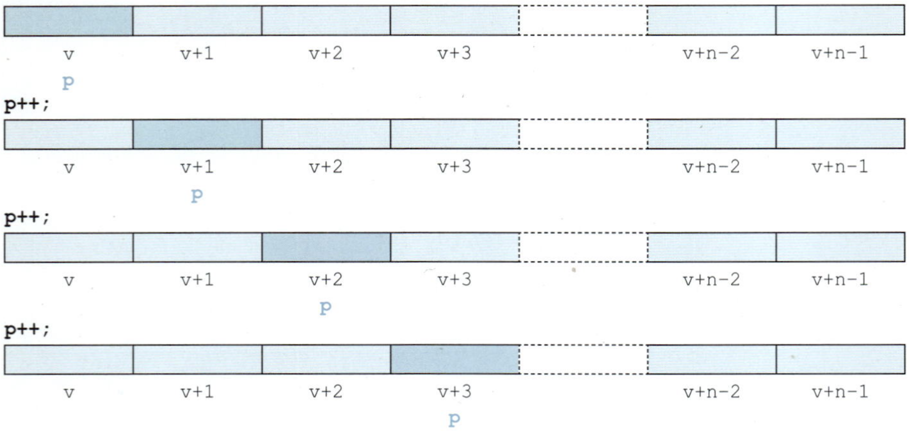

La condizione di terminazione è basata sul fatto che, essendo *v* l'indirizzo del primo elemento del vettore composto da *n* elementi, $v + n - 1$ è l'indirizzo dell'ultimo elemento.

OSSERVAZIONE Per quanto il concetto di puntatore proprio del linguaggio C coincida con il concetto di indirizzo di memorizzazione di una variabile nella memoria del computer, la gestione che ne viene fatta è molto più astratta. Una variabile occupa uno spazio di memoria che generalmente è superiore al singolo byte e quindi all'indirizzo immediatamente «successivo» dell'indirizzo del primo elemento di un vettore si trova nella memoria del computer una parte del primo elemento stesso, ma il compilatore C nasconde questo dettaglio al programmatore e di fatto incrementa (o decrementa) automaticamente il puntatore di un valore pari alla dimensione del singolo elemento.

ESEMPIO

Anche la funzione di ordinamento *bubbleSort* può essere riscritta utilizzando un puntatore invece dell'indicizzazione:

```
void bubbleSort(int v[], int n)
{
  int *p, s, t;

  do
    {
      s=0;
      for (p=v; p<(v+n-1); p++)
        if (*p>*(p+1))
          {
            // scambio elementi
            t=*p;
            *p=*(p+1);
            *(p+1)=t;
            s++;
          }
    } while(s>0);
}
```

Puntatori void*

È possibile dichiarare o, più frequentemente, utilizzare puntatori di tipo `void*`: a puntatori di questo tipo è possibile assegnare l'indirizzo di una variabile di un qualsiasi tipo (`int`, `float`, `char`, ...). Viene però perso il collegamento con il tipo originale e di conseguenza eventuali operazioni sul puntatore saranno probabilmente errate. Un puntatore di questo tipo viene tipicamente utilizzato in operazioni in cui il dato non assume un particolare significato informativo, se non come sequenza di byte; un esempio notevole è dato dalla funzione *memcpy* della libreria standard del linguaggio che ha il seguente prototipo:

```
void* memcpy(void*
  dst, void* src,
      int n);
```

La funzione copia in modo efficiente *n* byte a partire dall'indirizzo *src* nello spazio di memoria che ha inizio con l'indirizzo *dst* che è anche il valore restituito; il codice che segue copia il contenuto del vettore *v* nel vettore *w* e ne rappresenta un caso d'uso frequente:

```
int v[100], w[100];
...
...
...
memcpy(w, v,
 100*sizeof(int));
```

La pseudo-funzione `sizeof` del linguaggio C restituisce la dimensione in byte del tipo specificato come argomento.

Nell'esempio precedente le parentesi utilizzate per referenziare l'elemento successivo all'elemento puntato dal puntatore *p* sono essenziali: l'espressione

```
*p+1
```

rappresenterebbe infatti il valore aumentato di 1 dell'elemento del vettore puntato da *p* e non il valore dell'elemento successivo a quello puntato da *p*.

L'identità formale tra nomi degli *array* e puntatori nel linguaggio C consente di indicare tra i parametri di una funzione un puntatore anche quando il codice gestisce di fatto un vettore.

ESEMPIO

Il prototipo della funzione *bubbleSort* può essere riscritto come

```
void bubbleSort(int *v, int n);
```

indipendentemente dal fatto che il codice della funzione manipoli il vettore *v* mediante puntatori o indici.

OSSERVAZIONE Tra puntatori e vettori esiste in ogni caso una differenza sostanziale: i puntatori sono a tutti gli effetti delle variabili, mentre i nomi dei vettori rappresentano delle costanti e come tali non sono modificabili.

3 Stringhe di caratteri nel linguaggio C

Nel linguaggio C una **stringa** è semplicemente un vettore di caratteri; dato che la lunghezza delle stringhe è normalmente variabile, per convenzione l'ultimo carattere della stringa nel vettore è seguito da un carattere di terminazione, il valore numerico 0.

Per esempio nello schema che segue è rappresentato un vettore di 7 elementi contenente una stringa di 5 caratteri seguita dal carattere di fine stringa.

«P»	«i»	«p»	«p»	«o»	0	
0	1	2	3	4	5	6

OSSERVAZIONE Il carattere di terminazione di una stringa non è il carattere «0» (codice ASCII 48), ma il valore numerico 0 che nella tabella ASCII corrisponde al carattere speciale `NUL`. Nel linguaggio di programmazione C il carattere speciale `NUL` può essere rappresentato con il simbolo `'\0'`.

ESEMPIO

È immediato scrivere una funzione che restituisca la lunghezza di una stringa passata come argomento:

```
int stringLength(char s[])
{
  int i=0;
  while (s[i]!=0)
    i++;

  return i;
}
```

▶

Ovviamente è anche possibile utilizzare un puntatore:

```
int stringLength(char *s)
{
  char *p=s;

  while (*p!=0)
    p++;

  return (p-s);
}
```

In questo caso il numero di elementi è dato dalla differenza tra la posizione finale del puntatore usato per scorrerli e il puntatore alla posizione iniziale (il nome della stringa).

Pur essendo le stringhe vettori di caratteri, il linguaggio C presenta alcune utili particolarità per la loro gestione.

- È possibile inizializzare una stringa in fase di dichiarazione con un testo delimitato dai simboli «"», come nei seguenti esempi:

```
char s1[100] = "Pippo";
char s2[] = "Pluto";
```

La prima dichiarazione definisce un vettore di 100 caratteri che inizialmente contiene una stringa di soli 5 caratteri (più il carattere terminatore).
La seconda dichiarazione non esplicita la dimensione del vettore di caratteri che assume la lunghezza necessaria per contenere la stringa: 6 caratteri, compreso il carattere terminatore.

- Le funzioni *printf* e *scanf* prevedono il formato `"%s"` con cui è possibile visualizzare o inserire una stringa (cosa che non è possibile per i vettori in generale).

OSSERVAZIONE La funzione *scanf* non acquisisce stringhe che contengono spazi: a questo scopo è possibile impiegare la funzione *gets*.

ESEMPIO

Il seguente programma visualizza la stringa inserita in precedenza dall'utente:

```
#include <stdio.h>

void main(void)
{
  char stringa[100];

  printf("Inserire la stringa (massimo 99 caratteri): ");
  scanf("%s",stringa);
  printf("La stringa inserita e': %s\r\n", stringa);
}
```

- Quando è necessario utilizzare una stringa costante è possibile inserirla direttamente nel codice delimitata dai simboli «"».

ESEMPIO Il seguente frammento di codice indica una invocazione valida della funzione *stringLength*:

```
int n;
...
n = stringLength("Pippicalzelunghe");
...
```

OSSERVAZIONE La sintassi del codice dell'esempio precedente è corretta perché la funzione *stringLength* non modifica la stringa fornita come parametro.

Essendo una stringa un vettore, non è possibile copiarne direttamente il contenuto in un'altra stringa, ma è necessario copiare uno a uno tutti i caratteri che la compongono.

A questo scopo è utile una funzione come la seguente:

```
void stringCopy(char s1[], char s2[])
{
  int i=0;

  while (s1[i]!=0)
    {
      s2[i]=s1[i];
      i++;
    }

  s2[i]=0; // carattere terminatore
}
```

Essa, impiegando i puntatori, diviene:

```
void stringCopy(char *s1, char *s2)
{
  char *p1=s1,*p2=s2;

  while (*p1!=0)
    {
      *p2=*p1;
      p1++;
      p2++;
    }

  *p2=0; // carattere terminatore
}
```

Analogamente non è possibile confrontare direttamente due stringhe, per cui una funzione come la seguente serve a determinare se sono uguali o meno:

```
int stringCompare(char s1[], char s2[])
{
  int i=0;
  while ((s1[i]!=0) && (s2[i]!=0) && (s1[i]==s2[i]))
    i++;
```

▶

```
  if ((s1[i]==0) && (s2[i]==0))
    return 1; // vero
  else
    return 0; // falso
}
```

Anche in questo caso è possibile utilizzare dei puntatori senza ricorrere all'indicizzazione:

```
int stringCompare(char *s1, char *s2)
{
  char *p1=s1, *p2=s2;

  while ((*p1!=0) && (*p2!=0) && (*p1==*p2))
    {
      p1++;
      p2++;
    }
  if ((*p1==0) && (*p2==0))
    return 1; // vero
  else
    return 0; // falso
}
```

Pur non essendo difficile realizzare le funzioni di utilità necessarie per manipolare le stringhe nei programmi C, la libreria standard comprende già tutte quelle che realisticamente possono essere utili e di cui riportiamo nella TABELLA 1 solo le fondamentali[3].

3. Per la descrizione dei parametri si rimanda alla documentazione della libreria standard del linguaggio C.

TABELLA 1

Funzioni	Descrizione
strcpy	Copia di una stringa
strncpy	Copia dei primi *n* caratteri di una stringa
strcat	Concatenazione di due stringhe
strncat	Concatenazione di due stringhe limitata a *n* caratteri
strcmp	Confronto di due stringhe
strncmp	Confronto dei primi *n* caratteri di due stringhe
strchr	Ricerca della prima occorrenza di un carattere in una stringa
strrchr	Ricerca dell'ultima occorrenza di un carattere in una stringa
strlen	Calcolo della lunghezza di una stringa

Per utilizzare le funzioni di manipolazione delle stringhe di caratteri della libreria standard del linguaggio C è necessario includere nel programma il file di intestazione *string.h*.

I CONCETTI CHIAVE

PARAMETRI PASSATI PER INDIRIZZO. La variazione del valore dei parametri passati per indirizzo di una funzione nel codice della funzione stessa modifica il valore delle variabili passate come parametri al momento dell'invocazione. Nella lista dei parametri della funzione i parametri passati per indirizzo sono identificati dal simbolo «*», che precede il nome del parametro stesso, e il loro uso nel codice della funzione prevede che il nome sia sempre preceduto dal simbolo «*». Inoltre il codice che invoca la funzione fornirà come parametri alla funzione il nome delle variabili preceduti dal simbolo «&».

FUNZIONE DI LIBRERIA *scanf*. La tecnica del passaggio dei parametri per indirizzo è alla base della funzione di libreria del linguaggio C *scanf*, che consente all'utente di un programma di inserire valori da assegnare alle variabili. La funzione *scanf* ha due parametri: una stringa di formato e la variabile cui assegnare il valore passata per indirizzo.

INDIRIZZI E PUNTATORI. L'operatore «&» del linguaggio C, premesso al nome di una variabile, ne restituisce l'indirizzo di memorizzazione. Una variabile di tipo puntatore viene dichiarata premettendo il simbolo «*» al nome della variabile stessa e può assumere come valori gli indirizzi di variabili dello stesso tipo.

DEFERIMENTO DI UN PUNTATORE. Una variabile di tipo puntatore può essere utilizzata direttamente se al programmatore interessa l'indirizzo che essa contiene, o – più frequentemente – in modo indiretto mediante l'operatore di deferimento «*»: se *p* è un puntatore che contiene l'indirizzo di una variabile allora **p* riferisce la variabile «puntata» da *p*.

VETTORI E INDICI. Nel linguaggio C un vettore di elementi si dichiara facendo seguire il nome della variabile dalla dimensione compresa tra i simboli «[» e «]». I singoli elementi di un vettore si riferiscono nel codice utilizzando il nome del vettore stesso seguito dall'indice – costante o variabile – compreso tra i simboli «[» e «]». Gli indici di un vettore in linguaggio C sono sempre di tipo numerico intero e il primo elemento del vettore ha sempre indice 0.

VETTORI COME PARAMETRI. I vettori sono passati come parametri alle funzioni utilizzando in sequenza i simboli «[» e «]» dopo il nome del parametro; i vettori sono passati come parametri alle funzioni sempre per indirizzo (senza l'uso esplicito del simbolo «*»). Ogni variazione apportata agli elementi del vettore nel codice della funzione influenza i corrispondenti elementi del vettore passato come parametro.

VETTORI E PUNTATORI. Il nome di un vettore coincide con un puntatore al suo primo elemento (l'elemento di indice 0). Questa caratteristica del linguaggio, unita alla possibilità di operare aritmeticamente sui puntatori, permette di operare sui vettori senza indicizzazione. È possibile infatti incrementare o decrementare (o, in generale, sommare o sottrarre quantità numeriche) un puntatore, ottenendo l'effetto di farlo puntare all'elemento successivo o precedente di un vettore.

STRINGHE DI CARATTERI. Nel linguaggio C una stringa è semplicemente un vettore di caratteri. Dato che la lunghezza delle stringhe è normalmente variabile, per convenzione l'ultimo carattere della stringa nel vettore è seguito da un carattere di terminazione, il valore numerico 0.

CODICI DI FORMATO PER STRINGHE. Le funzioni ***printf*** e ***scanf*** prevedono il formato `"%s"`, con cui è possibile visualizzare o inserire una stringa (cosa che non è possibile per i vettori in generale).

COPIA DI STRINGHE. Essendo una stringa un vettore, non è possibile copiarne direttamente il contenuto in un'altra stringa, ma è necessario copiare uno a uno tutti i caratteri che la compongono.

FUNZIONI DI GESTIONE DELLE STRINGHE. Pur non essendo difficile realizzare le funzioni di utilità necessarie per manipolare le stringhe nei programmi C, la libreria standard comprende già tutte quelle che può essere necessario utilizzare.

RIPASSA CON LA MAPPA

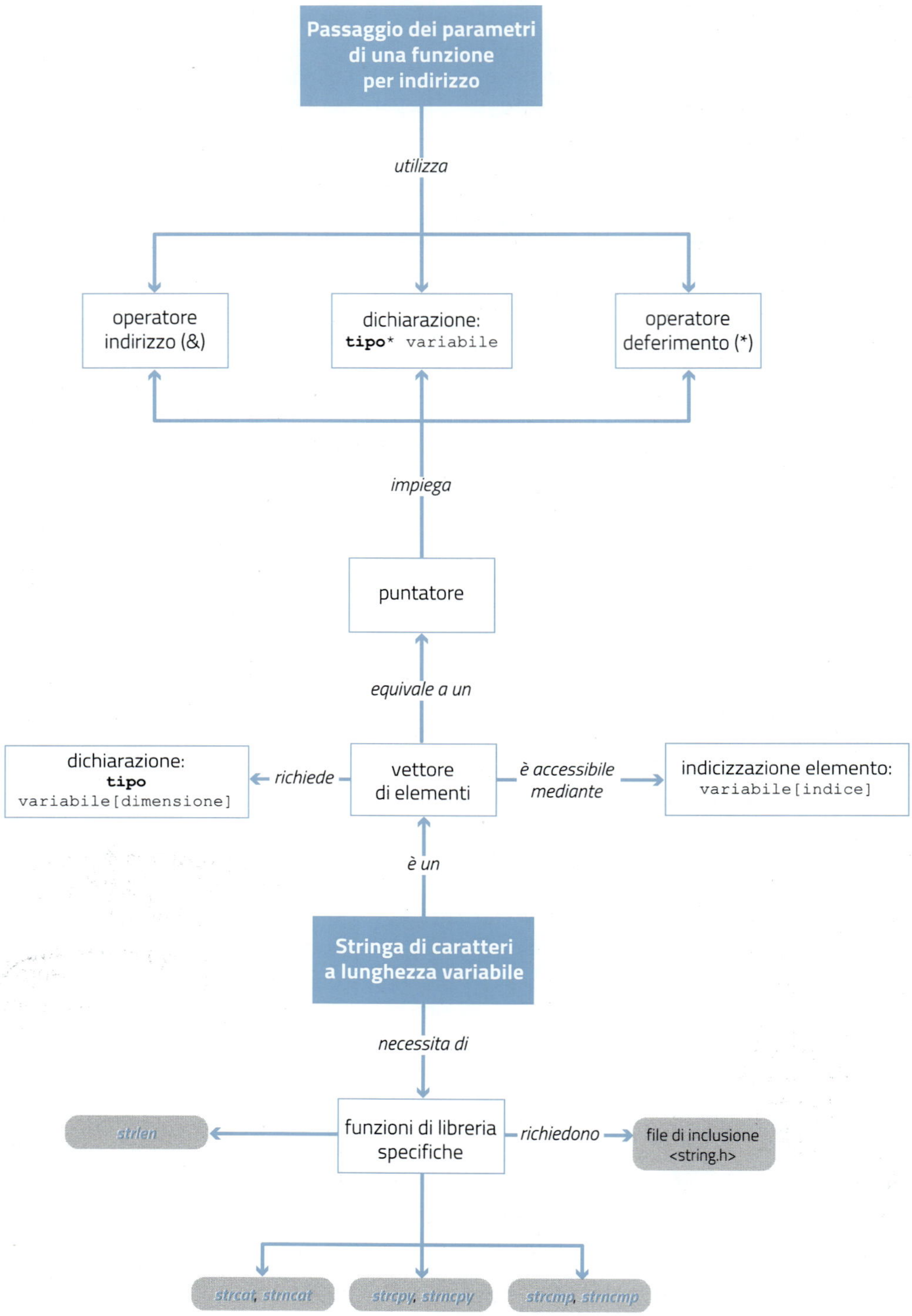

SPIEGA IN UNA PAGINA

1 Esporre il passaggio dei parametri per indirizzo nelle funzioni in linguaggio C riportando nel testo esempi di codice.

2 Descrivere tecniche e motivazioni per l'uso dei puntatori in linguaggio C riportando nel testo esempi di codice.

QUESITI A RISPOSTA APERTA

3 Descrivere la computazione che esegue la seguente funzione C:

```
int mystery(float v[], int n)
{
  float *p;
  int q = 0;

  for (p=v; (p-v)<n; p++)
    {
      if (*p < 0)
        q++;
    }

  return q;
}
```

4 Descrivere la computazione che esegue la seguente funzione C:

```
void mystery(float v[], float w[], int n,
float k)
{
  float *p, *q=w;

  for (p=v; (p-v)<n; p++)
    {
    *q = (*p)*k;
    q++;
    }
}
```

5 Descrivere la computazione che esegue la seguente funzione C:

```
int mystery(char s[])
{
  float *p = s;
  int c = 0;

  while (*p!=0)
    {
      if (*p>='0' && *p<='9')
        c++;
      p++;
    }

  return c;
}
```

TEST A RISPOSTA MULTIPLA

6 Nel contesto dato dalle seguenti dichiarazioni in linguaggio C

```
char s[10];        int *ip;
int x;             float *fp;
float y;           char *cp;
```

indicare quali delle seguenti assegnazioni sono corrette e quali errate:

A.	`*x = 0;`	☐ corretta	☐ errata
B.	`ip = x;`	☐ corretta	☐ errata
C.	`ip = &x;`	☐ corretta	☐ errata
D.	`&fp = y;`	☐ corretta	☐ errata
E.	`cp = s;`	☐ corretta	☐ errata
F.	`cp = &s[1];`	☐ corretta	☐ errata
G.	`*fp = &y;`	☐ corretta	☐ errata
H.	`*fp = 0.0;`	☐ corretta	☐ errata
I.	`y = 3.14*(*fp);`	☐ corretta	☐ errata
J.	`*cp = 'x';`	☐ corretta	☐ errata

7 **Nel contesto dato dalle seguenti dichiarazioni in linguaggio C**

```
int i;
float f;
int *ip;
float *fp;
float v[10];
```

indicare quali delle seguenti assegnazioni sono corrette e quali errate:

A.	`*fp = &f;`	□ corretta	□ errata
B.	`fp = &f;`	□ corretta	□ errata
C.	`ip = 1;`	□ corretta	□ errata
D.	`fp = &i;`	□ corretta	□ errata
E.	`f = *ip/2;`	□ corretta	□ errata
F.	`*i = i+1;`	□ corretta	□ errata
G.	`f = (*ip)+(*fp);`	□ corretta	□ errata
H.	`fp = v+1.5;`	□ corretta	□ errata
I.	`fp = v+2;`	□ corretta	□ errata
J.	`&i = 1234;`	□ corretta	□ errata
K.	`v[1] = *fp;`	□ corretta	□ errata
L.	`*(v+1) = *(v+2);`	□ corretta	□ errata

8 **Nel contesto dato dalle seguenti dichiarazioni in linguaggio C**

```
int i;
double d;
int *ip;
double *dp;
int v[1000];
```

indicare quali delle seguenti assegnazioni sono corrette e quali errate:

A.	`dp = 3.14;`	□ corretta	□ errata
B.	`*dp = 0.0;`	□ corretta	□ errata
C.	`ip = &i;`	□ corretta	□ errata
D.	`dp = &i;`	□ corretta	□ errata
E.	`d = *ip;`	□ corretta	□ errata
F.	`i = *i+1;`	□ corretta	□ errata
G.	`d = (*ip)*(*dp);`	□ corretta	□ errata
H.	`i = &i + 1;`	□ corretta	□ errata
I.	`d = &d + d;`	□ corretta	□ errata
J.	`&i = &dp;`	□ corretta	□ errata
K.	`ip = v;`	□ corretta	□ errata
L.	`ip = &v[100];`	□ corretta	□ errata
M.	`v[10] = ip;`	□ corretta	□ errata
N.	`i = *(v+10);`	□ corretta	□ errata

PROBLEMI

9 Per ciascuno dei frammenti di codice dire esattamente che cosa visualizza:

A.
```
int x=2;
int *p=&x;
*p=x*x;
printf("%i\r\
n",x);
```

B.
```
float y=1.0;
float *p=&y;
y=(*p)+(*p);
printf("%f\r\
n",(*p));
```

C.
```
char s[]="Pippo";
char *p=&s[2];
printf("%c\r\
n",(*p));
```

D.
```
char s[]="Pluto";
char *p=s;
p++;
printf("%c\r\
n",(*p));
```

E.
```
int v[]={9,8,7,6,5,4,3,2,1,0};
int *p=v;
printf("%i\r\n",(*p));
```

10 Per ciascuno dei frammenti di codice dire esattamente che cosa visualizza:

A.
```
int x=0;
int *p=&x;
*p=*p*(x+1);
printf("%i\r\
n",x);
```

B.
```
float x=2.0, y=3.0;
float *p=&y;
y=(*p)*x;
printf("%f\r\
n",*p);
```

C.
```
char c='c';
char *p=&c;
*p=c-1;
printf("%c\r\
n",c);
```

D.
```
int v[] =
{0,1,2,3,4};
int *p=v+1;
*(p+1)=*(v+2)+1;
printf("%i\r\
n",v[2]);
```

E.
```
int v[] =
{0,1,2,3,4};
int *p=v;
*(v+1)=v[0]-1;
printf("%i\r\
n",v[1]);
```

F.
```
char s[] = "Pippi-
calzelunghe";
char *p=s;
*p = *(s+4);
printf("%s\r\
n",s);
```

11 Per ciascuno dei frammenti di codice dire esattamente che cosa visualizza:

A.
```
int i=1;
int *p=&i;
*p=i+1;
printf("%i\r\
n",i);
```

B.
```
float x=1.0, y;
float *p=&x;
y=(*p)*x;
printf("%f\r\
n",(*p));
```

C.
```
char c='B';
char *p=&c;
c = (*p)-1;
printf("%c\r\
n",c);
```

D.
```
int v[] =
{0,1,2,3,4};
int *p=v+1;
*p = *(v+2)+1;
printf("%c\r\
n",v[1]);
```

E.
```
int v[] =
{0,1,2,3,4};
int *p=v;
*(v+1) = v[4]-1;
printf("%c\r\
n",v[1]);
```

F.
```
char s[] = "Pippo";
char *p = s+2;
*p = *s;
p++;
*p = *s;
printf("%s\r\n",s);
```

12 È dato il seguente programma C:

```
int squareRoot(float *n)
  {
    if (*n<0)
      return 0;
    else
        {
          *n = sqrt(*n);
          return 1;
        }
  }

void main (void)
  {
    float y, x=100;

    y=x;
    if (squareRoot(&x))
      y=x;
  }
```

Ipotizzando di interrompere l'esecuzione in coincidenza con l'istruzione `return` del programma principale, quali sono i valori delle variabili *x* e *y* definite nel contesto del programma principale?

13 La funzione definita dal seguente prototipo calcola la media degli elementi del vettore fornito come parametro insieme alla sua dimensione:

```
float media(int vet[], int dim);
```

Come deve essere invocata la funzione perché calcoli la media solo della seconda metà degli elementi del seguente vettore?

```
int v[] = {0,1,2,3,4,5,6,7,8,9};
```

14 Qual è lo scopo della seguente funzione in linguaggio C?

```
void mistery(char s[])
{
  char *p, *q, t;
  int n=0;

  p=s;
  while (*p!=0)
    {
      n++;
      p++;
    }
  p = &s[0];
  q = &s[n-1];
  while (p<=q)
    {
      t=*q;
      *q=*p;
      q--;
      *p=t;
      p++;
    }
}
```

15 Gli schermi dei dispositivi digitali rappresentano i colori come combinazione del Rosso, del Verde e del Blu: il colore di ogni singolo punto dell'immagine è rappresentato da un numero compreso tra 0 e 255; le stampanti digitali rappresentano i colori come combinazione del Celeste, del Magenta e del Giallo: anche in questo caso il colore di ogni singolo punto della stampa è rappresentato da un numero compreso tra 0 e 255. Le seguenti formule consentono di trasformare i colori dal sistema Rosso/Verde/Blu nei colori del sistema Celeste/Magenta/Giallo:

```
Celeste = 255 - Rosso
Magenta = 255 - Verde
 Giallo = 255 - Blu
```

Codificare una funzione in linguaggio C che determini le singole componenti di un colore di stampa (Celeste, Magenta e Giallo) a partire dalle singole componenti di un colore fotografico (Rosso, Verde e Blu).

16 Codificare una funzione in linguaggio C che calcoli la media degli elementi numerici di un vettore utilizzando un puntatore per scorrere gli elementi da sommare.

17 Codificare utilizzando i puntatori una funzione in linguaggio C che riceva come parametri due vettori numerici e la relativa dimensione e che copi i valori del primo nel secondo.

18 Codificare utilizzando i puntatori una funzione in linguaggio C che elimini il primo carattere di una stringa fornita come parametro. [Suggerimento: i caratteri successivi al primo devono essere copiati nella posizione precedente.]

19 Codificare utilizzando i puntatori una funzione in linguaggio C che, a partire da un vettore di valori numerici e della relativa dimensione, copi in un secondo vettore fornito anch'esso come parametro i soli valori positivi; la funzione deve restituire la dimensione del secondo vettore.

20 Codificare utilizzando i puntatori una funzione in linguaggio C che, a partire da due stringhe di caratteri fornite come argomento, copi nella seconda il contenuto della prima eliminando tutti gli spazi bianchi.

CASI PRATICI

21 CODING Codificare una funzione in linguaggio C per calcolare perimetro e area[4] di un triangolo a partire dalle dimensioni dei lati *a*, *b* e *c*. Realizzare un programma in linguaggio C che fornisca in output – dopo averli determinati invocando la funzione precedente – area e perimetro di un triangolo ricevendo in input le dimensioni dei lati.

4. L'area deve essere calcolata utilizzando la formula di Erone di Alessandria: $\sqrt{p(p-a)(p-b)(p-c)}$ dove p è la *metà* del perimetro.

22 CODING Codificare una funzione in linguaggio C che calcoli, a partire dai coefficienti *a*, *b* e *c*, i valori delle due radici di un'equazione di secondo grado. Realizzare un programma in linguaggio C che fornisca in output – dopo averli determinati invocando la funzione precedente – i valori delle radici di un'equazione di secondo grado ricevendo in input i valori dei coefficienti.

23 CODING Codificare una funzione in linguaggio C che, a partire da un vettore di valori numerici e dalla sua dimensione, calcoli la media e la varianza[5] dei valori degli elementi. Realizzare un programma in linguaggio C che fornisca in output – dopo averle determinate invocando la funzione precedente – media e varianza degli elementi di un vettore ricevuti in input.

24 CODING Codificare utilizzando i puntatori una funzione in linguaggio C che restituisca il numero di caratteri che rappresentano cifre numeriche contenuti in una stringa fornita come parametro. Realizzare un programma in linguaggio C che fornisca in output – dopo averlo determinato invocando la funzione precedente – il numero di cifre numeriche contenute in una stringa ricevuta in input.

25 CODING Codificare una funzione in linguaggio C che calcoli il numero di occorrenze di un carattere in una stringa passati entrambi come parametri utilizzando un puntatore per scorrere i caratteri. Realizzare un programma in linguaggio C che fornisca in output – dopo averlo determinato invocando la funzione precedente – il numero di occorrenze di un carattere ricevendo in input sia la stringa sia il carattere.

5. La varianza di una sequenza di valori numerici è la somma di tutti i valori elevati al quadrato divisa per la loro quantità, meno il quadrato della media.

26 CODING Codificare utilizzando i puntatori una funzione in linguaggio C che sostituisca i caratteri che rappresentano cifre numeriche contenuti in una stringa fornita come parametro con un carattere `"#"`. Realizzare un programma in linguaggio C che fornisca in output la stringa con le cifre numeriche sostituite dal carattere `"#"` costruita invocando la funzione precedente a partire da una stringa ricevuta in input.

27 CODING Codificare una funzione in linguaggio C che copi il contenuto di una stringa al termine del contenuto di un'altra stringa (concatenazione) utilizzando i puntatori invece che l'indicizzazione. Realizzare un programma in linguaggio C che fornisca in output – dopo averla costruita invocando la funzione precedente – la concatenazione di due stringhe fornite in input.

28 CODING Codificare utilizzando i puntatori una funzione in linguaggio C che, a partire da una stringa fornita come parametro, copi in una seconda stringa fornita anch'essa come parametro i soli caratteri che rappresentano cifre numeriche. Realizzare un programma in linguaggio C che fornisca in output – dopo averla costruita invocando la funzione precedente – la stringa delle cifre numeriche contenute in una stringa ricevuta in input.

grasp
padronanza

queue
coda

stumbling block
ostacolo

to tie
legare

Introduction

A solid understanding of pointers and the ability to effectively use them separates a novice C programmer from a more experienced one. Pointers pervade the language and provide much of its flexibility. They provide important support for dynamic memory allocation, are closely tied to array notation, and, when used to point to functions, add another dimension to flow control in a program.

Pointers have long been a stumbling block in learning C. The basic concept of a pointer is simple: it is a variable that stores the address of a memory location. The concept, however, quickly becomes complicated when we start applying pointer operators and try to discern their often cryptic notations. But this does not have to be the case. If we start simple and establish a firm foundation, then the advanced uses of pointers are not hard to follow and apply.

The key to comprehending pointers is understanding how memory is managed in a C program. After all, pointers contain addresses in memory. If we don't understand how memory is organized and managed, it is difficult to understand how pointers work. To address this concern, the organization of memory is illustrated whenever it is useful to explain a pointer concept. Once you have a firm grasp of memory and the ways it can be organized, understanding pointers becomes a lot easier.
[...].

Pointers and Memory

When a C program is compiled, it works with three types of memory:

Static/Global
Statically declared variables are allocated to this type of memory. Global variables also use this region of memory. They are allocated when the program starts and remain in existence until the program terminates. While all functions have access to global variables, the scope of static variables is restricted to their defining function.

Automatic
These variables are declared within a function and are created when a function is called. Their scope is restricted to the function, and their lifetime is limited to the time the function is executing.

Dynamic
Memory is allocated from the heap and can be released as necessary. A pointer references the allocated memory. The scope is limited to the pointer or pointers that reference the memory. It exists until it is released. [...].
Table 1-1 summarizes the scope of and lifetime of variables used in these memory regions.

Table 1-1. *Scope and lifetime*

	Scope	Lifetime
Global	The entire file	The lifetime of the application
Static	The function it is declared within	The lifetime of the application
Automatic (local)	The function it is declared within	While the function is executing
Dynamic	Determined by the pointers that reference this memory	Until the memory is freed

Understanding these types of memory will enable you to better understand how pointers work. Most pointers are used to manipulate data in memory. Understanding how memory is partitioned and organized will clarify how pointers manipulate memory.

A pointer variable contains the address in memory of another variable, object, or function. An object is considered to be memory allocated using one of the memory allocation functions, such as the `malloc` function. A pointer is normally declared to be of a specific type depending on what it points to, such as a pointer to a `char`. The object may be any C data type such as integer, character, string, or structure. However, nothing inherent in a pointer indicates what type of data the pointer is referencing. A pointer only contains an address.

Why You Should Become Proficient with Pointers

Pointers have several uses, including:

- Creating fast and efficient code
- Providing a convenient means for addressing many types of problem
- Supporting dynamic memory allocation
- Making expressions compact and succinct
- Providing the ability to pass data structures by pointer without incurring a large overhead
- Protecting data passed as a parameter to a function

Faster and more efficient code can be written because pointers are closer to the hardware. That is, the compiler can more easily translate the operation into machine code. There is not as much overhead associated with pointers as might be present with other operators.

Dynamic memory allocation is effected in C through the use of pointers. The `malloc` and `free` functions are used to allocate and release dynamic memory, respectively. Dynamic memory allocation enables variable-sized arrays and data structures, such as linked lists and queues. However, in the new C standard, C11, variable size arrays are supported.

[...]

Pointers represent a powerful tool to create and enhance applications. On the downside, many problems can occur when using pointers, such as:

- Accessing arrays and other data structures beyond their bounds
- Referencing automatic variables after they have gone out of existence
- Referencing heap allocated memory after it has been released
- Dereferencing a pointer before memory has been allocated to it

[Richard Reese, "Understanding and Using C Pointers", O'Reilly, 2013]

QUESTIONS

a **What three types of memory does a C program manage?**
b **What does a C language pointer contain?**
c **How does C language pointers assist in writing faster and more efficient code?**
d **Are pointers useful for dynamic memory allocation in C?**
e **What are the potential problems of using pointers in a C program?**

B3

Valori numerici e stringhe di caratteri

L'esecuzione del seguente frammento di codice

```
int x;
...
x = 123;
```

causa l'assegnazione alla variabile numerica *x* del valore 123. Di conseguenza, nella locazione di memoria che il compilatore assegna alla variabile *x*, viene memorizzato il numero binario 1111011. Con l'esecuzione del codice che segue

```
int x;
...
scanf("%i", &x);
```

si ottiene lo stesso risultato se l'utente inserisce la stringa di caratteri «123». Questa sequenza di caratteri corrisponde alla sequenza di codici ASCII 49, 50 e 51, che nulla ha a che fare con il valore numerico 123 che viene assegnato alla variabile *x*.

Ogni volta che si acquisisce un valore numerico interviene una conversione dall'espressione del numero come sequenza di cifre (che altro non sono se non caratteri) al valore numerico che essa codifica. Nel linguaggio di programmazione C questa conversione è per esempio effettuata dalla funzione della libreria standard *scanf*.

L'esecuzione del frammento di codice

```
int x = 890;
...
printf("%i", x);
```

ha come effetto la visualizzazione del valore della variabile *x*, cioè della sequenza di codici ASCII 56, 57 e 48 corrispondenti alla stringa di caratteri «890». Anche in questo caso questi valori non hanno nulla a che fare con il valore numerico della variabile. Modificando il codice nell'invocazione della funzione di libreria *printf* nel seguente modo

```
printf("%X", x);
```

si ottiene la visualizzazione del valore della variabile *x* in formato esadecimale, cioè della sequenza di codici ASCII 51, 55 e 65 corrispondenti alla stringa di caratteri «37A», diversa dalla precedente; ma anche in questo caso essi non hanno apparentemente nulla a che fare con il valore numerico della variabile (890).

Ogni volta che si visualizza un valore numerico si ha una conversione dal valore stesso alla sua espressione come sequenza di cifre, ciascuna delle quali rappresenta un carattere. Nel linguaggio di programmazione C questa conversione è effettuata per esempio dalla funzione della libreria standard *printf*, che la esegue in modo conforme al tipo di formato selezionato dal programmatore.

1 Conversione di stringhe di caratteri in valori numerici

1.1 Argomenti della riga di comando

Il modo tradizionale con cui un programma in linguaggio C ottiene dall'utente i valori di input non è il ricorso alla funzione di libreria *scanf*, ma il **passaggio di argomenti sulla riga di comando**.

ESEMPIO

L'esecuzione di un programma in linguaggio C avviene normalmente digitando il nome del programma stesso nell'interfaccia testuale a riga di comando del sistema operativo. Il nome può essere seguito da uno o più «argomenti»: stringhe di testo che possono eventualmente codificare valori numerici. Un programma denominato *Radice*, realizzato per il calcolo della radice *n*-esima di un numero, può quindi essere invocato come di seguito

```
>Radice 2 2
```

e visualizzare il risultato (mediante la funzione di libreria *printf*) nella riga successiva

```
>Radice 2 2
1.414213562
```

I parametri (in questo caso l'indice della radice e il valore di cui calcolare la radice) sono separati dal nome del programma e tra loro da un semplice spazio.

Dal codice sorgente al programma eseguibile

La trasformazione di uno o più file di testo che contengono il codice sorgente di un programma in linguaggio C in un programma eseguibile viene effettuata dal compilatore. Il file del programma eseguibile contiene – in un formato specifico del sistema operativo – le istruzioni che il processore deve eseguire e le necessarie invocazioni alle funzioni API del sistema operativo. È il sistema operativo, inoltre, che passa gli argomenti forniti sulla riga di comando al programma all'inizio della sua esecuzione.

Ma nel codice del programma come è possibile «recuperare» gli argomenti passati sulla riga di comando per utilizzarli ed eventualmente assegnarne il valore alle variabili utilizzate dal codice stesso? Per prima cosa è necessario dichiarare l'intestazione del programma principale in modo diverso dal classico `void main(void)`:

```
int main(int argc, char* argv[])
```

argc indica il numero dei parametri e *argv* è un vettore di stringhe che contiene, nell'ordine in cui l'utente li ha digitati, i singoli argomenti. Il nome del programma viene sempre considerato come primo argomento e quindi il valore minimo che il parametro *argc* può assumere è 1.

Il valore restituito dal *main* del programma viene restituito al programma che lo ha invocato, normalmente la *shell* dei comandi. Viene solitamente utilizzato per esprimere un'esecuzione con errori (0) o priva di errori (1).

ESEMPIO

Il seguente programma visualizza in caratteri tutti maiuscoli il primo argomento della riga di comando:

```
#include <stdio.h>
#include <string.h>

int main(int argc, char* argv[])
{
  char stringa[1024];
  int i, n;

  if (argc != 2) // verifica del numero corretto di argomenti
    {
      printf("Errore: numero di argomenti errato!\r\n");
      return 0;
    }

  strcpy(stringa, argv[1]); // copia del primo argomento
  n = strlen(stringa); // determinazione della lunghezza
                       // della stringa
  for (i=0; i<n; i++)
    if (stringa[i]>='a' && stringa[i]<='z')
      {
        // e' un carattere minuscolo: viene trasformato
        // in maiuscolo
        stringa[i] = stringa[i] - 32;
      }
  printf("%s\r\n",stringa); // visualizzazione del risultato
  return 1;
}
```

La trasformazione di un carattere minuscolo in maiuscolo avviene sottraendo il valore numerico 32: analizzando la tabella dei codici ASCII dei caratteri si può verificare che tutti i caratteri minuscoli hanno un codice ottenuto sommando 32 al codice numerico del corrispondente carattere maiuscolo.

1.2 Conversione di stringhe in formato numerico

Volendo ricorrere alla tecnica di passaggio degli argomenti sulla riga di comando per valori di tipo numerico, è necessario convertire le sequenze di codici ASCII delle stringhe che rappresentano tali valori in numeri veri e propri.

ESEMPIO

La seguente funzione utilizza la tecnica nota come **algoritmo di Euclide** per determinare il massimo comune divisore tra due numeri interi positivi:

```
int MCD(int a, int b)
{
  while (a != b)
    if (a > b) a = a-b;
    else b = b-a;
  return a;
}
```

Un programma che accetti due numeri come argomenti sulla riga di comando e visualizzi il loro MCD avrà una struttura come la seguente:

```
#include <stdio.h>

int main(int argc, char* argv[])
{
  int a, b;

  if (argc != 3) // verifica del numero corretto di argomenti
    {
      printf("Errore: numero di argomenti errato!\r\n");
      return 0;
    }

  a = ...;
  b = ...;

  printf("%i\r\n", MCD(a,b)); // visualizzazione del risultato
  return 1;
}
```

Per completare il programma è necessario disporre di una funzione che converta le stringhe fornite come argomenti in valori numerici.

La funzione di conversione, dovendo accettare come parametro una stringa di caratteri e fornire come risultato un valore numerico intero, avrà il seguente prototipo:

```
int daStringaAint(char stringa[]);
```

L'algoritmo di conversione dovrà necessariamente prendere in considerazione le singole cifre del numero, tenendo conto del loro valore posizionale.

ESEMPIO

La stringa "123", che rappresenta il numero 123, è – nel linguaggio C – codificata dal seguente vettore di caratteri (lo 0 terminale è il carattere di fine stringa):

'1'	'2'	'3'	0

Il valore numerico che dobbiamo calcolare è:

$$3 \times 10^0 + 2 \times 10^1 + 1 \times 10^2 = 3 \times 1 + 2 \times 10 + 1 \times 100 = 3 + 20 + 100 = 123$$

In realtà i singoli caratteri della stringa – cioè i singoli elementi del vettore di caratteri – sono i valori numerici dei codici ASCII corrispondenti:

49	50	51	0

Ma non è difficile determinare il valore numerico di ogni singola cifra a partire dal codice ASCII: è infatti sufficiente sottrarre il valore 48 (il codice ASCII del carattere '0'):

1	2	3	0

In base alle considerazioni precedenti la funzione *daStringaAint* può essere così codificata:

```
#include <string.h>
...
```

▶

```
int daStringaAint(char stringa[])
{
  int i, n;
  int val, pot;

  val = 0; // variabile per il calcolo del valore
  pot = 1; // variabile per il calcolo delle potenze di 10
  n = strlen(stringa); // determinazione della lunghezza
                       // della stringa
  for (i=n-1; i>=0; i--) // ciclo di scorrimento delle singole
                         // cifre
    {
      if (stringa[i]>'9' || stringa[i]<'0')
        return 0;
      val = val + (stringa[i]-48)*pot; // aggiornamento del valore
      pot = pot*10; // aggiornamento della potenza di 10
    }

  return val; // restituzione del risultato
}
```

Per il corretto aggiornamento del valore della potenza di 10 le cifre che costituiscono la stringa sono scorse da destra verso sinistra (dall'unità verso posizioni corrispondenti ai maggiori valori delle potenze di 10): la cifra dell'unità corrisponde alla posizione precedente il carattere di fine stringa.

ESEMPIO

Il programma per il calcolo del MCD sarà infine il seguente:

```
#include <stdio.h>
#include <string.h>

int MCD(int a, int b)
{
  while (a != b)
    if (a > b)
      a = a-b;
    else
      b = b-a;
    return a;
}

int daStringaAint(char stringa[])
{
  int i, n;
  int val=0, pot=1;

  n = strlen(stringa);
  for (i=n-1; i>=0; i--)
    {
      val = val + (stringa[i]-48)*pot;
      pot = pot*10;
    }
  return val;
}

int main(int argc, char* argv[])
{
  int a, b;

  if (argc != 3)
    {
      printf("Errore: numero di
      argomenti errato!\r\n");
      return 0;
    }

  a = daStringaAint(argv[1]);
  b = daStringaAint(argv[2]);
  printf("%i\r\n", MCD(a,b));
  return 1;
}
```

L'estrema utilità di una funzione come *daStringaAint* ha fatto in modo che essa fosse inclusa nella libreria standard del linguaggio C con il nome di ***atoi*** (*ascii to integer*): essa effettua un controllo della stringa che riceve come argomento e restituisce 0 se non rappresenta un valore numerico intero.

ESEMPIO

Il programma dell'esempio precedente può essere riscritto come nel seguito:

```
#include <stdio.h>
#include <stdlib.h>
#include <string.h>

int MCD(int a, int b)
{
  ...
  ...
  ...
}
int main(int argc, char* argv[])
{
  int a, b;
  if (argc != 3)
    {
      printf("Errore: numero di
      argomenti errato!\r\n");
      return 0;
    }

  a = atoi(argv[1]);
  b = atoi(argv[2]);
  printf("%i\r\n", MCD(a,b));
  return 1;
}
```

Oltre alla funzione *atoi* la libreria standard del linguaggio C rende disponibile anche la funzione ***atof*** (*ascii to floating-point*), che consente di convertire in un valore di tipo `double` una stringa di caratteri che codifica un valore numerico anche non intero.

2 Conversione di valori numerici in stringhe di caratteri

La funzione di libreria *printf* può visualizzare in formato ASCII qualsiasi tipo numerico del linguaggio C.

I valori numerici sono memorizzati nella memoria del computer in formato binario: la funzione *printf* prevede stringhe di formato che permettono di visualizzare lo stesso valore numerico in formati diversi, per esempio decimale o esadecimale.

Nonostante la versatilità della funzione *printf*, è talvolta necessario convertire un valore numerico nella stringa di caratteri ASCII che lo rappresenta; a questo scopo è indispensabile implementare un algoritmo che generi, a partire da un numero, le singole cifre, che sono facilmente trasformabili nei relativi codici ASCII.

ESEMPIO

Dividendo il valore numerico 1234 per 10 si ottiene 123 e come resto 4. Dividendo il risultato per 10 si ottiene 12 e come resto 3. Dividendo il nuovo risultato per 10 si ottiene 1 e come resto 2. Dividendo infine l'ultimo risultato per 10 si ha come resto 1. La sequenza dei resti è esattamente la sequenza delle cifre del numero espresso in base 10 a partire dalla cifra dell'unità.

Applicando la procedura individuata nell'esempio precedente e invertendo la sequenza ottenuta trasformando le singole cifre nei corrispondenti codici ASCII, si ottiene la stringa che rappresenta il valore numerico originale.

In base alle considerazioni precedenti la funzione di conversione può essere così codificata:

```
void daIntAstringa(int val, char stringa[])
{
  int i, n;
  int cifre[16]; // vettore per la memorizzazione delle cifre
```

```
  i=0;
  while (val > 0)
    {
      // ciclo di generazione delle cifre decimali
      cifre[i] = val%10;
      val = val/10;
      i++;
    }
  n = i; // numero di cifre decimali del valore iniziale
  for (i=0; i<n; i++)
    {
      // ciclo di inversione: trasformazione delle cifre
      // in caratteri
      stringa[i] = cifre[n-i-1] + 48;
    }
  stringa[n] = 0; // carattere terminatore della stringa
  return;
}
```

La libreria standard del linguaggio C non prevede una funzione simile a *daIntAstringa*, ma esiste una variante della funzione *printf* che – invece di visualizzare il risultato – lo memorizza in una stringa di caratteri. La funzione ***sprintf*** ha come primo parametro un vettore di caratteri che, dopo l'invocazione, conterrà la stringa risultato.

L'invocazione della funzione *daIntAstringa* può essere sostituita con la seguente riga di codice

```
sprintf(s,"%i",x);
```

dove *s* è un *array* di tipo `char` e *x* è una variabile di tipo `int`.

La tecnica di generazione delle singole cifre di un valore numerico intero può essere utilizzata per convertire un numero in una stringa che lo rappresenti in una base diversa da 10. La seguente funzione genera la rappresentazione ASCII in base 16 di un valore numerico intero:

```
void daIntAstringaEsadecimale(int val, char stringa[])
{
  int i, n;
  int cifre[10]; // vettore per la memorizzazione delle cifre
  i=0;
  while (val > 0)
    {
      // ciclo di generazione delle cifre esadecimali
      cifre[i] = val%16;
      val = val/16;
      i++;
    }
  n = i; // numero di cifre esadecimali del valore iniziale
  for (i=0; i<n; i++)
    {
      // ciclo di inversione: trasformazione delle cifre
      // in caratteri
      if (cifre[n-i-1] < 10)
        stringa[i] = cifre[n-i-1] + 48;
      else
```

▶

```
        stringa[i] = cifre[n-i-1] + 55;
    }
  stringa[n] = 0; // carattere terminatore della stringa
  return;
}
```

La conversione delle singole cifre è differenziata per i valori inferiori a 10, per i quali si genera il codice ASCII del carattere numerico corrispondente, e per i valori compresi tra 10 e 15, per i quali deve essere generato il codice ASCII della lettera («A», «B», «C», «D», «E» o «F») corrispondente: 55 è il codice ASCII del carattere `'A'`.

ESEMPIO

Il seguente programma utilizza la funzione *daIntAstringaEsadecimale* per realizzare un convertitore da formato decimale a formato esadecimale:

```
#include <stdio.h>
#include <stdlib.h>

void daIntAstringaEsadecimale(int val, char stringa[])
{
  ...
  ...
  ...
}
int main(int argc, char* argv[])
{
  int n;
  char stringa[32];

  if (argc != 2)
    {
      printf("Errore: numero di argomenti errato!\r\n");
      return 0;
    }

  n = atoi(argv[1]);
  daIntAstringaEsadecimale(n, stringa);
  printf("%s\r\n", stringa);
  return 1;
}
```

I CONCETTI CHIAVE

NUMERI E STRINGHE. I valori numerici contenuti nelle variabili necessitano di essere convertiti in stringhe i cui caratteri corrispondono alle cifre del numero per essere forniti come output di un programma. Analogamente i valori numerici inseriti come input di un programma sono di fatto stringhe i cui caratteri sono i codici ASCII delle cifre del numero e devono di conseguenza essere convertiti in un formato numerico.

ARGOMENTI SULLA RIGA DI COMANDO. Il passaggio di argomenti sulla riga di comando avviene utilizzando i parametri del programma principale ***argc*** e ***argv***: *argc* è un intero che indica il numero dei parametri, mentre *argv* è un vettore di stringhe che contiene, nell'ordine in cui l'utente li ha digitati, i singoli argomenti. Il nome del programma viene sempre considerato come primo argomento, quindi il valore minimo che il parametro *argc* può assumere è 1.

CONVERSIONE DA STRINGA A NUMERO. La conversione di una stringa i cui caratteri rappresentano le cifre decimali di un numero può essere effettuata convertendo le singole cifre e tenendo conto del loro valore posizionale in base 10. Le funzioni della libreria standard del linguaggio C *atoi* e *atof* restituiscono rispettivamente un valore di tipo `int` e di tipo `double` a partire da una stringa che ne contiene la rappresentazione ASCII decimale.

CONVERSIONE DA NUMERO A STRINGA. La conversione di un valore numerico in una stringa di caratteri che lo rappresenta in forma decimale avviene mediante un algoritmo che genera le singole cifre del numero e le trasforma nei codici ASCII dei caratteri corrispondenti.

FUNZIONE *sprintf*. La funzione della libreria standard del linguaggio C *sprintf* è analoga alla funzione *printf*, ma, invece di visualizzare il risultato, lo memorizza in una stringa. La funzione *sprintf* può essere utilizzata per convertire valori numerici in stringhe di caratteri ASCII che li rappresentano.

RIPASSA CON LA MAPPA

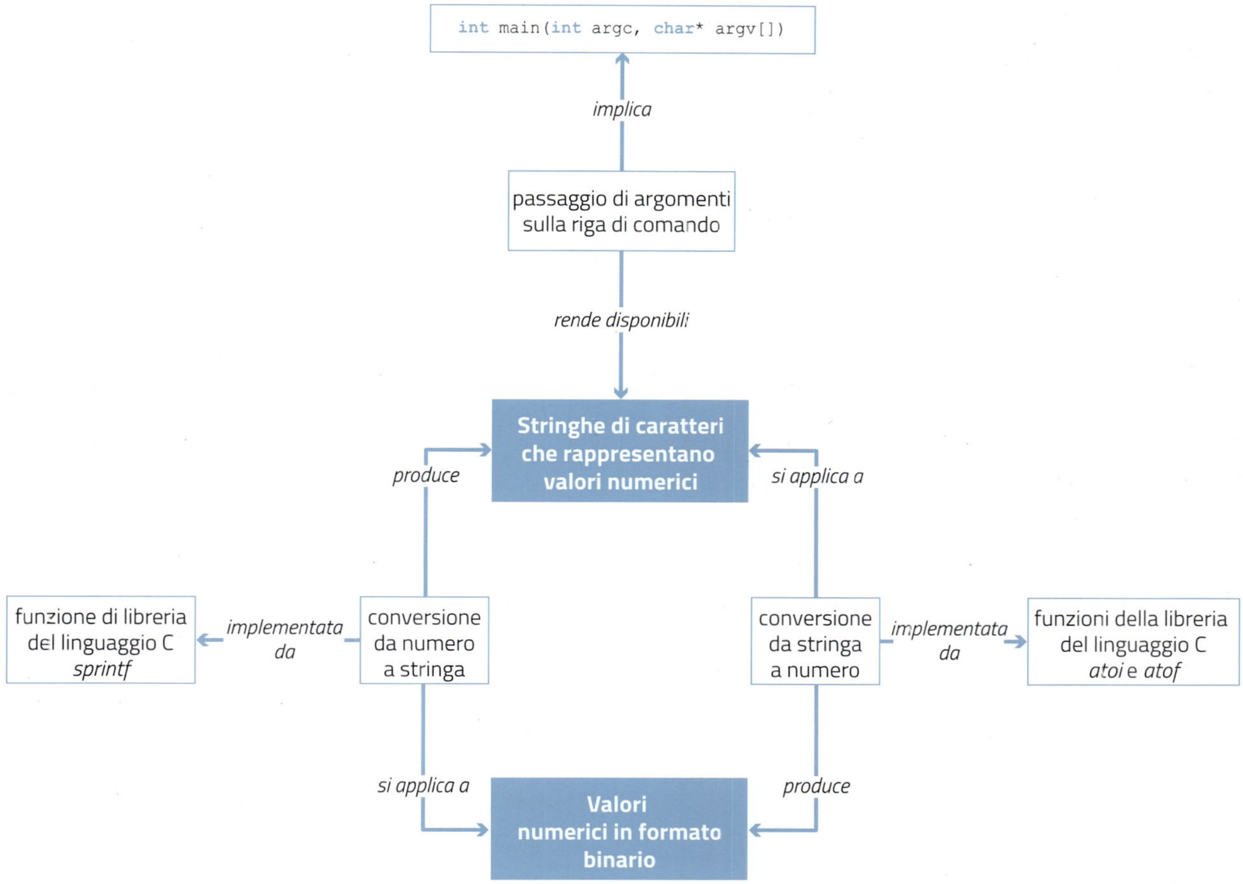

SPIEGA IN UNA PAGINA

1 **Trattare il passaggio di argomenti sulla riga di comando di un programma in linguaggio C riportando nel testo esempi di codice.**

2 **Confrontare i valori numerici in formato binario con le stringhe di caratteri che rappresentano valori numerici: descrivere le tecniche di conversione tra i due diversi formati riportando nel testo esempi di codice.**

QUESITI A RISPOSTA APERTA

3 **Come sono memorizzate le variabili numeriche nella memoria del computer?**

4 **Come sono codificati i valori numerici nel vettore *argv* degli argomenti della riga di comando?**

TEST A RISPOSTA MULTIPLA

5 **La visualizzazione di un valore numerico sullo schermo del computer:**

A avviene direttamente in formato numerico binario.

B avviene nella forma di stringhe di caratteri corrispondenti alle singole cifre.

C avviene direttamente in formato numerico decimale.

D non è possibile. È infatti possibile visualizzare esclusivamente stringhe di caratteri.

6 **Il parametro *argc* del programma principale:**

A assume sempre valore 0.

B assume sempre valore 1.

C assume il valore del numero di argomenti sulla riga di comando del programma meno 1.

D Il programma principale non può avere argomenti.

7 **Il parametro *argv* del programma principale:**

A è una stringa che contiene il nome del programma eseguibile.

B è un vettore di stringhe che contiene il nome del programma eseguibile e gli argomenti forniti sulla riga di comando.

C è un vettore di stringhe che contiene informazioni sull'esecuzione del programma (nome del programma eseguibile, utente che ha lanciato l'esecuzione, data/ora di inizio esecuzione, ...).

D Il programma principale non può avere argomenti.

8 **La funzione di libreria *atoi* converte:**

A un valore numerico in una stringa di caratteri.

B una stringa di caratteri che rappresentano un numero intero in formato esadecimale nel corrispondente valore numerico.

C una stringa di caratteri che rappresentano un numero intero in formato decimale nel corrispondente valore numerico.

D una stringa di caratteri che rappresentano un numero anche non intero in formato decimale nel corrispondente valore numerico.

9 **La funzione di libreria *sprintf*:**

A Non esiste una funzione della libreria standard del linguaggio C con questo nome.

B converte un valore numerico in una stringa di caratteri ASCII che lo rappresenta.

C converte una stringa di caratteri che rappresentano un numero in un qualsiasi formato nel corrispondente valore numerico.

D è analoga alla funzione *printf* con la differenza che il risultato non viene visualizzato, ma memorizzato in una stringa fornita come parametro.

PROBLEMI

10 CODING **Scrivere un programma in linguaggio C che, a partire da due stringhe fornite come argomenti della riga di comando, conti e visualizzi quante volte complessivamente i caratteri della seconda sono contenuti nella prima. Per esempio a partire dalle stringhe "Pippo" e "pi" si deve ottenere il risultato 3.**

11 CODING **Scrivere un programma in linguaggio C che, a partire da due valori numerici forniti come argomento della riga di comando, visualizzi la loro somma.**

CASI PRATICI

12 CODING Scrivere una funzione in linguaggio C che restituisca un valore numerico intero a partire da una stringa di caratteri che codificano cifre esadecimali. Verificare la correttezza della funzione realizzando un programma che visualizzi il risultato in formato decimale accettando la stringa esadecimale come argomento della riga di comando.

13 CODING I messaggi prodotti da una rete di stazioni meteorologiche disposte nei vari aeroporti del mondo sono formati da tre caratteri alfabetici maiuscoli di identificazione dell'aeroporto seguiti dal carattere «>» e da un valore numerico intero che rappresenta la visibilità espressa in metri (esempi: «PSA>9900», «STN>4500»). Scrivere una funzione in linguaggio C che, a partire dalla stringa contenente il messaggio, restituisca il valore numerico della visibilità. Verificare la correttezza della funzione realizzando un programma che visualizzi il risultato accettando la stringa che rappresenta il messaggio come argomento della riga di comando.

14 CODING Scrivere una funzione in linguaggio C che restituisca un valore numerico di tipo *floating-point* a partire da una stringa di caratteri che codificano un numero con separatore delle cifre decimali e segno (esempio: +3.1416). Verificare la correttezza della funzione realizzando un programma di test che acquisisca la stringa come argomento della riga di comando.

15 CODING Modificare la funzione realizzata nell'esercizio precedente in modo da accettare in input anche valori numerici di tipo *floating-point* in notazione esponenziale; le stringhe di caratteri che rappresentano numeri di questo tipo sono eventualmente terminate da un carattere «E» seguito da un numero intero preceduto o meno dal segno, come negli seguenti esempi:

1.0E-10

−0.5E12

Il numero che segue il carattere «E» deve essere interpretato come esponente di 10; i valori numerici degli esempi precedenti sono quindi i seguenti:

$$1.0 \times 10^{-10} = 0.0000000001$$

$$-0.5 \times 10^{12} = -500000000000$$

Verificare la correttezza della funzione realizzando un programma di test che acquisisca la stringa come argomento della riga di comando.

16 CODING Scrivere una funzione in linguaggio C che costruisca una stringa di caratteri a partire da un valore numerico di tipo *floating-point* tenendo conto del segno. Verificare la correttezza della funzione realizzando un programma di test che acquisisca il valore numerico mediante la funzione di libreria *scanf*.

17 CODING L'algoritmo SOUNDEX di Russell e Odell (brevettato nel 1918 e nel 1922) consente di determinare se due parole hanno il suono simile nella lingua inglese; si calcola la stringa SOUNDEX a partire dalla stringa contenente la parola applicando le seguenti regole:

- il primo carattere della stringa SOUNDEX è il primo carattere della parola;
- si devono eliminare le seguenti lettere dalla parola: *a, e, h, i, o, u, w, y*;
- dopo il primo carattere nella stringa SOUNDEX devono essere inseriti caratteri numerici corrispondenti alle lettere della parola secondo le seguenti sostituzioni:
- *b, f, p, v* → 1,
- *c, g, j, k, q, s, x, z* → 2,
- *d, t* → 3,
- *l* → 4,
- *m, n* → 5,
- *r* → 6;
- si devono rimuovere dalla stringa SOUNDEX i numeri successivi uguali, eccetto il primo;
- il risultato è dato dalla prima lettera e dalle prime 3 cifre, se sono meno di tre si aggiungono 0.

Scrivere un programma C++ che, a partire da una stringa fornita come argomento sulla riga di comando, ne visualizzi la stringa SOUNDEX.

18 CODING Un comando del linguaggio *robot-control* è formato da un'istruzione seguita dal carattere «_» (*underscore*) e da un parametro numerico; l'istruzione è una parola composta esattamente da 3 caratteri alfabetici maiuscoli, mentre il parametro è un numero con il carattere «.» come separatore decimale sempre preceduto dal segno «+» o «−»: il valore è sempre scritto con due cifre decimali e non può essere uguale o superiore al valore +1000, oppure uguale o inferiore al valore −1000 (esempi: RGH_−999.99, LFT_+0.01, BCK_+10.00). Scrivere una funzione in linguaggio C che, a partire dalla stringa contenente il comando, restituisca il valore numerico del parametro. Verificare la correttezza della funzione realizzando un programma che visualizzi il risultato accettando la stringa che rappresenta il comando come argomento della riga di comando.

19 CODING Un sistema automatico per la rilevazione degli eccessi di velocità da parte degli autoveicoli genera stringhe come la seguente

111.5,10.3

dove i valori numerici separati dal simbolo «,» rappresentano rispettivamente la velocità rilevata del veicolo espressa in Km/h e la distanza dal rilevatore espressa in m. Scrivere una funzione in linguaggio C che, a partire da una stringa nel formato indicato, determini i valori numerici della velocità e della distanza nel formato *float*. Scrivere un programma in linguaggio C per il test della funzione che riceva la stringa in input.

20 CODING Un anemometro interfacciabile a un computer produce stringhe come le seguenti:

N,12

W,5

Il carattere iniziale indica la direzione prevalente del vento tra quelle della seguente tabella in cui sono rappresentate le corrispondenti direzioni angolari rispetto al Nord:

N	Nord	0
E	Est	90
S	Sud	180
W	Ovest	−90

Le cifre che seguono il simbolo «,» esprimono la velocità del vento in nodi. Scrivere una funzione in linguaggio C che, a partire da una stringa nel formato indicato, determini i valori numerici della direzione e della velocità del vento nel formato `int`. Scrivere un programma in linguaggio C per il test della funzione che riceva la stringa in input.

B4

Processi in Linux e *thread* in Windows

L'elenco degli utenti di una società telefonica con al massimo 1 000 000 di utenti può essere rappresentato in linguaggio C mediante un vettore di strutture così definito

```
struct UTENTE
{
  char denominazione[32];
  char telefono[16];
};

struct UTENTE elenco[1000000];
```

e una variabile intera per il numero di utenti effettivi

```
int N;
```

Gli elementi del vettore *elenco* possono essere mantenuti in ordine di denominazione in modo da velocizzare la ricerca del numero telefonico associato a un determinato utente utilizzando un algoritmo di ricerca binaria. Ma in questo caso la ricerca della denominazione di un utente a partire dal numero di telefono deve necessariamente essere effettuata in modo sequenziale, verificando ogni singolo elemento del vettore fino a trovare quello corrispondente.

ESEMPIO

La seguente funzione C restituisce l'utente corrispondente al numero di telefono fornito come parametro:

```
struct UTENTE ricercaUtente(char numero[])
{
  struct UTENTE utente = {"", ""};
  int i;

  for (i=0; i<N; i++)
    {
      if (strcmp(elenco[i].telefono, numero) == 0)
        {
          utente = elenco[i];
          break;
        }
    }
  return utente;
}
```

La funzione di libreria ***strcmp*** (che richiede l'inclusione del file *string.h*) confronta due stringhe di caratteri e restituisce il valore 0 se esse sono identiche.

Ricerca sequenziale e ricerca binaria

La ricerca di un elemento in un vettore non ordinato deve necessariamente essere sequenziale; in questo caso occorre analizzare tutti gli elementi del vettore fino a trovare l'elemento ricercato.
Nel caso che gli elementi del vettore siano invece ordinati – per esempio in ordine numerico o alfabetico – è possibile utilizzare l'algoritmo di ricerca binaria, che è estremamente più efficiente.
In questo caso, infatti, il valore da ricercare viene confrontato con il valore dell'elemento centrale del vettore: se risulta minore, la ricerca prosegue sulla sola prima metà degli elementi del vettore, altrimenti sulla sola seconda metà. La tecnica è poi applicabile in modo iterativo fino a ridurre la parte di vettore presa in considerazione a un singolo elemento che coinciderà con quello ricercato.
Se il vettore ha *N* elementi, mediamente la ricerca sequenziale richiede *N*/2 confronti, mentre la ricerca binaria $\log_2 N$ confronti; nel caso di 1 000 000 di elementi si hanno rispettivamente 500 000 confronti contro meno di 20.

OSSERVAZIONE Nonostante la velocità dei computer attuali, un'operazione di questo tipo risulta lenta e, se effettuata molte volte, può rendere inefficiente un programma. Una funzione come quella dell'esempio precedente non sfrutta la principale caratteristica dei processori dei computer moderni, che comprendono più processori o un singolo processore con più *core* capaci di eseguire il codice contemporaneamente.

Le tecniche di programmazione presentate in questo capitolo permettono di scrivere il codice che può essere potenzialmente eseguito in parallelo su più processori dello stesso computer, o sui vari *core* di un unico processore.

1 La clonazione dei processi in ambiente Linux

Linux ha ereditato dal sistema operativo Unix la funzione API *fork*, che clona il processo che ne effettua l'invocazione.
L'invocazione della funzione *fork* richiede al sistema operativo la creazione di un nuovo processo – avente quindi un PID diverso da quello del processo originale – per clonazione: le pagine di memoria del codice sono condivise, ma le pagine di memoria dei dati sono duplicate. Il nuovo processo creato (**processo figlio** nella terminologia Unix/Linux) è indipendente dal processo originale (**processo padre** nella terminologia Unix/Linux), ma se nel codice non fosse possibile distinguere – dopo l'invocazione della funzione *fork* – il processo padre dal processo figlio per differenziarne il comportamento, questa tecnica di programmazione risulterebbe inutile.
A questo scopo la funzione *fork* restituisce un valore intero avente il seguente significato:

<0	Un valore negativo indica una condizione di errore
0	Il valore nullo viene restituito al processo figlio
>0	Un valore positivo viene restituito al processo padre: si tratta del PID del processo figlio creato dal sistema operativo

ESEMPIO Il seguente programma C visualizza il PID del processo padre prima dell'invocazione della funzione API *fork* e, dopo la clonazione, il PID del processo figlio mediante una struttura condizionale:

```
#include <unistd.h>
#include <sys/wait.h>
#include <stdio.h>
int main(void)
{
  int r, p, s;

  p = getpid();
  printf("PID processo padre: %i\r\n", p);
  r = fork();
```

codice eseguito dal processo padre

▶

Le «pagine» del manuale di riferimento di Linux

Tradizionalmente i sistemi UNIX e Linux rendono disponibile dalla propria *shell* di comando il manuale dei comandi e delle funzioni API.
Il manuale è reso disponibile – pagina per pagina – dal comando *man* seguito dal nome del comando o della funzione. Per esempio, volendo ottenere informazioni dettagliate sulla funzione API *fork*, è sufficiente digitare «man fork».
Il manuale è diviso in 9 sezioni:

1. comandi
2. funzioni API
3. funzioni di libreria
4. file speciali
5. formati dei file
6. giochi
7. varie
8. comandi di amministrazione
9. funzioni del *kernel*

Nel caso di omonimia di voci presenti in più sezioni del manuale, è necessario indicare la sezione; per esempio, dato che esiste un comando *wait* documentato nella sezione 1 del manuale, per visualizzare informazioni relative alla funzione API *wait* è necessario digitare «man 2 wait».

```
    if (r<0)
      {
        printf("Errore fork!\r\n");
        return 0;
      }
    if (r>0)
      {
        // processo padre
        printf("PID processo figlio: %i\r\n", r);
        wait(&s);
        return 1;
      }
    else
        {
          // processo figlio
          p = getpid();
          printf("PID processo figlio: %i\r\n", p);
          return 1;
        }
}
```

(Primo blocco: codice eseguito dal processo padre; secondo blocco: codice eseguito dal processo figlio)

Il file di intestazione *unistd.h* contiene i prototipi delle funzioni API che Linux ha in comune con Unix.

Lo standard POSIX

L'importanza del sistema operativo Unix ha fatto sì che i suoi aspetti fondamentali, e in particolare le funzioni API del *kernel*, siano state standardizzate con il nome di POSIX (*Portable Operating System Interface for Unix*).
Lo scopo dello standard è quello di rendere un programma scritto in linguaggio C per un sistema operativo compatibile POSIX eseguibile con un comportamento identico su un diverso sistema operativo compatibile POSIX previa ricompilazione.
Molti sistemi operativi, tra cui Linux e Mac OS X, sono POSIX compatibili.

OSSERVAZIONE La funzione API ***wait*** (che richiede l'inclusione del file di intestazione *sys/wait.h*) attende la conclusione del processo figlio creato in precedenza (l'argomento passato per indirizzo alla funzione viene impostato dalla funzione con lo stato del processo figlio al momento della terminazione).

Graficamente il comportamento delle funzioni *fork* e *wait* può essere così rappresentato:

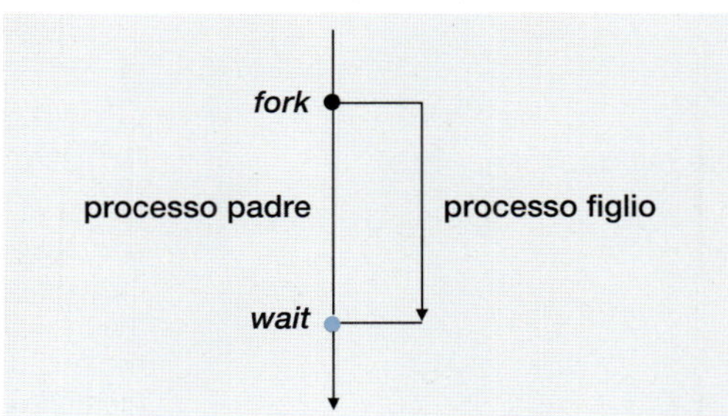

Un processo figlio termina la propria esecuzione dopo la terminazione del rispettivo processo padre; in mancanza dell'invocazione da parte di quest'ultimo della funzione *wait*, diviene un **processo *zombie*** che il sistema operativo non può concludere correttamente.

Il problema della ricerca di un elemento in un vettore non ordinato può essere affrontato con un programma che genera due processi distinti, ciascuno dei quali effettua la ricerca su metà degli elementi del vettore:

```
#include <unistd.h>
#include <sys/wait.h>
#include <stdio.h>
```

```
struct UTENTE elenco[1000000];
int N;

int main(void)
{
  char numero[16];
  int i, r, s;

  printf("Inserire il numero telefonico dell'utente: ");
  scanf("%s",numero);

  r = fork();

  if (r<0)
    {
      printf("Errore!\r\n");
      return 0;
    }
  if (r>0)
    {
      // processo padre: ricerca nella prima parte del vettore
      for (i=0; i<N/2; i++)
        if (strcmp(numero, elenco[i].telefono) == 0)
          {
            printf("L'utente e' %s.\r\n",
            elenco[i].denominazione);
            break;
          }
      wait(&s);
      return 1;
    }
  else
    {
      // processo figlio: ricerca nella seconda parte del vettore
      for (i=N/2; i<N; i++)
        if (strcmp(numero, elenco[i].telefono) == 0)
          {
            printf("L'utente e' %s.\r\n",
            elenco[i].denominazione);
            break;
          }
        return 1;
    }
}
```

Il programma precedente ha solo valore di esempio. Infatti, affinché il programma possa effettivamente operare la ricerca di un utente, il vettore di strutture *elenco* dovrebbe essere preventivamente riempito con le informazioni relative agli utenti e la variabile *N* inizializzata, cosa che, per semplicità, nel codice riportato non viene effettuata.

La variabile *i* viene utilizzata come variabile indice di entrambi i cicli `for`, sia quello eseguito dal processo padre, sia quello eseguito dal processo figlio.

Clonazione ed efficienza

Nel caso di variabili numerose e/o di grandi dimensioni, la clonazione è un processo estremamente inefficiente; infatti la copia richiede una grande quantità di memoria e un tempo elevato per essere effettuata.
Il sistema operativo Linux opera la clonazione in modo intelligente, senza alterare la visione del programmatore di disporre di un ambiente duplicato. Inizialmente nessuna delle pagine di memoria assegnate al processo che invoca la *fork* viene duplicata, e ciascuna di esse viene effettivamente copiata solo nel momento eventuale in cui il suo contenuto viene modificato dal processo padre, o dal processo figlio. Questo meccanismo altamente efficiente è noto come *copy-on-write*.

In realtà si tratta di due variabili distinte e indipendenti; infatti l'invocazione della funzione *fork* clona l'ambiente del processo originale duplicandone i dati.

ESEMPIO

Il seguente programma visualizza gli indici degli elementi di un vettore di valori numerici interi generati casualmente, corrispondenti a un valore specificato dall'utente, e consente di verificare operativamente la tecnica di programmazione presentata:

```
#include <stdio.h>
#include <stdlib.h>
#include <unistd.h>
#include <sys/wait.h>

#define DIM 10000000

int v[DIM];

int main(void)
{
  int r, p, s, i, n;

  // generazione casuale degli elementi del vettore
  for (i=0; i<DIM; i++)
    v[i] = rand()%1000000;

  printf("Inserire il numero da ricercare (0-999999) ");
  scanf("%i", &n);
  r = fork();

  if (r<0)
    {
      printf("Errore!\r\n");
      return 0;
    }
  if (r>0)
    {
      // processo padre: ricerca nella prima parte del vettore
      p = getpid();
      for (i=0; i<DIM/2; i++)
        if (v[i] == n)
          printf("PID %i -> indice=%i\r\n", p, i);
      wait(&s);
      return 1;
    }
  else
    {
      // processo figlio: ricerca nella seconda parte del vettore
      p = getpid();
      for (i=DIM/2; i<DIM; i++)
        if (v[i] == n)
          printf("PID %i -> indice=%i\r\n", p, i);
      return 1;
    }
}
```

L'invocazione della funzione *rand* restituisce un numero intero casuale; la comune tecnica di determinare il modulo del risultato della funzione con un valore costante consente di ottenere numeri casuali compresi tra 0 (incluso) e il valore stesso (escluso).

La direttiva `#define` utilizzata nel programma dell'esempio permette di associare un valore costante a una etichetta: prima della compilazione vera e propria tutte le occorrenze dell'etichetta nel codice vengono sostituite con il valore definito.

Questa funzionalità del linguaggio di programmazione C agevola l'eventuale cambiamento di valori costanti tra compilazioni successive del codice, permettendo di modificarli una sola volta anche se utilizzati molte volte nel codice.

Un possibile output dell'esecuzione del programma dell'esempio è il seguente:

```
PID 1001 -> indice 99999
PID 1001 -> indice 1000999
PID 1000 -> indice 555000
PID 1001 -> indice 9000111
PID 1000 -> indice 2000011
PID 1000 -> indice 12000740
PID 1001 -> indice 17111009
PID 1000 -> indice 21012345
...
```

Le visualizzazioni intercalate da parte dei due processi – padre e figlio – evidenziano la loro esecuzione «in parallelo». Di conseguenza, il tempo necessario per la ricerca di tutti gli elementi del vettore corrispondenti al valore ricercato è circa la metà del tempo necessario utilizzando un programma che crea un singolo processo.

OSSERVAZIONE Il risultato illustrato è reale solo se il computer utilizzato come piattaforma di esecuzione ha più processori, o un processore con più CPU[1]. Nel caso di un processore singolo l'esecuzione dei due processi non avviene in contemporanea, ma in modo alternato, gestito dal sistema operativo, e l'output del programma assume la seguente forma:

```
PID 1009 -> indice 99999
PID 1009 -> indice 100099
PID 1009 -> indice 555000
PID 1009 -> indice 9000111
PID 1010 -> indice 2000011
PID 1010 -> indice 12000740
PID 1010 -> indice 17111009
PID 1010 -> indice 21012345
...
```

In questo caso l'output del programma evidenzia la sequenzialità dell'esecuzione intercalata dei due processi. Il tempo di esecuzione assegnato di volta in volta a ciascuno di essi corrisponde al quanto di tempo determinato del gestore dei processi del sistema operativo.

1. I processori dei computer attuali hanno tutti 2, 4 o 8 CPU interne denominate *core*, ma non tutte sono sempre disponibili per l'esecuzione dei programmi dell'utente, essendo utilizzate anche dal sistema operativo e degli altri processi attivi.

Volendo aumentare le prestazioni della ricerca nel caso di un computer con almeno quattro CPU, è possibile applicare la tecnica in modo nidificato arrivando ad avere quattro processi che in parallelo effettuano la ricerca su sezioni diverse del vettore, come nel programma dell'esempio che segue, dove la ricerca viene effettuata mediante una funzione che riceve come parametri gli estremi della sezione di vettore assegnata e il valore ricercato.

ESEMPIO

```
#include <stdio.h>
#include <stdlib.h>
#include <unistd.h>
#include <sys/wait.h>
#define DIM 10000000

int v[DIM];

void search(int first_index, int last_index, int search_value)
{
  int i, p;

  p = getpid();
  for (i=first_index; i<=last_index; i++)
    if (v[i] == search_value)
      printf("PID %i -> indice=%i\r\n", p, i);
  return;
}

int main(void)
{
  int r, s, i, n;

  for (i=0; i<DIM; i++)
    v[i] = rand()%1000000;

  printf("Inserire il numero da ricercare (0-999999) ");
  scanf("%i", &n);

  r = fork();
  if (r<0)
    {
      printf("Errore!\r\n");
      return 0;
    }
  if (r>0)
    {
      r = fork();
      if (r<0)
        {
          printf("Errore!\r\n");
          return 0;
        }
      if (r>0)
        {
          search(0, DIM/4-1, n);
          wait(&s);
          return 1;
        }
      else
        {
          search(DIM/4, DIM/2-1, n);
          return 1;
```

```
        }
      wait(&s);
    }
  else
    {
      r = fork();
      if (r<0)
        {
          printf("Errore!\r\n");
          return 0;
        }
      if (r>0)
        {
          search(DIM/2, DIM*3/4-1, n);
          wait(&s);
          return 1;
        }
      else
        {
          search(DIM*3/4, DIM-1, n);
          return 1;
        }
    }
}
```

OSSERVAZIONE I quattro processi generati dal programma effettuano la ricerca ciascuno in una sezione diversa del vettore di dati, secondo il seguente schema:

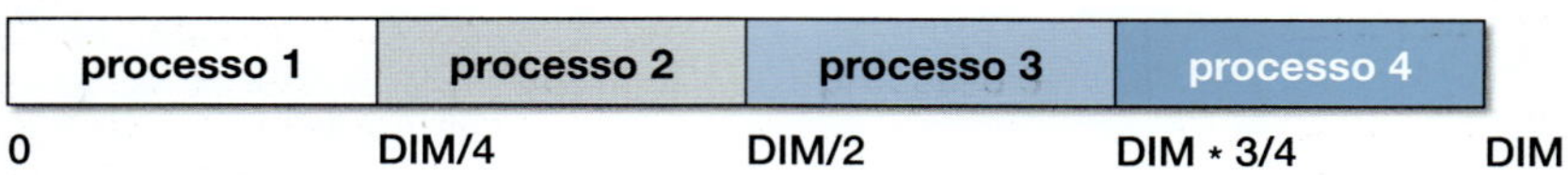

La struttura del programma è così rappresentabile graficamente (i nodi neri rappresentano invocazioni della funzione *fork*, i nodi in colore invocazioni della funzione *wait*):

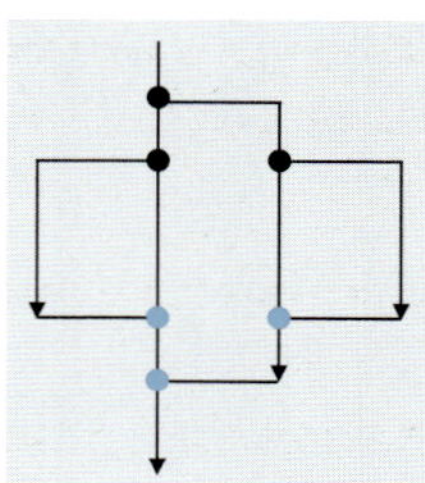

OSSERVAZIONE Il programma precedente fornisce il massimo delle prestazioni quando la sua esecuzione può contare su quattro CPU disponibili, una per ciascun processo generato, ma viene correttamente eseguito – con prestazioni ridotte – anche da un processore con singola CPU o con due CPU.

La proprietà di un programma di essere eseguito con prestazioni differenziate in funzione delle risorse disponibili è definita **scalabilità**.

Se, anziché la ricerca di tutte le eventuali occorrenze di uno specifico valore nel vettore, l'algoritmo si deve limitare alla ricerca della prima di esse – per esempio perché ne è assicurata l'unicità – la tecnica proposta incontra alcune difficoltà. Infatti il processo che trova l'elemento corrispondente al valore cercato può interrompere l'esecuzione, ma non è in grado di interrompere gli altri processi che, di conseguenza, proseguiranno fino al termine della sezione di dati loro assegnata.

La segnalazione di un evento a un processo diverso richiede infatti l'invocazione di specifiche funzioni API del sistema operativo – complessivamente denominate **IPC**, ***Inter-Process Communication*** – il cui studio sarà oggetto del prossimo volume.

OSSERVAZIONE Nel caso del programma di ricerca parallela che genera due processi, il vantaggio dell'esecuzione contemporanea è vanificato dall'impossibilità di interrompere la ricerca da parte dell'altro processo al momento in cui viene trovato l'elemento cercato. Se il vettore ha N elementi in ordine casuale, la ricerca sequenziale di un elemento richiederà mediamente il tempo necessario per l'analisi di $N/2$ elementi, ma il processo che non può essere interrotto nella versione parallela, non trovando l'elemento cercato, analizzerà sempre $N/2$ elementi! Però nel caso della versione parallela è garantito che – se sono disponibili due CPU per l'esecuzione – il tempo massimo di esecuzione del programma non può superare quello richiesto per l'analisi di $N/2$ elementi.

2 La creazione di *thread* in ambiente Windows

Ovviamente anche il sistema operativo Windows espone funzioni API per la creazione di nuovi processi, ma esse non sono fondate sul concetto di clonazione del processo invocante. Le funzioni API dell'ambiente Windows invece consentono di creare con facilità *thread* che il sistema operativo esegue contemporaneamente nel contesto del processo che li ha creati.

Un ***thread*** è la minima unità di esecuzione che il sistema operativo può gestire in modo indipendente.
Il codice di un *thread* coincide normalmente con una funzione la cui esecuzione avviene in parallelo con l'esecuzione del codice del processo che crea il *thread* e con quella degli altri *thread* creati dallo stesso processo.

L'esecuzione di un *thread* avviene nel contesto del processo che lo ha creato, con il quale condivide la memoria e, di conseguenza, le variabili.

Il programma in linguaggio C per ambiente Windows che segue visualizza tutti gli indici degli elementi di un vettore di valori generati casualmente, corrispondenti a un valore fornito dall'utente, creando due *thread* che analizzano due distinte sezioni del vettore:

Divide et impera

Il miglioramento delle prestazioni non è l'unica motivazione del ricorso ad algoritmi eseguiti in parallelo da più processi o *thread*. Infatti si ottiene un aumento della velocità complessiva di esecuzione solo se si dispone di un adeguato numero di CPU assegnate ai vari *thread* o processi. Comunque, nei computer moderni dotati di processori con CPU multiple, l'aumento delle prestazioni di esecuzione dei programmi è spesso basato sulla suddivisione dei dati da elaborare in sezioni su cui è possibile agire indipendentemente, come negli esempi proposti in questo capitolo.
Non sempre però – anche utilizzando computer dotati di CPU multiple – è utile, dal punto di vista delle prestazioni complessive, parallelizzare l'esecuzione degli algoritmi. Infatti, se le dimensioni dei dati da elaborare non sono sufficientemente elevate, si rischia che il tempo richiesto dal sistema operativo per creare e sincronizzare processi o *thread* sia superiore a quello necessario per l'elaborazione sequenziale dei dati!

```c
#include <stdio.h>
#include <stdlib.h>
#include <windows.h>

#define DIM 100000000

int v[DIM];

// struttura che definisce i parametri della funzione search
struct PAR
{
  int first_index;
  int last_index;
  int search_value;
};

// funzione che implementa il codice dei thread
unsigned long WINAPI search(void* arg)
{
  int i, t;
  struct PAR *tmp = (struct PAR*)(arg);
  struct PAR par = *tmp;

  t = GetCurrentThreadId();
  for (i=par.first_index; i<=par.last_index; i++)
    if (v[i] == par.search_value)
      printf("TID %i -> indice=%i\r\n", t, i);
  ExitThread(0);
}

void main(void)
{
  int i, n;
  struct PAR par_1, par_2;
  HANDLE thread_1, thread_2;

  // generazione casuale degli elementi del vettore
  for (i=0; i<DIM; i++)
    v[i] = rand()%10000;

  printf("Inserire il numero da ricercare (0-9999) ");
  scanf("%i", &n);

  // estremi della sezione di ricerca assegnata al primo thread
  par_1.first_index = 0;
  par_1.last_index = DIM/2-1;
  par_1.search_value = n;

  // estremi della sezione di ricerca assegnata al secondo thread
  par_2.first_index = DIM/2;
  par_2.last_index = DIM-1;
  par_2.search_value = n;

  // creazione dei thread e attesa della loro terminazione
  thread_1 = CreateThread(NULL,4096,&search,&par_1,0,NULL);
  thread_2 = CreateThread(NULL,4096,&search,&par_2,0,NULL);

  WaitForSingleObject(thread_1,INFINITE);
  WaitForSingleObject(thread_2,INFINITE);
}
```

Thread in Linux

I *thread* non sono ovviamente una esclusiva del sistema operativo Windows. Anche se le prime versioni del *kernel* di Linux non supportavano la gestione dei *thread* e ne simulavano la creazione istanziando di fatto un nuovo processo, le versioni più recenti implementano la NPTL (*Native POSIX Thread Library*), che rende disponibile una serie di funzioni standard per la creazione e la gestione dei *thread* nel contesto di un unico processo.

Il programma ha una struttura di semplice interpretazione: la funzione *search* effettua la ricerca di un valore in una sezione del vettore compresa tra due indici, visualizzando gli indici degli elementi corrispondenti al valore ricercato. Il programma *main* – dopo avere inizializzato il vettore con numeri casuali – crea due *thread* basati sulla funzione *search*, che ricercano in parallelo il valore fornito dall'utente rispettivamente nella prima e nella seconda metà del vettore e ne attende la conclusione. Ma vari aspetti del codice necessitano di essere analizzati in dettaglio, come indicato nel seguito.

- Il file di intestazione *windows.h* comprende i prototipi delle funzioni API del sistema operativo Windows. In questo file è definita la costante di compilazione *WINAPI*, che nei prototipi precede il nome della funzione stessa[2].

2. Nel compilatore Microsoft C/C++ *WINAPI* definisce la speciale *keyword* `_stdcall`, che stabilisce una particolare convenzione per il passaggio dei parametri di una funzione.

- La funzione che implementa il *thread* deve obbligatoriamente avere il seguente **prototipo**:

```
unsigned long WINAPI fun(void* par);
```

  L'unico parametro che la funzione può ricevere come argomento è un puntatore generico: la tecnica utilizzata dal programma per aggirare questa limitazione consiste nel dichiarare una struttura i cui elementi sono i parametri della funzione e fornire come argomento un puntatore a questa struttura. La funzione che implementa il *thread* si conclude con l'invocazione della funzione API *ExitThread*, che sostituisce la classica `return`.

OSSERVAZIONE Il codice della funzione *search* viene eseguito in modo indipendente e contemporaneo dai due *thread* creati dal programma. Il parametro ricevuto come argomento e le variabili locali sono duplicate al momento della creazione del *thread*.

- La funzione API *GetCurrentThreadId* restituisce l'identificativo numerico del *thread* all'interno del quale viene invocata.

- La funzione API *CreateThread* istanzia il *thread* a partire dalla funzione fornita come argomento. I parametri sono i seguenti:
  - un puntatore a una struttura definita nel file di intestazione *windows.h* che consente di gestire in modo avanzato i criteri di sicurezza relativi all'esecuzione del *thread*; l'uso del valore `NULL` consente di non specificare tali criteri;
  - la dimensione in byte dell'area di memoria necessaria per la duplicazione dei parametri e delle variabili locali della funzione che implementa il codice del *thread*;
  - l'indirizzo della funzione che implementa il codice del *thread*[3];
  - l'argomento da fornire alla funzione che implementa il codice del *thread* (un puntatore che può eventualmente essere `NULL` se la funzione non utilizza parametri);
  - un puntatore a un valore intero che consente di gestire in modo avanzato i criteri di creazione del *thread* da parte del sistema operativo; l'uso del valore «0» consente di specificare criteri standard;

3. Nel linguaggio C è possibile fornire una funzione come argomento a un'altra funzione, passando come parametro un puntatore alla funzione stessa.

- un puntatore a una variabile intera dove la funzione API restituisce l'identificativo numerico del *thread* creato: se NULL, il valore non viene restituito.

La funzione API *CreateThread* restituisce un riferimento (*handle* nella terminologia Windows) al *thread* che crea; questo riferimento deve essere fornito come argomento alle funzioni API che interagiscono con il *thread*. Nel caso che il sistema operativo non riesca a creare il *thread*, la funzione *CreateThread* restituisce un *handle* non valido (il valore NULL).

- La funzione API *WaitForSingleObject* consente di attendere la terminazione di un *thread* specificandone l'*handle*. L'attesa può avere un limite temporale espresso in millisecondi fornito alla funzione come secondo argomento; la costante di compilazione INFINITE definita nel file di intestazione *windows.h* implica l'attesa senza limiti.

Nel caso di attesa di più *thread* è possibile utilizzare la funzione API *WaitForMultipleObjects*, i cui parametri sono i seguenti:

- il numero di *thread*;
- un vettore degli *handle* dei *thread*;
- una variabile intera che specifica se attendere un solo *thread* (valore FALSE = 0) o tutti i *thread* (valore TRUE = 1);
- il limite temporale in millisecondi (eventualmente la costante di compilazione INFINITE).

Volendo utilizzare questa funzione API il codice del programma di esempio deve essere così modificato:

```
void main(void)
{
  int i, n;
  struct PAR par_1, par_2;
  unsigned long thread[2];
  ...
  ...
  ...
  thread[0] = CreateThread(NULL,4096,&search,&par1,0,NULL);
  thread[1] = CreateThread(NULL,4096,&search,&par2,0,NULL);

  WaitForMultipleObjects(2,thread,1,INFINITE);
}
```

I *thread* condividono la memoria del processo che li crea e, di conseguenza, le variabili definite nel programma. È quindi possibile risolvere facilmente problematiche che, nel caso dell'esecuzione di più processi, richiedono l'invocazione di specifiche funzioni API (IPC).

Tuttavia la possibilità da parte di più *thread* di accedere a variabili condivise è potenzialmente fonte di errori di sincronizzazione.

OSSERVAZIONE Il vettore su cui viene effettuata la ricerca degli elementi nel programma di esempio precedente è effettivamente condiviso tra i due *thread*, contrariamente a quanto avviene in ambiente Linux, dove l'invocazione della funzione API *fork* causa la duplicazione del contenuto della memoria del processo clonato.

ESEMPIO

Dovendo realizzare un programma che, anziché effettuare la ricerca completa di tutte le occorrenze di un valore tra gli elementi di un vettore, si limita a ricercare un elemento corrispondente al valore stesso, è semplice fare in modo che l'esecuzione di tutti i *thread* si arresti al momento in cui si verifica la prima corrispondenza. A tale scopo si impiega una variabile globale di segnalazione (*flag*) che tutti i *thread* condividono:

```
#include <stdio.h>
#include <stdlib.h>
#include <windows.h>

#define DIM 100000000

int v[DIM];
int flag = 0; // 0 = non trovato, 1 = trovato

// struttura che definisce i parametri della funzione search
struct PAR
{
  int first_index;
  int last_index;
  int search_value;
};
// funzione che implementa il codice dei thread
unsigned long WINAPI search(void* arg)
{
  int i;
  struct PAR *tmp = (struct PAR*)(arg);
  struct PAR par = *tmp;

  for (i=par.first_index; i<=par.last_index; i++)
    {
      if (v[i] == par.search_value)
        flag = 1;
      if (flag)
        break;
    }
  ExitThread(0);
}

void main(void)
{
  int i, n;
  struct PAR par_1, par_2;
  HANDLE thread[2];

  // generazione casuale degli elementi del vettore
  for (i=0; i<DIM; i++)
    v[i] = rand()%10000;
```

```
    printf("Inserire il numero da ricercare (0-9999) ");
    scanf("%i", &n);

    // estremi della sezione di ricerca assegnata al primo thread
    par_1.first_index = 0;
    par_1.last_index = DIM/2-1;
    par_1.search_value = n;
    // estremi della sezione di ricerca assegnata al secondo thread
    par_2.first_index = DIM/2;
    par_2.last_index = DIM-1;
    par_2.search_value = n;

    // creazione dei thread e attesa della loro terminazione
    thread[0] = CreateThread(NULL,4096,&search,&par_1,0,NULL);
    thread[1] = CreateThread(NULL,4096,&search,&par_2,0,NULL);

    WaitForMultipleObjects(2,thread,1,INFINITE);

    if (flag)
      printf("Il valore e' presente nel vettore \r\n");
    else
      printf("Il valore non e' presente nel vettore\r\n");
}
```

OSSERVAZIONE L'assegnazione e la successiva verifica del contenuto di una variabile condivisa da parte di *thread* in esecuzione contemporanea è molto rischiosa (anche se nel caso particolare dell'esempio precedente è sicura): la modifica del contenuto della variabile potrebbe essere interrotta dalla fine del quanto di tempo di esecuzione assegnato al *thread*, o – nel caso di processori con CPU multiple – avvenire nello stesso istante da parte di più *thread* che intendono assegnarle valori diversi. In generale la condivisione di dati tra processi o *thread* richiede l'impiego di tecniche di programmazione – note come **programmazione concorrente** – che saranno trattate nel prossimo volume.

I CONCETTI CHIAVE

FUNZIONE *fork* (API LINUX). Linux ha ereditato dal sistema operativo Unix la funzione API *fork* che clona il processo che ne effettua l'invocazione. L'invocazione della funzione *fork* richiede al sistema operativo la creazione di un nuovo processo – avente quindi un PID diverso da quello del processo originale – per clonazione: le pagine di memoria del codice sono condivise, ma le pagine di memoria dei dati sono duplicate. Il nuovo processo creato (**processo figlio** nella terminologia Unix/Linux) è indipendente dal processo originale (**processo padre** nella terminologia Unix/Linux). La funzione API *fork* restituisce al processo padre il PID del processo figlio creato, mentre restituisce al processo figlio il valore 0.

FUNZIONE *wait* (API LINUX). La funzione API *wait* del sistema operativo Linux attende la conclusione del processo figlio creato in precedenza (l'argomento passato per indirizzo alla funzione viene impostato dalla funzione con lo stato del processo figlio al momento della terminazione). Un processo figlio che termina la propria esecuzione dopo la terminazione del rispettivo processo padre, in mancanza dell'invocazione da parte di quest'ultimo de la funzione *wait*, diviene un **processo *zombie*** che il sistema operativo non può concludere correttamente.

SCALABILITÀ DI UN PROGRAMMA. I programmi che creano più processi possono essere eseguiti con processori che hanno una sola CPU, o con processori che hanno più CPU. La proprietà di un programma di essere eseguito con prestazioni differenziate in funzione delle risorse disponibili è definita scalabilità.

INTER-PROCESS COMMUNICATION. La segnalazione di un evento a un processo diverso richiede l'invocazione di specifiche funzioni API del sistema operativo complessivamente denominate IPC, *Inter-Process Communication*.

THREAD. Un *thread* è la minima unità di esecuzione che il sistema operativo può gestire in modo indipendente. Il codice di un *thread* coincide normalmente con una funzione la cui esecuzione avviene in parallelo con l'esecuzione del codice del processo che crea il *thread* e con quella degli altri *thread* creati dallo stesso processo.

***THREAD* IN WINDOWS.** In ambiente Windows la funzione API *CreateThread* consente di creare un *thread* a partire dal codice di una funzione fornita come argomento. La funzione che implementa il *thread* deve obbligatoriamente avere il prototipo `unsigned long WINAPI fun(void* par);` L'unico parametro che la funzione può ricevere come argomento è un puntatore generico. La funzione che implementa il *thread* si conclude con l'invocazione della funzione API *ExitThread*, che sostituisce la classica `return`.

CONDIVISIONE DI DATI TRA *THREAD*. I *thread* condividono la memoria del processo che li crea e, di conseguenza, le variabili definite nel programma. È quindi possibile risolvere facilmente problematiche che, nel caso dell'esecuzione di più processi, richiedono necessariamente l'invocazione di specifiche funzioni API (IPC). In generale però la condivisione di dati tra *thread* richiede l'impiego di specifiche tecniche di programmazione.

RIPASSA CON LA MAPPA

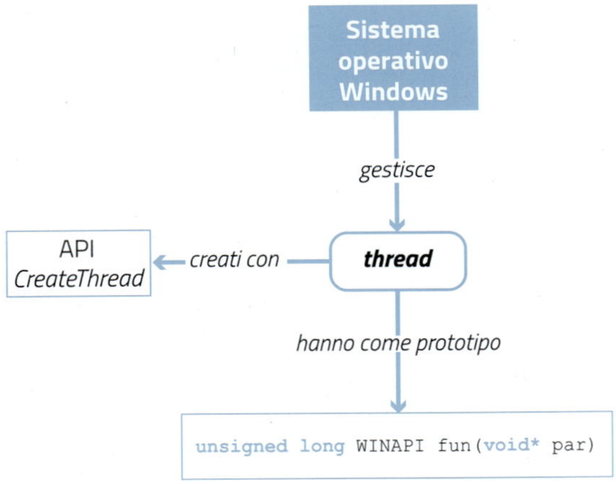

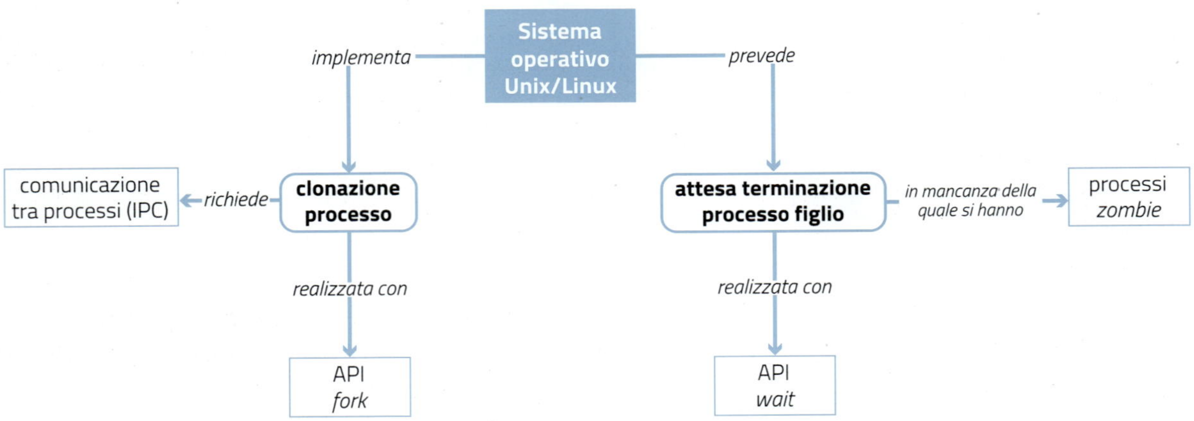

SPIEGA IN UNA PAGINA

1 **Descrivere scopo e funzionamento delle API *fork* e *wait* dei sistemi operativi Linux e Unix, riportando nel testo esempi di codice.**

2 **Descrivere le API del sistema operativo Windows che consentono di creare un *thread* e di attenderne la terminazione, riportando nel testo esempi di codice.**

QUESITI A RISPOSTA APERTA

3 **Che cosa restituisce la funzione API *fork* dei sistemi operativi Linux e Unix?**

4 **Che cosa accade se un processo per il S.O. Unix/Linux che ha invocato la funzione API *fork* non invoca successivamente la funzione API *wait*?**

TEST A RISPOSTA MULTIPLA

5 **La funzione API *fork*:**

A è comune ai sistemi operativi Windows e Linux.

B è comune ai sistemi operativi Unix e Linux.

C è presente in tutti i sistemi operativi.

D è una funzione della libreria standard del linguaggio C.

6 **La funzione API *fork*:**

A clona il processo che la invoca senza duplicare l'ambiente di esecuzione.

B crea un nuovo processo caricando un nuovo programma.

C clona il processo che la invoca duplicando l'ambiente di esecuzione.

D crea un *thread* a partire dal codice di una funzione fornita come argomento.

7 **La funzione API *wait* deve essere invocata:**

A dal processo padre per attendere la terminazione del processo figlio.

B dal processo figlio per attendere la terminazione del processo padre.

C dal processo figlio per attendere la terminazione degli altri processi generati dal processo padre.

D dal processo padre specificando i millisecondi di attesa per la terminazione del processo figlio.

8 **Un processo *zombie* del sistema operativo Unix o Linux è un processo:**

A non terminato al momento che tutti i processi «figli» sono terminati.

B non terminato dopo la terminazione del processo «padre».

C attivato in fase di *bootstrap* del sistema operativo, privo del «padre».

D di sistema attivato senza il controllo della *shell* utente.

9 **La comunicazione tra processi:**

A avviene mediante funzioni API speciali denominate IPC.

B avviene direttamente utilizzando le variabili globali.

C è impossibile in quanto l'ambiente di esecuzione è separato.

D è possibile in ambiente Windows, ma non in ambiente Linux.

10 **Un *thread* è:**

A una funzione che ha come parametro un solo argomento di tipo puntatore generico.

B un processo clonato dall'invocazione della funzione API *fork*.

C il nome con cui è denominato il processo nel sistema operativo Windows.

D la minima unità di esecuzione che il sistema operativo gestisce.

11 **La comunicazione tra *thread*:**

A avviene esclusivamente mediante funzioni API speciali denominate IPC.

B avviene direttamente utilizzando le variabili globali.

C è impossibile in quanto l'ambiente di esecuzione è separato.

D avviene utilizzando i parametri delle funzioni che implementano il *thread*.

PROBLEMI

12 Scrivere una funzione in linguaggio C per sistema operativo Windows avente il seguente prototipo

```
float scalarProduct(float a[], float b[],
                    int N);
```

dove *N* rappresenta la dimensione dei vettori *a* e *b*, che restituisca il prodotto scalare tra *a* e *b*, cioè la somma dei prodotti tra gli elementi corrispondenti (il primo con il primo, il secondo con il secondo e così via) dei due vettori; la funzione deve massimizzare le prestazioni nel caso di esecuzione con due CPU disponibili.

CASI PRATICI

13 I libri di una libreria sono identificati da un codice numerico stampato in forma di codice a barre sulla confezione; le informazioni relative a ogni libro sono memorizzate in un vettore i cui elementi sono strutture del seguente tipo:

```
struct LIBRO
{
  unsigned int codice;
  float prezzo;
  char autore[32];
  char titolo[64];
};
```

Quando un libro viene «passato» alla cassa della libreria lo scanner laser acquisisce il codice identificativo: deve essere effettuata una ricerca nel vettore per determinare autore, titolo e prezzo del prodotto che devono essere visualizzati; dato che il numero di libri è elevato è necessario parallelizzare l'algoritmo di ricerca in modo da diminuire il tempo di esecuzione.
Scrivere un programma in linguaggio C per sistema operativo Linux che effettui la ricerca di un libro, il cui codice è fornito dall'utente, visualizzando autore, titolo e libro se il codice fornito corrisponde effettivamente a un libro.
Ipotizzare che il vettore dei libri – una variabile globale – comprenda i dati relativi a *N* libri senza necessità di essere inizializzato.

14 CODING Realizzare un programma in linguaggio C per sistema operativo Windows che calcola la somma degli elementi di un vettore: il programma deve massimizzare le prestazioni nel caso di esecuzione con quattro CPU disponibili; per verificare il corretto funzionamento del programma utilizzare un vettore di grandi dimensioni i cui elementi sono generati casualmente.

15 CODING Realizzare un programma in linguaggio C per sistema operativo Windows che somma gli elementi corrispondenti di due vettori producendo il risultato in un terzo vettore: il programma deve massimizzare le prestazioni nel caso di esecuzione con quattro CPU disponibili; per verificare il corretto funzionamento del programma utilizzare vettori di grandi dimensioni i cui elementi sono generati casualmente.

to grab
afferrare

slightly
leggermente

sparingly
con parsimonia

to spawn
produrre

starved
«morto di fame»

Processes

[...]

Creating processes

Two common techniques are used for creating a new process. The first is relatively simple but should be used sparingly because it is inefficient and has considerable security risks. The second technique is more complex but provides greater flexibility, speed, and security.

Using *system*

The *system* function in the standard C library provides an easy way to execute a command from within a program, much as if the command had been typed into a shell. [...].

Using *fork* and *exec*

[...]. Instead, Linux provides one function, *fork*, that makes a child process that is an exact copy of its parent process. Linux provides another set of functions, the *exec* family, that causes a particular process to cease being an instance of one program and to instead become an instance of another program. To spawn a new process, you first use *fork* to make a copy of the current process. Then you use *exec* to transform one of these processes into an instance of the program you want to spawn.

Calling *fork*

When a program calls *fork*, a duplicate process, called the *child process*, is created. The parent process continues executing the program from the point that *fork* was called. The child process, too, executes the same program from the same place. So how do the two processes differ? First, the child process is a new process and therefore has a new process ID, distinct from its parent's process ID. One way for a program to distinguish whether it is in the parent process or the child process is to call *getpid*. However, the *fork* function provides different return values to the parent and child processes – one process "goes in" to the *fork* call, and two processes "come out", with different return values. The return value in the parent process is the process ID of the child. The return value in the child process is zero. Because no process ever has a process ID of zero, this makes it easy for the program whether it is now running as the parent or the child process.
The following is an example of using *fork* to duplicate a program's process. Note that the first block of the `if` statement is executed only in the parent process, while the `else` clause is executed in the child process.

Using *fork* to duplicate a program's process

```
#include <stdio.h>
#include <sys/types.h>
#include <unistd.h>

int main()
{
  pid_t child_pid;

  printf ("the main program process ID is %d\n", (int)getpid());
  child_pid = fork();
  if (child_pid != 0) {
```

▶

```
    printf ("this is the parent process, with id %d\n", (int)getpid());
    printf ("the child's process ID is %d\n", (int)child_pid);
  }
  else
    printf ("this is the child process, with id %d\n", (int)getpid());

  return 0;
}
```

Using the *exec* family

The *exec* functions replace the program running in a process with another program. When a program calls an *exec* function, that process immediately ceases executing that program and begins executing a new program from the beginning, assuming that the *exec* call doesn't encounter an error. Within the *exec* family, there are functions that vary slightly in their capabilities and how they are called.
[...]

Process scheduling

Linux schedules the parent and child processes independently; there's no guarantee of which one will run first, or how long it will run before Linux interrupts it and lets the other process (or some other process on the system) run. In particular, none, part, or all of the `ls` command may run in the child process before the parent completes. Linux promises that each process will run eventually – no process will be completely starved of execution resources. You may specify that a process is less important – and should be given a lower priority – by assigning it a higher *niceness* value. By default, every process has a niceness of zero. A higher niceness value means that the process is given a lesser execution priority; conversely, a process with a lower (that is, negative) niceness gets more execution time. To run a program with a nonzero niceness, use the *nice* command, specifying the niceness value with the *-n* option. For example, this is how you might invoke the command "`sort input.txt > output.txt`", a long sorting operation, with a reduced priority so that it doesn't slow down the system too much:

```
% nice -n 10 sort input.txt > output.txt
```

You can use the *renice* command to change the niceness of a running process from the command line. To change the niceness of a running process programmatically, use the *nice* function. Its argument is an increment value, which is added to the niceness value of the process that calls it. Remember that a positive value raises the niceness value and thus reduces the process's execution priority. Note that only a process with root privilege can run a process with a negative niceness value or reduce the niceness value of a running process. This means that you may specify negative values to the *nice* and *renice* commands only when logged in as root, and only a process running as root can pass a negative value to the *nice* function. This prevents ordinary users from grabbing execution priority away from others using the system.

[A. Samuel, J. Oldham, M. Mitchell, "Advanced Linux programming", New Riders Publishing, 2001]

QUESTIONS

a **What are the programming techniques used for creating new processes in Linux?**
b **What does the fork function `return`?**
c **What is the purpose of the *exec* family of functions?**
d **How can you set a higher execution priority for a Linux process?**
e **In what way do the Linux shell commands *nice* and *renice* differ?**

B5

Gestione dinamica della memoria e vettori a lunghezza variabile

La seguente funzione C «capitalizza» la stringa di caratteri fornita come argomento, trasformando tutti gli eventuali caratteri minuscoli in maiuscoli[1]:

```
void capital(char s[])
{
  int i;

  for (i=0; s[i]!=0; i++)
    if (s[i]>='a' && s[i]<='z')
      s[i] = s[i] - 32;
}
```

1. Il valore 32 è la differenza numerica tra i corrispondenti codici ASCII dei caratteri minuscoli/maiuscoli.

Volendo mantenere la stringa originale, la funzione deve costruire la stringa capitalizzata in un vettore di caratteri distinto fornito come argomento:

```
void capital(char s[], char *S)
{
  int i;

  for (i=0; s[i]!=0; i++)
    if (s[i]>='a' && s[i]<='z')
      S[i] = s[i] - 32;
    else
      S[i] = s[i];
  S[i] = 0; // marcatore di fine stringa
}
```

OSSERVAZIONE Nel linguaggio C un *array* equivale sintatticamente a un puntatore: i programmatori sono soliti distinguere i parametri di tipo *array* forniti come argomento di input a una funzione da quelli forniti come argomento di output, utilizzando per i primi la notazione vettoriale e per i secondi la notazione propria del puntatore.

La soluzione precedente è accettabile, ma una funzione avente il seguente prototipo

```
char *capital(char s[]);
```

che restituisce la stringa capitalizzata sarebbe senz'altro più elegante. Questa versione della funzione *capital* deve essere utilizzata come nel seguente frammento di codice:

```
...
char str[] = "Hello world!";
char *STR;
...
STR = capital(str);
...
```

In questo modo, però, il compilatore non conosce l'effettiva dimensione della stringa che costituisce il risultato della funzione, perché essa dipende dalla dimensione della stringa fornita come argomento ed è quindi diversa per ogni invocazione della funzione stessa.

La codifica della funzione *capital* che restituisce una stringa come risultato richiede un meccanismo che consenta di «allocare» a un puntatore un'area di memoria avente una specifica dimensione.

1 Le funzioni di libreria *malloc* e *calloc*

La funzione *capital* avente il prototipo prima dichiarato può essere così definita:

```
#include <stdlib.h>
#include <string.h>

char *capital(char s[])
{
  int i;
  char *S;
  int N = strlen(s);

  S = malloc(N+1); // allocazione di N+1 byte di memoria

  for (i=0; s[i]!=0; i++)
    if (s[i]>='a' && s[i]<='z')
      S[i] = s[i] - 32;
    else
      S[i] = s[i];
  S[i] = 0; // marcatore di fine stringa

  return S;
}
```

La funzione della libreria standard del linguaggio C ***malloc*** richiede al sistema operativo un'area di memoria avente la dimensione in byte fornita come argomento e restituisce un puntatore alla sua posizione iniziale (nel caso di un errore restituisce un puntatore nullo). Il puntatore restituito è di tipo `void*` e assume il tipo della variabile a cui viene assegnato.

OSSERVAZIONE Una stringa in linguaggio C è un vettore di caratteri, ciascuno dei quali ha normalmente una dimensione di 1 byte (è infatti un codice ASCII a 8 bit). Nella funzione *capital* sono richiesti $N + 1$ byte per consentire la memorizzazione del carattere che costituisce il marcatore di fine stringa: l'allocazione di soli N byte – un errore piuttosto diffuso – avrebbe comportato l'uso della memoria oltre l'area allocata dal sistema operativo al processo (*buffer overflow*), con conseguente *crash* dello stesso.

Linguaggi di programmazione e gestione dinamica della memoria

La gestione dinamica della memoria è causa dei più diffusi errori di programmazione: memoria allocata e non rilasciata, superamento dei limiti delle aree di memoria allocate, uso di puntatori ad aree di memoria prima della allocazione o dopo il rilascio, e così via.
Alcuni linguaggi di programmazione moderni – per esempio Java – automatizzano la gestione dinamica della memoria associando ai programmi in esecuzione uno strumento *garbage collector* che ha il compito di liberare automaticamente la memoria allocata e non più utilizzata. Il linguaggio C++, erede diretto del linguaggio C, ha degli operatori specifici per l'allocazione e il rilascio della memoria, rendendo superflue le funzioni di libreria dedicate a questo scopo.

OSSERVAZIONE Raramente il sistema operativo potrebbe non allocare la memoria richiesta e, di conseguenza, la funzione di libreria *malloc* restituire un puntatore nullo. Una buona pratica di programmazione impone di verificare sempre la validità del puntatore restituito dalla funzione *malloc*. Nella versione che segue si trasferisce al codice invocante la funzione l'onere di verificare se il risultato restituito è valido o meno:

```
#include <stdlib.h>
#include <string.h>

char *capital(char s[])
{
  int i;
  char *S;
  int N = strlen(s);

  S = malloc(N+1); // allocazione di N+1 byte di memoria
  if (S == NULL) // verifica del puntatore restituito
    return NULL;

  for (i=0; s[i]!=0; i++)
    if (s[i]>='a' && s[i]<='z')
      S[i] = s[i] - 32;
    else
      S[i] = s[i];
  S[i] = 0; // marcatore di fine stringa

return S;
}
```

ESEMPIO

L'algoritmo *bubble-sort* ordina gli elementi di un vettore; una funzione che implementi l'algoritmo *bubble-sort* senza alterare il vettore originale può restituire un puntatore al vettore ordinato allocato mediante la funzione di libreria *malloc*:

```
#include <stdlib.h>

float *bubbleSort(float vett[], int N)
{
  int i, swap;
  float temp;
  float *sort;

  sort = malloc(N*sizeof(float)); // allocazione del vettore
  for (i=0; i<N; i++) // copia degli elementi del vettore
    sort[i] = vett[i];

  do
    {
      swap = 0;
      for (i=0; i<N-1; i++)
        if (sort[i] > sort[i+1])
          {
```

```
                // scambio elementi
                temp = sort[i];
                sort[i] = sort[i+1];
                sort[i+1] = temp;
                swap = 1;
            }
        } while(swap);

    return sort;
}
```

La funzione di libreria *malloc* richiede come argomento la dimensione in byte dell'area di memoria da allocare: l'operatore del linguaggio C `sizeof` – che restituisce la dimensione in byte dell'argomento: una variabile, o un tipo – è utile per determinare la dimensione corretta dello spazio di memoria richiesto.

Nell'esempio precedente occorreva allocare un vettore di *N* elementi di tipo `float`; l'espressione `N*sizeof(float)` determina esattamente la sua dimensione espressa in byte.

OSSERVAZIONE Il ciclo di copia degli elementi del vettore dell'esempio precedente può essere sostituito dalla più efficiente invocazione della funzione della libreria standard *memcpy*, i cui parametri sono rispettivamente un puntatore all'area di memoria di destinazione dei dati, un puntatore all'area di memoria sorgente dei dati e il numero complessivo dei byte da copiare:

```
...
memcpy(sort, vett, N*sizeof(float));
...
```

ESEMPIO

Dovendo allocare dinamicamente un vettore di 100 elementi del seguente tipo

```
struct POINT
{
  double X;
  double Y;
};
```

è possibile invocare in questo modo la funzione di libreria *malloc*:

```
struct POINT *vector;
...
vector = malloc(100*sizeof(struct POINT));
...
```

La necessità di allocare uno spazio di memoria per un vettore di elementi è così comune che la libreria standard del linguaggio C rende disponibile la funzione *calloc*, i cui due parametri sono rispettivamente il numero di elementi e la dimensione del singolo elemento. A differenza della funzione *malloc*, che non inizializza la memoria allocata, la funzione *calloc* restituisce uno spazio di memoria inizializzato al valore 0.

OSSERVAZIONE La funzione di libreria *calloc* inizializza a 0 i singoli byte dell'area di memoria che alloca. Per tutti i tipi numerici del linguaggio C questo equivale effettivamente ad assegnare il valore 0 a tutti gli elementi del vettore.

ESEMPIO

Impiegando la funzione *calloc* l'allocazione di memoria dell'esempio precedente diviene:

```
struct POINT
{
  double X;
  double Y;
};
...
struct POINT *vector;
...
vector = calloc(100,sizeof(struct POINT));
...
```

2 La funzione di libreria *free*

In molti casi la memoria richiesta al sistema operativo utilizzando le funzioni *malloc* e *calloc* ha un uso temporaneo, ma – diversamente dallo spazio di memoria allocato per le variabili definite localmente alle funzioni[2] – essa non viene liberata automaticamente. In alcuni casi, inoltre, le dimensioni delle aree di memoria allocate mediante la gestione dinamica possono essere molto grandi e, se non rilasciate al termine del loro uso, causare un degrado delle prestazioni dell'intero sistema.

2. Lo spazio di memoria allocato per le variabili globali viene liberato solo con la terminazione dell'esecuzione del programma.

La funzione della libreria standard del linguaggio C *free* accetta come argomento un puntatore a un'area di memoria precedentemente allocata utilizzando *malloc* o *calloc* e la rilascia al sistema operativo rendendola non ulteriormente disponibile al programma.

ESEMPIO

Il codice che segue utilizza la funzione *capital* definita in precedenza e, dopo avere utilizzato la stringa restituita come risultato, libera l'area di memoria corrispondente:

```
#include <stdlib.h>
...
char str[] = "...";
char *STR = NULL;
...
STR = capital(str);
...
free(STR);
STR = NULL;
...
```

OSSERVAZIONE Dimenticare di liberare la memoria allocata è uno dei più diffusi errori commessi dai programmatori in linguaggio C, noto come *memory leak*.

OSSERVAZIONE Un errore molto più grave del *memory leak* – in fin dei conti la memoria allocata da un processo viene comunque recuperata dal sistema operativo al termine del processo stesso – consiste nel fare riferimento a un'area di memoria allocata dinamicamente prima della sua allocazione, o dopo il suo rilascio, con inevitabile conseguente *crash* del processo.
Per limitare questo problema – noto come ***memory corruption*** – è bene inizializzare i puntatori al valore `NULL` e assegnare loro lo stesso valore dopo l'invocazione della funzione *free*, in modo da consentire la verifica della loro validità scrivendo un codice come il seguente:

```
if (ptr != NULL)
 {
   ...
 }
```

ESEMPIO

Il seguente programma C accetta come argomenti della riga di comando una sequenza di valori numerici e li visualizza ordinati (la funzione *bubbleSort* è stata definita in precedenza):

```
#include <stdlib.h>
#include <stdio.h>
float *bubbleSort(float vett[], int N);
int main(int argc, char *argv[])
{
  int i, N;
  float *vector = NULL;
  float *sorted = NULL;
  if (argc <= 1)
    {
      printf("Errore!");
      return 0;
    }
  N = argc-1;
  vector = calloc(N, sizeof(float));
  if (vector == NULL)
    {
      printf("Errore!");
      return 0;
    }
  for (i=0; i<N; i++)
    vector[i] = atof(argv[i+1]);
  sorted = bubbleSort(vector, N);
  free(vector);
  if (sorted == NULL)
    {
      printf("Errore!");
      return 0;
    }
  for (i=0; i<N; i++)
    printf("%f\r\n", sorted[i]);
  free(sorted);
  return 1;
}
```

3 Vettori a lunghezza variabile

Dovendo restituire come risultato di una funzione codificata in linguaggio C un vettore allocato dinamicamente, l'unica tecnica di programmazione praticabile è quella illustrata nei paragrafi precedenti e cioè il ricorso alle funzioni di libreria *malloc* o *calloc*. Se invece l'accesso agli elementi di un vettore allocato dinamicamente è limitato al codice di una sola funzione – compresa la funzione *main* che costituisce il programma principale - ed eventualmente delle funzioni da essa invocate, allora lo standard C-99 del linguaggio prevede i cosiddetti «vettori a lunghezza variabile» (**VLA**, *Variable Length Array*).

OSSERVAZIONE I compilatori dei programmi in linguaggio C degli ambienti di sviluppo Microsoft *Visual Studio* per sistema operativo Windows non supportano i vettori a lunghezza variabile.

Un **vettore a lunghezza variabile** è un vettore la cui dimensione viene specificata, normalmente mediante una variabile, al momento dell'esecuzione del codice, piuttosto che al momento della sua compilazione come invece avviene per i vettori a dimensione fissa.

ESEMPIO

Il programma di ordinamento di un vettore i cui elementi sono forniti come argomenti della riga di comando visto in un esempio precedente, utilizzando un compilatore C-99 può essere così ricodificato:

```
#include <stdlib.h>
#include <stdio.h>

float *bubbleSort(float vett[], int N);

void main(int argc, char *argv[])
{
  if (argc <= 1)
    {
      printf("Errore!");
      return;
    }

int N = argc-1;
float vector[N];

for (int i=0; i<N; i++)
  vector[i] = atof(argv[i+1]);

float* sorted = bubbleSort(vector, N);
if (sorted == NULL)
  {
    printf("Errore!");
    return;
  }

for (int i=0; i<N; i++)
  printf("%f\r\n", sorted[i]);

free(sorted);
}
```

Nel codice precedente il vettore *sorted* è un vettore a lunghezza variabile allocato dinamicamente in quanto il valore alla variabile *N* viene determinato in fase di esecuzione e assume quindi valori diversi in funzione del numero di argomenti che l'utente digita sulla riga di comando di esecuzione del programma.
Per il vettore *vector* non deve essere invocata la funzione *malloc*, cosa che resta invece necessaria per il vettore *sorted* che, nel codice della funzione *bubbleSort*, viene allocato dinamicamente invocando la funzione *malloc*.

Lo standard C-99 del linguaggio C permette la dichiarazione delle variabili in qualsiasi punto del codice: una variabile è comunque visibile solo all'interno del blocco di istruzioni compreso tra i simboli «{» e «}» che ne comprende la dichiarazione. Una eccezione a questa regola è la dichiarazione contestuale dell'indice di un ciclo `for` la cui visibilità è sempre limitata alle istruzioni del ciclo: si noti in particolare nell'esempio precedente la doppia dichiarazione dell'indice *i* per i due cicli `for` del programma.

I CONCETTI CHIAVE

FUNZIONE DI LIBRERIA *malloc*. La funzione della libreria standard del linguaggio C *malloc* richiede al sistema operativo un'area di memoria avente la dimensione in byte fornita come argomento e restituisce un puntatore alla sua posizione iniziale (nel caso di un errore restituisce un puntatore nullo).

OPERATORE `sizeof`. La funzione di libreria *malloc* richiede come argomento la dimensione in byte dell'area di memoria da allocare: l'operatore del linguaggio C `sizeof` – che restituisce la dimensione in byte dell'argomento: una variabile, o un tipo – è utile per determinare la dimensione corretta dello spazio di memoria richiesto.

FUNZIONE DI LIBRERIA *calloc*. La necessità di allocare uno spazio di memoria per un vettore di elementi è così comune che la libreria standard del linguaggio C rende disponibile la funzione *calloc*, i cui due parametri sono rispettivamente il numero di elementi e la dimensione del singolo elemento. A differenza della funzione *malloc*, che non inizializza la memoria allocata, la funzione *calloc* restituisce uno spazio di memoria inizializzato al valore 0.

FUNZIONE DI LIBRERIA *free*. La funzione della libreria standard del linguaggio C *free* accetta come argomento un puntatore a un'area di memoria precedentemente allocata utilizzando *malloc* o *calloc* e la rilascia al sistema operativo rendendola non ulteriormente disponibile al programma.

VETTORI A LUNGHEZZA VARIABILE. Un vettore a lunghezza variabile è un vettore la cui dimensione viene specificata, normalmente mediante una variabile, al momento dell'esecuzione del codice, piuttosto che al momento della sua compilazione come invece avviene per i vettori a dimensione fissa.

RIPASSA CON LA MAPPA

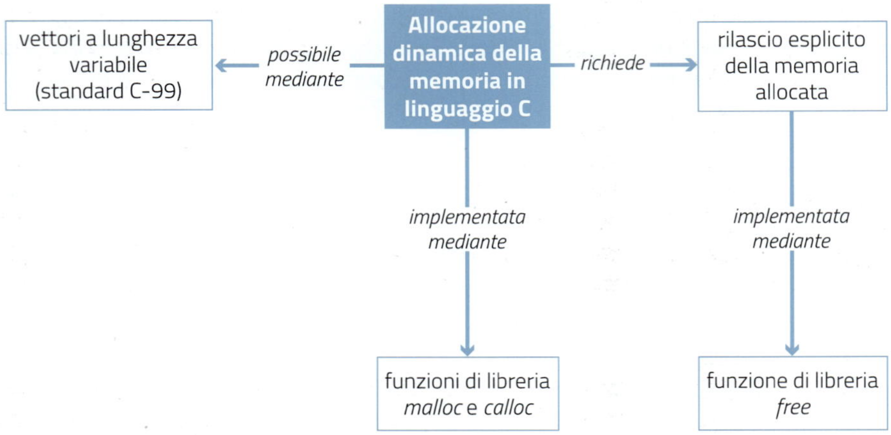

SPIEGA IN UNA PAGINA

1 **Descrivere scopo e funzionamento delle funzioni *malloc* e *free* della libreria standard del linguaggio C, riportando nel testo esempi di codice.**

2 **Illustrare l'uso di vettori a lunghezza variabile nel contesto di un programma in linguaggio C, riportando nel testo esempi di codice.**

QUESITI A RISPOSTA APERTA

3 **Quale errore ha commesso il programmatore nel seguente frammento di codice?**

```
...
int *vector;
int i, s = 0, n = 1000;
...
vector = malloc(n*sizeof(int));
if (vector == NULL)
  return;
for (i=0; i<n; i++)
  vector[i] = rand();
free(vector);
for (i=0; i<n; i++)
  s = s + vector[i];
...
```

TEST A RISPOSTA MULTIPLA

4 **La funzione di libreria *malloc* restituisce:**

A un puntatore all'area di memoria richiesta e allocata dal sistema operativo.

B la dimensione in byte dell'area di memoria richiesta e allocata dal sistema operativo.

C un codice di errore, `NULL` se la richiesta è stata soddisfatta dal sistema operativo.

D un puntatore all'area di memoria richiesta e allocata dal sistema operativo dopo l'inizializzazione con valori nulli.

5 **Utilizzando il puntatore all'area di memoria allocata dalla funzione di libreria *malloc* oltre la dimensione richiesta:**

A l'area di memoria allocata viene dinamicamente estesa.

B si causa un errore irreversibile di *buffer overflow.*

C si ottiene un messaggio di errore specifico che consente all'utente del programma di proseguire l'esecuzione.

D viene invocata automaticamente la funzione di libreria *realloc.*

6 **L'operatore `sizeof`:**

A determina il numero di elementi di un *array.*

B determina la dimensione in byte di un tipo, o di una variabile.

C può essere utilizzato esclusivamente in riferimento all'invocazione delle funzioni di libreria *malloc* e *calloc.*

D determina il numero di campi di una struttura.

7 **La funzione di libreria *free*:**

A restituisce la dimensione della memoria libera disponibile per l'allocazione.

B rilascia al sistema operativo la memoria allocata mediante le funzioni *malloc* e *calloc.*

C alloca tutta la memoria libera disponibile restituendo un puntatore.

D azzera il contenuto della memoria allocata utilizzando la funzione *malloc.*

8 **Un vettore a lunghezza variabile:**

A è un vettore la cui dimensione cambia nel corso dell'esecuzione del programma.

B è un vettore di dimensione fissa, ma allocato dinamicamente nel corso dell'esecuzione del programma.

C è un vettore allocato dinamicamente nel codice di una funzione e restituito come risultato della funzione stessa.

D Il linguaggio C non prevede i vettori a lunghezza variabile.

PROBLEMI

9 CODING La seguente funzione C

```
int limit_count(float vet[], int num, float
min, float max)
{
  int ind, cont=0;

  for (ind=0; ind<num; ind++)
    if (vet[ind]>min && vet[ind]<max)
      cont++;

  return cont;
}
```

conta gli elementi di un vettore compresi tra i valori minimo e massimo specificati. Scrivere un programma in linguaggio C che accetti come argomenti della riga di comando gli elementi di un vettore numerico e i valori minimo e massimo e che, dopo aver costruito il vettore, invochi la funzione *limit_count* per visualizzare il risultato restituito.

10 CODING La seguente funzione C

```
void treshold(float vet[], int num, float
val)
{
  int ind;

  for (ind=0; ind<num; ind++)
    if (vet[ind] < val)
      vet[ind] = val;
}
```

elimina gli elementi di un vettore inferiori a un determinato valore sostituendoli con il valore stesso. Scrivere un programma in linguaggio C che accetti come argomenti della riga di comando gli elementi di un vettore numerico e il valore di soglia e che, dopo aver costruito il vettore, invochi la funzione *treshold* per visualizzare il vettore risultato.

CASI PRATICI

11 CODING Scrivere una funzione in linguaggio C avente il seguente prototipo

```
int *vectorCreate(int N);
```

che restituisca un puntatore a un vettore di valori interi avente la dimensione specificata dal parametro *N* in cui ogni elemento assuma il valore del proprio indice. Verificare la correttezza della funzione realizzando un programma in linguaggio C che richieda all'utente la dimensione del vettore e ne visualizzi tutti gli elementi.

12 CODING Scrivere un programma in linguaggio C che riceva come argomenti della riga di comando una sequenza di punti nel piano cartesiano, ciascuno definito mediante le coordinate x e y. Il programma deve creare un vettore dei punti ricevuti in input e ordinarlo in funzione della distanza di ciascun punto dall'origine (a tale scopo definirà una specifica funzione di ordinamento); gli elementi del vettore risultante devono essere infine visualizzati.

13 CODING Una stazione meteo misura e registra ogni ora i valori della temperatura, dell'umidità e della pressione. Per l'analisi successiva dei dati meteo è necessario un programma che riceva in input la sequenza delle misure registrate (ogni misura è rappresentata da una terna di valori: la temperatura, l'umidità e la pressione) e che produca in output i valori medi di temperatura, umidità e pressione.
Scrivere il programma in linguaggio C che accetti i valori delle misure come argomenti della riga di comando e determini i relativi valori medi.

14 CODING Scrivere una funzione in linguaggio C che, a partire da un vettore di valori numerici fornito come parametro, calcoli, in un secondo vettore restituito come risultato, la media mobile di ordine tre dei valori del vettore originale (ogni elemento del secondo vettore è uguale alla media del corrispondente elemento del primo vettore con l'elemento precedente e l'elemento successivo; nel caso del primo e dell'ultimo elemento deve essere calcolata la media rispettivamente con il solo elemento successivo e il solo elemento precedente). Scrivere un programma in linguaggio C che accetti gli elementi del vettore sulla riga di comando e visualizzi il vettore risultato fornito dalla funzione.

15 CODING Un dispositivo GPS portatile registra automaticamente ogni minuto le coordinate geografiche (latitudine e longitudine espresse come valori numerici in formato *floating-point*) della posizione in cui si trova.
Per l'analisi successiva dell'area esplorata è necessario un programma che riceva come dati la

sequenza delle posizioni registrate (ogni posizione è rappresentata da una coppia di valori: la latitudine e la longitudine) e che determini come risultato sia i valori minimi e massimi della latitudine e della longitudine sia la lunghezza del percorso.
Scrivere due funzioni in linguaggio C:

- la prima deve determinare i valori minimi e massimi delle coordinate geografiche a partire da un vettore di coordinate fornito come parametro;
- la seconda deve determinare la lunghezza del percorso a partire da un vettore di coordinate fornito come parametro; per la codifica di questa funzione si supponga di disporre della seguente funzione che trasforma latitudine e longitudine di una posizione in coordinate cartesiane (Nord per le ordinate, Ovest per le ascisse):

```
void LatLon2WestNord(float latitude, float
  longitude, float* west, float* nord);
```

Scrivere il programma in linguaggio C in modo che accetti le coordinate delle posizioni come argomenti della riga di comando.

character personaggio

disposable usa e getta

to dovetail incastrare

to drop on the floor far cadere sul pavimento

to flip back capovolgere

golly perbacco

to intermix mescolare

onus of declaration responsabilità delle dichiarazioni

play dramma

to reduce to ridurre al

to skim scremare

to stick attaccare

thick of the plot spessore della trama

to waste sprecare

C Syntax You Can Ignore

[...]

Let Declarations Flow

Think back to the last time you read a play. At the beginning of the text, there was the *Dramatis Personæ*, listing the characters. A list of character names probably didn't have much meaning to you before you started reading, so if you're like me you skipped that page and went straight to the start of the play. When you are in the thick of the plot and you forget who Benvolio is, it's nice to be able to flip back to the head of the play and get a one-line description (he is Romeo's friend and Montague's nephew), but that's because you're reading on paper. If the text were on a screen, you could search for Benvolio's first appearance.

In short, the *Dramatis Personæ* is not very useful to readers. It would be better to introduce characters when they first appear.

I see code like this pretty often:

```
#include <stdio.h>

int main(){
  char *head;
  int i;
  double ratio, denom;

  denom=7;
  head = "There is a cycle to things divided by seven.";
  printf("%s\n", head);
  for (i=1; i<= 6; i++){
    ratio = i/denom;
    printf("%g\n", ratio);
  }
}
```

We have three or four lines of introductory material (I'll let you decide how to count the whitespace), followed by the routine.

This is a throwback to ANSI C89, which required all declarations to be at the head of the block, due to technical limitations of early compilers. We still have to declare our variables, but we can minimize burden on the author and the reader by doing so at the first use:

```
#include <stdio.h>

int main(){
  double denom = 7;
  char *head = "There is a cycle to things divided by seven.";
  printf("%s\n", head);
  for (int i=1; i<= 6; i++){
    double ratio = i/denom;
    printf("%g\n", ratio);
  }
}
```

Here, the declarations happen as needed, so the onus of declaration reduces to sticking a type name before the first use. If you have color syntax highlighting, then the declarations are still easy to spot (and if you don't have color, golly, get a text editor that supports it—there are dozens to hundreds to choose from!).

When reading unfamiliar code, my first instinct when I see a variable is to go back and see where it was declared. If the declaration is at the first use or the line immediately before the first use, I'm saved from a few seconds of skimming back. Also, by the rule that you should keep the scope of a variable as small as possible, we're pushing the active variable count on earlier lines that much lower, which might start to matter for a longer function.

In this example, the declarations are at the beginning of their respective block, followed by non-declaration lines. This is just how the example turned out, but you can freely intermix declarations and non-declarations.

I left the declaration of `denom` at the head of the function, but we could move that into the loop as well (because it is only used inside the loop). We can trust that the compiler will know enough not to waste time and energy deallocating and reallocating the variable on every iteration of the loop (although this is what it theoretically does—see C99 & C11 [...]). As for the index, it's a disposable convenience for the loop, so it's natural to reduce its scope to exactly the scope of the loop.

[...]

Set Array Size at Runtime

Dovetailing with putting declarations wherever you want, you can allocate arrays to have a length determined at runtime, based on calculations before the declarations.

Again, this wasn't always true: a quarter-century ago, you either had to know the size of the array at compile time or use `malloc`.

For example, let's say that you'd like to create a set of threads, but the number of threads is set by the user on the command line. The old way of doing this would be to get the size of the array from the user via `atoi(argv[1])` (i.e., convert the first command-line argument to an integer), and then, having established that number at runtime, allocate an array of the right length.

```
pthread_t *threads;
int thread_count;
thread_count = atoi(argv[1]);
threads = malloc(thread_count * sizeof(pthread_t));
...
free(threads);
```

We can write this with less fuss:

```
int thread_count = atoi(argv[1]);
pthread_t threads[thread_count];
...
```

There are fewer places for anything to go wrong, and it reads like declaring an array, not initializing memory registers. We had to `free` the manually allocated array, but we can just drop the automatically allocated array on the floor and it'll get automatically cleaned up when the program leaves the given scope.

Cast Less

In the 1970s and 1980s, `malloc` returned a `char*` pointer and had to be cast (unless you were allocating a string), with a form like:

```
//don't bother with this sort of redundancy:
double* list = (double*) malloc(list_length * sizeof(double));
```

You don't have to do this anymore, because `malloc` now gives you a `void` pointer, which the compiler will comfortably auto-cast to anything. The easiest way to do the cast is to declare a new variable with the right type. [...]

[Ben Klemens, "21st Century C", O'Reilly, 2013]

QUESTIONS

- **a** **Can you intermix declarations and instructions in C89 code?**
- **b** **Where do you have to declare the index of a loop in C89 code?**
- **c** **How can you avoid using *malloc* in declaring an *array* when the dimension of the array is unknown at compile-time?**
- **d** **Today, what type of pointer is returned by *malloc*?**

B6

Lettura/scrittura di dati su/da file

La seguente formula esprime l'accrescimento di una popolazione biologica composta da p individui in un determinato periodo di tempo

$$\Delta p = k \cdot p \cdot \left(1 - \frac{p}{M}\right)$$

dove k è il tasso di accrescimento della popolazione nel periodo di tempo ed M è il massimo numero di individui che il contesto ambientale è in grado di mantenere in vita. La seguente funzione in linguaggio C visualizza – a partire dalla popolazione iniziale, dai valori di k e di M e dal numero n di periodi che si intendono simulare – i singoli valori della popolazione, periodo per periodo:

```
void evoluzione(int p, float k, int M, int n)
{
  int i;
  float d;

  for (i=0; i<=n; i++)
    {
      printf("%i;%i\r\n",i,p);
      d = k*(float)p*(1.0-(float)p/M);
      p = p + (int)d;
    }
}
```

ESEMPIO Invocando la funzione in un programma C che fornisca una popolazione iniziale p di 100 000 individui, un tasso di accrescimento k pari a 1,1, un valore massimo M di 1 000 000 di individui e un numero n di 10 periodi si ottiene il seguente output:

```
0;100000
1;199000
2;374338
3;631967
4;887810
5;997373
6;1000255
7;999975
8;1000002
9;1000000
```

Se il programma, anziché limitarsi a visualizzare i valori, producesse un file contenente il proprio output, sarebbe possibile importarlo in un'applicazione software[1] per realizzare un grafico come quello di FIGURA 1.

1. In questo caso è stato utilizzato Microsoft Excel: il tipico andamento è noto con il nome di *curva logistica*.

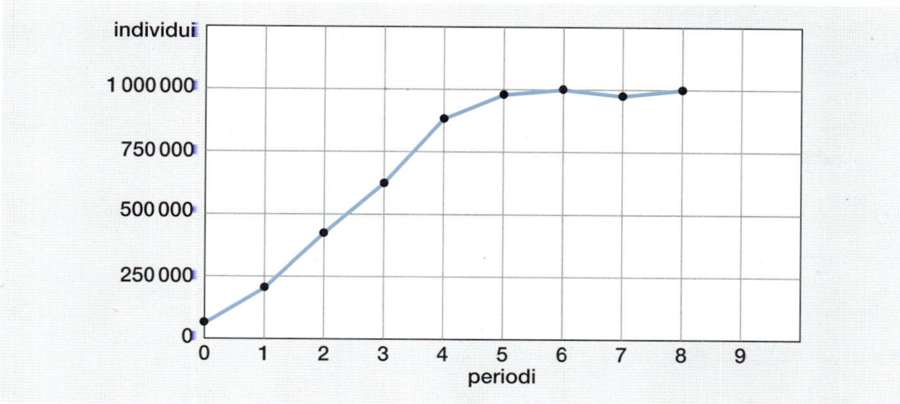

FIGURA 1

1 Le funzioni di libreria per la gestione sequenziale dei file

Per consentire la gestione dei file un linguaggio di programmazione deve garantire le seguenti funzionalità, che interfacciano il *file-system* gestito dal sistema operativo:

- **apertura**: associazione di un riferimento con un file esistente, o creato contestualmente;
- **lettura**: trasferimento di valori presenti nel file in una o più variabile/i del programma;
- **scrittura**: trasferimento del contenuto di una o più variabile/i del programma nel file;
- **chiusura**: terminazione delle operazioni su file.

OSSERVAZIONE Tutti i linguaggi di programmazione rendono disponibile anche una funzionalità di posizionamento avente lo scopo di poter leggere e/o scrivere il contenuto del file in modo non sequenziale. Questa funzionalità verrà esposta in un paragrafo successivo.

Si definisce **testuale** un file il cui contenuto è leggibile dall'uomo aprendo il file con un comune editor. In questo caso i valori numerici eventualmente presenti nel file sono codificati come sequenze di codici ASCII. I file di testo sono comunemente organizzati in righe di testo separate dai caratteri `'\r'` (CR) e/o `'\n'` (LF).

Si definisce **binario** un file in cui i valori numerici sono memorizzati nello stesso formato in cui sono codificati nella memoria del computer. I file binari sono frequentemente organizzati in sequenze di strutture denominate **record**.

La libreria standard del linguaggio di programmazione C rende disponibili, per la gestione dei file[2], le funzioni riportate nella TABELLA 1.

Standard input, standard output e standard *error*

Sia in ambiente Unix/Linux sia in ambiente Windows i programmi privi di interfaccia utente grafica sono associati a tre flussi standard: input (*stdin*), normalmente connesso con la tastiera, output (*stdout*), normalmente connesso a una finestra testuale sullo schermo, ed *error* (*stderr*), utilizzato per gli eventuali messaggi di errore, normalmente coincidente con lo standard output.
È possibile reindirizzare i flussi standard da/per un file; volendo memorizzare in un file l'output visualizzato da un programma, è sufficiente invocare l'esecuzione del programma facendola seguire dal simbolo «>» e dal nome del file; per esempio:

```
> programma>file
```

È anche possibile utilizzare il contenuto di un file come input sostitutivo degli inserimenti da tastiera utilizzando il simbolo «<» seguito dal nome del file.

2. In realtà la libreria standard comprende molte altre funzioni per la gestione dei file, la cui descrizione è presente in un qualunque manuale di riferimento del linguaggio C.

TABELLA 1

Funzionalità	Funzione per file testuali	Funzione per file binari
Apertura	*fopen*	*fopen*
Lettura	*fscanf*	*fread*
Scrittura	*fprintf*	*fwrite*
Chiusura	*fclose*	*fclose*

ESEMPIO

La funzione presentata in apertura del capitolo può essere così trasformata per produrre il proprio output in un file testuale invece che sullo schermo:

```
void evoluzione(int p, float k, int M, int n)
{
  int i;
  float d;
  FILE *f;

  f = fopen("output.csv", "w");
  if (f == NULL)
    return;
  for (i=0; i<=n; i++)
    {
      fprintf(f,"%i;%i\r\n",i,p);
      d = k*(float)p*(1.0-(float)p/M);
      p = p + (int)d;
    }
  fclose(f);
}
```

Il file *output.csv* prodotto da un programma che invoca la funzione evoluzione fornendo una popolazione iniziale *p* di 100 000 individui, un tasso di accrescimento *k* pari a 1,1, un valore massimo *M* di 1 000 000 di individui e un numero *n* di 10 periodi avrà il seguente contenuto:

```
0;100000
1;199000
2;374338
3;631967
4;887810
5;997373
6;1000255
7;999975
8;1000002
9;1000000
```

OSSERVAZIONE Un file testuale le cui righe sono elenchi di valori numerici suddivisi da un simbolo separatore (in questo caso «;») è noto come file CSV, *Comma Separated Values*. Normalmente in un file CSV in ogni riga è presente lo stesso numero di valori.

La funzione di libreria *fopen* – a cui sono forniti come argomenti il nome del file da creare e una stringa di modalità che specifica che il file sarà utilizzato in scrittura (il carattere `'w'` ha il significato di *write*) – restituisce un riferimento di tipo `FILE*` che viene utilizzato come parametro sia nell'invocazione della funzione di scrittura su file *fprintf*, sia nell'invocazione della funzione *fclose*.

Forzare la scrittura su file

Il sistema operativo non esegue immediatamente le operazioni di scrittura dei dati in un file perché ritardare la scrittura permette di applicare varie forme di ottimizzazione, prima fra tutti la possibilità di scrittura multipla di dati consecutivi. Questa importante tecnica di ottimizzazione ha come conseguenza che alcuni dati non sono effettivamente scritti in un file fino al momento della sua chiusura: nel caso di un'interruzione anomala dell'esecuzione del programma che esegue le scritture il file potrebbe essere vuoto, o contenere solo una parte dei dati che il programma ha effettivamente scritto. Per ovviare a questo inconveniente la libreria del linguaggio C prevede la funzione *fflush* che forza la scrittura effettiva nel file dei dati: far seguire ogni invocazione della funzione *fprintf* o *fwrite* da un'invocazione a questa funzione garantisce rispetto alla perdita di dati in caso di interruzione anomala, ma degrada le prestazioni del programma.

È molto importante verificare il successo dell'invocazione della funzione *fopen* controllando che l'identificativo restituito sia diverso dal puntatore nullo, perché essa può fallire per vari motivi e in particolare per il mancato rispetto delle impostazioni di sicurezza richieste dal sistema operativo per l'accesso a file e directory.

1.1 File testuali

Nella gestione sequenziale di file testuali le funzioni della libreria standard utilizzate per la lettura (*fscanf*) e la scrittura (*fprintf*) da e su file emulano il comportamento delle analoghe funzioni di acquisizione e visualizzazione da standard input e su standard output. Entrambe hanno un parametro aggiuntivo di tipo `FILE*` che è il riferimento del file restituito dalla precedente invocazione della funzione *fopen*. Quest'ultima funzione associa il riferimento che genera e restituisce come risultato al nome del file gestito dal sistema operativo fornito come primo parametro alla funzione stessa. Il secondo parametro della funzione è una stringa che può assumere i valori elencati nella TABELLA 2.

TABELLA 2

Modalità	Descrizione
`"r"`	Apertura del file in «lettura» (*read*) Genera un errore se il file è inesistente
`"w"`	Apertura del file in «scrittura» (*write*) Se il file non esiste viene creato, se esiste viene sovrascritto
`"a"`	Apertura del file in «estensione» (*append*) Se il file non esiste viene creato, se esiste viene esteso

Il tipo del riferimento restituito dalla funzione *fopen* (`FILE*`) è definito nel file di intestazione della libreria standard di input/output del linguaggio di programmazione C, il cui uso richiede l'inclusione del file di intestazione *stdio.h*. In caso di errore la funzione *fopen* restituisce un riferimento `NULL`.

OSSERVAZIONE Il nome del file fornito come stringa alla funzione *fopen* può specificare la posizione del file stesso nel *file-system* mediante il suo *pathname* (per esempio, `"\home\user\file.txt"`).

ESEMPIO Il seguente programma legge il file creato utilizzando la funzione *evoluzione* dell'esempio precedente e utilizza le coppie indice-valore (acquisite una per ciascuna riga del file) per inizializzare gli elementi del vettore *popolazione*:

```
#include <stdio.h>

int main(void)
{
  int popolazione[1000];
  int indice, valore;
  FILE *file;
  int n;

  file = fopen("output.csv","r");
```

```
    if (file == NULL)
      {
        printf("Errore apertura file\r\n");
        return 0;
      }

    while (!feof(file))
      {
        n = fscanf(file,"%i;%i\r\n",&indice,&valore);
        if ((n == 2)&&(indice>=0) && (indice<1000))
          popolazione[indice] = valore;
        else
          {
            printf("Errore lettura file o indice errato\r\n");
            fclose(file);
            return 0;
          }
      }
    fclose(file);

    ...
    ...
    ...
    return 1;
}
```

Essendo il vettore *popolazione* dichiarato come variabile globale, eventuali elementi del vettore non assegnati mantengono il valore 0 con cui sono stati inizializzati.

La funzione di libreria *fscanf* restituisce il numero di valori effettivamente acquisiti da file, o un valore negativo in caso di errore. Ogni invocazione della funzione avanza nel file in modo che l'invocazione successiva non prenda nuovamente in considerazione i valori già acquisiti; questo meccanismo si interrompe una volta raggiunta la fine del file, avendo consumato tutti i valori che esso conteneva.

OSSERVAZIONE La stringa di formato della funzione *fscanf* deve coincidere esattamente con il formato della riga del file. In caso contrario essa non sarà in grado di associare correttamente i valori acquisiti alla/e variabile/i fornita/e per indirizzo come parametro/i.

La funzione *feof*, a cui viene fornito come argomento il riferimento a un file aperto, restituisce il valore 0 (falso) se il processo di avanzamento nel file non ha ancora raggiunto la fine del file stesso (EOF, *End Of File*), oppure un valore diverso da 0 (vero) se invocazioni ripetute di funzioni di lettura hanno raggiunto la fine del file.

Il tipico uso della funzione *feof* è nella condizione di controllo del ciclo di lettura del contenuto del file, che deve proseguire fino alla fine dei dati disponibili per l'acquisizione. Non è infatti opportuno utilizzare a questo scopo la condizione di errore della funzione *fscanf* che potrebbe indicare un errore di formato.

File *header*

Molti formati binari di file contengono, prima della sequenza dei record dei dati, un'intestazione (*header*) che include vari metadati: si tratta di un record unico sempre all'inizio del file avente struttura diversa dai record successivi. Per esempio, l'intestazione di un file contenente un'immagine può contenere metadati che rappresentano la data, l'ora e le coordinate geografiche di acquisizione, le dimensioni in pixel e il numero di bit utilizzati per codificare ciascun colore, l'algoritmo di compressione applicato, ...
Spesso l'intestazione di un file comprende il numero di versione del formato che varia per ogni differenza introdotta nella struttura del record: questo permette a un programma che apre il file e ne legge l'intestazione di adattarsi alle caratteristiche della specifica versione.

1.2 File binari

I file binari sono usualmente organizzati come una sequenza di **record**, cioè di strutture aventi dimensione e composizione fissa.

ESEMPIO

Volendo memorizzare dei dati di tipo meteorologico (temperatura, pressione e umidità) associandoli all'istante di rilevazione (data e ora), è possibile prevedere la seguente struttura in linguaggio C:

```
struct METEO
{
  unsigned char     giorno;
  unsigned char     mese;
  unsigned short    anno;
  unsigned char     ora;
  unsigned char     minuti;
  unsigned char     secondi;
  float             temperatura;    // °C
  unsigned short    pressione;      // mbar
  unsigned char     umidita;        // %
};
```

Per l'apertura di un file binario si utilizza la funzione della libreria standard *fopen*, utilizzando come secondo parametro una stringa che assume uno dei valori elencati nella TABELLA 3.

TABELLA 3

Modalità	Descrizione
"rb"	Apertura del file binario in «lettura» (*read*) Genera un errore se il file è inesistente
"wb"	Apertura del file binario in «scrittura» (*write*) Se il file non esiste viene creato, se esiste viene sovrascritto
"ab"	Apertura del file binario in «estensione» (*append*) Se il file non esiste viene creato, se esiste viene esteso

La scrittura di uno o più record in un file binario si effettua con la funzione di libreria *fwrite*, che ha i seguenti parametri:

- un puntatore alla struttura, o al vettore di strutture, da copiare nel file;
- la dimensione in byte della struttura;
- il numero di strutture da scrivere nel file;
- il riferimento al file restituito dalla funzione *fopen*.

La funzione *fwrite* restituisce il numero di record effettivamente scritti su file.

ESEMPIO

La seguente funzione in linguaggio C aggiunge in coda al file, il cui nome è fornito come secondo argomento, il record fornito come primo argomento:

```
#include <stdio.h>

void writeMeteoData(struct METEO data, char
filename[])
{
  FILE *file = fopen(filename, "ab" );

  if (file == NULL)
    return;
  fwrite(&data, sizeof(data), 1, file);
  fclose(file);
};
```

La lettura di uno o più record da un file binario si effettua con la funzione di libreria *fread*, che ha i seguenti parametri:

- un puntatore alla struttura, o al vettore di strutture, in cui copiare i dati letti dal file;
- la dimensione in byte della struttura;
- il numero di strutture da leggere da file;
- il riferimento al file restituito dalla funzione *fopen*.

La funzione *fread* restituisce il numero di record effettivamente letti da file.

ESEMPIO

Il seguente programma in linguaggio C trasforma un file binario, il cui nome è il primo argomento della riga di comando, contenente una serie di record conformi alla struttura `METEO` definita in precedenza in un file testuale di tipo CSV, il cui nome è il secondo argomento della riga di comando, avente righe come quella che segue:

```
17:55:15,11/12/2010,2.0°C,1000mbar,50%
```

```
#include <stdio.h>

int main(int argc, char* argv[])
{
  FILE *txt, *bin;
  struct METEO data;
  int n;

  if (argc !=3)
    {
      printf("Errore argomenti\r\n");
      return 0;
    }

  bin = fopen(argv[1], "rb"); // apertura file binario in lettura
  if (bin == NULL)
    {
      printf("Errore aperture file binario\r\n");
      return 0;
    }
  txt = fopen(argv[2], "w"); // apertura file testuale in scrittura
  if (txt == NULL)
    {
      printf("Errore aperture file testuale\r\n");
      fclose(bin);
      return 0;
    }

  while (!feof(bin)) // verifica fine del file
    {
      n = fread(&data, sizeof(struct METEO), 1, bin); // lettura del record
      if (n == 1) // verifica lettura da file
        {
          /* scrittura riga file CSV */
          fprintf(txt,"%02i:%02i:%02i,",data.ora,data.minuti,data.secondi);
          fprintf(txt,"%i/%i/%i,",data.giorno,data.mese,data.anno);
          fprintf(txt,"%.1f°C,",data.temperatura);
          fprintf(txt,"%imbar,",data.pressione);
```

▶

```
            fprintf(txt, "%i%%\r\n",data.umidita);
        }
      else
            break; // interruzione della lettura del file
    }
  /* chiusura del file */
  fclose(bin);
  fclose(txt);
return 1;
}
```

In questo caso il singolo record del file binario ha una dimensione di 14 byte, mentre mediamente una riga del corrispondente file testuale ha una lunghezza di 40 byte.

OSSERVAZIONE Nel caso di dati numerici i file binari sono molto più compatti dei file testuali contenenti gli stessi dati. Questa caratteristica ne ha imposto l'uso quando le memorie volatile e permanente dei computer avevano dimensioni limitate, ma in tempi recenti si è avuta una grande diffusione di formati di file testuali. Per esempio XML e JSON sono due modelli testuali per la rappresentazione di dati di qualsiasi tipo molto utilizzati; nel caso che l'impiego di questi modelli generi file di grande dimensione si ricorre a tecniche di compressione. Sono invece sempre binari i file con contenuto multimediale, per esempio file che contengono immagini, audio, o video.

2 Accesso casuale al contenuto di file binari

Dato che i singoli record di un file binario hanno tutti la stessa dimensione[3], è possibile determinare l'*offset* – cioè la posizione espressa in byte – di uno specifico record. L'invocazione della funzione di libreria *fseek* consente di effettuare una successiva operazione di lettura o scrittura di un record a partire da una specifica posizione del file superando la sequenzialità intrinseca delle funzioni di libreria *fread* e *fwrite*: questa modalità di lettura/scrittura su/da file è nota come «accesso casuale» al contenuto.

3. Fatta eccezione per l'eventuale intestazione che ha comunque una dimensione nota che può essere inclusa nella determinazione dell'*offset* di un record.

La funzione di libreria *fseek* ha come primo parametro il riferimento a un file aperto e, oltre al valore dell'*offset* espresso in byte che è il secondo parametro, prevede come terzo parametro la base di riferimento dell'*offset* stesso (nel caso di *offset* relativo alla posizione corrente nel file, o alla fine del file, hanno significato anche valori negativi del valore di *offset*):

Valore	Riferimento
SEEK_SET	Inizio del file
SEEK_CUR	Posizione corrente di lettura/scrittura nel file
SEEK_END	Fine del file

Funzione di libreria *ftell*

La funzione di libreria *ftell* invocata specificando un riferimento a un file aperto restituisce la posizione di lettura/scrittura corrente espressa come *offset* in byte dall'inizio del file.

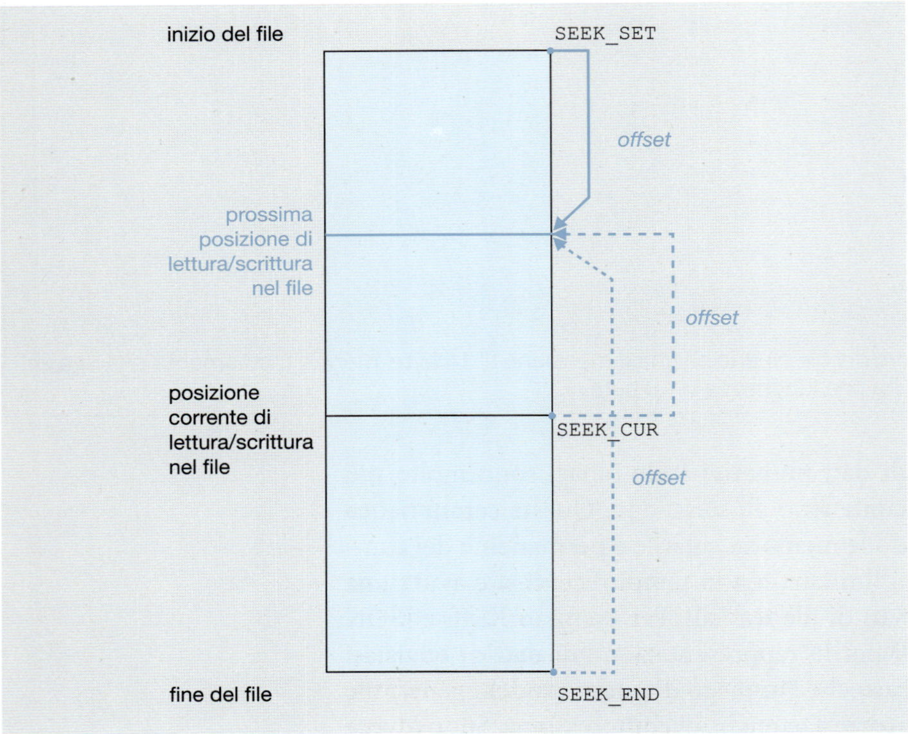

La funzione di libreria *fseek* restituisce il valore 0 se il posizionamento è avvenuto correttamente.

ESEMPIO

Supponendo che un dispositivo GPS navale registri esattamente ogni secondo la posizione rilevata in un file binario di *log* avente la seguente struttura del record

```
struct POSIZIONE
{
  float latitudine;
  float longitudine;
};
```

e che i file prodotti siano sempre relativi a un'intera giornata di navigazione avente inizio alle ore 00:00:00, la seguente funzione acquisisce la posizione registrata a un determinato istante restituendo il valore -1 in caso di errore, il valore 0 in caso di successo:

```
#include <stdio.h>

int trovaPosizione(unsigned int ora,
                   unsigned int minuti,
                   unsigned int secondi,
                   char logfile[],
                   struct POSIZIONE *posizione
                   )
{
  FILE* log;
  long offset;

  if ((log = fopen(logfile, "rb")) == NULL)
    return -1;

  offset = ora*3600 + minuti*60 + secondi; // secondi da mezzanotte
  if (offset < 0 || offset >= 24*3600)
    {
```

```
        fclose(log);
        return -1;
      }
    offset = offset * sizeof(struct POSIZIONE); // byte da inizio file
    if (fseek(log, offset, SEEK_SET) != 0)
      {
        fclose(log);
        return -1;
      }
    if (fread(posizione, sizeof(struct POSIZIONE), 1, log) != 1)
      {
        fclose(log);
        return -1;
      }
    fclose(log);
    return 0;
  }
```

La funzione *trovaPosizione* dell'esempio precedente calcola il numero di secondi trascorsi dalla mezzanotte all'orario specificato come parametro (ora, minuti e secondi): questo valore rappresenta il numero sequenziale del record che si intende leggere. Moltiplicandolo per la dimensione in byte del singolo record si ottiene l'*offset* relativo all'inizio del file del record desiderato sul quale si effettua un posizionamento invocando la funzione di libreria *fseek*, prima di invocare la funzione di lettura del record:

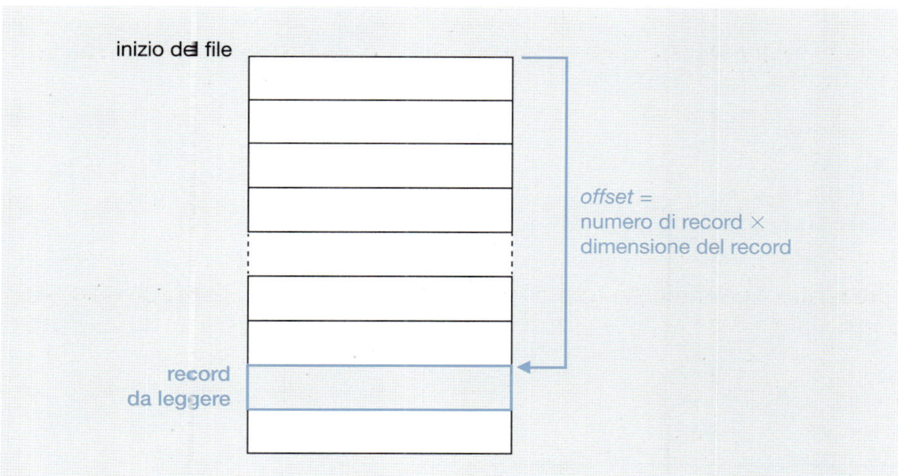

ESEMPIO

Nell'ipotesi che i numeri di matricola assegnati ai dipendenti di un'azienda siano progressivi e sequenziali e che il sistema di riconoscimento del badge utilizzato per registrare l'orario di ultimo accesso a un'area dell'azienda utilizzi un file binario con la seguente struttura del record

```
#include <time.h>

struct ACCESSO
{
  unsigned int codice;
  struct tm ultimo_accesso; // struttura definita in "time.h"
};
```

▶

la seguente funzione registra nel file l'orario di accesso per un badge di cui viene fornito il codice, restituendo il valore −1 in caso di errore o il valore 0 in caso di successo:

```
#include <stdio.h>

int registraAccesso(unsigned int codice, char file_accessi[])
{
  FILE* accessi;
  long offset, dimensione;
  time_t adesso; // tipo definito in "time.h"
  struct tm *data_ora; // struttura definita in "time.h"
  struct ACCESSO accesso;

  if ((accessi = fopen(file_accessi, "wb")) == NULL)
    return -1;
  // determinazione della dimensione in byte del file
  fseek(accessi, 0, SEEK_END);
  dimensione = ftell(accessi);
  // calcolo e verifica dello offset
  offset = codice * sizeof(struct ACCESSO);
  if (offset < 0 || offset > (dimensione - sizeof(struct ACCESSO)))
    {
      fclose(accessi);
      return -1;
    }
  if (fseek(accessi, offset, SEEK_SET) != 0)
    {
      fclose(accessi);
      return -1;
    }
  adesso = time(NULL);
  data_ora = localtime(&adesso);
  accesso.codice = codice;
  accesso.ultimo_accesso = *data_ora;
  if (fwrite(&accesso, sizeof(struct ACCESSO), 1, accessi) != 1)
    {
      fclose(accessi);
      return -1;
    }
  fclose(accessi);
  return 0;
}
```

Nell'esempio precedente il frammento di codice

```
fseek(accessi, 0, SEEK_END);
dimensione = ftell(accessi);
```

consente di ottenere la dimensione in byte del file di cui la variabile *accessi* è il riferimento restituito dalla funzione *fopen*. La funzione *ftell* infatti restituisce l'*offset* in byte della posizione corrente rispetto all'inizio del file e la specifica invocazione della funzione *fseek* imposta la posizione di lettura/scrittura alla fine del file.

Questa tecnica è spesso utilizzata nei programmi in linguaggio C per determinare la dimensione di un file.

OSSERVAZIONE Nell'esempio precedente la data/ora di accesso viene determinata invocando le funzioni *time* e *localtime*. La funzione della libreria standard *time* restituisce la data/ora dell'istante di invocazione nella forma di un valore intero – il tipo `time_t` – che rappresenta il numero di secondi trascorsi dalla mezzanotte del 1 Gennaio 1970: questa misura temporale è nota come Unix *timestamp*; il parametro permette di passare per indirizzo una variabile in cui registrare lo stesso valore, nel caso assuma il valore `NULL` non viene utilizzato. La funzione della libreria standard *localtime* trasforma il numero di secondi trascorsi dal 1 Gennaio 1970 in una struttura della libreria standard adatta a rappresentare una data/ora:

```
struct tm
{
  int tm_sec;   // secondi (0-59)
  int tm_min;   // minuti (0-59)
  int tm_hour;  // ore (0-23)
  int tm_mday;  // giorno del mese (1-31)
  int tm_mon;  // mese a partire da Gennaio (0-11)
  int tm_year;  // anno a partire dal 1900 (esempio: 2015
                // => 115)
  int tm_wday;  // giorno della settimana a partire dalla
                // domenica (0-6)
  int tm_yday;  // giorno dell'anno a partire da 1 Gennaio
                // (0-365)
  int tm_isdst; // indicazione ora legale (0 = no, >0 =
                // sì, <0 = ?)
};
```

La funzione *gmtime* è analoga alla funzione *localtime*, ma genera la data/ora riferita al meridiano di Greenwich.

3 Le funzioni dei sistemi operativi Windows e Linux per la gestione dei file a basso livello

Le funzioni che abbiamo finora preso in esame sono funzioni della libreria standard del linguaggio: un programma C che le utilizza per la gestione dei file può essere compilato e successivamente eseguito su qualsiasi piattaforma hardware/software. Volendo gestire in modo estremamente efficiente la lettura/scrittura di dati da/su file, è possibile rinunciare alla portabilità del codice e invocare direttamente le funzioni rese disponibili dal sistema operativo. Nel caso del sistema operativo Linux le funzioni descritte sono esposte come API del *kernel*, mentre nel caso del sistema operativo Windows si tratta di funzioni di libreria che a loro volta invocano le funzioni API del *kernel*.

Sia in ambiente Linux sia in ambiente Windows a livello del sistema operativo un file è visto come una sequenza di byte.

3.1 Gestione dei file a basso livello in ambiente Linux

Linux rende disponibili le funzioni di TABELLA 4 – che richiedono l'inclusione dei file di intestazione *unistd.h* e *fcntl.h* – per l'accesso ai file di basso livello.

TABELLA 4

Funzionalità	Prototipo funzione	Descrizione
Apertura	`int open(char nomefile[], int flag);`	**open** apre un file in lettura esclusiva (*flag* = `O_RDONLY`), o in scrittura esclusiva (*flag* = `O_WRONLY | O_CREAT`) e ne restituisce l'identificatore, che è negativo in caso di errore
Lettura	`int read(int file_ID, char* buffer, int max);`	**read** legge dal file nel vettore *buffer* un numero di byte inferiore al massimo stabilito e restituisce il numero di byte effettivamente letti, o un valore negativo in caso di errore
Scrittura	`int write(int file_ID, char buffer[], int n);`	**write** scrive nel file *n* byte contenuti nel vettore *buffer*, restituisce il numero di byte effettivamente scritti, o un valore negativo in caso di errore
Chiusura	`void close(int file_ID);`	**close** chiude un file aperto

ESEMPIO

Il seguente programma in linguaggio C per sistema operativo Linux copia il file il cui nome è fornito come primo argomento sulla riga di comando nel file il cui nome è fornito come secondo argomento sulla riga di comando:

```
#include <stdio.h>
#include <fcntl.h>
#include <unistd.h>

#define BLOCK_DIM 1024


int main (int argc, char* argv[])
{
  int src, dst;
  char buf[BLOCK_DIM];
  int n;

  if (argc != 3)
    {
      printf("Errore negli argomenti del programma\r\n");
      return 0;
    }

  src = open(argv[1], O_RDONLY); // apertura file origine
  if (src<=0)
    {
      printf("Errore apertura file \"%s\" \r\n",argv[1]);
      return 0;
    }
```

```
    dst = open(argv[2], O_WRONLY|O_CREAT); // apertura file destinazione
    if (dst<=0)
      {
        printf("Errore apertura file \"%s\" \r\n", argv[2]);
        return 0;
      }

    n = read(src,buf,BLOCK_DIM); // lettura primo blocco
    while (n>0)
      {
        write(dst, buf, n); // scrittura blocco
        n = read(src, buf, BLOCK_DIM); // lettura blocco
      }

    /* chiusura file origine e destinazione */
    close(src);
    close(dst);

    return 1;
}
```

Il programma precedente copia il contenuto del file «a blocchi»; esso legge un blocco di byte dal file di origine (nel caso specifico un blocco di 1024 byte, il valore della costante simbolica `BLOCK_DIM`) e lo scrive nel file di destinazione, ripetendo queste operazioni fino alla fine del contenuto del file di origine, quando l'invocazione della funzione API *read* produce il valore 0.

3.2 Gestione dei file a basso livello in ambiente Windows

Per quanto si tratti di funzionalità specifiche del sistema operativo, le funzioni per l'accesso ai file di basso livello dell'ambiente Windows sono esattamente le stesse – a meno di un lieve cambiamento nei nomi delle funzioni e delle costanti simboliche reso necessario dall'adesione allo standard ISO del linguaggio C/C++ – dell'ambiente Linux, che a sua volta le ha ereditate dalla API di Unix (TABELLA 5).

TABELLA 5

Funzionalità	Prototipo funzione	Descrizione
Apertura	`int _open(char nomefile[], int flag);`	**_open** apre un file in lettura esclusiva (*flag* = `_O_RDONLY`), o in scrittura esclusiva (*flag* = `_O_WRONLY | _O_CREAT`) e ne restituisce l'identificatore, che è negativo in caso di errore
Lettura	`int _read(int file_ID, char* buffer, int max);`	**_read** legge dal file nel vettore *buffer* un numero di byte inferiore al massimo stabilito e restituisce il numero di byte effettivamente letti, o un valore negativo in caso di errore
Scrittura	`int _write(int file_ID, char buffer[], int n);`	**_write** scrive nel file *n* byte contenuti nel vettore *buffer*, restituisce il numero di byte effettivamente scritti, o un valore negativo in caso di errore
Chiusura	`void _close(int file_ID);`	**_close** chiude un file aperto

ESEMPIO

Un modo per verificare l'integrità di un file è quello di calcolare una funzione matematica applicandola a tutti i byte che lo compongono e di memorizzare il risultato. Dopo un'operazione che possa modificare il contenuto del file (per esempio la trasmissione via rete), è possibile calcolare nuovamente il valore della funzione di verifica e confrontare il risultato con quello memorizzato in precedenza: se sono diversi si è persa l'integrità a causa di uno o più errori, se sono uguali la garanzia che non vi siano stati errori è solo statistica, ma adeguata in tutti i casi pratici. Una delle funzioni più semplici utilizzabili per la verifica di integrità è il **CRC** (***Cyclic Redundancy Check***) a 8 bit: in pratica lo XOR dei bit corrispondenti di tutti i byte che compongono il file. Il seguente programma in linguaggio C per ambiente Windows determina il CRC-8 di un qualsiasi file il cui nome è fornito per argomento:

```
#include <stdio.h>
#include <fcntl.h>
#include <io.h>

#define BLOCK_DIM 1024

void main (int argc, char* argv[])
{
  int fid;
  char buf[BLOCK_DIM];
  int i, n;
  unsigned char CRC=0;

  if (argc != 2)
    {
      printf("Errore negli argomenti del programma\r\n");
      return;
    }

  fid = _open(argv[1], O_RDONLY); // apertura file

  if (fid<=0)
    {
      printf("Errore apertura file \"%s\" \r\n",argv[1]);
      return;
    }
  n = _read(fid,buf,BLOCK_DIM); // lettura primo blocco
  while (n>0)
    {
      for (i=0; i<n; i++)
        CRC = CRC^buf[i]; // aggiornamento CRC
      n = _read(fid, buf, BLOCK_DIM); // lettura blocco
    }

  _close(fid); // chiusura file
  printf("CRC=%x\r\n",CRC); // visualizzazione CRC
  return;
}
```

Il simbolo «^» è l'operatore bit-XOR del linguaggio C.

I CONCETTI CHIAVE

ACCESSO SEQUENZIALE AI FILE. La gestione sequenziale dei file prevede che il contenuto sia letto e/o scritto in modo rigorosamente ordinato dall'inizio alla fine del file stesso.

FILE TESTUALI. Si definisce testuale un file il cui contenuto è leggibile dall'uomo aprendo il file con un comune editor. In questo caso i valori numerici eventualmente presenti nel file sono codificati come sequenze di codici ASCII. I file di testo sono comunemente organizzati in righe di testo separate dai caratteri `'\r'` (CR) e/o `'\n'` (LF).

FILE BINARI. Si definisce binario un file in cui i valori numerici sono memorizzati nello stesso formato in cui sono codificati nella memoria del computer. I file binari sono frequentemente organizzati in sequenze di strutture denominate **record**. Nel caso di dati numerici i file binari sono molto più compatti dei file testuali contenenti gli stessi dati.

FUNZIONI C PER L'ACCESSO AI FILE. La libreria standard del linguaggio di programmazione C rende disponibili le seguenti funzioni per la gestione dei file: ***fopen*** (apertura), ***fclose*** (chiusura), ***fprintf*** (scrittura formattata su file testuale), ***fscanf*** (lettura formattata da file testuale), ***fwrite*** (scrittura su file binario), ***fread*** (lettura da file binario).

FORMATO CSV. Un file testuale le cui righe sono elenchi di valori numerici suddivisi da un simbolo separatore sono noti come file CSV, *Comma Separated Values*. Normalmente in un file CSV in ogni riga è presente lo stesso numero d valori.

FUNZIONI *fscanf* E *fprintf*. Nella gestione sequenziale di file testuali le funzioni della libreria standard utilizzate per la lettura (*fscanf*) e la scrittura (*fprintf*) da e su file emulano il comportamento delle analoghe funzioni di acquisizione e visualizzazione da standard input e su standard output Entrambe hanno un parametro aggiuntivo di tipo `FILE*` che è il riferimento del file restituito dalla precedente invocazione della funzione *fopen*. Quest'ultima funzione associa il riferimento che genera e restituisce come risultato al nome del file gestito dal sistema operativo fornito come primo parametro alla funzione stessa.

LETTURA DA FILE. Ogni invocazione della funzione di libreria *fscanf* avanza nel file in modo che l'invocazione successiva non prenda nuovamente in considerazione i valori già acquisiti. Questo meccanismo si interrompe una volta raggiunta la fine del file, avendo consumato tutti i valori che esso conteneva.

END OF FILE. La funzione *feof*, a cui viene fornito come argomento il riferimento a un file aperto, restituisce il valore 0 (falso) se il processo di avanzamento nel file non ha ancora raggiunto la fine del file stesso (EOF, *End Of File*), oppure un valore diverso da 0 (vero) se invocazioni ripetute di funzioni di lettura hanno raggiunto la fine del file.

ORGANIZZAZIONE IN RECORD DEI FILE BINARI. I file binari sono usualmente organizzati come una sequenza di record, cioè di strutture aventi dimensione e composizione fissa.

FUNZIONE *fwrite*. La scrittura di uno o più record in un file binario si effettua con la funzione di libreria *fwrite*, che ha i seguenti parametri: un puntatore alla struttura, o al vettore di strutture, da copiare nel file; la dimensione in byte della struttura; il numero di strutture da scrivere nel file; il riferimento al file restituito dalla funzione *fopen* utilizzata per l'apertura. La funzione *fwrite* restituisce il numero di record effettivamente scritti su file.

FUNZIONE *fread*. La lettura di uno o più record da un file binario si effettua con la funzione di libreria *fread*, che ha i seguenti parametri: un puntatore alla struttura, o al vettore di strutture, in cui copiare i dati letti dal file; la dimensione in byte della struttura; il numero di strutture da leggere da file; il riferimento al file restituito dalla funzione *fopen*. La funzione *fread* restituisce il numero di record effettivamente letti da file.

ACCESSO CASUALE A UN FILE BINARIO. Dato che i singoli record di un file binario hanno tutti la stessa dimensione, è possibile determinare l'*offset* – cioè la posizione espressa in byte – di uno specifico record. L'invocazione della funzione di libreria ***fseek*** consente di effettuare una successiva operazione di lettura o scrittura di un record a partire da una specifica posizione del file superando la sequenzialità intrinseca delle funzioni di libreria *fread* e *fwrite*: questa modalità di lettura/scrittura su/da file è nota come «accesso casuale» al contenuto.

FILE A LIVELLO DEL SISTEMA OPERATIVO. Sia in ambiente Linux sia in ambiente Windows a livello del sistema operativo un file è visto come una sequenza di byte.

ACCESSO AI FILE A BASSO LIVELLO. Le funzioni per l'accesso ai file di basso livello rese disponibili dai sistemi operativi Windows e Linux sono estremamente simili: ***open*** (apertura), ***close*** (chiusura), ***write*** (scrittura di un determinato numero di byte), ***read*** (lettura di un certo numero di byte).

RIPASSA CON LA MAPPA

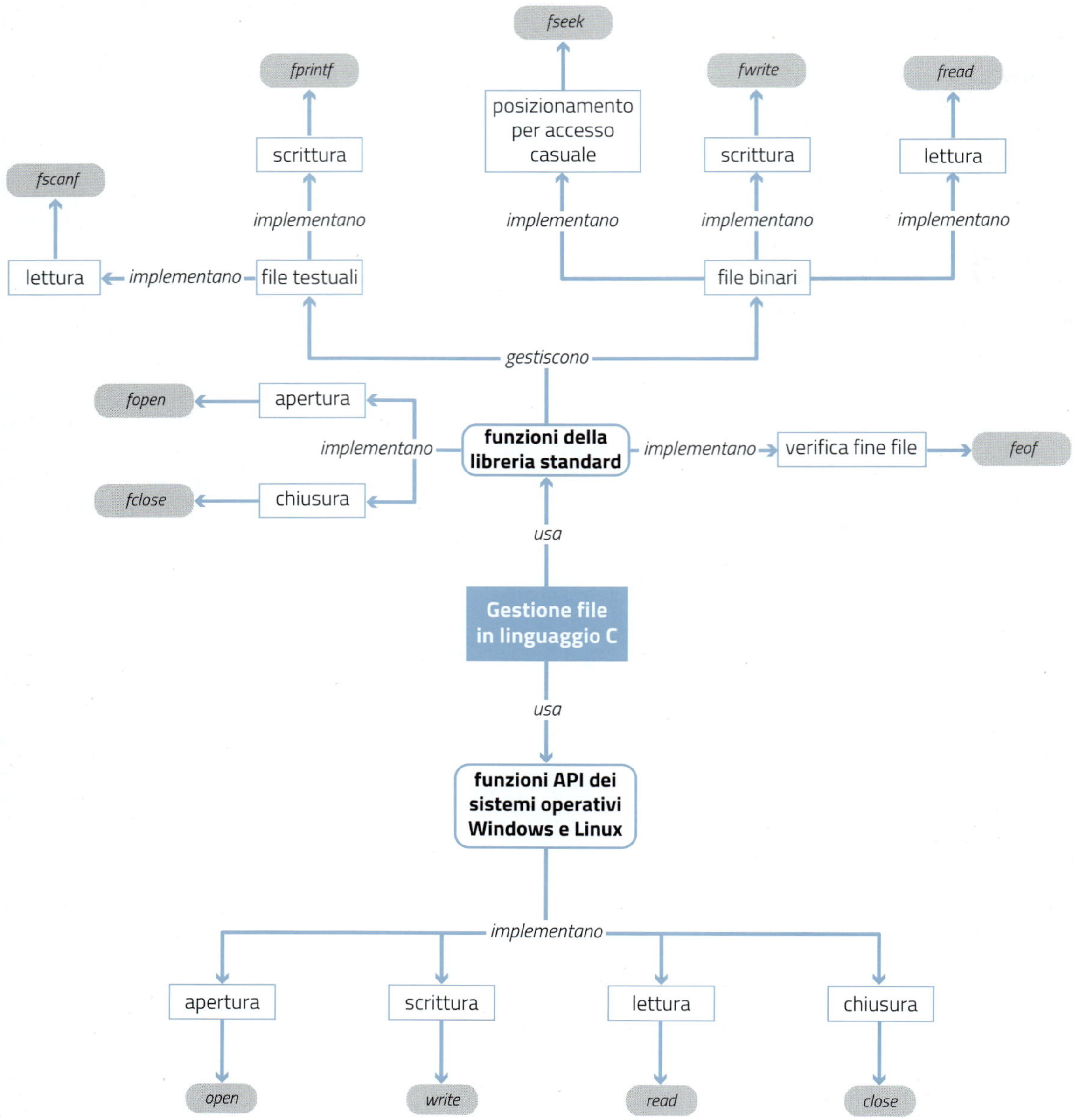

SPIEGA IN UNA PAGINA

1 Descrivere le modalità di gestione sequenziale dei file, sia testuali sia binari, in linguaggio C.

2 Descrivere le modalità di gestione dell'accesso casuale a file binari in linguaggio C.

QUESITI A RISPOSTA APERTA

3 Elencare e descrivere sinteticamente le funzioni della libreria standard del linguaggio C utili per la gestione dei file testuali e binari.

4 Quale grave errore ha commesso il programmatore?

```
...
int f, n, c=0;
char buffer[1024];
n = read(f, buffer, sizeof(buffer));
while (n > 0)
      {
        for (i=0; i<n; i++)
          if (buffer[i] <= 32)
            c++;
        n = read(f, buffer, sizeof
        (buffer));
      }
close(f);
...
```

5 Quale grave errore ha commesso il programmatore?

```
...
int f, n, c=0;
char buffer[1024];
f = open("pippo", O_RDONLY);
if (f<=0)
  return;
n = read(f, buffer, sizeof(buffer));
while (n>0)
      {
        for (i=0; i<n; i++)
          if (buffer[i] <= 32)
            c++;
      }
close(f);
...
```

6 Completare il seguente codice in linguaggio C in modo che visualizzi il contenuto di un file binario in cui ogni record contiene una struttura di tipo *PUNTO*:

```
...
struct PUNTO {
  float x;
  float y;
};


...


struct PUNTO p;
int i, n;
FILE* file;

file = fopen("input.bin","..........");
if (file == NULL)
   {
     printf("Errore apertura file\r\n");
     return;
   }
while (!feof(..........))
   {
     n = fread(..........,....................,..........,..........);
     if (n == ..........)
       printf("(%f,%f)\r\n",..........,..........);
     else
       {
         printf("Errore lettura file\r\n");
         fclose(..........);
         return;
       }
   }
fclose(..........);
...
```

7 Completare il seguente codice in linguaggio C in modo che scriva in un file testuale la sequenza di valori numerici contenuti nel vettore *v*:

```
...
int v[10];
FILE *file;
int i;


...


file = fopen("output.txt","..........");
if (file == NULL)
   {
```

▶

```
        printf("Errore apertura file\r\n");
        return;
    }
for (i=0; i<10; i++)
    {
        fprintf(file,......................,............);
    }
fclose(............);
...
```

8 **Completare il seguente codice in linguaggio C in modo che visualizzi il contenuto di un file di testo in cui ogni riga contiene un solo valore numerico intero:**

```
...
int i, n;
FILE* file;

file = fopen("input.txt","............");
if (file == NULL)
    {
        printf("Errore apertura file\r\n");
        return;
    }
while (!feof(............))
        {
            n = fscanf(file, "......................",............);
            if (n == ............)
                printf("%i\r\n", i);
            else
                {
                    printf("Errore lettura
                    file\r\n");
                    fclose(............);
                    return;
                }
        }
fclose(............);
...
```

9 **Completare il seguente codice in linguaggio C in modo che scriva in un file binario la sequenza di coordinate cartesiane contenuta nel vettore *v*:**

```
...
struct PUNTO {
    float x;
    float y;
};

...
```

```
struct PUNTO v[10];
FILE *file;
int i;

...

file = fopen("output.bin","............");
if (file == NULL)
    {
        printf("Errore apertura file\r\n");
        return;
    }
for (i=0; i<10; i++)
    {
        fwrite(............,......................,............,............);
    }
fclose(............);
...
```

10 **Indicare la forma corretta del secondo parametro della funzione della libreria standard del linguaggio C *fopen* per ciascuna modalità di apertura di un file.**

A. Lettura testuale.
B. Lettura binaria.
C. Estensione binaria.
D. Scrittura binaria.
E. Scrittura testuale.
F. Estensione testuale.

TEST A RISPOSTA MULTIPLA

11 **Un file in formato CSV è un file:**

A binario per la memorizzazione di caratteri, stringhe e valori.
B di testo in cui i valori presenti nelle singole righe sono suddivisi da un carattere separatore.
C a cui non è possibile accedere utilizzando le funzioni della libreria standard del linguaggio C.
D il cui formato dipende dalla piattaforma in cui è stato creato (Windows, Linux, ...).

12 **Ogni invocazione delle funzioni della libreria standard del linguaggio C *fscanf* o *fread*:**

A avanza nel file in modo che l'invocazione successiva non prenda nuovamente in considerazione i dati già acquisiti in precedenza.

B a meno che non sia invocata anche la funzione specifica di avanzamento nel file acquisisce continuamente i soliti dati.

C acquisisce in ogni caso tutti i dati contenuti nel file.

D estende il file con i dati forniti come argomento.

13 **La funzione della libreria standard del linguaggio C *feof*:**

A formatta i dati contenuti in una riga di un file di testo.

B verifica se nel file il cui riferimento viene passato come parametro sono disponibili ulteriori dati da leggere.

C completa le operazioni su file preparandolo per la chiusura.

D non è una funzione.

14 **Dovendo memorizzare una grande quantità di dati di tipo numerico è preferibile è un formato:**

A binario perché minimizza lo spazio occupato su disco.

B binario perché è facilmente leggibile senza l'uso di programmi particolari.

C testuale perché minimizza lo spazio occupato su disco.

D testuale anche se richiede specifici programmi per la lettura del contenuto.

15 **La funzione della libreria standard del linguaggio C *fseek*:**

A imposta la posizione di lettura/scrittura a un *offset* espresso in byte e relativo all'inizio o alla fine del file, o alla posizione corrente.

B imposta la posizione di lettura/scrittura a uno specifico record espresso mediante il suo numero di posizione.

C cancella il contenuto corrente del file impostando la posizione di lettura/scrittura al suo inizio.

D è utilizzabile esclusivamente con i file aperti con le funzioni API del sistema operativo e non con le funzioni della libreria standard.

PROBLEMI

16 CODING **Scrivere un programma in linguaggio C che – utilizzando le funzioni della libreria standard – produca un file di testo contenente 1000 numeri casuali compresi tra 0 e 1 generati con la funzione di libreria *rand*, uno per ciascuna riga (il nome del file da produrre deve essere fornito come argomento della riga di comando).**

17 CODING **Scrivere un programma in linguaggio C che – utilizzando le funzioni della libreria standard – determini e visualizzi il numero di occorrenze di uno specifico carattere fornito come argomento in un file di testo il cui nome è fornito al programma sulla riga di comando.**

18 CODING **Scrivere un programma in linguaggio C che – utilizzando le funzioni della libraria standard – copi un file di testo trasformando tutti i caratteri minuscoli in caratteri maiuscoli; i nomi dei file di origine e destinazione devono essere forniti al programma come argomenti della riga di comando.**

19 CODING **Un file di testo in formato CSV è normalmente formato da valori numerici in formato ASCII distribuiti su più righe e separati tra loro dal simbolo «;». Nella notazione anglosassone i valori numerici hanno le migliaia separate dal carattere «,» e i decimali che seguono il carattere «.»; nella notazione continentale i valori numerici hanno le migliaia separate dal carattere «.» e i decimali che seguono il carattere «,». Scrivere un programma in linguaggio C per ambiente Linux (o Windows) che – utilizzando le funzioni API di accesso ai file di basso livello – copi un file CSV in formato anglosassone in un file CSV in formato continentale (i nomi dei file sorgente e destinazione devono essere forniti come argomento della riga di comando).**

20 CODING **Il file binario «metrodata.bin» ha un record avente la seguente struttura**

```
struct RECORD {
  unsigned int stazione;
  unsigned int scesi;
  unsigned int saliti;
};
```

e contiene un record per ogni stazione – identificata da un codice numerico – del percorso di una linea di metropolitana. Scrivere un programma

in linguaggio C che, a partire dal contenuto del file, produca un file testuale denominato «metrodata.csv» la cui singola riga abbia un formato come il seguente esempio:

#101,20+,80–

Oltre a produrre il file in formato CSV il programma deve determinare il numero di persone che sono presenti sulla metro all'ultima stazione.

21 Scrivere una funzione in linguaggio C che, a partire da un file in formato testuale il cui nome viene fornito come parametro, e che contiene un singolo valore numerico per ogni riga, costruisca un vettore contenente i valori numerici del file; la dimensione del vettore deve essere esattamente quella del numero dei valori numerici presenti nel file. [Suggerimento: effettuare una prima scansione del file al solo scopo di contarne le righe, in modo da poter allocare dinamicamente il vettore in cui copiare i valori effettuando una seconda scansione.]

CASI PRATICI

22 CODING Scrivere un programma in linguaggio C che – utilizzando le funzioni della libreria standard – determini e visualizzi il numero di occorrenze di ogni singolo carattere di una sequenza fornita come argomento della riga di comando in un file di testo il cui nome è anch'esso fornito come argomento della riga di comando.

23 CODING I file di testo sono normalmente composti da più righe di caratteri ASCII separate dal carattere CR (codice ASCII 13) in ambiente Linux, o dalla coppia di caratteri CR LF (codici ASCII 13 e 10) in ambiente Windows.

A. Scrivere un programma in linguaggio C per ambiente Linux (o Windows) che – utilizzando le funzioni API di accesso ai file di basso livello – copi un file di testo in formato Windows in un file di testo in formato Linux (i nomi dei file sorgente e destinazione devono essere forniti come argomento della riga di comando).

B. Scrivere un programma in linguaggio C per ambiente Linux (o Windows) che – utilizzando le funzioni API di accesso ai file di basso livello – copi un file di testo in formato Linux in un file di testo in formato Windows (i nomi dei file sorgente e destinazione devono essere forniti come argomento della riga di comando).

24 CODING La seguente struttura permette di registrare le posizioni di un dispositivo mobile in vari istanti di tempo:

```
struct POSIZIONE
{
  unsigned char     giorno;
  unsigned char     mese;
  unsigned short    anno;
  unsigned char     ora;
  unsigned char     minuti;
  unsigned char     secondi;
  signed char       gradi_latitudine;
  unsigned char     primi_latitudine;
  unsigned char     secondi_latitudine;
  signed short      gradi_longitudine;
  unsigned char     primi_longitudine;
  unsigned char     secondi_longitudine;
};
```

I gradi di latitudine hanno segno positivo per la latitudine Nord e negativo per la latitudine Sud; i gradi di longitudine hanno segno positivo per la longitudine Est e negativo per la longitudine Ovest.

A. Scrivere un programma in linguaggio C che – utilizzando le funzioni della libreria standard – copi un file binario i cui record sono conformi alla struttura `POSIZIONE` in un file di testo la cui riga ha un formato simile al seguente:

```
18:49:59,12/12/2010,43°33'00"N,10°19'30"E
```

I nomi del file binario sorgente e del file testuale destinazione devono essere entrambi forniti come argomento della riga di comando.

B. Scrivere un programma in linguaggio C che – utilizzando le funzioni della libreria standard – copi un file di testo le cui righe hanno il formato illustrato nel punto precedente in un file binario i cui record sono conformi alla struttura `POSIZIONE`. I nomi del file testuale sorgente e del file binario destinazione devono essere entrambi forniti come argomento della riga di comando.

25 CODING Una scuola è organizzata in modo che le verifiche si svolgono a date prefissate per ogni disciplina, in caso di assenza la verifica deve essere ripetuta; come conseguenza ogni studente ha per ogni disciplina lo stesso numero di valutazioni di tutti gli altri studenti: esattamente 6. Per ogni studente il software di valutazione genera un file di testo in formato CSV come il seguente, in cui ogni riga corrisponde a una disciplina studiata:

```
Italiano,6,7,5,7,8,7
Storia,7,7,3,6,7,5
Matematica,3,4,5,4,4,3
Inglese,6,5,7,5,6,6
```

Scrivere un programma in linguaggio C che determini e visualizzi, a partire da un file di testo in formato CSV organizzato come quello precedente e il cui nome viene fornito al programma come argomento della riga di comando, la valutazione media per ogni disciplina e la valutazione media complessiva calcolata come media delle valutazioni medie delle singole discipline.

26 CODING La scuola utilizza un sistema informatico per preparare gli scrutini di fine anno. In un file in formato CSV sono memorizzate le valutazioni delle prove di verifica delle varie discipline di uno studente che per regolamento di Istituto devono essere esattamente 5: ogni riga corrisponde a una diversa disciplina identificata da un singolo carattere (L = Lettere, S = Storia, M = Matematica, I = Inglese, ...) che è il primo elemento della riga; per esempio:

```
L,4,5,6,5,5.5
S,7,8,7,6,7
M,6,5.5,5,7,6
I,9,7.5,7,8,6.5
```

Scrivere un programma in linguaggio C che, a partire da un file CSV avente il formato illustrato e il cui nome è fornito come argomento della riga di comando, produca un file binario il cui nome è anch'esso fornito come argomento della riga di comando e il cui record ha la seguente struttura (il campo «voto» deve contenere la media delle valutazioni della singola disciplina):

```
struct RECORD {
char disciplina;
float voto;
};
```

Il programma deve anche calcolare e visualizzare la votazione media dello studente, cioè la media dei voti delle singole discipline.

27 CODING Il voto di diploma è calcolato come la somma dei seguenti punteggi:

- credito scolastico
- prove scritte
- prova orale
- bonus

Per la registrazione dei voti di diploma le Commissioni di esame rendono disponibile un file in formato CSV dove sono memorizzati per ogni studente – che per motivi di privacy è individuato dal solo numero di matricola a 5 cifre – i 4 punteggi; per esempio:

```
12345,25,45,30,0
67890,20,40,25,5
43210,15,30,20,0
98765,20,35,25,5
```

Scrivere un programma in linguaggio C che, a partire da un file CSV avente il formato illustrato e il cui nome è fornito come argomento della riga di comando, produca un file binario il cui nome è anch'esso fornito come argomento della riga di comando e il cui record ha la seguente struttura (il campo «voto» deve contenere la somma dei punteggi di un singolo studente):

```
struct RECORD {
unsigned long matricola;
unsigned short voto;
};
```

Il programma deve anche calcolare e visualizzare la votazione minima, media e massima di tutti gli studenti esaminati dalla Commissione.

28 Il file binario «meteodata.bin» ha un record avente la seguente struttura

```
struct RECORD {
  float temperatura;
  float umidita;
  float pressione;
};
```

e contiene un record registrato ogni minuto per tutti i giorni di un intero anno solare. Scrivere una funzione in linguaggio C che, a partire da una data e un'ora rappresentate mediante la seguente struttura

```
struct DATAORA {
  unsigned int giorno;
  unsigned int mese;
  unisgned int anno;
  unsigned int ora;
  unsigned int minuti;
  unisgned int secondi;
};
```

restituisca i valori di temperatura, umidità e pressione registrati nel minuto specifico. [Suggerimento: scrivere una funzione che, a partire dalla data/ora determini il numero di giorni trascorsi dal 1 Gennaio tenendo conto dell'eventualità dell'anno bisestile.]

29 Un grande edificio scolastico ha le aule numerate sequenzialmente. Le classi sono rappresentate dalle informazioni riportate nella seguente struttura:

```
struct CLASSE {
  unsigned int anno; // 1 - 5
  char sezione; // A - Z
  char indirizzo[16];
};
```

Il programma di gestione delle aule impiega un file binario denominato «classiaule.bin» avente come record la struttura `CLASSE` per disporre in ogni momento dell'associazione di un'aula a una classe (nel caso di aula vuota viene utilizzato un record con il campo «anno» impostato a 0). Scrivere le due seguenti funzioni in linguaggio C:

A. liberare un'aula il cui numero è fornito come parametro restituendo i dati relativi alla classe che la occupava, o una segnalazione di errore se l'aula risultava già vuota;

B. assegnare una classe a un'aula a partire dal numero dell'aula e dai dati della classe restituendo una segnalazione di errore se l'aula non risultava vuota.

housekeeping
faccende domestiche

so far
finora

File Access

The examples so far have all read the standard input and written the standard output, which are automatically defined for a program by the local operating system.

The next step is to write a program that accesses a file that is *not* already connected to the program. One program that illustrates the need for such operations is `cat`, which concatenates a set of named files into the standard output. `cat` is used for printing files on the screen, and as a general-purpose input collector for programs that do not have the capability of accessing files by name. For example, the command

```
cat x.c y.c
```

prints the contents of the files `x.c` and `y.c` (and nothing else) on the standard output.

The question is how to arrange for the named files to be read – that is, how to connect the external names that a user thinks of to the statements that read the data.

The rules are simple. Before it can be read or written, a file has to be *opened* by the library function `fopen`. `fopen` takes an external name like `x.c` or `y.c`, does some housekeeping and negotiation with the operating system (details of which needn't concern us), and returns a pointer to be used in subsequent reads or writes of the file.

This pointer, called the *file pointer*, points to a structure that contains information about the file, such as the location of a buffer, the current character position in the buffer, whether the file is being read or written, and whether errors or end of file have occurred. Users don't need to know the details, because the definitions obtained from `<stdio.h>` include a structure declaration called `FILE`. The only declaration needed for a file pointer is exemplified by

```
FILE *fp;
FILE *fopen(char *name, char *mode);
```

This says that `fp` is a pointer to a `FILE`, and `fopen` returns a pointer to a `FILE`. Notice that `FILE` is a type name, like `int`, not a structure tag; it is defined with a `typedef`. [...]
The call to `fopen` in a program is

```
fp = fopen(name, mode);
```

The first argument of `fopen` is a character string containing the name of the file. The second argument is the *mode*, also a character string, which indicates how one intends to use the file. Allowable modes include read (`"r"`), write (`"w"`), and append (`"a"`). Some systems distinguish between text and binary files; for the latter, a `"b"` must be appended to the mode string.

If a file that does not exist is opened for writing or appending, it is created if possible. Opening an existing file for writing causes the old contents to be discarded, while opening for appending preserves them. Trying to read a file that does not exist is an error, and there may be other causes of error as well, like trying to read a file when you don't have permission. If there is any error, `fopen` will return `NULL`. [...]

The next thing needed is a way to read or write the file once it is open. [...]. `getc` returns the next character from a file; it needs the file pointer to tell it which file.

```
int getc(FILE *fp)
```

`getc` returns the next character from the stream referred to by `fp`; it returns `EOF` for end of file or error.
`putc` is an output function:

```
int putc(int c, FILE *fp)
```

putc writes the character c to the file fp and returns the character written, or EOF if an error occurs. Like getchar and putchar, getc and putc may be macros instead of functions.

When a C program is started, the operating system environment is responsible for opening three files and providing pointers for them. These files are the standard input, the standard output, and the standard error; the corresponding file pointers are called stdin, stdout, and stderr, and are declared in <stdio.h>. Normally stdin is connected to the keyboard and stdout and stderr are connected to the screen, but stdin and stdout may be redirected to files or pipes as described in [...].

getchar and putchar can be defined in terms of getc, putc, stdin, and stdout as follows:

```
#define getchar()     getc(stdin)
#define putchar(c)    putc((c), stdout)
```

For formatted input or output of files, the functions fscanf and fprintf may be used. These are identical to scanf and printf, except that the first argument is a file pointer that specifies the file to be read or written; the format string is the second argument.

```
int fscanf(FILE *fp, char *format, ...)
int fprintf(FILE *fp, char *format, ...)
```

With these preliminaries out of the way, we are now in a position to write the program cat to concatenate files. The design is one that has been found convenient for many programs. If there are command-line arguments, they are interpreted as filenames, and processed in order. If there are no arguments, the standard input is processed.

```
#include <stdio.h>

/* cat: concatenate files, version 1 */
main(int argc, char *argv[])
{
  FILE *fp;
  void filecopy(FILE *, FILE *)

  if (argc == 1) /* no args; copy standard input */
    filecopy(stdin, stdout);
  else
       while (--argc > 0)
            if ((fp = fopen(*++argv, "r")) == NULL) {
              printf("cat: can't open %s\n", *argv);
              return 1;
            } else {
                filecopy(fp, stdout);
                fclose(fp);
                  }
  return 0;
}

/* filecopy:  copy file ifp to file ofp */
void filecopy(FILE *ifp, FILE *ofp)
{
  int c;

  while ((c = getc(ifp)) != EOF)
         putc(c, ofp);
}
```

The file pointers `stdin` and `stdout` are objects of type `FILE*`. They are constants, however, *not* variables, so it is not possible to assign to them.

The function

```
int fclose(FILE *fp)
```

is the inverse of `fopen`, it breaks the connection between the file pointer and the external name that was established by `fopen`, freeing the file pointer for another file. Since most operating systems have some limit on the number of files that a program may have open simultaneously, it's a good idea to free the file pointers when they are no longer needed, as we did in `cat`. There is also another reason for `fclose` on an output file – it flushes the buffer in which `putc` is collecting output. `fclose` is called automatically for each open file when a program terminates normally. (You can close `stdin` and `stdout` if they are not needed. [...].)

[B. Kernighan, D. Ritchie, "The C programming language", 2nd ed., Prentice Hall, 1988]

QUESTIONS

a **Which library function connects an external file to a program variable?**
b **What does the `getc` library function return?**
c **What does the `EOF` value mean?**
d **What are `stdin`, `stdout` and `stderr`?**
e **Why is it a good idea to use the `fclose` library function?**

B7

Gestione dell'input/output seriale in Linux e Windows

Molti dispositivi GPS[1] possono essere connessi a un computer mediante un'interfaccia seriale; essi inviano – normalmente ogni secondo – su questa porta di comunicazione una o più stringhe di testo che contengono in forma codificata vari dati tra cui l'orario, la latitudine e la longitudine.

> **ESEMPIO** Un particolare dispositivo GPS invia ogni secondo le seguenti stringhe conformi allo standard NMEA-0183[2] (i caratteri iniziali che seguono il simbolo «$» identificano il formato della stringa secondo lo standard, mentre le cifre esadecimali che seguono il simbolo «*» rappresentano un codice di verifica della correttezza della stringa stessa):
>
> `$GPGLL,5917.102,N,01807.157,E,201349,A*23`
>
> Senza volere qui esporre i dettagli dei formati standardizzati, le stringhe precedenti identificano la posizione geografica avente latitudine 59° 17,102' Nord e longitudine 18° 7,157' Est registrata alle ore 20:13:49.

1. *Global Position System*: i dispositivi di questo tipo elaborano i segnali ricevuti da una costellazione di satelliti per determinare la propria posizione sulla superficie terrestre.
2. *National Marine Electronics Association* (www.nmea.org): lo standard 0183 descrive le modalità di interfacciamento e comunicazione seriali di dispositivi per la navigazione marittima.

Un programma che intenda memorizzare in un file – per esempio per una successiva visualizzazione nel contesto di un'applicazione GIS[3] – le posizioni che rappresentano lo spostamento di un veicolo o di un'imbarcazione deve necessariamente essere in grado di ricevere le stringhe attraverso la porta seriale del computer.

3. *Geographic Information System*: applicazioni software che consentono di trattare e visualizzare su una base cartografica dati georeferenziati, cioè identificati mediante coordinate geografiche.

OSSERVAZIONE La maggior parte dei sistemi operativi moderni – inclusi Linux e Windows – hanno ereditato da Unix il concetto «tutto è un file». Le operazioni di input e di output dei programmi sviluppati per questi sistemi operativi sono simili a quelle di lettura da un file (per la ricezione dei dati) o di scrittura in un file (per la trasmissione dei dati).

Le interfacce seriali sono utilizzate per la comunicazione tra dispositivi e computer, ma storicamente sono state progettate per due scopi fondamentali:

- la connessione dei terminali «stupidi» (costituiti da un monitor monocromatico alfanumerico e una tastiera) ai minicomputer realizzati negli anni Settanta e Ottanta del secolo scorso;
- la connessione al computer del dispositivo *modem* che consentiva la comunicazione (e l'accesso alla rete Internet) tramite la rete telefonica ordinaria (POTS, *Plain Old Telephone Service*).

Nel seguito saranno ignorate le caratteristiche della porta seriale specifiche per la connessione dei dispositivi *modem*.

1 Il funzionamento hardware della connessione seriale asincrona

1.1 Principi fondamentali

Il principio fondamentale della comunicazione seriale tra due dispositivi elettronici è la trasmissione di una sequenza di singoli bit, per cui è sufficiente che i dispositivi stessi – oltre a un riferimento elettrico comune – condividano due sole connessioni elettriche: una per la trasmissione (TX) e l'altra per la ricezione (RX) (FIGURA 1).
I bit trasmessi sono sempre raggruppati in **caratteri**, normalmente della dimensione di 1 byte (8 bit)[4] che, nel caso di dati testuali, coincidono con le rappresentazioni binarie dei codici ASCII dei caratteri trasmessi.
I singoli bit sono codificati sulla connessione elettrica con una tensione positiva (valore «1») o negativa (valore «0»).

FIGURA 1

4. Per compatibilità storica con la prima versione dello standard ASCII il «carattere» può anche essere di soli 7 bit.

ESEMPIO Il carattere «X» ha codice ASCII 88 che, espresso in formato binario, è 01011000. La trasmissione del carattere prevede la generazione in sequenza degli stati di tensione elettrica mostrati in FIGURA 2.

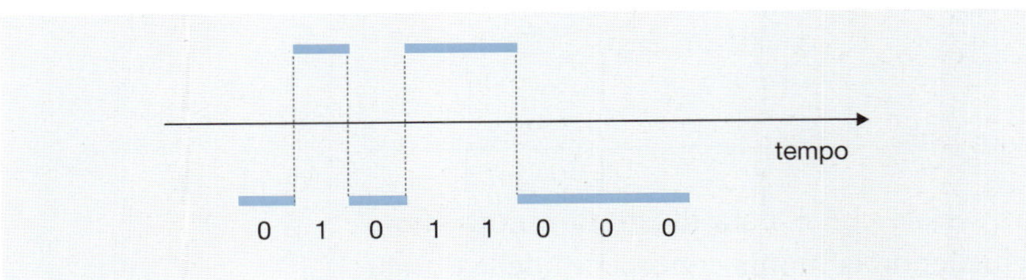

FIGURA 2

OSSERVAZIONE L'inevitabile presenza nel carattere trasmesso di più bit consecutivi aventi lo stesso valore (0 o 1) richiede che il dispositivo ricevitore conosca la durata di un singolo bit trasmesso, affinché esso possa ricostruire correttamente il carattere ricevuto.

I dispositivi che effettuano una comunicazione seriale condividono questa informazione, che viene normalmente espressa in modo indiretto utilizzando l'unità di misura **bit per secondo** (**bps**). Per motivi storici e tecnologici i valori più frequentemente usati sono i seguenti: 4800 bps, 9600 bps, 19 200 bps, 38 400 bps e 57 600 bps.

Connessioni seriali virtuali

Il tradizionale connettore per i dispositivi seriali conformi allo standard EIA RS-232 non è normalmente presente nei computer attuali.

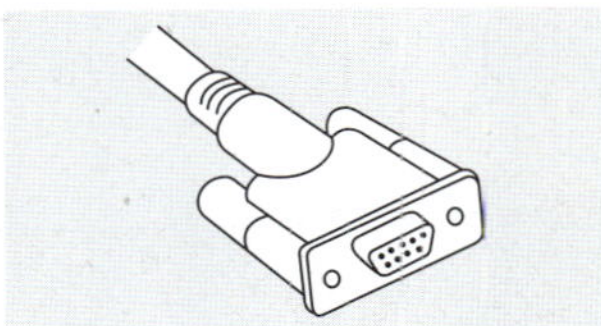

Ma la comunicazione seriale è ancora molto utilizzata in forma virtuale: alcuni dispositivi con connettore USB comunicano con il sistema operativo e con le applicazioni software utilizzando una «porta seriale» virtuale e il «profilo seriale» è uno dei più diffusi nelle connessioni *wireless* di tipo Bluetooth.
Inoltre molti dispositivi *embedded* (come i dispositivi GPS) dispongono di un'interfaccia seriale; a questo scopo sono disponibili speciali cavi adattatori per i connettori USB del computer, ma i programmi comunicano con una porta seriale virtuale realizzata dal *driver* dell'adattatore.

ESEMPIO

In una comunicazione seriale avente la velocità di 19 200 bps il singolo bit ha una durata di

$$\frac{1}{19200} = 0{,}00005208333\ldots \text{ secondi}$$

cioè poco più di 52 microsecondi (10^{-6} secondi).

La condivisione dell'informazione relativa alla durata di un singolo bit tra dispositivo trasmittente e dispositivo ricevitore non è però sufficiente: il dispositivo ricevitore deve anche riconoscere il momento esatto in cui inizia il primo bit di ogni carattere che riceve.

A questo scopo lo stato elettrico della connessione è mantenuto, in assenza di dati trasmessi, al livello di tensione che normalmente codifica il valore «1» e ogni carattere trasmesso è preceduto da uno *start-bit* di valore «0» e seguito da uno[5] *stop-bit* di valore «1». In questo modo la ricezione di un carattere è sempre preceduta da una transizione «1» ⟶ «0», che consente la sincronizzazione del ricevitore ed è eventualmente seguita da una transizione «0» ⟶ «1» che riporta in condizione di normalità la linea elettrica di comunicazione.

5. Per motivi storici è anche possibile impiegare due *stop-bit* per completare la trasmissione di un singolo carattere.

ESEMPIO

La trasmissione del carattere «X» illustrata nell'esempio precedente prevede in realtà la generazione in sequenza degli stati di tensione elettrica mostrati in FIGURA 3.

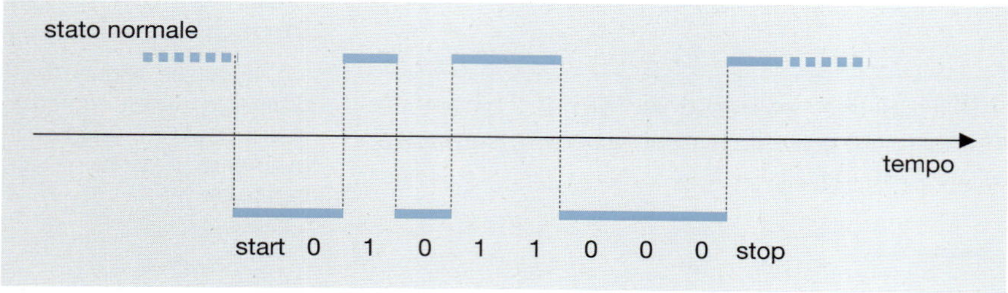

FIGURA 3

La modalità di comunicazione seriale che è stata illustrata è nota come **asincrona**, in quanto – pur richiedendo la mutua conoscenza della durata di un singolo bit da parte dei dispositivi trasmittente e ricevitore – non richiede un segnale di clock comune, cosa che avviene invece nella comunicazione seriale **sincrona**, che non viene qui trattata.

In particolare, la comunicazione seriale asincrona tra un computer e un dispositivo è standardizzata come RS-232 da parte di EIA (*Electronic Industry Association*).

I cavi normalmente usati per connettere al computer dispositivi con interfaccia seriale asincrona sono soggetti a interferenze elettromagnetiche che possono disturbare la trasmissione dei segnali elettrici, causando l'interpretazione errata dei singoli bit da parte del dispositivo ricevitore.

Per evidenziare errori di questo tipo – spesso limitati a un singolo bit del carattere – è possibile utilizzare il **controllo di parità** dei caratteri trasmessi: a ogni carattere inviato viene aggiunto un ulteriore **bit di parità**, il cui valore è definito dalle seguenti regole:

- se la modalità di parità prescelta è **pari** (***Even***), il bit aggiuntivo vale «1» se il numero di bit con valore «1» del carattere è dispari, «0» altrimenti (in modo che il numero totale di «1» del carattere, esclusi i bit di start e di stop, sia pari);
- se la modalità di parità prescelta è **dispari** (***Odd***), il bit aggiuntivo vale «1» se il numero di bit con valore «1» del carattere è pari, «0» altrimenti (in modo che il numero totale di «1» del carattere, esclusi i bit di start e di stop, sia dispari).

ESEMPIO

La trasmissione del carattere «X» (codice ASCII 88 = 01011000 in formato binario) con controllo di parità in modalità pari prevede l'aggiunta di un nono bit avente valore «1», in modo che il numero complessivo di bit con tale valore sia 4 e non 3.

Il dispositivo ricevitore può in questo modo facilmente verificare la correttezza di ogni singolo carattere ricevuto, verificando che il numero di bit con valore «1» per ogni carattere sia conforme alla modalità di controllo di parità impostata.

1.2 Controllo del flusso di trasmissione

Uno dei problemi fondamentali della comunicazione tra due dispositivi consiste nella regolamentazione del flusso di trasmissione: se il dispositivo trasmittente invia i dati al dispositivo ricevitore troppo rapidamente, quest'ultimo potrebbe non essere in grado di elaborarli e inevitabilmente si avrebbe una **perdita di dati** (***data loss***).

Il sistema operativo bufferizza le operazioni di input/output in modo da evitare che vi siano sovrapposizioni di dati non ancora elaborati da parte di dati appena ricevuti (*data overrun*) in occasione di temporanee sospensioni dell'elaborazione, ma a regime, per sostenere flussi di dati consistenti e continui, deve esistere un meccanismo mediante il quale il dispositivo ricevitore possa richiedere al dispositivo trasmittente la sospensione e la ripresa dell'invio di ulteriori dati.

Nella comunicazione seriale asincrona il controllo del **flusso di trasmissione** può essere effettuato in due distinte modalità:

- **hardware**, utilizzando due connessioni elettriche aggiuntive – CTS (*Clear To Send*) e RTS (*Ready To Send*) – tra i dispositivi trasmittente e ricevitore[6] (FIGURA 4);
- **software**, utilizzando due caratteri speciali (XOFF, codice ASCII 19, e XON, codice ASCII 17) per richiedere rispettivamente la sospensione e la ripresa della trasmissione da parte del ricevitore (questa modalità ▶

Lo standard EIA RS-485

A differenza della linea di comunicazione seriale dello standard EIA RS-232, che prevede una connessione *point-to-point* tra due dispositivi, la linea di comunicazione seriale EIA RS-485 può prevedere la presenza di più dispositivi sulla stessa connessione, realizzando un *bus* di comunicazione.
A questo scopo non viene utilizzato un riferimento elettrico comune, in quanto la connessione prevede che i singoli bit siano elettricamente codificati in modo differenziale, utilizzando una coppia di connessioni elettriche.
Di conseguenza, con le due connessioni tipiche di una linea seriale è possibile creare un canale di comunicazione *half-duplex* in cui i dispositivi alternano la trasmissione alla ricezione. Per ottenere un canale di comunicazione *full-duplex*, in cui trasmissione e ricezione possono essere contemporanee, è invece necessario disporre di due coppie di connessioni elettriche, una per la trasmissione e l'altra per la ricezione.

6. Diversamente da quanto illustrato, lo standard originale EIA RS-232 distingue i ruoli dei due dispositivi e assume una denominazione asimmetrica per i segnali elettrici CTS e RTS.

può essere utilizzata solo se i caratteri trasmessi codificano stringhe testuali in formato ASCII, in modo che sia garantita l'assenza dei codici speciali tra i caratteri inviati).

FIGURA 4

Nel controllo di flusso di tipo hardware, universalmente noto come **CTS/RTS *handshake***, il dispositivo ricevitore mantiene il segnale RTS a livello elettrico «alto» (corrispondente al valore «1») in condizioni normali e lo pone a livello elettrico «basso» (corrispondente al valore «0») se intende sospendere l'invio di caratteri da parte del dispositivo trasmittente. Al più, dopo pochi ulteriori caratteri, il dispositivo trasmittente (che deve ovviamente monitorare continuamente il segnale elettrico CTS cui è connesso il segnale RTS del ricevitore) sospende l'invio di nuovi caratteri fino a che il segnale non ritorna al livello elettrico «alto» (valore «1»).

OSSERVAZIONE Normalmente il controllo di flusso basato sul meccanismo di *handshake* dei segnali elettrici CTS e RTS deve necessariamente essere gestito dal controllore hardware della porta di comunicazione seriale e il programmatore ha il solo compito di abilitarlo o meno.

In definitiva, per configurare una **comunicazione di tipo seriale asincrono** tra il computer e un dispositivo, è necessario definire i seguenti parametri:

- velocità di trasmissione espressa in bit per secondo (*baud-rate*);
- numero di bit per carattere (normalmente 8);
- numero di *stop-bit* (normalmente 1);
- eventuale tipo di parità (nessuno, pari o dispari);
- eventuale tipo del controllo di flusso (nessuno, hardware o software).

OSSERVAZIONE Lo standard RS-232 comprende, oltre ai 4 segnali riportati nella FIGURA 4, altri segnali che hanno lo scopo principale di interfacciare i dispositivi *modem* di connessione alla rete Internet tramite la rete telefonica:

- DTR (*Data Terminal Ready*): per segnalare al modem che il computer è pronto a ricevere dati;
- DCD (*Data Carrier Detected*): per segnalare al computer che il modem è connesso alla rete telefonica;
- DSR (*Data Set Ready*): per segnalare al computer che il modem è pronto a ricevere comandi e/o dati;
- RI (*Ring Indicator*): per segnalare al computer che il modem sta ricevendo una richiesta di connessione telefonica.

Protocolli di comunicazione seriali

Lo standard RS-232 per la comunicazione seriale asincrona stabilisce i meccanismi di base per la trasmissione e la ricezione di caratteri. Ma molti dispositivi seriali utilizzano protocolli di comunicazione più specifici che, a partire dallo standard RS-232, stabiliscono ulteriori regole da osservare nella comunicazione, per esempio per la suddivisione dei dati in «pacchetti» di lunghezza fissa, o delimitati da caratteri specifici, oppure per segnalare la corretta o meno ricezione dei dati, o ancora per verificare – in modo più efficace del semplice bit di parità – la correttezza dei dati ricevuti.
Oltre alle problematiche relative alla comunicazione, i protocolli stabiliscono la semantica delle informazioni trasmesse (comandi, dati, stati, ecc.).

ESEMPIO

Un dispositivo GPS normalmente utilizza la linea seriale per inviare stringhe testuali configurandola con i seguenti parametri: 9600 bps, 8 bit per carattere, 1 *stop-bit*, nessun bit di parità e nessun controllo di flusso. Questi parametri sono tipicamente sintetizzati come «9600 8-N-1» e, volendo visualizzare – ed eventualmente memorizzare in un file – le stringhe inviate periodicamente dal dispositivo connesso al computer, è possibile, in ambiente Windows, utilizzare *Tera Term*, un'applicazione di emulazione terminale gratuita e liberamente disponibile in rete. In ambiente Linux la tradizionale applicazione di emulazione terminale è *minicom*, un programma con interfaccia testuale. Affinché la ricezione delle stringhe avvenga correttamente la porta seriale a cui è connesso il dispositivo GPS deve essere configurata con i parametri utilizzati (FIGURA 5).

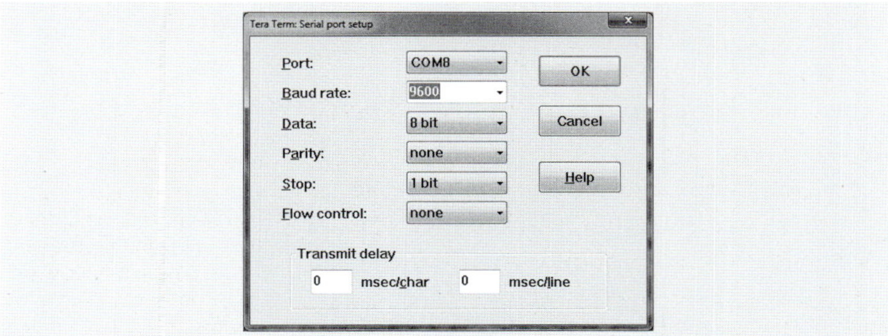

FIGURA 5

Dopo aver impostato i parametri di comunicazione i caratteri ricevuti saranno visualizzati nella specifica area dell'applicazione (FIGURA 6).

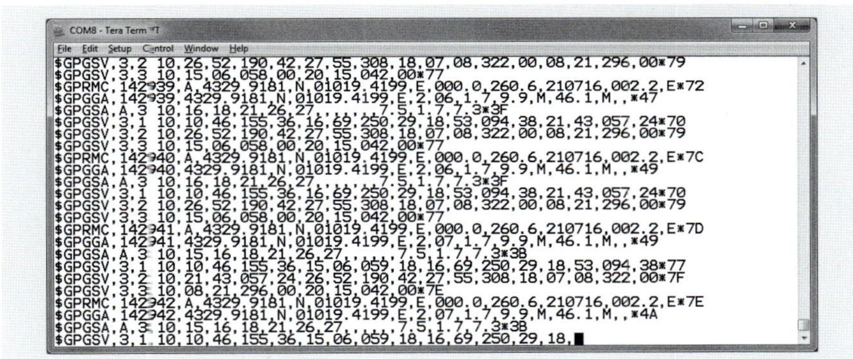

FIGURA 6

2 Una libreria di funzioni per la gestione della porta seriale in ambiente Linux

Il sistema operativo Linux ha ereditato da Unix la filosofia per cui le operazioni di input/output effettuate dai programmi sono – dal punto di vista del codice – operazioni di lettura/scrittura da/su file speciali associati alle porte di comunicazione o ai dispositivi interni del computer: tradizionalmente i file speciali che consentono le operazioni di input/output sono mappati nel *file-system* nella directory `"/dev"`. Di conseguenza le operazioni di invio e ricezione dei dati si effettuano invocando le funzioni API *write* e *read*.

La difficoltà maggiore consiste nella configurazione iniziale dei parametri di comunicazione, per la quale è possibile utilizzare la seguente funzione che nasconde al programmatore le peculiarità delle funzioni API specifiche, delle strutture che esse richiedono come parametri e delle costanti di compilazione predefinite nei file di intestazione:

ESEMPIO

```
#include <termios.h>
#include <unistd.h>
#include <fcntl.h>
#include <sys/types.h>
#include <sys/stat.h>
#include <sys/ioctl.h>

#define READ          0
#define WRITE         1
#define READ_WRITE    2
#define NO_HANDSHAKE  0
#define HW_HANDSHAKE  1

struct termios saveTioFlags; // struttura per salvataggio impostazioni correnti

/*
  COM_open apre una porta seriale impostandone i parametri di comunicazione:

  port:          numero di porta seriale (0, 1, 2, ..., 9)
  mode:          READ (0), WRITE (1) o READ_WRITE (2)
  speed:         4800, 9600, 19200, 38400 0 57600
  parity:        N/n (NONE), E/e (EVEN), O/o (ODD)
  bits:          7 o 8
  stop:          1 o 2
  flow:          NO_HANDSHAKE (0) o HW_HANDSHAKE (1)

  Restituisce:   un identificatore da utilizzare nelle funzioni di trasmissione/ricezione
                 un valore negativo in caso di errore
*/
int COM_open(unsigned char port, unsigned char mode, unsigned short speed,
             char parity, unsigned char bits, unsigned char stop, unsigned char flow)
{
  int PortId;
  struct termios SerialFlags;
  char dev[] = "/dev/ttyS?"; // dipendente dalla distribuzione Linux

  if (port > 9)
    return -1;

  dev[9] = (port+'0'); // trasformazione cifra numerica in carattere

  // apertura file speciale
  switch (mode)
    {
      case READ:        PortId = open(dev, O_RDONLY);
                        break;
      case WRITE:       PortId = open(dev, O_WRONLY);
                        break;
```

```
      case READ_WRITE:  PortId = open(dev, O_RDWR);
                        break;
      default:          return -1;
    }

  if (PortId < 0)
    {
      close(PortId);
      return -1;
    }

  // acquisizione e salvataggio impostazioni correnti per successivo ripristino
  if (tcgetattr(PortId, &saveTioFlags) < 0 || tcgetattr(PortId, &SerialFlags) < 0)
    {
      close(PortId);
      return -1;
    }

  // impostazione modalita' "raw" non bloccante in lettura
  SerialFlags.c_lflag &= ~(ICANON | ECHO | ECHOE | ISIG);
  SerialFlags.c_lflag |= NOFLSH;
  SerialFlags.c_iflag &= ~(IXON | IXOFF | IXANY);
  SerialFlags.c_oflag &= ~OPOST;
  SerialFlags.c_cflag |= (CREAD|CLOCAL);
  SerialFlags.c_cc[VTIME] = 0;
  SerialFlags.c_cc[VMIN] = 0;
  // impostazione baudrate
  switch (speed)
    {
      case 4800:    cfsetispeed(&SerialFlags, B4800);
                    cfsetospeed(&SerialFlags, B4800);
                    break;
      case 9600:    cfsetispeed(&SerialFlags, B9600);
                    cfsetospeed(&SerialFlags, B9600);
                    break;
      case 19200:   cfsetispeed(&SerialFlags, B19200);
                    cfsetospeed(&SerialFlags, B19200);
                    break;
      case 38400:   cfsetispeed(&SerialFlags, B38400);
                    cfsetospeed(&SerialFlags, B38400);
                    break;
      case 57600:   cfsetispeed(&SerialFlags, B57600);
                    cfsetospeed(&SerialFlags, B57600);
                    break;
      default:      close(PortId);
                    return -2;
    }

  // impostazione parita'
  SerialFlags.c_cflag &= ~(PARENB | PARODD);
  switch (parity)
    {
      case 'N':
      case 'n':     break;
      case 'O':
```

```
        case 'o':     SerialFlags.c_cflag |= (PARENB|PARODD);
                      SerialFlags.c_iflag |= (INPCK);
                      break;
        case 'E':
        case 'e':     SerialFlags.c_cflag |= PARENB;
                      SerialFlags.c_iflag |= (INPCK);
                      break;
        default:      close(PortId);
                      return -3;
      }

    // impostazione numero bit carattere
    SerialFlags.c_cflag &= ~CSIZE;
    switch (bits)
      {
        case 7:       SerialFlags.c_cflag |= CS7;
                      break;
        case 8:       SerialFlags.c_cflag |= CS8;
                      break;
        default:      close(PortId);
                      return -4;
}

    // impostazione numero stop bit
    SerialFlags.c_cflag &= ~CSTOPB;
    switch (stop)
      {
        case 1:       break;
        case 2:       SerialFlags.c_cflag |= CSTOPB;
                      break;
        default:      close(PortId);
                      return -5;
      }

    // impostazione CTS/RTS handshake
    SerialFlags.c_cflag &= ~CRTSCTS;
    switch (flow)
      {
        case NO_HANDSHAKE:   break;
        case HW_HANDSHAKE:   SerialFlags.c_cflag |= CRTSCTS;
                             break;
        default:             close(PortId);
                             return -6;
      }

    // configurazione porta seriale con impostazioni effettuate
    if (tcsetattr(PortId, TCSANOW, &SerialFlags) < 0)
      {
        close(PortId);
        return -6;
      }

    return PortId;
}
```

ESEMPIO

Per aprire la porta seriale 0 in sola ricezione con parametri di comunicazione «9600 8-N-1» senza hardware *handshake*, la funzione *COM_open* deve essere invocata nel seguente modo:

```
int com;

if ((com = COM_open(0, READ, 9600, 'N', 8, 1, NO_HANDSHAKE)) > 0)
  {
    ...
  }
```

OSSERVAZIONE Il codice della funzione *COM_open* è basato sullo standard POSIX per la gestione della comunicazione seriale, e quindi è facilmente portabile tra versioni e distribuzioni di Linux diverse.
La posizione e la denominazione dei file speciali associati alle porte seriali è invece fortemente dipendente dalla versione e dalla distribuzione del sistema operativo Linux utilizzata: il *pathname* assunto nel codice della funzione *COM_open* (`"/dev/ttyS0", "/dev/ttyS1", ...`) è coerente con una situazione diffusa che non costituisce comunque uno standard.

OSSERVAZIONE Le impostazioni relative alla modalità *raw* hanno complessivamente lo scopo di impedire al sistema operativo di interpretare automaticamente i dati ricevuti e/o inviati tramite la porta seriale. In particolare, i valori assegnati agli elementi del vettore *c_cc* della struttura *termios* hanno il fine di rendere la funzione API *read* non bloccante: essa restituirà immediatamente il controllo senza attendere l'arrivo di ulteriori caratteri, anche nel caso che non vi siano caratteri ricevuti in precedenza e non ancora acquisiti.

Le funzioni per la trasmissione/ricezione di dati sulla/dalla linea di comunicazione seriale sono semplici ***wrapper*** per le API del sistema operativo *read* e *write*

```
int COM_write (int com, char buffer[], int N)
{
  return write(com, buffer, N);
}

int COM_read (int com, char *buffer, int N)
{
  return read(com, buffer, N);
}
```

dove il parametro *com* è l'identificatore restituito dalla funzione *COM_open*. La funzione *COM_write* trasmette gli *N* caratteri contenuti nel vettore *buffer*; la funzione *COM_read* restituisce nel vettore *buffer* solo i caratteri ricevuti fino al momento dell'invocazione e non restituiti con la precedente invocazione. Il parametro *N* è il numero massimo di caratteri da restituire, ma il numero di caratteri effettivamente acquisiti è dato dal valore di ritorno della funzione stessa (che vale 0 nel caso non siano stati ricevuti ulteriori caratteri).

La funzione *COM_read* restituisce il controllo senza attendere la ricezione di caratteri dalla linea seriale, restituendo invece gli eventuali caratteri già ricevuti e bufferizzati dal sistema operativo al momento dell'invocazione. L'eventuale struttura dei dati da ricevere (per esempio la loro suddivisione in stringhe di testo separate dai simboli "\r" e/o "\n") deve essere ricostruita dal codice del programma che utilizza la funzione.

Infine la funzione *COM_close* chiude la porta seriale ripristinando i parametri di configurazione precedenti all'apertura:

```
void COM_close(int com)
{
  tcsetattr(com, TCSANOW, &saveTioFlags);
  close(com);
  return;
}
```

ESEMPIO

Il seguente programma esegue l'eco dei caratteri ricevuti dalla porta seriale 0 (configurata con i parametri di comunicazione «9600 8-N-1») ritrasmettendoli al mittente fino alla ricezione di un carattere EOT (codice ASCII 4):

```
#define EOT 4
#define DIM 1024
...
...
int main(void)
{
  int com, i, n;
  char buffer[DIM];
  // apertura porta seriale
  if ((com = COM_open(0,READ_WRITE,9600,'N',8,1,NO_HANDSHAKE))>0)
    {
      printf("Eco caratteri su porta seriale\r\n");
      while (1)
        {
          n = COM_read(com, buffer, sizeof(buffer)); // ricezione
          if (n > 0)
            {
              for (i=0; i<n; i++) // ricerca carattere EOT
                if (buffer[i] == EOT)
                  {
                    printf("Terminazione eco caratteri\r\n");
                    COM_write(com, buffer, i); // ultima trasmissione
                    COM_close(com); // chiusura porta
                    return 1;
                  }
              COM_write(com, buffer, n); // trasmissione
            }
        }
    }
  else
      printf("Errore apertura porta seriale\r\n");
  return 0;
}
```

La funzionalità del programma può essere per esempio verificata collegando tra loro due computer (uno con sistema operativo Linux, l'altro con sistema operativo Windows) mediante una linea seriale: eseguendo il programma sul computer con Linux sarà possibile verificare l'eco dei caratteri digitati utilizzando Tera Term sul computer Windows.

3 Una libreria di funzioni per la gestione della porta seriale in ambiente Windows

Nonostante che le funzioni API per la gestione della comunicazione seriale del sistema operativo Windows siano piuttosto diverse da quelle del sistema operativo Linux, è possibile costruire una libreria di funzioni analoga a quella realizzata per l'ambiente Linux a partire dalla funzione di apertura e configurazione della porta seriale *COM_open*:

ESEMPIO

```
#include <windows.h>

#define READ   0
#define WRITE  1
#define READ_WRITE 2
#define NO_HANDSHAKE  0
#define HW_HANDSHAKE  1
#define BUFFER_DIM 1024 // 1Kbyte

DCB saveDcbFlags; // variabile per salvataggio impostazioni correnti

/*
  COM_open apre una porta seriale impostandone i parametri di comunicazione:

  port:          numero di porta seriale (0, 1, 2, ..., 9)
  mode:          READ (0), WRITE (1) o READ_WRITE (2)
  speed:         4800, 9600, 19200, 38400 o 57600
  parity:        N/n (NONE), E/e (EVEN), O/o (ODD)
  bits:          7 o 8
  stop:          1 o 2
  flow:          NO_HANDSHAKE (0) o HW_HANDSHAKE (1)

  Restituisce:  un identificatore da utilizzare nelle funzioni di trasmissione/ricezione
                un valore negativo in caso di errore
*/

HANDLE COM_open(unsigned char port, unsigned char mode, unsigned short speed,
                char parity, unsigned char bits, unsigned char stop, unsigned char flow)
{
  HANDLE com;
  COMMTIMEOUTS timeouts;
  DCB dcb;
  char com_port[] = "COM?";

  if (port < 1 || port > 9)
    return ERR_HANDLE_VALUE(-1);
  com_port[3] = (port+'0'); // trasformazione cifra numerica in carattere

  // apertura file speciale
  switch (mode)
    {
```

```
        case READ:          com=CreateFile(com_port,GENERIC_READ,0,0,
                                           OPEN_EXISTING,0,0);
                            break;
        case WRITE:         com=CreateFile(com_port,GENERIC_WRITE,0,0,
                                           OPEN_EXISTING,0,0);
                            break;
        case READ_WRITE:    com=CreateFile(com_port,(GENERIC_READ|GENERIC_WRITE),0,0,
                                           OPEN_EXISTING,0,0);
                            break;
        default:            return ERR_HANDLE_VALUE(-2);
      }

    if (com == INVALID_HANDLE_VALUE)
      return ERR_HANDLE_VALUE(-3);

    // acquisizione e salvataggio impostazioni correnti per successivo ripristino
    if (!GetCommState(com, &dcb))
      {
        CloseHandle(com);
        return ERR_HANDLE_VALUE(-4);
      }
    saveDcbFlags = dcb;

    // impostazione dimensione buffer di ricezione e trasmissione
    if (!SetupComm(com, BUFFER_DIM, BUFFER_DIM))
      {
        CloseHandle(com);
        return ERR_HANDLE_VALUE(-5);
      }

    // impostazioni modalita' non bloccante in lettura
    timeouts.ReadIntervalTimeout = 0;
    timeouts.ReadTotalTimeoutMultiplier = 0;
    timeouts.ReadTotalTimeoutConstant = 1;
    timeouts.WriteTotalTimeoutConstant = 0;
    timeouts.WriteTotalTimeoutMultiplier = 0;
    if (!SetCommTimeouts(com, &timeouts))
      {
        CloseHandle(com);
        return ERR_HANDLE_VALUE(-6);
    }
    // impostazione baudrate
    switch (speed)
      {
        case 4800:    dcb.BaudRate = CBR_4800;
                      break;
        case 9600:    dcb.BaudRate = CBR_9600;
                      break;
        case 19200:   dcb.BaudRate = CBR_19200;
                      break;
        case 38400:   dcb.BaudRate = CBR_38400;
                      break;
        case 57600:   dcb.BaudRate = CBR_57600;
                      break;
        default:      CloseHandle(com);
```

```
                        return ERR_HANDLE_VALUE(-7);
    }

    // impostazione numero bit carattere
    switch (bits)
    {
        case 7:         dcb.ByteSize = 7;
                        break;
        case 8:         dcb.ByteSize = 8;
                        break;
        default:        CloseHandle(com);
                        return ERR_HANDLE_VALUE(-8);
    }

    // impostazione modalita' "raw"
    dcb.DCBlength = sizeof(DCB);
    dcb.EofChar = 0;
    dcb.ErrorChar = 0;
    dcb.EvtChar = 0;
    dcb.fAbortOnError = 0;
    dcb.fBinary = 1;
    dcb.fDsrSensitivity = 0;

    // impostazione CTS/RTS handshake
    switch (flow)
    {
        case NO_HANDSHAKE:  dcb.fOutxCtsFlow = 0;
                            dcb.fRtsControl = RTS_CONTROL_DISABLE;
                            break;
        case HW_HANDSHAKE:  dcb.fOutxCtsFlow = 1;
                            dcb.fRtsControl = RTS_CONTROL_ENABLE;
                            break;
        default:            CloseHandle(com);
                            return ERR_HANDLE_VALUE(-9);
    }
    dcb.fDtrControl = DTR_CONTROL_DISABLE;
    dcb.fInX = 0;
    dcb.fNull = 0;
    dcb.fOutX = 0;
    dcb.fOutxDsrFlow = 0;
    dcb.fTXContinueOnXoff = 0;
    dcb.XoffChar = 0;
    dcb.XonChar = 0;
    dcb.XonLim = 1;

    // impostazione parita'
    switch (parity)
    {
        case 'n':
        case 'N':   dcb.fParity = 0;
                    dcb.fErrorChar = 0;
                    dcb.Parity = NOPARITY;
                    break;
        case 'o':
        case 'O':   dcb.fParity = 1;
```

```
                    dcb.fErrorChar = 0;
                    dcb.Parity = ODDPARITY;
                    break;
         case 'e':
         case 'E':  dcb.fParity = 1;
                    dcb.fErrorChar = 0;
                    dcb.Parity = EVENPARITY;
                    break;
         default:   CloseHandle(com);
                    return ERR_HANDLE_VALUE(-10);
       }

    // impostazione numero stop bit
    switch (stop)
       {
         case 1:    dcb.StopBits = ONESTOPBIT;
                    break;
         case 2:    dcb.fErrorChar = TWOSTOPBITS;
                    break;
         default:   CloseHandle(com);
                    return ERR_HANDLE_VALUE(-11);
       }

    // configurazione porta seriale con impostazioni effettuate
    if (!SetCommState(com, &dcb))
       {
         CloseHandle(com);
         return ERR_HANDLE_VALUE(-12);
       }

    // svuotamento buffer di ricezione e trasmissione
    if (!PurgeComm(com, (PURGE_TXCLEAR|PURGE_RXCLEAR)))
       {
         CloseHandle(com);
         return ERR_HANDLE_VALUE(-13);
       }

    return com;
  }
```

Anche in ambiente Windows le funzioni per la trasmissione/ricezione di dati sulla/dalla linea di comunicazione seriale sono semplici *wrapper* delle API del sistema operativo *ReadFile* e *WriteFile*

```
int COM_write(HANDLE com, char buf[], int n)
{
  unsigned long i;

  if (!WriteFile(com, buf, n, &i, 0))
    return -1;
  return (int)(i);
}

int COM_read(HANDLE com, char *buf, int n)
{
  unsigned long i;
  if (!ReadFile(com, buf, n, &i, 0))
```

```
    return -1;
  return (int)(i);
}
```

dove il parametro *com* è l'*HANDLE* restituito dalla funzione *COM_open*.

La funzione *COM_close*, infine, chiude la porta seriale e ripristina i parametri di configurazione precedenti all'apertura:

```
void COM_close(HANDLE com)
{
  SetCommState(com, &saveDcbFlags);
  CloseHandle(com);
  return;
}
```

OSSERVAZIONE A eccezione del fatto che l'identificatore restituito dalla funzione *COM_open* è di tipo *HANDLE* (definito nel file di intestazione *windows.h*) e non di tipo `int`, le funzioni *COM_open*, *COM_read*, *COM_write* e *COM_close* presentano la stessa firma delle corrispondenti funzioni sviluppate per il sistema operativo Linux e hanno esattamente lo stesso comportamento. Di conseguenza è possibile «portare» il codice dei programmi di comunicazione seriale dalla piattaforma Linux alla piattaforma Windows semplicemente sostituendo la libreria di funzioni e ricompilando il codice sorgente.

ESEMPIO

Il seguente programma – che esegue l'eco dei caratteri ricevuti dalla porta seriale 1 (configurata con i parametri di comunicazione «9600 8-N-1») ritrasmettendoli al mittente fino alla ricezione di un carattere EOT (codice ASCII 4) – è lo stesso realizzato per l'ambiente Linux, con l'unica differenza relativa al tipo della variabile *com*:

```
#define EOT 4
#define DIM 1024

...
...

void main(void)
{
  HANDLE com;
  int i, n;
  char buffer[DIM];

  // apertura porta seriale
  if ((long)(com = COM_open(1,READ_WRITE,9600,'N',8,1,NO_HANDSHAKE)) > 0)
    {
      printf("Eco caratteri su porta seriale\r\n");
      while (1)
        {
          n = COM_read(com, buffer, sizeof(buffer)); // ricezione
          if (n > 0)
            {
              for (i=0; i<n; i++) // ricerca carattere EOT
                if (buffer[i] == EOT)
                  {
                    printf("Terminazione eco caratteri\r\n");
                    COM_write(com, buffer, i); // ultima trasmissione
```

```
                    COM_close(com); // chiusura porta
                    return;
                }
            COM_write(com, buffer, n); // trasmissione
        }
    }
  }
  else
      printf("Errore apertura porta seriale\r\n");
}
```

4 Interpretazione delle stringhe di un dispositivo GPS

Uno dei problemi ricorrenti nei programmi che ricevono sequenze di caratteri da un canale di comunicazione consiste nel riconoscimento dei simboli aventi un significato speciale (inizio stringa, fine stringa, separatore di campo, ecc.) al fine di interpretare correttamente le informazioni ricevute.

ESEMPIO

Un dispositivo GPS invia periodicamente (tipicamente una volta al secondo) la seguente sequenza di stringhe di testo in formato NMEA-0183:

```
$GPRMC,203159,A,4329.9317,N,01019.4267,E,000.0,356.7,240716,002.2,E*75
$GPGGA,203159,4329.9317,N,01019.4267,E,2,07,1.4,74.3,M,46.1,M,,*72
$GPRMC,203200,A,4329.9316,N,01019.4267,E,000.0,356.7,240716,002.2,E*7B
$GPGGA,203200,4329.9316,N,01019.4267,E,2,07,1.4,74.3,M,46.1,M,,*7C
$GPRMC,203201,A,4329.9316,N,01019.4267,E,000.0,356.7,240716,002.2,E*7A
$GPGGA,203201,4329.9316,N,01019.4267,E,2,07,1.4,74.3,M,46.1,M,,*7D
```

Le stringhe di testo prodotte dai dispositivi GPS e riportate nell'esempio precedente sono interpretabili mediante le seguenti tabelle:

$GPGGA,	203159,	4329.9317,	N,	01019.4267,	E,	2,	07,	1.4,	74.3,	M,	46.1,	M,	...
0	1	2	3	4	5	6	7	8	9	10	11	12	

Campo	Descrizione	Formato
0	Tipo di stringa	**$GPGGA**
1	UTC (*Universal Time Coordinated*)	HHMMSS
2	Latitudine	DDMM.MMMM
3	Emisfero (Nord/Sud)	N/S
4	Longitudine	HHHMM.MMMM
5	Emisfero (Est/Ovest)	E/W
6	Tipo di misura (nessuna/normale/differenziale)	0/1/2
7	Numero di satelliti	NN
8	Precisione orizzontale (metri)	M.M
9	Altezza sul livello del mare	M.M
10	Unità di misura del campo precedente	M
11	Differenza tra l'ellissoide di riferimento e l'altezza del mare	M.M
12	Unità di misura del campo precedente	M

$GPRMC,	203159,	A,	4329.9317,	N,	01019.4267,	E,	000.0,	356.7,	240716,	...
0	1	2	3	4	5	6	7	8	9	

Campo	Descrizione	Formato
0	Tipo di stringa	**$GPRMC**
1	UTC (*Universal Time Coordinated*)	HHMMSS
2	Misura valida/non valida	A/V
3	Latitudine	DDMM.MMMM
4	Emisfero (Nord/Sud)	N/S
5	Longitudine	HHHMM.MMMM
6	Emisfero (Est/Ovest)	E/W
7	Velocità (nodi)	NNN.N
8	Direzione (gradi)	DDD.D
9	Data	DDMMYY

Alcuni campi delle stringhe di testo prodotte dai dispositivi GPS hanno dimensione e formato fissi, altri rappresentano un valore numerico *floating-point* avente dimensione variabile.

ESEMPIO

Il seguente programma per sistema operativo Linux estrae e visualizza le sole stringhe di tipo «GPGGA» dal flusso di caratteri ricevuti sulla porta seriale (acquisiti a blocchi di massimo 64 caratteri) costruendole a partire dal riconoscimento del carattere iniziale «$» e del carattere finale di ritorno a capo:

```
int main(void)
{
  int com;
  int i, n, p;
  char buffer[64], string[256];

  // apertura porta seriale
  if ((com = COM_open(1,READ,4800,'N',8,1,NO_HANDSHAKE)) > 0)
    {
      p = 0;
      while (1) // ciclo infinito
        {
          n = COM_read(com, buffer, sizeof(buffer)); // ricezione
          if (n > 0)
            {
              for (i=0; i<n; i++) // ricerca caratteri iniziale/finale
                {
                  if (buffer[i] == '$') // carattere iniziale
                    {
                      string[0] = buffer[i]; // inizio stringa
                      p = 1;
                    }
                  else
                    {
                      if (buffer[i] == '\n') // carattere finale
                        {
                          string[p] = '\0'; // fine stringa
                          if (strncmp(string,"$GPGGA",6)==0)
```

```
                            {
                              // stringa di tipo "GPGGA"
                              printf("%s\r\n",string);
                            }
                          p = 0;
                        }
                      else // carattere intermedio
                        {
                          string[p] = buffer[i]; // copia carattere
                          p++;
                        }
                    }
                } // fine ciclo for
            }
        } // fine ciclo while
    }
  else
      printf("Errore apertura porta seriale\r\n");
  return 0;
}
```

La funzione di libreria ***strncmp*** utilizzata nel programma precedente confronta i primi *N* caratteri di due stringhe e restituisce il valore 0 se essi corrispondono uno a uno.

OSSERVAZIONE Il programma dell'esempio precedente è organizzato intorno a un ciclo infinito ed è necessario abortirlo per terminarlo. Si tratta ovviamente di una pratica di programmazione da evitare, giustificata solo per esempi didattici.

Individuando le posizioni fisse dei vari campi della stringa in formato NMEA-0183

```
$GPGGA,203200,4329.9316,N,01019.4267,E,…
01234567891111112222222222233333333343
          0123490123456749612345678907
```

è possibile estrarre dati numerici dalla stringa di tipo «GPGGA» utilizzando una funzione come la seguente:

```
#define TIME_POS        7
#define LAT_POS         14
#define LAT_SIGN_POS    24
#define LONG_POS        26
#define LONG_SIGN_POS   37

struct POSITION
{
  unsigned char lat_g;
  unsigned char lat_p;
  unsigned char lat_s;
  char lat_sign;
  unsigned char long_g;
  unsigned char long_p;
  unsigned char long_s;
```

▶

```
  char long_sign;
  unsigned char ora;
  unsigned char minuti;
  unsigned char secondi;
};

struct POSITION extract_data(char nmea_string[])
{
  struct POSITION pos;
  char substring[16];
  float primi, secondi;

  // orario
  strncpy(substring,&nmea_string[TIME_POS],2);
  substring[2] = '\0';
  pos.ora = atoi(substring);
  strncpy(substring,&nmea_string[TIME_POS+2],2);
  substring[2] = '\0';
  pos.minuti = atoi(substring);
  strncpy(substring,&nmea_string[TIME_POS+4],2);
  substring[2] = '\0';
  pos.secondi = atoi(substring);

  // latitudine
  strncpy(substring,&nmea_string[LAT_POS],2);
  substring[2] = '\0';
  pos.lat_g = atoi(substring);
  strncpy(substring,&nmea_string[LAT_POS+2],7);
  substring[7] = '\0';
  primi = atof(substring);
  pos.lat_p = (int)floor(primi);
  secondi = (primi - floor(primi))*60;
  pos.lat_s = (int)floor(secondi+0.5);
  pos.lat_sign = nmea_string[LAT_SIGN_POS];

  // longitudine
  strncpy(substring,&nmea_string[LONG_POS],3);
  substring[3] = '\0';
  pos.long_g = atoi(substring);
  strncpy(substring,&nmea_string[LONG_POS+3],7);
  substring[7] = '\0';
  primi = atof(substring);
  pos.long_p = (int)floor(primi);
  secondi = (primi - floor(primi))*60;
  pos.long_s = (int)floor(secondi+0.5);

  pos.long_sign = nmea_string[LONG_SIGN_POS];

  return pos;
}
```

La funzione di libreria ***strncpy*** copia i primi *N* caratteri di una stringa in un vettore di caratteri; per trasformare quest'ultimo in una stringa è necessario aggiungere il carattere terminatore `"\0"`.

ESEMPIO

Il seguente programma per sistema operativo Linux visualizza[7] latitudine e longitudine associate all'orario a partire dai valori numerici estratti dalle stringhe NMEA-0183 di tipo «GPGGA» ricevute da una connessione seriale con un dispositivo GPS avente parametri di comunicazione «4800 8-N-1»:

```
#define TIMEOUT 2
int main(void)
{
   int com;
   int i, n, p;
   char buffer[64], string[256];
   struct POSITION pos;
   time_t last;

   // apertura porta seriale
   if ((com = COM_open(1,READ,4800,'N',8,1,NO_HANDSHAKE)) > 0)
     {
       p = 0;
       last=time(NULL);
       while ((time(NULL)-last) < TIMEOUT)
         {
           n = COM_read(com, buffer, sizeof(buffer)); // ricezione
           if (n > 0)
             {
               for (i=0; i<n; i++) // ricerca caratteri iniziale/finale
                 {
                   if (buffer[i] == '$') // carattere iniziale
                     {
                       string[0] = buffer[i]; // inizio stringa
                       p = 1;
                     }
                   else
                     {
                       if (buffer[i] == '\n') // carattere finale
                         {
                           string[p] = '\0'; // fine stringa
                           if (strncmp(string,"$GPGGA",6)==0)
                             {
                               last=time(NULL);
                               // estrazione dati da stringa "GPGGA"
                               pos = extract_data(string);
                               // visualizzazione posizione e orario
                               printf("%02i:%02i:%02i %i°%02i'%02i\"%c
                                      %i°02i'%02i\"%c\r\n",pos.ora,
                                      pos.minuti,pos.secondi,pos.lat_g,
                                      pos.lat_p,pos.lat_s,pos.lat_sign,
                                      pos.long_g,pos.long_p,pos.long_s,
                                      pos.long_sign);
                             }
                           p = 0;
                         }
                       else // carattere intermedio
```

7. La visualizzazione è ovviamente solo un esempio; infatti, una volta disponibili i valori numerici, è possibile utilizzarli per effettuare calcoli, oppure salvarli in un file.

```
                                    {
                                      string[p] = buffer[i]; // copia carattere
                                      p++;
                                    }
                            }
                       } // fine ciclo for
                     }
                 } // fine ciclo while
    }
  else
       {
       printf("Errore apertura porta seriale\r\n");
       return 0;
       }
COM_close(com);
return 0;
}
```

L'output prodotto dal programma è di questo tipo:

```
23:44:45 43°29'57"N 10°19'25"E
23:44:46 43°29'57"N 10°19'25"E
```

Il ciclo del programma si interrompe, terminandone l'esecuzione, se trascorrono più di 2 secondi dall'ultima stringa «GPGGA» correttamente ricevuta dal dispositivo GPS. A questo scopo la variabile *last* viene usata per registrare l'istante di tempo in cui viene interpretata una stringa «GPGGA».

OSSERVAZIONE Dato che le funzioni di gestione della comunicazione seriale sviluppate per il sistema operativo Windows presentano la stessa firma (a eccezione del tipo restituito da *COM_open*), il programma dell'esempio precedente può essere facilmente ricompilato per essere eseguito in ambiente Windows.

I CONCETTI CHIAVE

«TUTTO È UN FILE». La maggior parte dei sistemi operativi moderni – inclusi Linux e Windows – hanno ereditato da Unix il concetto «tutto è un file». Le operazioni di input e di output dei programmi sviluppati per questi sistemi operativi sono simili a quelle di lettura da un file (per la ricezione dei dati) o di scrittura in un file (per la trasmissione dei dati).

COMUNICAZIONE SERIALE. Il principio fondamentale della comunicazione seriale tra due dispositivi elettronici è la trasmissione di una sequenza di singoli bit, per cui è sufficiente che i dispositivi stessi – oltre a un riferimento elettrico comune – condividano due sole connessioni elettriche: una per la trasmissione (TX) e l'altra per la ricezione (RX).

TRASMISSIONE SERIALE DI CARATTERI. I bit trasmessi su una connessione seriale sono sempre raggruppati in caratteri, normalmente della dimensione di 1 byte (8 bit) che, nel caso di dati testuali, coincidono con le rappresentazioni binarie dei codici ASCII dei caratteri trasmessi; i singoli bit sono codificati sulla connessione elettrica con una tensione positiva («1») o negativa («0»).

VELOCITÀ DI UNA TRASMISSIONE SERIALE. I dispositivi che effettuano una comunicazione seriale condividono necessariamente l'informazione relativa alla durata temporale di un singolo bit, che viene normalmente espressa in modo indiretto utilizzando l'unità di misura **bit per secondo** (**bps**). Per motivi storici e tecnologici i valori più frequentemente usati sono i seguenti: 4800 bps, 9600 bps, 19 200 bps, 38 400 bps e 57 600 bps.

***START* E *STOP-BIT*.** Lo stato elettrico delle connessioni di una linea seriale è mantenuto, in assenza di dati trasmessi, al livello di tensione che normalmente codifica il valore «1»; ogni carattere trasmesso è preceduto da uno *start-bit* di valore «0» e seguito da uno *stop-bit* di valore «1». In questo modo la ricezione di un carattere è sempre preceduta da una transizione «1» → «0», che consente la sincronizzazione del ricevitore, ed è eventualmente seguita da una transizione «0» → «1» che riporta in condizione di normalità la linea elettrica di comunicazione.

STANDARD RS-232. La comunicazione seriale asincrona tra un computer e un dispositivo è standardizzata come RS-232 da parte di EIA (*Electronic Industry Association*).

CONTROLLO DI PARITÀ. Per evidenziare eventuali errori di comunicazione su una linea seriale – spesso limitati a un singolo bit del carattere – è possibile utilizzare il controllo di parità dei caratteri trasmessi: a ogni carattere inviato viene aggiunto un ulteriore bit di parità, il cui valore è definito in modo da rendere pari (nel caso di parità pari) il numero di bit con valore «1» trasmessi, oppure da rendere dispari (nel caso di parità dispari) il numero di bit con valore «1» trasmessi.

CONTROLLO DI FLUSSO. Uno dei problemi fondamentali della comunicazione tra due dispositivi consiste nella regolamentazione del flusso di trasmissione: se il dispositivo trasmittente invia i dati al dispositivo ricevitore troppo rapidamente, quest'ultimo potrebbe non essere in grado di elaborarli e inevitabilmente si avrebbe una **perdita di dati** (***data loss***).
Nella comunicazione seriale asincrona il controllo del flusso di trasmissione può essere effettuato in due distinte modalità: **hardware**, utilizzando due connessioni elettriche aggiuntive – CTS (*Clear To Send*) e RTS (*Ready To Send*) – tra i dispositivi trasmittente e ricevitore; **software**, utilizzando due caratteri speciali (XOFF, codice ASCII 19, e XON, codice ASCII 17) per richiedere rispettivamente la sospensione e la ripresa della trasmissione da parte del ricevitore (questa modalità può essere utilizzata solo se i caratteri trasmessi codificano stringhe testuali in formato ASCII, in modo che sia garantita l'assenza dei codici speciali tra i caratteri inviati).

PARAMETRI DI COMUNICAZIONE SERIALE. In definitiva, per configurare una comunicazione di tipo seriale asincrono tra il computer e un dispositivo, è necessario definire i seguenti parametri: velocità di trasmissione espressa in bit per secondo; numero di bit per carattere (normalmente 8); numero di *stop-bit* (normalmente 1); eventuale tipo di parità (nessuno, pari o dispari); eventuale tipo del controllo di flusso (nessuno, hardware o software).

RIPASSA CON LA MAPPA

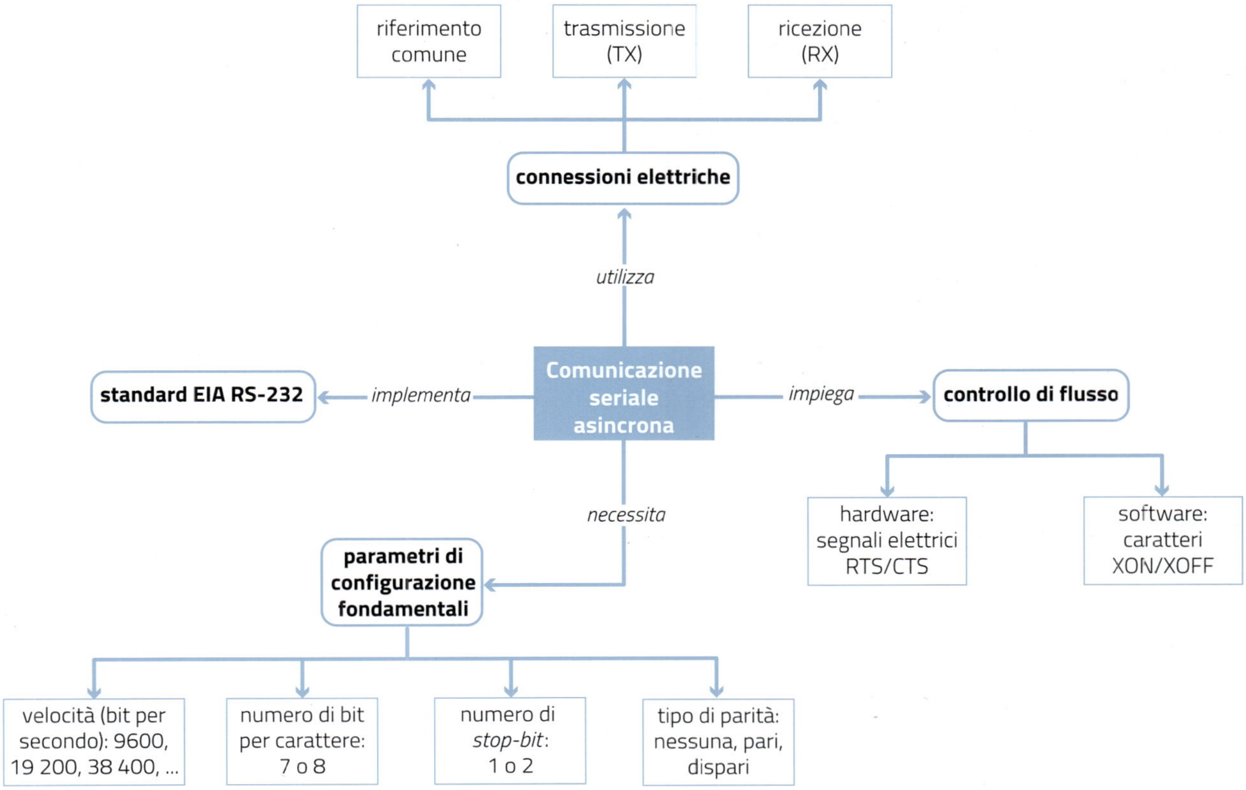

SPIEGA IN UNA PAGINA

1 **Descrivere le caratteristiche e il funzionamento della comunicazione seriale asincrona.**

QUESITI A RISPOSTA APERTA

2 **Elencare e descrivere sinteticamente le funzioni esposte da una libreria di base per la comunicazione seriale asincrona.**

3 **Facendo riferimento alla libreria per la comunicazione seriale introdotta nel testo descrivere lo scopo del seguente programma.**

```
int main(void)
{
  char buffer[16];
  int com1, com2, n;

  com1 = COM_open(0,READ,38400,'N',8,1,
  NO_HANDSHAKE);
  com2 = COM_open(1,WRITE,9600,'N',8,1,
  NO_HANDSHAKE);
  if (com1<0 || com2<0)
    return -1;

  while (1)
       {
       n = COM_read(com1, buffer,
       sizeof(buffer));
       if (n>0)
         {
           COM_write(com2, buffer, n);
           if (buffer[n-1] == EOT)
             break;
         }
       }
  COM_close(com1);
  COM_close(com2);
  return 0;
}
```

TEST A RISPOSTA MULTIPLA

4 **Oltre al riferimento elettrico comune una linea di comunicazione seriale ha:**

A 8 connessioni elettriche, una per ogni singolo bit dei caratteri trasmessi.

B una sola connessione elettrica che viene utilizzata alternativamente per la trasmissione e la ricezione.

C 2 connessioni elettriche, una per la trasmissione e l'altra per la ricezione dei caratteri.

D 4 connessioni elettriche, due per la trasmissione/ricezione dei caratteri e due per la trasmissione/ricezione dei bit di parità.

5 **I parametri di configurazione di una comunicazione seriale sono:**

A velocità di trasmissione in bit per secondo, numero di bit per carattere, numero di *stop-bit*, tipo di controllo di parità, tipo di controllo di flusso.

B velocità di trasmissione in millisecondi, numero di bit per carattere, numero di *start-bit*, tipo di controllo di parità, tipo di controllo di flusso.

C velocità di trasmissione in bit per secondo, numero di bit per carattere, numero di bit di parità, valore (0/1) dello *stop-bit*, tipo del controllo di flusso.

D velocità di trasmissione in bit per secondo, numero di caratteri per messaggio, numero di *stop-bit*, tipo di controllo di parità, tipo del controllo di flusso.

6 **I tipi di controllo di flusso possibili per una comunicazione seriale sono:**

A hardware, mediante connessioni elettriche specifiche.

B software, mediante il ricorso a caratteri con funzioni particolari.

C hardware, mediante livelli elettrici diversi da quelli usati per la codifica dei bit.

D software, mediante l'attesa di un carattere di conferma per ogni carattere inviato.

7 **Il ricorso all'uso del bit di parità nelle comunicazioni di tipo seriale asincrono:**

A consente di sincronizzare i sistemi trasmittente e ricevente per ogni byte trasmesso.

B consente di rilevare eventuali errori di trasmissione.

C consente di correggere eventuali errori di trasmissione.

D risolve il problema relativo alla codifica nativa dei caratteri del codice ASCII su 7 bit.

8 **Quale modalità di comunicazione seriale risulta più adatta in un contesto dove sono probabili errori nella trasmissione dei segnali elettrici che risultano più frequenti al crescere della frequenza del segnale stesso?**

- A `9600 8-N-1`
- B `9600 8-E-1`
- C `38400 8-O-1`
- D `38400 8-N-1`

9 **Nei sistemi operativi Windows e Linux i programmi che effettuano operazioni di input/output utilizzano:**

- A le funzioni API normalmente utilizzate per la scrittura/lettura su/da file.
- B specifiche funzioni API, distinte per ogni tipologia di dispositivo.
- C funzioni standard di libreria che nascondono le differenze delle funzioni API.
- D specifiche funzioni API, le stesse per tutte le tipologie di dispositivo.

10 **In un protocollo di comunicazione seriale basato su «pacchetti» di dimensione predefinita l'invocazione della funzione API di lettura:**

- A restituirà sempre tutti e soli i byte ricevuti che costituiscono un singolo pacchetto.
- B può restituire solo una parte dei byte ricevuti che costituiscono un singolo pacchetto, ma non restituisce mai byte appartenenti a pacchetti diversi.
- C restituisce i byte ricevuti senza distinzione del pacchetto di appartenenza e senza verifica del completamento del pacchetto.
- D deve essere sostituita dall'invocazione della funzione della libreria standard del linguaggio C per la ricezione pacchettizza.

PROBLEMI

11 **Qual è il tempo minimo di trasferimento di un file di dimensione 900 Kbyte disponendo di un collegamento seriale asincrono con parametri di configurazione 38400 8-O-1?**

12 **Facendo riferimento alla libreria per la comunicazione seriale introdotta nel testo completare il seguente programma in modo che effettui l'eco dei caratteri che riceve sulla porta seriale:**

```
int main(void)
{
  char buffer[16];
  int com, n;

  com = COM_open(0,READ_WRITE,19200,'N',
  8,1,NO_HANDSHAKE);
  if (com<0)
    return -1;
  while (1)
      {





      }
  COM_close(com);
  return 0;
}
```

13 CODING **I nuovi dispositivi di acquisizione dei codici a barre dei prodotti commerciali devono acquisire codici GTIN (*Global Trade Item Number*) di 14 cifre numeriche; la 14-esima cifra è un *checkdigit* calcolato secondo il seguente algoritmo dove c_i è la *i*-esima cifra contando da sinistra verso destra a partire da c_1:**

$$checksum = 3c_1 + c_2 + 3c_3 + c_4 + 3c_5 + c_6 + 3c_7 + c_8 + 3c_9 + c_{10} + 3c_{11} + c_{12} + 3c_{13}$$

$$checkdigit = 10 - (checksum \text{ MOD } 10)$$

Gli scanner laser per l'acquisizione dei codici a barre sono dispositivi normalmente dotati di interfaccia seriale RS-232 con parametri di comunicazione «9600 8-N-1» che inoltrano i codici numerici acquisiti come una sequenza di 14 caratteri ASCII terminata da un carattere <CR> e/o da un carattere <LF>.
Codificare un programma in linguaggio C per verificare la nuova funzionalità dei dispositivi scanner laser: il programma dovrà memorizzare in un file di testo, il cui nome viene fornito come argomento della riga di comando, i codici acquisiti (uno per riga) segnalando con un asterisco i codici errati.

14 CODING Un dispositivo girobussola navale inoltra ogni secondo su linea seriale RS-232 con parametri di comunicazione «4800 8-N-1» la seguente stringa codificata secondo lo standard NMEA-0183:

```
$DCHDT,dddmm.mmm,T*cs<CR><LF>
```

dove

- *dddmm.mmm* è l'angolo di direzione rispetto al Nord (3 cifre per i gradi, 2 cifre per i primi, 3 cifre per i millesimi di primo);
- *cs* è il *checksum* (2 cifre esadecimali) calcolato come XOR di tutti i caratteri che compongono la sottostringa compresa tra i simboli «$» e «*» esclusi.

Codificare un programma in linguaggio C che memorizzi in un file di testo, il cui nome viene fornito come argomento della riga di comando, gli angoli di rotta ricevuti dalla girobussola (uno per riga) scartando le stringhe errate nel formato *ddddmmss* (3 cifre per i gradi, 2 cifre per i primi, 2 cifre per i secondi).

CASI PRATICI

15 CODING Un termometro elettronico dispone di una interfaccia seriale asincrona di tipo 8-N-1 con velocità di 9600 bit/sec sulla quale inoltra ogni minuto un singolo byte che rappresenta in formato «complemento a 2» la temperatura registrata espressa in °C. Scrivere un programma in linguaggio C che produca un file di testo in formato ASCII il cui nome è fornito come argomento e nel quale i valori di temperatura ricevuti dal termometro elettronico connesso alla porta seriale sono memorizzati uno per ciascuna riga. Il programma avrà come ulteriori argomenti due valori numerici rappresentanti rispettivamente la temperatura minima e massima ammissibili: per ogni valore di temperatura dovrà essere generato su una diversa linea seriale il messaggio appropriato:

$t > T_{max}$ → "HIGH"
$T_{min} \leq t \leq T_{max}$ → "OK"
$t < T_{min}$ → "LOW"

16 CODING Una stazione meteorologica elettronica dispone di una interfaccia seriale asincrona di tipo 8-N-1 con velocità di 9600 bit/sec sulla quale inoltra ogni minuto un pacchetto di byte così composto:

1	START (codice ASCII 127)
2	temperatura (°C): –40 – 60 °C
3	umidità relativa: 0 – 100%
4	pressione atmosferica: (–25 – +50 mbar*)
5	velocità del vento: 0 – 150 Km/h
6	STOP (codice ASCII 255)

** viene fornita la differenza di pressione rispetto alla pressione standard di 1000 mbar*

Scrivere un programma in linguaggio C che produca un file di testo in formato CSV il cui nome è fornito come argomento e nel quale sono memorizzati i valori di temperatura, di umidità relativa, di pressione atmosferica e di velocità del vento ricevuti dal dispositivo elettronico connesso alla porta seriale. Il programma deve terminare l'esecuzione se trascorrono 2 minuti senza ricevere dati dalla stazione meteorologica.

PROGETTI

Gli esercizi che seguono ipotizzano l'interfacciamento con dispositivi seriali; in mancanza di tali dispositivi sarà necessario – per verificare il corretto funzionamento dei programmi richiesti – realizzare un programma di simulazione del dispositivo stesso. Tutte le esercitazioni proposte possono essere sviluppate indifferentemente in ambiente Linux e/o Windows.

17 DESIGN CODING Riscrivere il programma di ricezione dei dati inviati da un GPS seriale con protocollo NMEA-0183 in modo che interpreti la stringa «$GPRMC» e che visualizzi le coordinate geografiche e il relativo orario solo in caso di variazione della posizione.

18 DESIGN CODING Per la misurazione della velocità e della direzione del vento si impiega un anemometro che fornisce questi dati su linea seriale: la velocità espressa in Km/h (0 – 500) e la direzione in gradi rispetto al Nord (0 – 360). Entrambi i dati sono sempre espressi mediante 3 caratteri ASCII (il valore 45 è per esempio espresso dai 3 caratteri «045»). Ogni secondo l'anemometro trasmette con parametri di comunicazione 9600 8-N-1 i 2 dati separati dal carattere «,», sempre precedute dal carattere «$» e seguiti dai caratteri ASCII <CR> (codice 10) e <LF> (codice 13).

Esempio: `"$075,045\r\n"`.

Realizzare un programma in linguaggio C che visualizzi ogni 60 secondi i valori medi della velocità e della direzione del vento nell'ultimo minuto e che salvi in un file di testo, il cui nome è fornito come argomento della riga di comando, i valori di velocità e direzione del vento ricevuti dall'anemometro.

19 DESIGN CODING Per la calibrazione dei monitor professionali si usano dei dispositivi colorimetri che forniscono su linea seriale il colore rilevato espresso in coordinate *R*, *G* e *B* (Red, Green, Blue). Ciascuna coordinata cromatica è un valore numerico compreso tra 0 e 100 sempre espresso mediante 3 caratteri ASCII (il valore 50 è per esempio espresso dai 3 caratteri «050»). Ogni secondo il dispositivo trasmette con parametri di comunicazione 9600 8-N-1 le 3 coordinate cromatiche *R*, *G* e *B* separate dal carattere «,», sempre precedute dal carattere ASCII «S» e seguite dal carattere ASCII «E». Esempio: `"S075,050,025E"`.

Realizzare un programma in linguaggio C che permetta di controllare la luminosità emessa dal monitor nel punto di posizionamento del dispositivo visualizzandone il valore ogni secondo e sapendo che la luminosità *L* è calcolata a partire dalle coordinate cromatiche *R*, *G* e *B* con la seguente formula:

$$L = 0,3 \times R + 0,6 \times G + 0,1 \times B$$

20 DESIGN CODING Un lettore NFC invia in formato binario l'identificativo numerico di 16 byte della carta che legge su linea seriale con parametri 38400 8-N-1 sempre preceduto dal carattere STX (codice ASCII 2) e seguito dal carattere ETX (codice ASCII 3).

Il lettore NFC si aspetta in risposta a ogni identificativo correttamente ricevuto un carattere ACK (codice ASCII 6), oppure il carattere NACK (codice ASCII 21) in caso di errore che può essere determinato da una lunghezza errata dell'identificativo, oppure da una verifica fallita: la verifica dell'identificativo di una carta si effettua calcolando lo XOR dei primi 15 byte dell'identificativo che deve risultare uguale al 16-esimo byte.

Realizzare un programma in linguaggio C di test del lettore NFC che riceve dalla porta seriale gli identificativi delle carte lette e visualizza a schermo in formato esadecimale solo quelli acquisiti correttamente.

Indice analitico